— Fred Roigoon —

Sa meilleure ennemie

Roman

Ce livre a été édité par AB2LEP éditions
12 rue de l'abbé de l'épée 75005 Paris
AB2LEP12@gmail.com
ISBN: 978-2-9579050-0-3
© Fred Roigoon
Design couverture Victor Roig d'après photo Peteri pour shutterstock n° 144320089

<u>Personnages</u>

<u>Clan Hanna Reitsch</u> :

Docteur Willy Reitsch (père), Emy (mère), Kurt (frère) Heidi (sœur)

Wolf Hirth (mentor et ami, constructeur de planeurs)

Hans Jakobs (ingénieur concepteur)

Robert Ritter von Greim (général aviateur)

Heini Dittmar (aviateur)

Manfred Kudell (aviateur)

Otto Skorzeny (Officier SS)

Wherner von Braun: (Ami et développeur de fusée)

<u>Clan Melitta Schiller</u>

Michael Schiller (père) Margaret (mère) Lili, Jutta et Klara (sœurs), Otto (frère)

Alexander von Stauffenberg (mari) Berthold et Claus (beaux-frères), Mika et Nina (belles-sœurs), Karoline (belle-mère)

Paul von Handel (ami et patron de DVL)

Élisabeth von Handel, son épouse (amie)

Georg Wollé (ingénieur et ami)

Franz Amsinck (aviateur)

Hubertus von Papen (aviateur)

Paul Opitz (officier SS)

<u>Amis communs</u> :

Peter Riedel (champion de planeur, diplomate)

Ernst Udet (général, aviateur, mentor, ami, amant)

Ely Beinhorn (aviatrice et amie)

Prologue
Avril 1945

Le général Robert Ritter von Greim se harnacha avec application sur le siège du pilote. Hanna, le visage grave, s'installa à la place de l'observateur, située juste derrière lui. Elle serra son harnais à ne plus pouvoir respirer ; le vol était court, mais il concentrerait à n'en pas douter le plus grand de tous les dangers.

L'aviatrice connaissait la topographie de la banlieue de Berlin comme sa poche. Elle guiderait le général les yeux fermés. Ce dernier lança le moteur après avoir écouté une dernière fois ses directives.

L'avion quitta le sol en souplesse et vira en direction du centre-ville. En regardant en bas, les deux amants constatèrent que les troupes russes étaient plus avancées que prévu. Les balles traçantes zébraient l'horizon. De nombreux incendies illuminaient la nuit. Une chance : ces torchères gigantesques offraient des repères de navigation aisés.

Hanna dirigea son compagnon en lui donnant des indications précises. S'ils frôlaient les toits des immeubles dans les volutes de fumée avec le risque de se fracasser sur une cheminée, c'est parce que voler en rase-motte leur permettait de se dissimuler des avions de chasse ennemis. Une protection certes bien éphémère...

Des milliers d'hommes affectés à la défense de la ville se battaient avec acharnement. Les ordres donnés ne laissaient que peu de choix : la victoire ou la mort.

Les combats leur offrirent une vision qu'ils qualifieraient plus tard d'une beauté apocalyptique. Si l'enfer existait sur Terre, il brûlait sous leurs pieds.

Heureusement, le vrombissement du moteur se perdait dans le tumulte des canonnades et ils se faufilèrent sans attirer le feu des ennemis.

Ils devinèrent au loin leur objectif : la colonne de la victoire. Le monument s'élevait tel un sémaphore et marquait le croisement des deux avenues du Tiergarten. Les étendues sombres du célèbre parc contrastaient avec les lueurs des multiples feux de la ville.

Soudain, un choc brutal les secoua. Le général hurla. D'autres éclats arrachèrent des étincelles sur les ailes. Hanna vit son compagnon s'affaisser. Elle cria à travers son micro, le conjura de lui répondre. Rien ! Pas de réaction. L'avion, livré à lui-même, commença à s'incliner dangereusement.

L'aviatrice se détacha et se jeta en avant. Elle passa les bras par-dessus les épaules du général pour reprendre le contrôle de la machine. De loin, on aurait cru à une étreinte amoureuse.

À bout de bras, elle saisit le manche à balai et redressa l'avion. Un trou béant avait remplacé le plancher. Elle aperçut la cime des arbres qui défilait à quelques mètres en contrebas. Robert râlait. Un magma sanglant bouillonnait du bas de sa jambe.

L'aviatrice retrouva immédiatement son sang-froid. Elle évita de peu la déesse Victoria, la sculpture qui ornait le sommet de la colonne, et dirigea le nez de l'avion vers la porte de Brandebourg. Au loin se détachaient les colonnades du célèbre édifice, éclairées par une lune amicale. L'avenue à présent se déployait sous leurs pieds. Elle réduisit les gaz, se laissa descendre et toucha le sol brutalement. Vite ! Couper le contact.

L'avion rebondit sur ses jambes et termina sa course au bout de quelques mètres, les roues bloquées par des débris jonchant l'asphalte. Hanna poussa un soupir de soulagement. Ils étaient vivants. Combien de temps encore ? Une forte odeur d'essence se répandit. Il fallait évacuer...

Elle s'extirpa du cockpit et se pencha vers Robert. Son visage crispé n'exprimait que douleur. Il luttait pour rester conscient. Tout en le tirant de toutes ses forces vers l'extérieur, elle lui ordonna de l'aider. Seule, elle n'y arriverait pas !

Heureusement, un blindé léger vint à leur rescousse. Son équipage appartenait à la Chancellerie. Des hommes costauds et déterminés se précipitèrent. Ils montrèrent une efficacité remarquable. Ce n'était visiblement pas leur premier sauvetage.

En quelques minutes, ils transportèrent les deux miraculés au Bunker[1] en empruntant l'avenue Unter den Linden[2]. Hanna se souvint du célèbre boulevard en temps de paix. Quel gâchis ! Tout n'était que ruine.

L'entrée du souterrain, une simple porte métallique, lui donna l'impression d'accéder à un transformateur électrique. Elle suivit les soldats à l'intérieur et descendit l'équivalent de deux étages. Là, elle découvrit une succession de salles au confort spartiate.

Ils installèrent le général à l'infirmerie où une équipe médicale le prit en charge. Hanna se fit toute petite. Elle observa les professionnels avec résignation. Elle sourit de façon machinale, car elle aurait pu se retrouver à leur place si elle avait suivi dans sa jeunesse les conseils de son père. Finalement, pilote ou chirurgien, ils étaient arrivés au même point : en enfer.

Une quadragénaire élégante vint la chercher. Elle reconnut Martha Goebbels. Elles ne s'étaient jamais rencontrées mais se connaissaient de réputation – les deux femmes étaient peut-être les deux Allemandes les plus photographiées dans la presse nationale. Son hôtesse l'invita à la suivre. « Le général est entre de bonnes mains » lui dit-elle d'une voix distinguée.

Hanna s'installa dans un fauteuil et réalisa que son cœur battait encore à un rythme effréné. Ce qu'elle venait d'accomplir était insensé et incroyablement téméraire. Martha lui servit une tasse de thé et lui fit la politesse d'écouter son épopée. Petit à petit, l'aviatrice recouvra une respiration normale.

---

[1] Dernier abri d'Adolf Hitler, creusé sous la Chancellerie
[2] Célèbre avenue de Berlin

Leur conversation fut interrompue par l'irruption d'un groupe d'hommes. Hanna reconnut Joseph, le mari de Magda, ministre de l'Information et de la Propagande du Reich. Il lui souhaita la bienvenue dans un sourire envoûtant. Sa peau grêlée, sa démarche claudicante et son physique en lame de couteau n'enlevaient rien à son charisme. Ses petits yeux noirs ne la quittaient pas. Hanna ne put soutenir son regard. L'homme reflétait la beauté du diable.

Le lendemain, elle partagea avec eux le déjeuner familial. Les six enfants Goebbels animèrent le repas avec une joie déconcertante, réveillant avec douleur le souvenir de ses propres neveux. Les plus grands l'interrogèrent sur ses exploits, écoutant ses aventures les yeux pleins d'admiration. Cette parenthèse réconforta l'aviatrice et effaça pendant quelques heures le contexte dramatique de sa présence en ces lieux.

Plus tard, Robert les rejoignit. Il marchait difficilement à l'aide de béquilles. Le teint blafard, il expliqua ne devoir son salut que grâce au savoir-faire du docteur Stumpfegger, le chirurgien personnel du chancelier. Magda l'installa confortablement, le pied allongé sur une chaise, et lui servit une tasse de thé.

Le calme ne dura pas. Un chien surgit dans la pièce et se dirigea vers Hanna en remuant la queue. L'aviatrice reconnut Blondi, la chienne du chancelier. Elle tendit la main pour la caresser.

« Brave femme ! Ainsi existe-t-il encore en ce bas monde des individus dont le nom est synonyme de courage et de loyauté ».

Elle reconnut cette voix grave et suave, qui montait vite dans les aigus quand son propriétaire s'énervait. Elle se leva en guise de respect, Adolf Hitler se tenait devant elle.

Vingt ans plus tôt. Été 1925.

Le public s'agglutina le long des cordes qui délimitaient le champ d'aviation, abandonnant chamboule-tout et barbes à papa. Les cris de joie des enfants, qui jouaient des coudes pour s'installer au premier rang, trahissaient une excitation inhabituelle. Dans les haut-parleurs, un speaker haranguait la foule. Il décrivait à grand renfort de superlatifs les exploits de celui qui se présenterait à elle dans quelques minutes. L'heure du grand spectacle avait sonné, le cirque aérien allait commencer. Les têtes se levaient déjà vers le ciel, les corps frissonnaient d'impatience.

Le moindre participant connaissait la célébrité qui les honorait de sa visite. Ses prouesses se retrouvaient régulièrement en première page des journaux, même dans ce petit bourg de Basse-Silésie[3] où, comme partout, les enfants l'imitaient. Le dernier jeu à la mode dans les cours de récréation consistait à étendre les bras et courir après un congénère qui jouait le rôle d'un potentiel ennemi, en l'occurrence un aviateur français. Leurs cris, imitant le staccato des mitraillettes, ne surprenaient plus personne. Albatros, Fokker, Spad[4], ces noms mystérieux résonnaient en chacun comme autant d'aventures merveilleuses. Qui n'avait jamais rêvé un jour de s'envoler dans une de ces drôles de machines ?

Mais d'abord, avant le clou du spectacle, des planeurs ouvrirent le bal. Le club local de vol à voile offrit une présentation rivalisant de beauté avec les plus beaux rapaces. Ces machines silencieuses glissaient dans l'air comme des aigles à l'heure de la chasse. Elles réalisèrent des figures

---

[3] Allemande avant guerre, cette région appartient aujourd'hui à la Pologne.

[4] Marques ou modèle d'avion en vogue.

défiant l'apesanteur, dévoilant le savoir-faire de leurs jeunes pilotes avides de reconnaissance.

Au sol, non loin de la tribune officielle, une jolie femme de vingt-deux ans n'en perdait pas une miette. Melitta Schiller, c'était son nom, suivait l'évolution du ballet aérien, le cœur gonflé d'orgueil, une main en visière, l'autre appuyée sur l'avion de son amant. Elle aussi aurait pu se trouver aux commandes de ses drôles d'oiseaux, car chose rare pour une femme en cette période d'après-guerre, elle aussi savait piloter.

Après la défaite cuisante de l'Allemagne, les forces vives s'étaient rassemblées pour la reconstruction. Les petites filles n'avaient pas d'autres perspectives que de devenir mères au foyer ; la priorité nationale étant de combler au plus vite les ravages de la Première Guerre mondiale et de repeupler une population décimée par quatre années de conflit meurtrier.

La jeune Schiller ne faisait pas exception à la règle. Troisième enfant d'une lignée de cinq, ses parents ne l'imaginaient pas contrevenir à l'ordre établi. Pourtant, sous prétexte de facilités à l'école, elle avait montré le désir de suivre le chemin professionnel de son père : ingénieur civil. Contre toute attente, et probablement poussé par un amour filial démesuré, ce dernier avait accepté. Melitta avait alors entamé un cursus scolaire qui l'avait propulsée quelques années plus tard jusqu'à l'université technique de Munich.

Mais bien avant d'emménager dans la grande ville de Bavière, elle s'était présentée au responsable d'un club de vol à voile de sa région. « L'appel du ciel » lui avait-elle expliqué. L'éclat de rire moqueur de son interlocuteur fera vibrer encore longtemps la corde sensible de son orgueil.

« Si tu ne peux pas entrer par la porte, passe par la fenêtre » lui avait rétorqué son père. Lui au moins ne lui refusait rien et n'était jamais avare de mots de réconfort.

À force de volonté et d'abnégation – et de nombreuses heures à aider bénévolement les élèves pilotes à lancer leurs machines volantes sur les pentes herbeuses – elle était parvenue à se faire accepter et finalement à engranger ses premières heures de vol. Le souvenir de son intégration dans ce club exclusivement masculin resterait gravé à jamais dans sa mémoire. Il n'était pas interdit au sexe faible de s'y présenter, mais jusqu'à sa candidature, aucune femme n'avait eu l'idée saugrenue de s'y inscrire.

Quand les oiseaux blancs qu'elle connaissait bien se posèrent à la fin de leur représentation, son amant, l'homme que tout le monde attendait, grimpa dans son biplan. Le grand champion de voltige aux soixante-deux victoires aériennes allait commencer son show.

Consciente des regards d'envie braqués sur elle, mesurant son privilège, Melitta l'aida à s'installer. Casque en cuir et lunettes sur le front, Croix de fer qu'il portait avec fierté en tour de cou, Ernst Udet leva le pouce. L'as des as était prêt. Elle lui rendit son signal.

La pipe d'échappement pétarada en crachant une fumée bleutée d'huile mal brûlée. Quand le moteur atteignit la bonne température – Melitta connaissait à présent la procédure par cœur – Udet lui offrit un dernier sourire avant d'aller braver la mort. Fière, elle lui rendit son hommage en agitant un foulard blanc. « Sois prudent, mon amour », murmura-t-elle dans l'espoir qu'il lise sur ses lèvres.

En passant devant la tribune officielle, le champion salua les édiles de deux doigts sur le front et se dirigea vers le point de décollage.

Lorsqu'il quitta le sol, sous un tonnerre d'applaudissements qu'il était le seul à ne pas entendre, un frisson parcourut l'échine de Melitta. Elle avait souvent participé à ses exhibitions, mais ne pouvait s'empêcher de trembler, chaque fois qu'il prenait son envol. L'as des as avait beau maîtriser la discipline comme aucun autre, il tutoyait la mort comme s'il s'agissait d'une amie qui ne pouvait le trahir.

Les milliers d'yeux se braquèrent sur son frêle esquif. La foule retint son souffle. À cet instant, le pilote n'appartenait plus à Melitta, mais à tout le monde. Elle attendrait la nuit pour qu'il lui revienne. Elle s'échappa mentalement et revit les bras puissants du héros agripper ses reins, le sentit s'enfoncer en elle avec une vigueur qu'elle n'avait jamais connue. Un spasme de plaisir l'envahit. Revivre ce moment au nez et à la barbe de tous lui envoya une bouffée de chaleur qui rosit ses joues. Elle s'en délecta. Les mots de l'as des as vinrent résonner en elle : « Litta ! Tu me fais vaciller aussi fort qu'un double looping. »

À combien de maîtresses avait-il déclamé cette tirade ? Probablement beaucoup, il ne s'en cachait pas. Tel était Ernst Udet, un homme flamboyant au charisme exceptionnel. Sa femme en avait payé le prix fort. Éléanore, surnommée « Lo », avait obtenu le divorce récemment, ne supportant plus les multiples incartades de son playboy de mari. Pour celui qui y prêtait attention, ces deux lettres étaient encore perceptibles sur le fuselage de l'avion. L'as des as les avait fait recouvrir d'une couleur sombre, comme si l'on pouvait effacer un pan de sa vie d'un coup de peinture.

Melitta ne s'en souciait guère. Sa liaison avec cet homme, en plus du plaisir charnel qu'il lui procurait, lui permettait de se faufiler dans ce monde ultra fermé qu'elle rêvait de conquérir.

Petite, elle avait été bercée par les histoires de son oncle Ernie, ancien pilote de chasse pendant la Grande Guerre. Ses récits auraient pu remplir un ouvrage complet tant ses anecdotes étaient nombreuses. Pour lui, les combats aériens relevaient de la chevalerie moderne, quand les combattants se considéraient comme des adversaires et non comme des ennemis. Melitta appartenait à cette caste, elle le savait au plus profond de son âme. À elle de le prouver aux autres !

La grande liberté qu'elle avait découverte lors de ses premiers vols en planeur convenait parfaitement à son caractère solitaire, intrépide et curieux. Le pilotage lui plaisait plus que tout, au-delà même de ses études d'ingénierie.

Melitta avait rencontré Ernst Udet deux ans auparavant grâce à son oncle adoré. Ce dernier avait combattu dans le même groupe : la fameuse escadrille von Richthofen, l'inoubliable baron rouge. À force d'insistance, le frère de sa mère lui avait donné une lettre de recommandation.

Ernst l'avait reçue avec curiosité et lui avait témoigné tout de suite un certain intérêt. Admiratif devant tant de détermination, il lui proposa de l'emmener lors de ses meetings, ce qu'elle accepta avec joie. Aussi l'accompagnait-elle quand il pouvait passer la chercher à Munich. Le héros de sept ans son aîné l'embarquait comme passagère sur le siège avant de son Fokker VII. Là, en chemin, il lui donnait les commandes et lui apprenait quelques rudiments de voltige. Avoir la tête en bas lui apportait une sensation inouïe.

Ernst déposait en fin de journée une jeune femme heureuse, dont les yeux brillant de mille étoiles le suivaient jusqu'à ce qu'il disparût à l'horizon.

Melitta avait réussi à faire accepter ce partenariat auprès de son père, expliquant ce passage obligé pour qui veut entrer dans l'industrie aéronautique. Argument imparable : l'aviation allemande était à reconstruire.

Pour les Schiller, dont le sentiment patriotique ne souffrait d'aucune faiblesse, élever une fille désireuse de servir leur pays revêtait un immense honneur.

« Notre petite Litta ira loin » répétait souvent Michael à sa femme Margaret, oubliant le comportement quelque peu anticonformiste de sa progéniture. Se doutait-il qu'elle avait succombé au charme ravageur de son mentor ? Pourtant, Melitta avait mis subitement un terme à son histoire avec un vétéran de la marine allemande, un professeur de son école d'ingénieur.

« Trop conventionnel à mon goût », expliqua-t-elle. Encore une lubie de leur petite, avaient pensé ses parents, refusant l'évidence, car nul n'est plus aveugle que celui qui ne veut voir. Les Schiller n'étaient pas au bout de leur peine...

Ernst, comparé à son ancien amant, faisait décoller Litta sur tous les plans. Il avait sublimé en elle son désir d'aventures et de découvertes. Par ses histoires racontées avec un brio hors pair, à l'instar de son oncle Ernie, il avait décuplé son amour pour son pays, laissé exsangue après la défaite de 1918. Cet homme, ce héros, avait affûté sa fibre patriotique, même s'il se montrait très critique vis-à-vis des élus qui formaient la fragile république.

« Profite de la vie comme si elle devait s'arrêter demain », lui martelait-il à chaque occasion.

Très vite, à l'image de la star, la jeune étudiante choisit de vivre loin de tous les standards de l'époque. Elle se moquait de tout ce qui pouvait déranger les bien-pensants. Il n'était pas rare de la surprendre une cigarette à la bouche, cheveux au vent, cheveux qu'elle avait coupés court, à contre-courant de la mode des filles de bonne famille. Elle déambulait après les cours, les mains dans les poches de son pantalon, qu'elle portait plus souvent que la robe. Comme elle préférait la compagnie des hommes mûrs aux jeunes de son âge, de nombreux ragots se répandaient dans son sillage.

Protégée par une détermination hors-norme et d'excellents résultats scolaires, Melitta n'en avait cure. Les critiques glissaient sur elle comme l'eau sur les plumes d'un canard. Elle se forgea très vite une réputation de femme dédaigneuse. Lorsque les cancans devenaient trop envahissants, elle s'éloignait en pleine nature dans de longues marches solitaires pour oublier ses détracteurs. Et si la pression devenait intenable, elle n'hésitait pas à se jeter dans l'eau glacée des rivières environnantes. Martyriser son corps lui vidait la tête. Combattre la morsure du froid forgeait son mental d'un acier qu'elle voulait inoxydable.

Udet commença par une série de loopings dont la trajectoire laissait penser de manière fort habile qu'il allait, à chaque fois, percuter le sol. Devant tant d'audace, des cris de stupeur s'élevèrent de l'audience. Le biplan survola la foule à plusieurs reprises, répandant dans son sillage une odeur de carburant et d'huile mêlés. Melitta s'enivrait de ces émanations qu'elle préférait au plus doux des parfums, qu'elle associait à l'Aventure avec un grand A.

Au signal, elle se rendit au milieu du champ d'aviation pour y déposer un mouchoir. Tout le monde savait ce que cela signifiait : le moment le plus dangereux du spectacle.

Le speaker fit monter l'adrénaline jusqu'à ce que l'avion réapparût. L'engin descendit comme s'il avait l'intention d'atterrir, puis, à quelques mètres du sol, il bascula sur la tranche, le bout d'aile à quelques centimètres de la catastrophe. Le temps s'arrêta de même que la respiration des spectateurs. Melitta se sentit proche de la rupture. La moindre rafale, la moindre imprécision, et c'était le crash. *Non ! Mon Dieu, pas comme ça, pas devant moi...*

Comme par magie, le bout d'aile auquel on avait installé une gâche accrocha le mouchoir. Udet poussa la poignée des gaz à son maximum, faisant rugir l'avion à la manière d'un lion victorieux. Le biplan s'écarta de la terre dans un tonnerre d'applaudissements.

Il s'engagea à nouveau dans un looping et, dans une dernière facétie, coupa le moteur la tête en bas. L'avion redevenu planeur entama un circuit entrecoupé de pirouettes. Il se posa en silence devant les milliers d'admirateurs subjugués.

L'as en descendit et décrocha le mouchoir. Il repéra derrière les barrières une jeune chanceuse, puis la rejoignit de sa démarche singulière – souvenir d'une mauvaise blessure de guerre – pour le lui offrir.

Le retour à la tribune officielle prit de longues minutes. Le héros buvait sa victoire devant la mort à coups d'applaudissements, qui, à voir son sourire, l'enivraient davantage que le meilleur des vins.

Melitta attendit la fin de la réception avec impatience. Ernst ne lui appartiendrait pas avant une heure avancée. Ils avaient encore une nuit devant eux, avant le retour du héros à Berlin. Ensuite, Dieu seul savait quand elle le reverrait !

Elle rejoignit l'avion et entreprit les vérifications d'usage que son mentor lui avait apprises. Il fallait bien que sa présence à ses côtés eût une justification.

Elle terminait le plein d'essence lorsqu'une petite fille au regard espiègle s'approcha. Son accompagnateur, un homme de grande taille vêtu d'un costume élégant, se présenta à elle comme le docteur Willy Reitsh. Il demanda avec une politesse surannée s'il était possible de montrer la nacelle de pilotage à l'enfant.

Melitta accepta avec joie, heureuse de partager un peu du succès de son amant. Elle guida la petite curieuse en lui indiquant où poser les pieds, puis l'installa sur le siège avant du Fokker. Elle la coiffa ensuite du casque de cuir qu'elle utilisait lors des convoyages. Un sourire illumina le visage de l'enfant. Ses yeux reflétaient la couleur du ciel immaculé. Cette image illustrait de façon parfaite la journée merveilleuse qui venait de s'écouler.

La petite fille de onze ans l'étonna par sa maturité. Elle s'appelait Hanna, lui apprit-elle, et elle aussi voulait voler comme les oiseaux, elle aussi voulait devenir pilote.

Son père l'interrompit. D'un ton sévère, il lui rappela qu'elle serait médecin, comme lui. Hanna baissa les yeux, mais sa joie ne s'éteignit pas. Melitta lui donna le conseil de bien travailler à l'école. Oubliant le jeune âge de sa visiteuse, elle l'informa aussi de la difficulté à devenir pilote pour une fille en Allemagne. Il valait mieux se tourner vers des métiers plus traditionnels, comme le lui conseillait son papa.

Ce dernier lui sourit, surpris que de telles paroles émanent d'une femme à la tenue si peu conventionnelle.

Melitta ne se doutait pas une seconde qu'elle reverrait cette petite fille, bien des années plus tard, et pour son plus grand malheur.

Chapitre 2

La petite fille prénommée Hanna n'en resta pas là. Depuis cette rencontre avec cette femme brune qui ne ressemblait à aucune autre, voler accaparait ses pensées. Au grand dam de sa mère, elle demanda comme cadeau d'anniversaire une combinaison de pilote plutôt qu'une robe de princesse. Tout ce qu'elle pouvait entreprendre, à présent, la ramenait vers ce qui était devenu pour elle une véritable obsession.

Il n'était pas rare de l'apercevoir courir, les bras à l'horizontale, en imitant de sa voix de crécelle le ronflement d'un moteur. Les sourires ne manquaient pas dans le dos de cette petite furie blonde à qui rien ne semblait faire peur.

De très loin, elle préférait les courses à travers champs en compagnie de son grand frère Kurt aux leçons de couture que lui donnait sa mère Emy. La petite fille collectionnait tout ce qui se rapportait au vol. Elle amassa entre autres une variété conséquente de plumes d'oiseaux, car elle croyait dur comme fer que le secret de la sustentation d'un plus lourd que l'air résidait dans ces appendices tégumentaires.

Elle prit l'habitude de récupérer les magazines de ses parents dans lesquels elle découpait des images d'avions et d'aviateurs qu'elle collait dans des cahiers. Le soir, avant de s'endormir, elle les feuilletait en rêvant de rejoindre ce club ultra fermé des chevaliers du ciel.

De petite taille, de corpulence frêle, Hanna n'attirait pas le regard au premier abord, mais dès qu'un intérêt quelconque naissait sur son visage, ses grands yeux bleus s'éclairaient d'un feu incandescent et ses dents de porcelaine apparaissaient comme pour croquer la vie. À ce moment-là, plus personne ne pouvait résister à son charme, elle pouvait faire accepter n'importe quoi à quiconque posait le regard sur elle.

Willy Reitsch réalisa bien vite que son comportement ne collait pas aux standards des petites filles de l'époque. Pourtant, Hanna ne manquait de rien, et certainement pas d'éducation, contrairement à beaucoup de familles dont le manque d'hommes décimés par la guerre accusait un déficit d'autorité. Lui avait eu la chance de rester à l'arrière dans un hôpital de campagne et avait pu rejoindre son foyer à la fin des hostilités. Il avait su transmettre aux siens les valeurs qu'il considérait comme indispensables à l'équilibre d'une société en totale reconstruction.

Heureusement, le nouveau parti politique en pleine ascension dans le pays, le NSDAP[5], défendait ses opinions. Son bouillonnant leader, Adolf Hitler, ne manquerait pas de remettre dans le droit chemin une jeunesse en manque de repères.

Malgré un physique de petite fille modèle, qui aurait trouvé facilement place dans des gravures de mode, Hanna agissait en garçon manqué. Il n'était pas rare de la voir rentrer, les genoux écorchés, ou avec un bleu sur ses membres fins comme des baguettes. Un jour, elle tomba du haut d'un arbre. Elle essayait de s'envoler comme une hirondelle, expliqua-t-elle. Sa fracture du crâne fut la première d'une longue série.

Ses résultats scolaires décevaient Willy. Pourtant, il ne ménageait pas ses efforts pour l'intéresser à quelques matières plus solides que ce ciel qu'elle rêvait de dompter. Afin de faire découvrir sa spécialité d'ophtalmologue à ses enfants, et qui sait, susciter une vocation, il rapportait parfois à la maison un œil d'animal pour le disséquer en famille. L'espoir de leur transmettre sa propre passion ne le quittait pas, même s'il ne réussissait qu'à les dégoûter et à les faire fuir à toutes jambes.

Il tenait à ce qu'ils apprennent également le piano et le violon. Leur inculquer des connaissances musicales faisait partie de son rôle d'éducateur. Lors des interminables journées dominicales, ils jouaient tous ensemble. Accompagné de son violoncelle, le docteur Reitsch s'inventait chef d'orchestre.

Malgré cette stricte éducation bourgeoise, Hanna continuait à se comporter en vilain petit canard. Son institutrice disait d'elle, non sans humour, qu'elle était douée pour rien et

---

[5] Parti national-socialiste des travailleurs allemands.

moyenne en tout. Willy savait qu'elle pouvait mieux faire, mais Hanna lui montrait à sa manière qu'elle ne comptait pas se soumettre au schéma qu'il lui imposait.

Un jour, de façon solennelle, lasse de se confronter à ce papa abusif, elle avait annoncé à tout le monde ce qui lui semblait un bon compromis : elle exercerait le métier de médecin missionnaire volant, métier qu'elle avait découvert en lisant un reportage dans une revue.

À sa grande surprise, le docteur Reitsch accueillit la nouvelle avec bienveillance. En fait, il n'avait retenu que le mot « médecin ». Il ne doutait pas un instant que cette lubie du vol passerait aussi vite qu'elle lui était venue ; sa petite Hannah ne brillait pas dans la constance des activités qu'elle entreprenait. Avec un peu de travail et beaucoup de chance, son second enfant pourrait décrocher, comme lui, un doctorat de médecine. Au pire, elle rejoindrait ses camarades de classe dans les légions de futures mères de familles nombreuses qui devaient repeupler le pays. Quoi de mieux que des études supérieures pour trouver un bon mari ? Aussi lui promit-il que si elle obtenait son bac et était admise à la faculté de Médecine, il lui paierait ses premiers cours de vol à voile.

Non seulement la lubie d'Hanna ne passa pas, mais très vite, elle sentit que son avenir ne s'inscrivait pas dans la conformité nationale vantée dans les journaux et placardée sur tous les murs. Profondément différente des autres filles, elle décida qu'elle n'aurait pas de mari. Elle vivrait comme cette jeune femme en combinaison graisseuse et aux cheveux courts qui l'avait accueillie sur cet aérodrome. Autant sa petite sœur, Heidi, suivrait la voie tracée sans discuter, autant elle, la rebelle de la famille, choisirait d'autres chemins.

Ce comportement indocile la fit souffrir du manque de considération de son père, car le docteur Reitsh, en désespoir de cause, misa toutes ses espérances sur Kurt, son grand fils, qu'il ne manquait jamais de féliciter. À elle, il rabâchait sans cesse son inaptitude aux travaux intellectuels. Aussi loin qu'elle se souvînt, il n'avait jamais rien dit de gentil à son intention. Elle réalisa rapidement qu'il faudrait qu'elle se battît deux fois plus pour obtenir ce qu'elle voulait. Se battre, çà, il pouvait compter sur elle, elle apprenait tous les jours.

Elle devint assidue à l'école. Même si elle était souvent surprise par ses professeurs les yeux dans les nuages, elle collait à la moyenne de sa classe.

Elle franchit bon an mal an les étapes obligatoires d'une scolarité ennuyeuse, bercée par l'espoir de revenir un jour dans sa Silésie natale aux commandes d'un bel oiseau de fer. Ce rêve l'habitait au quotidien et la faisait tenir debout.

Un jour, ils se prosterneraient tous devant elle, son père le premier.

Chapitre 3

1927

En parallèle à ses études d'ingénierie, Melitta Schiller tenta d'entrer dans la prestigieuse Académie de l'air. Bien qu'elle en possédât indéniablement les qualités physiques et les moyens intellectuels, elle se heurta, là aussi, à une barrière machiste impitoyable. La commission la rejeta. Raison invoquée : en cas de guerre, elle ne pourrait être utilisée comme pilote, l'armée étant réservée aux hommes.

« Quelle armée ? », avait-elle rétorqué à juste raison aux membres de la commission. Un des termes du traité de Versailles[6], l'accord de capitulation ayant mis fin au conflit mondial, interdisait à la fragile république de Weimar de posséder des forces aériennes. Tous les avions avaient été livrés aux alliés au grand dam des militaires à qui il restait encore un peu d'honneur. Malgré ses arguments massue, le jury n'avait pas plié.

Melitta, refusant catégoriquement d'être exclue de cette famille dont les valeurs rejoignaient les siennes, ne s'était pas avouée vaincue. Elle trouverait un autre moyen.

Elle poursuivit ses études avec succès. Sa concentration intense et sa mémoire infaillible lui permirent de passer les étapes avec facilité. Elle gravit les échelons avec brio, au grand dam des autres étudiants qui l'observaient avec curiosité, voire dédain.

Elle comprit très jeune qu'elle aurait à se battre pour imposer sa présence dans un monde masculin. À tort, elle continua à porter les cheveux courts et se comporta comme le pire des machos, comme si ressembler à un homme pouvait lui faciliter la tâche.

---

[6] Traité de paix signé le 28 juin 1919. 32 puissances sont présentes dont les principales : la France, l'Italie, la Grande-Bretagne et les États-Unis.

Son style, éloigné des standards de la mode, accolé à son attitude de femme affranchie, lui conférait beaucoup de charme. Son côté androgyne attirait certains de ses camarades. Beaucoup tentèrent leur chance, très peu avec succès. Dompter une sauvageonne n'était pas donné à tout le monde. Jusqu'aux examens finaux, Melitta traîna une réputation sulfureuse ; réputation dont elle se souciait comme d'une guigne.

Fraîchement diplômée, elle intégra l'Institut de recherche aéronautique allemand, plus connu sous le nom de DVL[7]. Mise en sourdine depuis la guerre, cette société avait reçu pour mission de contribuer à redorer le blason de l'aviation allemande. Malgré des finances au plus bas, le gouvernement allouait un budget conséquent à ses établissements dont l'avenir assurerait une croissance économique rapide. DVL en faisait partie.

Les lourdes pénalités infligées par les États victorieux laissaient peu de marge à l'économie du pays. L'inflation galopait, le taux de pauvreté n'avait jamais atteint un tel niveau. L'aéronautique civile – le domaine militaire leur étant toujours interdit – promettait de belles avancées. Les meilleurs éléments furent recrutés, dont Melitta, seule femme à rejoindre le laboratoire d'essai aérodynamique comme mathématicienne.

La jeune promue quitta Munich pour s'installer non loin de la base de Berlin-Adlershof, où elle trouva un petit meublé avec vue sur les hangars.

Échaudée par son expérience estudiantine, où l'esprit étriqué de ses congénères ne lui avait pas réussi, elle profita de ce nouveau départ pour changer d'attitude ; elle ne souhaitait pas itérer les mêmes erreurs. Sans se l'avouer, sa rébellion avait laissé des traces douloureuses.

Elle écouta les conseils de ses parents, se laissa pousser les cheveux, et s'habilla plus simplement. Ce changement l'aida à contourner habilement les chausse-trappes tendues par des hommes jaloux de se voir concurrencés dans leurs domaines de

---

[7] *Deutsche Versuchsanstalt für Luftahrt*

prédilection. Elle manœuvra intelligemment et sa présence fut acceptée dès lors sans trop de difficultés. Discrète, assidue, ponctuelle, cette fois, sa réserve ne permit à personne de la prendre en défaut.

Au bout de quelques mois, son travail commença à être remarqué et elle fut invitée, au même titre que ses collègues masculins, aux réunions de décisions.

Côté cœur, l'homme qui accaparait ses pensées ne se manifestait plus beaucoup auprès d'elle. Elle le voyait souvent en photos dans la presse aux côtés de sublimes femmes du monde. Habitant dans le centre-ville, les fêtes qu'il organisait étaient courues dans la haute société berlinoise. Melitta l'informa de son installation dans les faubourgs de la capitale, mais Ernst, dans un premier temps heureux de sa venue, oublia de la rappeler. Comment rivaliser avec ces princesses russes ou ces danseuses de cabaret que l'aviateur côtoyait ? Il n'avait que l'embarras du choix. Pourquoi s'enticherait-il d'une petite provinciale mal fagotée et sans le sou ? Pragmatique, Melitta se fit une raison et entama le deuil de sa relation. De toute façon, ce don Juan ne lui appartiendrait jamais.

Elle accepta finalement les avances d'un bel étudiant danois prénommé Hendricks. Il était temps de passer à autre chose. Le jeune homme – il avait trois ans de moins qu'elle – n'avait certes pas le magnétisme d'Ernst Udet, mais, sportif accompli, il aimait les sorties en pleine nature. Grand et musclé, il n'était pas non plus dénué de charme.

Ils se retrouvaient le dimanche pour de longues séances de natation dans la Spree, la rivière proche de la base. Activité inimaginable avec Ernst, chez lequel un combat aérien avait laissé de sévères séquelles. Ses douleurs lombaires l'obligeaient à prendre en permanence de puissants antalgiques.

Tout allait pour le mieux jusqu'à ce que Melitta découvrît dans le journal les exploits d'Amélia Earhart : la pilote américaine venait de traverser l'Atlantique en équipage à bord d'un Fokker, un avion allemand. L'article raviva son amour du vol et la rendit amère. La planète des aviatrices tournait sans elle. Le temps filait et elle allait passer complètement à côté de ce dont elle avait toujours rêvé.

Une grande partie de ses collègues, ceux qui semblaient enfin reconnaître la valeur des femmes dans l'aérien, ne la désapprouvèrent pas lorsqu'elle fit part de ses envies de reprendre sa formation de pilote. Personne n'en mesurait la difficulté sauf Georg Wollé, un collègue ingénieur avec qui elle s'entendait bien. Malgré son amitié, il tenta de la décourager :

« Non seulement c'est un monde impitoyable, mais tu ne pourras pas te payer les cours, c'est bien trop cher, la prévint-il à juste titre. » Oh ! Il ne disait pas ça méchamment, au contraire même. Il prenait soin d'elle, c'est tout.

Elle aimait bien cet homme, qui adorait également la nature et les longues balades dans les forêts environnantes. Ils s'étaient rencontrés alors qu'elle admirait sa splendide moto devant la cantine de l'Institut. Avec son casque, il ressemblait à un poussin tombé du nid. Elle n'avait pu s'empêcher d'éclater de rire quand il lui avait adressé la parole. Pour se faire pardonner, elle avait accepté une virée.

Très vite, du side-car, elle avait enfourché la grosse machine, arrachant des sourires et des quolibets de part et d'autre quand elle traversait la base au guidon de l'engin. Georg aurait aimé que leur relation allât plus loin, mais elle lui fit comprendre que leur rapport ne dépasserait pas le stade amical.

Georg n'avait pas tort. La somme requise pour passer son brevet était déraisonnable, mais qu'importe ! Melitta décida d'économiser le moindre sou en restreignant le rythme de ses sorties, privilégiant ce qui ne coûtait rien en matière de loisirs. Elle solliciterait l'aide de son père pour le reste.

En juillet 1929, elle rejoignit l'école de pilotage de Staaken, de l'autre côté de la ville, pour ses premières leçons.

Le trajet jusqu'à l'aérodrome durait près de deux heures. Il n'était pas facile de cumuler travail et cours, mais elle trouva, malgré tout, les ressources nécessaires. Elle devait se lever tous les jours à cinq heures du matin pour emprunter des transports en commun peu confortables. Elle accepta de bonne grâce ces contraintes, le retour dans le ciel berlinois la comblant plus que tout.

Georg venait parfois la chercher à moto. Il l'attendait, casque sur la tête, devant le centre de formation comme un amoureux transi. S'il ne pouvait la séduire, autant la faire rire, pensait-il de façon élégante. Il voyait arriver une femme, les traits tirés, mais le sourire radieux.

Elle obtint rapidement sa licence de base grâce à son expérience acquise en planeur. Son chef de service, Paul von Handel, un ingénieur talentueux, avait assoupli ses horaires afin de lui permettre d'assouvir sa passion. Frustré de ne pouvoir piloter lui-même, handicapé par d'énormes lunettes à double foyer, il se projetait sur la jeune femme en investissant tous ses espoirs en elle. Grand bien lui en prit. Il récolta des bénéfices inestimables. Sa subordonnée put mettre à profit son expérience du vol dans ses études aérodynamiques et elle ouvrit la porte à de nouvelles avancées technologiques.

La période était bénie des dieux. Melitta tirait une immense satisfaction de son travail de recherche ainsi que de son apprentissage du ciel. Le sourire ne la quittait pas. De plus, elle était grandement appréciée par ses pairs. Elle avait compris que rester à sa place facilitait les relations. Les conseils de ses parents avaient payé. Sa rébellion n'avait servi à rien. À quoi bon combattre l'inégalité existante quand on peut obtenir tout ce que l'on veut par l'intelligence ?

Paul lui donnait de plus en plus de responsabilités. Il n'était pas rare, tard le soir, de les voir tous les deux penchés sur des planches à dessin.

Seule ombre au tableau : Hendricks. Melitta perçut les limites d'un garçon plus jeune qu'elle – l'ayant aperçue sur la moto de Georg, il lui avait fait une crise de jalousie mémorable. Elle avait moins de temps à lui consacrer à cause de ses activités et les tensions s'accumulaient. Elle décida de mettre un terme à leur relation un dimanche où ils étaient invités chez Paul pour rencontrer sa fiancée. Hendricks avait dormi avec elle et ils avaient passé une soirée agréable. Au matin, d'un air assuré, il lui avait lancé un ultimatum :

« Litta, je t'aime, je veux faire ma vie avec toi, mais ça sera sans l'aviation. Si tu veux poursuivre avec moi, il te faudra choisir ».

Melitta sentit monter la colère d'autant plus qu'elle l'avait mise de côté à de nombreuses occasions. Aucun homme ne lui imposerait sa façon de vivre.

« L'aviation est toute ma vie. Un homme qui prétend m'aimer ne peut pas m'imposer un tel sacrifice. Le choix est vite fait » répondit-elle d'une voix glacée. Hendricks, piqué au vif, disparut cinq minutes plus tard, la laissant seule devant son petit-déjeuner.

Décidément, elle n'arriverait pas à garder un petit copain. Melitta passa son dimanche auprès de Paul et Élisabeth, sa nouvelle fiancée. L'aristocrate, née comtesse von Üxküll-Gyllenband, descendait d'une des familles les plus anciennes d'Allemagne. Avec simplicité et une réelle empathie, elle la consola avec beaucoup de tendresse. « Un de perdu, dix de retrouvés », lui dit-elle avec malice. Il est vrai que les corps musclés ne manquaient pas dans l'entourage de l'aviatrice. Cette complicité nouvelle souda leur lien et les deux femmes devinrent de grandes amies.

Préférant depuis toujours les amitiés masculines, Melitta apprécia ses échappées hors de ce monde macho qui lui faisait parfois oublier sa propre féminité. Élisabeth l'initia aux belles choses, à la mode, aux plaisirs futiles, notamment au modelage de la terre. La sculpture combla la fibre artistique de l'aviatrice, peu développée dans son travail quotidien. Elle oubliait tout lorsqu'elle pétrissait un colombin de glaise.

En dehors de ces parenthèses hors du temps, Melitta avança dans sa formation aéronautique, augmentant son aisance et sa confiance en elle. Elle s'essayait à différents types d'avions, plus ou moins gros, mais jamais assez puissants à son goût. La limitation de cylindrée des moteurs avait été imposée par les vainqueurs.

Parfois, l'ingénieure navigante grappillait quelques billets en participant à un meeting ou en emmenant avec elle quelques téméraires qui souhaitaient découvrir la sensation du vol, argent qu'elle réinvestissait immédiatement dans d'autres leçons. Elle construisait ainsi son expérience et gravissait les marches une à une jusqu'au Graal : la licence de pilote d'avion.

Un week-end de décembre, alors qu'elle avait accepté pour quelques marks le convoyage d'un appareil de Berlin à Cologne, elle se heurta à la triste réalité des aviateurs : une météo capricieuse. Un brouillard glacial l'empêchait de trouver des repères suffisants à sa navigation. Elle était loin du ciel bleu dans lequel elle pouvait se sentir admirée par des centaines d'individus. Pour arranger le tout, ses lunettes se couvrirent de givre, ce qui l'obligea à les retirer et subir les piqures acérées des cristaux de glace. Face aux éléments, elle comprit qu'elle n'était qu'une bien petite personne dotée de bien peu de pouvoirs. Elle ne devrait jamais oublier que la nature avait force de loi. Sa vue réduite, elle se perdit dans les immensités blanches. Son carburant arrivant à un niveau inquiétant, elle décida de se poser sur un aérodrome qu'elle venait de survoler. Elle n'aperçut le drapeau français flottant en haut d'un mat qu'à la dernière minute. Elle avait franchi la frontière sans s'en rendre compte. Déjà, des individus accouraient. Elle leur fit signe qu'elle redécollait immédiatement, ne leur laissant pas la possibilité de s'approcher. Sa méprise pouvait lui coûter un emprisonnement et la confiscation de son appareil par les autorités françaises. Impensable !

Une fois en l'air, elle retrouva les conditions dantesques et retraversa le Rhin au plus vite. À peine de l'autre côté, son moteur toussota de façon anormale ; son carburateur avait probablement gelé. Lorsque l'hélice s'arrêta dans un silence assourdissant, elle choisit un champ devant elle.

Heureusement, comme par magie – elle comprit qu'il existait un dieu pour les pilotes – les précipitations cessèrent. Elle recouvrit une vision suffisante. Cette fois, elle se trouvait en Allemagne et ne risquait plus rien sur le plan géopolitique. C'était sans compter l'état du sol qu'elle ne pouvait appréhender. Elle expérimenta avec stupeur ce que les pilotes allaient appeler bien plus tard « la loi de Murphy » : la loi de l'emmerdement maximal. Les roues s'enfoncèrent brutalement dans la boue, brisant le train d'atterrissage. L'avion planta son nez dans le sol et se retourna violemment. Melitta eut beaucoup de chance. La structure résista. Le peu d'essence restante coula sur elle en une douche urticante. Bloquée dans son harnais, elle ne dut son salut qu'à deux paysans qui travaillaient dans le coin. Ils la détachèrent de son piège de métal en soulevant la machine. Elle trembla a posteriori en découvrant qu'ils n'avaient pas éteint leur cigarette. Ce jour-là, le dieu des pilotes l'avait protégée à bien des égards, car au mieux elle aurait fini dans les geôles françaises et au pire en torche vivante.

*

À la surprise de toute la famille. Hanna obtint son diplôme de fin d'études secondaires et elle fut admise en faculté de Médecine.

« Tu as eu beaucoup de chance, déclara son père. Tu devras à présent travailler d'arrache-pied pour réussir ta Médecine, c'est moi qui te le dis. Ce n'est pas avec des résultats pareils que tu deviendras quelqu'un. »

Pas une félicitation, pas un « je suis fier de toi ». Qu'importe ! Hanna attendait la suite. Voyant qu'elle n'arrivait pas, elle lui rappela la promesse qu'il lui avait faite. Le docteur l'avait oubliée. Soit ! Plus maintenant. Il n'avait qu'une parole...

Onze années après le premier vol de Melitta Schiller, la jeune femme entreprit à son tour sa formation dans le ciel de la vallée du Hirschberg. Ce serait le plus bel été de sa vie, annonça-t-elle à qui voulait l'entendre.

Ses premiers pas dans un groupe de garçons post-pubères ne manquèrent ni de croche-pieds ni d'anecdotes machistes. Hanna encaissa bien des fois en serrant les dents et dut trouver des subterfuges pour être acceptée. Comme sa petite stature physique appelait les moqueries, elle décida que l'humour serait sa meilleure défense, humour qu'elle habilla d'un entrain hors normes et d'un caractère volubile. Sa propension à faire rire ses camarades l'aida indéniablement dans son intégration. Elle ne ratait pas une occasion de faire le pitre. Ses bêtises dépassèrent malheureusement très vite les sacro-saintes règles de sécurité et la menèrent régulièrement à des interdictions de vol pour raisons disciplinaires.

Un jour d'août, un manquement volontaire à une procédure faillit très mal se terminer. Elle frôla l'accident. De façon logique, elle fut à nouveau interdite de vol, la fin de sa courte carrière étant même envisagée. Les instructeurs en avaient assez de ce clown indiscipliné. Mais c'était sans compter sur la veine de ce phénomène à bouclettes blondes. Il n'y a pas de destin hors du commun sans un facteur chance à un moment ou à un autre. Wolf Hirth, un pionnier de l'aviation allemande, vint passer quelques jours sur le terrain pour s'entraîner. Lors d'une visite au centre, il apprécia l'enthousiasme d'Hanna, toujours volontaire pour une nouvelle aventure, et son charme enjôleur. Il vit en elle la tête brûlée qu'il avait été à son âge. Être casse-cou ne l'avait cependant pas empêché de réussir en créant une société florissante de construction de planeurs. Elle aussi sortirait son épingle du jeu, il en mettait sa main au feu et tout le poids de son expérience.

Sans son intervention, Hanna aurait été dégagée de sa formation.

« La Nation a besoin de personnes comme elle, des personnes battantes et non défaitistes », déclara-t-il au président du club lorsqu'il vint en personne défendre son cas.

On ne contredit pas un homme qui contribue financièrement à la vie d'un club associatif. Ce dernier accepta les conseils et Hanna fut réintégrée.

*

Plus que l'accident, le non-respect de la frontière qui avait engendré un incident diplomatique faillit coûter à Melitta sa carrière de pilote. Elle dut arrêter de voler, sa licence ayant été confisquée par les autorités.

Paul von Handel tenta d'actionner les leviers en son pouvoir pour lui venir en aide. Georg aussi, en vain. Melitta se demanda si ce dernier n'était pas satisfait de la voir clouée au sol. Encore un ! Depuis sa rupture avec Hendricks, son ami motard se montrait de plus en plus entreprenant. Elle marchait sur une corde raide, car elle n'osait pas briser son amitié en le rabrouant un peu trop sèchement. Elle lui expliqua, un soir où il avait encore tenté sa chance, qu'elle n'avait pas la tête à ça. Son arrêt forcé dans sa formation la minait au plus haut point.

Malgré la suspension de son autorisation de vol, quelle ne fut pas sa surprise de recevoir une invitation à la première réunion des femmes pilotes ! En 1930, le nombre d'aviatrices se comptait sur les doigts d'une main. Licence ou pas licence, Melitta appartenait à présent à ce monde fermé. Ce serait l'occasion de peser sur la décision des autorités et de récupérer son précieux sésame.

Comme il y avait des années qu'elle n'avait pensé à elle, elle décida d'y remédier. Elle profita de cette invitation pour se rendre à Alexanderplatz, quartier réputé pour ses boutiques de luxe. Élisabeth et elle prirent un taxi jusqu'au centre-ville. Habituée à ce genre de rencontres mondaines, la comtesse savait où s'adresser pour acheter une belle robe. Avant de pénétrer dans un de ces magasins, Melitta fut frappée par l'hétérogénéité de la population. Des bourgeois, dont elle faisait partie, devisaient à la terrasse des cafés ou déambulaient le long des vitrines, alors que des Berlinois sans le sou

30

faisaient la queue devant des échoppes de première nécessité. Ce mélange hétéroclite illustrait sans ambiguïté le taux de chômage qui atteignait des sommets. Il n'était pas rare d'être alpagué par un pauvre hère en recherche de menue monnaie. Melitta, trop occupée à vouloir s'en sortir elle-même, n'avait pas conscience de la réalité économique de son pays. Devant une femme qui demandait l'aumône avec ses deux enfants, elle s'arrêta et lui offrit quelques marks.

L'atmosphère était étrange. Si les kiosques vantaient les mérites des cabarets, annonçaient le succès de pièces de théâtre ou la création d'un nouvel opéra, la population crevait de faim.

Les deux amies pénétrèrent dans la boutique et le malaise de l'aviatrice disparut devant la beauté des tenues qu'on lui présenta.

Le jour J, elle étrenna sa belle robe, se maquilla, et s'aspergea du dernier parfum à la mode offert par Georg : *En Avion*, de Caron.

La réunion avait lieu dans les salons d'un grand restaurant proche du ministère de la Guerre. Le *Deutsche Allgemeine Zeitung,* un journal quotidien, avait organisé cette réception. Rien d'altruiste dans ce choix. Les aviatrices doublaient les ventes dès qu'un article leur était consacré, alors, les rédacteurs ne s'en privaient pas. Il fallait voir le nombre de curieux faisant le pied de grue à l'extérieur pour mesurer la popularité de ces aventurières. Quand elle descendit du taxi, Melitta sentit des centaines de regards se braquer sur elle. On ne la connaissait pas encore, mais le comportement du photographe maison indiqua qu'elle faisait partie des heureuses élues.

Elle rencontra ce que l'Allemagne comptait de pionnières de l'aviation, dont deux aviatrices célèbres : Elly Beinhorn et Marga von Etzdorf. Les femmes pilotes étaient trop peu nombreuses pour craindre la moindre concurrence entre elles. Elles avaient même plutôt intérêt à se soutenir. Ces deux dernières lui réservèrent un accueil chaleureux.

La réception fut des plus agréables. Des serveurs en habit passaient avec des plateaux d'argent garnis de canapés. Le beau monde berlinois s'était déplacé et Melitta en profita pour rencontrer des personnes influentes. La crise économique ne semblait pas avoir touché cette classe de population.

Plus tard, elle sursauta en apercevant Ernst Udet, qui « passait par là ». Toujours aussi séduisant, il accapara l'attention des journalistes et des femmes, nombreuses, qui assistaient à la conférence. À intervalles réguliers, il envoya une œillade en direction de Melitta. Lorsqu'Elly et Marga reprirent le contrôle, Ernst s'approcha de Melitta.

« Tu dînes avec moi ? susurra-t-il à son oreille.

— Pourquoi pas ? » s'entendit-elle répondre, cachant avec difficulté son bonheur.

L'as des as l'attendit à l'extérieur, un cigare à la bouche, au volant de son Hispano-Suiza dont le prix aurait pu financer la formation de dix femmes pilotes.

Leur entrée au Horcher, un restaurant chic de la capitale, ne passa pas inaperçue. Un maître d'hôtel les accompagna à sa meilleure table et tira un siège afin que Melitta pût s'asseoir. L'aviatrice tenta de maîtriser sa joie, elle entrait pour la première fois dans le Grand Monde. Elle répondit aux bonsoirs de parfaits inconnus qui venaient saluer son compagnon.

La discussion de cette soirée porta essentiellement sur le nouvel homme fort du pays : Adolf Hitler. Ernst lui apprit que son ancien commandant d'escadrille, Hermann Goering, faisait partie de l'état-major de celui qui visait la Chancellerie. Selon lui, « Le gros cochon » – terme employé par Ernst de façon affectueuse – avait insisté pour qu'il rejoignît le parti national socialiste des travailleurs allemands, le NSDAP.

« En cas d'accession, il y aura du travail pour moi, et qui sait, peut-être un poste de choix ? », lui confia-t-il.

Le parti avait besoin de figures de proue appréciées par le public. Qui mieux que le grand Ernst Udet pouvait représenter cette figure ? Hitler ne cachait plus son intention de faire sauter la république de Weimar, à ses yeux, trop faible, trop corrompue par la juiverie allemande. Selon ses dires, les lâches avaient troqué le pays un peu trop facilement après l'armistice. C'était inacceptable. La rumeur du « coup de poignard dans le dos » s'infiltrait dans tous les foyers. Elle affirmait que les juifs et les milieux de gauche auraient comploté depuis l'arrière du front dans le but de faire cesser les hostilités, amenant la situation épouvantable dans laquelle se trouvait le pays aujourd'hui. Le peuple, prêt à croire à la moindre baliverne sauvant l'honneur de son armée, s'accrochait à cette légende fondée sur rien de concret.

« Tu me connais, dit Ernst en riant, j'aime trop ma liberté pour aller m'engager en politique. »

Melitta n'imaginait effectivement pas son héros retirer son casque de cuir pour aller se pavaner dans les couloirs lambrissés des ministères en uniforme d'apparat.

Comme bon nombre de ses congénères, la jeune aviatrice partageait la colère du peuple allemand à qui l'on demandait beaucoup d'efforts pour peu de retours. La dette était telle que personne ne voyait le bout du tunnel. Selon elle, Hitler possédait plus d'atouts que les communistes pour relever le pays, même s'il avait tendance à désigner trop facilement comme responsables les concitoyens qui critiquaient ses idées. Certes, des bruits inquiétants couraient sur ses partisans quant à l'élimination des opposants, mais elle restait séduite par son côté charismatique. Oui, elle était prête à voter pour lui.

« Je n'ai rien entendu de tel, lui confia-t-il. Il faut dire que j'ai été absent de longues semaines. Je reviens juste d'Amérique.

— Ah ! Je comprends maintenant ce long silence ».

L'aviateur semblait soucieux. Il poursuivit :

« Là-bas, j'ai essayé un avion extraordinaire, un avion capable de plonger à la verticale tout en conservant de la puissance motrice, le Curtiss Hawk. Il est équipé d'une sorte de frein aérodynamique ultrapuissant. Imagine un bombardier capable d'une telle prouesse. Tu poses le nez sur la cible, tu largues ta bombe, et tu redresses. Il n'y aurait plus d'erreur de tir, plus de victimes collatérales, seul l'objectif militaire serait atteint. Voilà l'avenir de l'aviation militaire. Toi qui deviens une spécialiste, crois-tu qu'une telle prouesse serait possible sur nos avions ?

— Il nous faudrait un exemplaire de cet appareil pour l'étudier. Mais je te rappelle que nous n'avons pas le droit d'effectuer des recherches à caractère militaire.

— Litta, ce que je vais te dire reste entre nous. Robert Ritter von Greim, un ancien collègue et ami avec qui je tournais parfois dans les spectacles aériens, a été chargé par Goering d'étudier la faisabilité d'une nouvelle force aérienne. Tu as sûrement constaté que les recherches pouvaient être facilement transférées du domaine civil au domaine militaire. Seule la couleur de peinture diffère.

— Effectivement, tout se rejoint, mais...

— Si Hitler passe au pouvoir, prépare-toi ! Nous aurons besoin de chercheuses comme toi pour remonter une aviation digne de ce nom. »

Melitta ne s'attendait pas à de telles révélations. Patriote, la confiance que lui accordait Udet la gonfla d'orgueil. Ses yeux bleu acier la renversaient dès qu'il posait son regard sur elle. Elle l'aurait embrassé sur le champ s'ils n'avaient été entourés de toute la crème berlinoise.

En fin de dîner, une bouteille de champagne leur fit oublier les tracas du pays. Melitta, incapable de résister au charme de l'aviateur, accepta l'invitation pour un dernier verre à son domicile.

Quelques jours plus tard, elle reçut une lettre lui spécifiant que son interdiction de vol était levée.

Chapitre 4

À la fin de l'été 1931, Hanna obtenait ses différents degrés de vol à voile ; en septembre, elle rejoignait l'Académie de Médecine de Berlin où son père l'avait inscrite.

Très vite, elle s'ennuya ferme dans les amphithéâtres. Le ciel la démangeait. Elle se sentait comme un athlète privé de ses jambes, ou plutôt comme un oiseau privé de ses ailes. Elle étouffait dans cette ville grise à l'atmosphère empuantie par une industrialisation galopante. Le grand air lui manquait.

Sur un coup de tête, et sans en mesurer les moyens nécessaires, elle s'inscrivit à l'école de pilotage de Berlin Staaken, celle-là même où Melitta avait engrangé ses premières heures de vol quelques années plus tôt. « Encore une folle qui a envie de se prendre pour un homme, ronchonna le chef pilote en la découvrant dans son bureau. Je vous préviens, il vous faudra beaucoup de travail et beaucoup d'argent pour arriver à la cheville de Melitta Schiller. »

À peine l'aventure commençait-elle qu'on la confrontait déjà à une autre femme ! Modèle à suivre, cette pilote était devenue la référence ultime de mâles dotés d'œillères en ce qui concerne l'aviation féminine. Dès qu'une comparaison devait être faite, les garçons se référaient à cette Melitta Schiller. Hanna ne savait pas qu'il s'agissait de la femme qui lui avait inoculé le virus ; cette pionnière qui apparaissait régulièrement dans sa mémoire à la manière d'un fantôme bienveillant.

Hanna se leva aux aurores tous les matins pour se rendre à l'aérodrome. En hiver, les températures descendaient souvent à moins 10 degrés. Il fallait être sacrément motivée pour aller affronter la neige qui encombrait les routes et collait aux semelles.

Après ses vols, elle rejoignait la faculté. Parfois, et même de plus en plus souvent, elle préférait rester sur le terrain d'aviation à engranger des connaissances. Pour elle, les moteurs à combustion étaient plus intéressants que l'anatomie du corps humain. La technologie représentait un prérequis si elle voulait un jour se prétendre pilote.

Très vite, ce qu'elle craignait advint, ses leçons de vol engloutirent la totalité de l'argent alloué par son père. Le reste du mois, elle devait trouver des solutions pour manger. Tout était bon à prendre et elle devint la reine de la débrouille. Elle réussit à troquer des médicaments chapardés à son père, ou des robes confectionnées par sa mère, contre des bols de soupes et des cours de mécanique. Son aspect physique ne la préoccupait guère. Elle ne quittait plus une vieille combinaison bleue retaillée par ses soins pour qu'elle n'eût pas l'air d'un sac.

Un jour, un mécanicien lui lança un défi : remonter entièrement un moteur de Fokker en un week-end. Il lui montra les dizaines de pièces qui reposaient à même le sol et lui confia le plan de travail.

Le lundi matin, les cheveux pleins de graisse, la peau salie, elle lui présenta le résultat non sans orgueil. Le mécanicien monta dans le Fokker et actionna le démarreur devant une assemblée curieuse. Le moteur toussota, cracha des volutes de fumée, et démarra dans un vrombissement de victoire. Elle avait réussi. Ses collègues applaudirent. Le respect se gagne par des actes, avait l'habitude de dire son père... Il serait fier d'elle.

À partir de ce jour, les ouvriers travaillant sur le terrain lui témoignèrent leur considération. Ils l'accueillirent comme une des leurs chaque fois qu'elle éprouvait le besoin d'un peu de chaleur ou d'un bol de soupe.

À leur contact, elle fut informée des bouleversements politiques qui se déroulaient dans le pays. Elle ne lisait pas les journaux, son esprit à elle étant préoccupé à cent pour cent par ses vols et par l'argent qu'elle devait économiser au centime près. Ces mécanos, pour la plupart des rescapés de la Grande Guerre, portaient beaucoup d'espoir sur le nouvel homme fort du pays. Hanna s'en fichait totalement, la politique n'étant pas son fort, elle préférait néanmoins approuver leurs discours afin d'éviter toute confrontation qui aurait pu lui être néfaste. Leur rusticité de pensée ne permettait pas la contradiction. Hanna sentit qu'une opinion contraire de sa part aurait pu l'éjecter du groupe aussi facilement qu'on se débarrasse d'un bidon d'huile usagée.

Elle préféra jouer le rôle qui lui avait été attribué, celui de la mascotte rigolote sur le dos de laquelle on aime plaisanter. Suivre l'avis général de ses nouveaux amis ne la gêna pas plus que ça : si tout le monde faisait confiance à ce Hitler, c'est qu'il ne devait pas être si mauvais que ça. De plus, le guide, comme il s'était autoproclamé, convenait depuis ses débuts en politique aux valeurs de ses parents. Il détestait les juifs et les communistes, comme sa mère, qui n'hésitait jamais à accuser les premiers de tous les maux. Cerise sur le gâteau, le petit homme à la moustache ridicule aimait l'aviation. On le voyait souvent dans les journaux parader dans son oiseau de fer, comme si le salut ne pouvait venir que du ciel. Hanna ne pouvait qu'applaudir.

Un jour, dans ces mêmes journaux, qu'elle survolait parfois dans l'atelier de mécanique, elle découvrit avec émoi le visage de Melitta Schiller, ce nom dont tout le monde se gargarisait au club. L'aviatrice posait en compagnie d'autres pilotes célèbres dans un restaurant guindé de la capitale. Hanna en eut le souffle coupé. Elle reconnut la jeune femme de ses débuts ; la femme qui hantait ses rêves depuis sa plus tendre enfance. Certes, elle avait abandonné sa combinaison graisseuse pour une robe de modiste, mais son sourire n'avait pas changé.

Elle en aurait pleuré. Voilà qu'elle marchait sur les traces de son modèle, qu'elle volait dans son sillage.

*

Le 9 avril 1931, le mariage de Paul et Élisabeth donna à Melitta l'occasion de se détendre un peu. Elle avait enfin obtenu sa licence définitive et pouvait à présent voler sur tout type d'avion. L'Institut avait accepté qu'elle effectuât elle-même les essais afin de mettre en pratique ses théories. Le prêt d'appareils sophistiqués leur permit de commencer des campagnes de recherches aérodynamiques.

Ce mariage tombait bien, car après des mois de travail acharné, l'ingénieure pilote était épuisée.

« Tu as bien mérité un peu de détente, lui avait soufflé Paul, en découvrant à travers ses grosses lunettes l'état de son visage. Élisabeth ne me pardonnera jamais de te faire autant travailler. »

Melitta étrenna pour la cérémonie une jolie robe bleue de couturière et se coiffa d'une couronne de fleurs naturelles, accessoire choisi par la mariée à l'attention des demoiselles d'honneur.

Le premier à lui faire un compliment fut un officier en tenue d'apparat. Extrêmement séduisant, l'homme prénommé Claus, un cousin d'Élisabeth, compara la fraîcheur de sa peau avec celles des fleurs de sa coiffure.

Comme Ernst disparaissait et réapparaissait au gré de ses envies, elle avait mis un terme à leur relation. Les fois où elle l'avait revu, l'obsession de l'aviateur sur les bombardiers en piqué ne le quittait pas. Melitta se demanda si son attirance pour elle n'était pas liée à sa capacité de répondre à des questions techniques. Elle décida que ce playboy ne ferait plus partie de son cercle d'intimes. Elle n'avait pas le caractère d'une Pénélope attendant son Ulysse, d'autant plus que des femmes désespérées guettant le bruit de son Hispano-Suiza devaient être légion.

Le sourire ravageur du militaire la conforta dans le fait que l'amour pouvait exister ailleurs. Malheureusement, son charme découlait plus de ses bonnes manières que de sa volonté de plaire à tout prix. Claus était fiancé. Il lui présenta sa promise, Nina, un peu plus tard. L'aviatrice ressentit tout de suite une immense sympathie envers cette jeune femme au dynamisme débordant.

Le grand frère de Claus, Berthold, l'invita à danser peu après. Plus effacé que son cadet, il ne manquait pas de charme non plus. Il guida Melitta, dont la maladresse provoqua des fous rires communicatifs dans la famille.

Alexander, le troisième de la fratrie, la délivra de l'emprise de son frère jumeau lorsque ce dernier entreprit de parler politique. Son sauveur comprit sans même lui avoir adressé la parole que Melitta avait envie de s'amuser et non d'engager une conversation sérieuse. Il la prit sous son aile et dansa avec elle à s'en tourner la tête. Sa grande taille, ses pommettes hautes, son épaisse chevelure brune, son regard profond, lui firent entrevoir un après Ernst Udet.

Melitta fut séduite par l'élégance de ce clan aristocrate au conservatisme désuet.

Alexander Schenk von Stauffenberg, professeur d'histoire, semblait être celui qui s'éloignait le plus des valeurs patriotes que leur avaient transmises leurs illustres ancêtres. Il avait aussi un petit côté rêveur qui séduisit la jeune aviatrice. La poésie, son domaine de prédilection, l'intrigua. Cet homme ne ressemblait à aucun de ceux qu'elle avait rencontrés jusqu'à présent.

Comme dit l'adage « les opposés s'attirent », Alexander et Melitta se plurent. L'aviatrice avait besoin d'oublier les heures passées dans les calculs de forces aérodynamiques. Le professeur aimait s'évader de son monde académique. Le côté intellectuel de celui qu'elle appela très vite « mon petit canard à l'orange » la conquit. Sa vision du couple moderne la subjugua. Lorsque Alexander lui confia qu'il tenait à sa liberté avant tout et que le fait de ne pas avoir d'enfant ne lui posait pas de problème, elle se dit qu'elle avait trouvé l'homme qu'il lui fallait.

Si Melitta avait choisi depuis longtemps l'aviation à la place d'une vie de famille, elle désespérait de se retrouver seule. Alexander tomba à point nommé et ils sortirent ensemble.

Ce n'était pas le grand amour, mais elle se sentait bien avec lui. À l'inverse d'Ernst Udet, il n'était pas un homme d'action. En plus de ses dons pour la poésie, elle admirait ses connaissances, ses facéties et sa gaîté. Alexander la reposait quand elle le rejoignait après une intense semaine de travail à essayer toutes sortes de dispositifs aéronautiques. Le voir assis dans un fauteuil, un livre à la main, tel un bon gros matou qui attend sa maîtresse, la faisait littéralement fondre de bonheur.

Elle le retrouvait souvent avec ses frères dans la maison de campagne familiale proche du lac Wannsee. Là, ils s'adonnaient à la chasse, le canotage ou la natation. Ils passaient de longues soirées à refaire le monde, en fumant le cigare et en buvant des spiritueux. Il n'était pas rare d'aller se coucher, l'esprit embrumé par l'alcool, Alexander se montrant à ce moment-là un amant passionné.

Melitta participait aux conversations au même titre que les compagnes de ses beaux-frères. Jamais elle n'avait senti cette liberté de ton et cette égalité des sexes.

Alexander n'aimait pas Hitler. Professeur d'Histoire ancienne à l'université de Berlin, il lui préférait Homer, qu'il n'hésitait pas à citer dans de longues comparaisons. Ses deux frères, à l'inverse, partageaient les idées du führer, la volonté de sortir le pays du marasme, même s'ils ne cachaient pas leurs craintes quant à ses méthodes dictatoriales.

Leur culture aristocratique les positionnait dans un monde de traditions monarchiques. Inspirés par les discours du poète Stefan George, ils tentaient de suivre ses préceptes en ce qui concernait la loyauté, l'héroïsme et le don de soi. Ils avaient grandi dans l'idée qu'ils seraient appelés un jour à faire de grandes choses au péril de leur vie, surtout Berthold, professeur de droit, qui croyait dur comme fer à un retour de la monarchie. Ce milieu intellectuel ouvert d'esprit convenait à Melitta. Elle avait enfin trouvé un groupe dans lequel elle se sentait formidablement bien.

Dans ces longues discussions, Alexander paraissait le plus fragile. Melitta constata que ses deux frères le protégeaient jusque dans leurs discours. On aurait dit qu'il était le maillon faible de la famille et qu'il devait être défendu à tout prix.

Un week-end où il avait été obligé de se rendre à une conférence, Melitta assista à une discussion virulente entre Berthold et Claus. Le premier ne manquait pas d'arguments pour critiquer les *sturmabteilung*[8] d'Hitler tandis que le second, en bon militaire, défendait le führer comme le seul sauveur possible d'une Allemagne exsangue. Alexander, lui, avait le don d'apaiser la fratrie par ses analyses sensées, toujours étayées par des faits anciens.

---

[8] Sections d'assaut ou SA

Chapitre 5

Par un beau matin d'automne, Hanna aperçut un monoplan se poser sur la piste de l'aérodrome. Elle apprécia la ligne racée de l'avion lorsqu'il se parqua à quelques mètres de l'atelier. Elle attendit de découvrir qui pilotait cette merveilleuse machine et eut la surprise de voir une femme s'en extraire.

Jeune et belle, l'inconnue portait un pantalon Jodhpur et des bottes cavalières. En s'approchant, le cœur d'Hanna s'arrêta. Elle reconnut Elly Beinhorn, la célèbre aviatrice dont les photos s'affichaient souvent en une des journaux. Hanna s'était délectée du récit de ses péripéties relatées dans la presse. L'avion était le Klemm L25 avec lequel elle avait fait le tour du monde.

L'héroïne ouvrit le capot du moteur, resta immobile quelques minutes, puis, enfin, se tourna vers le hangar d'où semblait s'échapper un peu de vie.

La jeune femme, cinq ans plus âgée qu'Hanna, sourit en apercevant la petite blonde en bleu de travail maculé de graisse, qui s'approchait timidement. Devinant son embarras, elle entama la conversation :

« J'ai des problèmes d'alimentation. Tu pourrais m'aider ? »

Et comment ? Hanna était la bonne personne. Elle en trembla d'impatience.

L'apprentie mécanicienne vérifia les paramètres du moteur et régla l'allumage de manière optimale, sous l'œil goguenard du chef d'atelier.

« Laissons les femmes se débrouiller entre elles » railla-t-il.

Les deux aviatrices discutèrent une partie de la matinée autour du moteur du Klemm, qui avait également besoin d'un bon graissage, ce qu'Hanna s'empressa de faire.

Pour la remercier, Elly l'embarqua pour un tour au-dessus de la campagne berlinoise.

Une fois en vol horizontal, elle céda les commandes à Hanna, pour son plus grand bonheur. Le temps était clair, l'atmosphère calme. Cette dernière se permit quelques figures acrobatiques au-dessus des lacs où naviguaient quelques voiliers.

Hanna frissonna en sentant la machine qui répondait à ses sollicitations comme un animal docile. Elly riait devant une telle félicité. Ce genre de phénomène à l'énergie sans pareille ne se rencontrait pas tous les jours.

Une fois au sol, les deux femmes continuèrent leur conversation, mettant en exergue les obstacles du métier. Hanna lui confia ses difficultés à boucler son budget et ses confrontations avec son père, qui ne goûtait pas ses manquements répétés à la faculté de Médecine.

Elly partagea l'expérience malheureuse de ses débuts. Elle lui raconta qu'elle avait été sauvée de la faillite en obtenant le prix Hindenburg, une somme rondelette qui récompensait des performances sportives aériennes exceptionnelles. Malgré cet argent et sa notoriété, il lui était difficile de monter des projets. Les industriels étaient frileux à l'idée de consacrer des finances à des expéditions lointaines alors que les moyens manquaient pour la recherche de nouvelles technologies.

« Tu devrais te tourner vers la recherche, ou les essais en vol. Les places sont chères, mais ça vaut le coup » lui conseilla-t-elle.

Elle lui indiqua également des pistes professionnelles, comme le cinéma ou la réclame aérienne. « Je connais plein de gens, je te les présenterai, tu verras. Sans appui dans ce pays, nous ne sommes rien, nous, les femmes. Nous devons nous serrer les coudes. »

Une belle amitié naquit de cette journée. Au moment du départ, les deux femmes promirent de se revoir.

Hanna regarda sa nouvelle amie s'envoler au soleil couchant. Elle se rêva à sa place, pilotant son propre avion. Elle tapota sa poche pour sentir le carton sur lequel Elly avait noté quelques noms et numéros de téléphone utiles.

À la fin de l'année scolaire, Hanna fut obligée de retourner dans sa Silésie natale, son père refusant de subvenir à ses besoins berlinois pendant l'été. La dispute qui en découla les éloigna un peu plus. Le docteur n'en démordait pas : sa fille serait médecin, et pas autre chose.

Dépitée, Hanna se tourna vers son mentor : Wolf Hirth, avec qui elle avait gardé des rapports privilégiés depuis son intervention salvatrice. Il lui offrit un petit job d'été dans son atelier de réparation de planeur. Là, au milieu des odeurs de colle, de peinture et de solvants, Hanna pensa avoir trouvé enfin sa vraie famille.

Après le travail, refusant le contact avec ce père intraitable, elle passait souvent ses soirées avec le couple Hirth, préférant sa présence à celle de ses propres parents. Elle admirait la femme, Johanna, qui soutenait son mari quoi qu'il arrivât. La fantaisie de ses hôtes l'éloignait de façon inexorable de sa vie précédente.

Après dîner, Wolf aimait boire un cognac français, assis sur un rocking-chair, sa prothèse posée en évidence sur un tabouret. Il tirait avec volupté sur un fume-cigare dont il adorait raconter la provenance. Cet objet avait été taillé dans le péroné de sa propre jambe, amputée après un accident de moto.

Sa vie était si riche en aventures qu'il aurait pu conter une histoire différente à chaque dîner sans se répéter. Sa femme et Hanna l'écoutaient en silence, avalant ses paroles comme on boit du bon vin. La brise de l'Est traversait la terrasse de la maison. Parfois, des papillons nocturnes venaient se brûler les ailes aux flammes des bougies. La sérénité de ce bonheur simple les gagnait, et c'est l'esprit plein d'espoir, distillé avec force par son mentor, qu'Hanna allait se coucher.

Loin de la capitale, elle n'entendait pas enfler les bruits de bottes qu'elle découvrait à travers les paroles de ses collègues de travail au petit matin. Dans les grandes villes, les bagarres s'amplifiaient. Les partisans d'Hitler, vêtus de chemises brunes, se battaient contre les communistes dans les rues de façon de plus en plus violente. Le taux d'inemploi, qui atteignait plus d'un tiers de la population active, rendait les gens nerveux. Les coalitions gouvernementales ne parvenaient pas à juguler la montée en puissance des extrêmes. Hitler gagnait du terrain. Il promettait du travail pour tous, une maîtrise de l'inflation, la restauration de la fierté nationale, en lançant des programmes industriels d'ampleur. Devant ses détracteurs, qui l'accusaient de brutalité, il affirmait son amour pour le peuple allemand. Il semblait incarner l'homme que le Monde attendait.

Hanna écoutait ces discussions d'une oreille distraite. Les disputes pro et anti n'étaient pas rares. Les meilleurs amis d'un même groupe pouvaient se fâcher à vie pour des avis divergents. L'aviatrice, elle, ne se souciait que d'une chose : comment gravir les échelons qui l'amèneraient jusqu'au ciel ?

Un soir, Kurt, son frère, vint la trouver après le travail. Ils se rendirent à une buvette non loin du terrain d'aviation. Il lui apprit son engagement dans la Reichsmarine, la Marine Nationale allemande. Il allait quitter la Silésie pour le nord, à Kiel, au bord de la mer Baltique, pour commencer ses études. Lui non plus ne supportait plus son père.

« Je veux servir mon pays, lui confia-t-il, officier de marine comblera mon besoin de voyage. J'ai obtenu l'accord de papa, qui m'a demandé de veiller sur toi.

— Comment ça, veiller sur moi ! » s'exclama Hanna, qui elle aussi, avait goûté aux joies de la liberté et qui ne souhaitait pas revenir en arrière.

« Il a l'intention de t'inscrire en deuxième année de Médecine à Kiel pour que tu aies moins de distractions qu'à Berlin. Je tenais à te prévenir. Tu sais bien qu'il a toujours fait ce qu'il voulait. »

Hanna s'empourpra. Sa colère explosa, attirant le regard de tous les clients. Kurt eut toutes les peines du monde à la calmer. Une délocalisation dans le nord de l'Allemagne signerait à coup sûr l'arrêt de son apprentissage de pilote.

« Jamais ! Tu m'entends ! Jamais je n'abandonnerai l'aviation », hurla-t-elle.

En rentrant chez les Hirth, chose rare, Hanna éclata en sanglots. Comment son père, l'homme censé prendre soin d'elle, pouvait-il l'empêcher d'aller de l'avant ? Elle ne serait jamais médecin, elle se le jura. Wolf la calma avec ses mots :

« Tu vois, quand j'ai perdu ma jambe dans ce maudit accident de moto, jamais je n'aurais cru pouvoir revoler, eh bien regarde, aujourd'hui, tout ce que je peux faire avec ma prothèse. Crois-moi, ton père n'arrivera pas à te couper les ailes. Je suis là, je prendrai soin de toi. J'irai lui parler. »

Hanna se jeta dans ses bras. Les paroles d'Elly lui revinrent en mémoire. *Sans appui, les aviatrices ne pouvaient rien en ce bas monde.*

*

Melitta reprit des cours de planeur pour le plaisir. Peter Riedel, un ancien camarade, devenu chef instructeur de l'Institut de recherche de vol à voile à Darmstadt, la poussa à revenir sur ses premières amours.

Ce dernier commença très vite à s'intéresser à elle pour autre chose que pour ses qualités aéronautiques. Beau garçon, il avait un certain succès auprès des femmes. Grand, élancé, il portait sa tignasse rousse comme un étendard et dissimulait ses yeux verts derrière une mèche protubérante.

Melitta préféra garder ses distances en essayant de ne pas blesser son orgueil. Pour elle, il n'arrivait à la cheville ni d'Ernst ni d'Alexander, qui évoluaient sur une autre planète. Mais c'était un gars sympa. Peter remportait régulièrement des championnats et voler à ses côtés apportait une expérience incontestable. Ses connaissances techniques abondaient dans les recherches de la jeune ingénieure. Tous deux auraient pu parler technique pendant des heures. Malheureusement leurs soirées se terminaient toujours par des allusions dont elle se serait bien passée. Son expérience récente avec Georg, son collègue éconduit, l'avait un peu refroidie. Ce dernier l'évitait autant que possible depuis qu'elle avait rencontré Alexander, ce qui n'était pas facile au travail. Quant aux balades à moto, elles étaient terminées.

Ses journées passaient très vite, toujours partagées entre ses recherches à DVL, ses cours de perfectionnement en avion, et ses escapades plaisir en planeur. La prudence s'était invitée dans ses nombreux vols. Elle s'était juré d'être plus attentive quand elle s'approchait des frontières. On ne l'y reprendrait plus. Sa licence de pilote était bien trop précieuse pour la jouer sur un coup de dés.

Elle rejoignait Alexander les rares week-ends qu'elle daignait s'octroyer, son compagnon ne voyant pas d'inconvénient à ce qu'elle priorisât ses passions à leur couple. En règle générale, elle choisissait les périodes où les frères se retrouvaient avec leurs fiancées au bord du Wannsee. Claus, officier dans un régiment de cavalerie, n'étant pas souvent présent, ses venues donnaient lieu à des retrouvailles festives où les débats animés ne manquaient pas. Melitta n'aurait raté ces moments pour rien au monde. L'intelligence des trois frères, leur élégance, leur attrait, leurs différences, séduisaient la jeune femme, de même que leurs compagnes féminines, avec qui elle entretenait une amitié sans faux-semblant.

*

Les rapports avec son père ne s'arrangeant pas, Hanna sentit son moral vaciller. Heureusement, son parrain de cœur, Wolf, veillait sur elle comme un aigle sur sa progéniture.

Lors d'une fin d'après-midi, après avoir travaillé à l'atelier collage, elle aperçut Wolf autour d'un de ses planeurs fraîchement terminé : son fameux Grunau Baby. De sa démarche claudicante, il s'affairait de façon mystérieuse sur l'engin, la main dans les cheveux, signe d'une intense réflexion.

« Je l'ai fait équiper d'instruments de pilotage de base, Hanna. Avec lui, on pourra pénétrer dans les nuages sans être désorienté. » lui apprit-il.

La jeune femme plongea ses boucles blondes dans le cockpit. Des cadrans avaient pris place sur une planche de bord sommaire. Elle reconnut un altimètre, un variomètre et un horizon artificiel.

« Ça nous change de la ficelle qui nous sert à voler droit. J'ai hâte d'essayer ça, dit-elle.

— Enfile un parachute, ne remettons pas à demain ce qu'on peut faire aujourd'hui, tu me diras ce que tu en penses, ordonna-t-il, un sourire complice en coin.

Le fantasque créateur des ateliers Schempp-Hirth[9] monta à bord de son avion-remorqueur pendant qu'Hanna s'installait dans le Grunau-Baby. Elle venait de se changer et portait une robe légère. Le vol ne devait pas durer longtemps et... on ne fait pas attendre son patron...

Elle connaissait bien ce type d'appareil. Elle qui avait l'habitude de se fier à ses sensations physiques pour ressentir l'effet de l'air sur la machine avait hâte de découvrir leurs traductions en données théoriques. Elle observa les indications des instruments avec intérêt.

À une altitude qu'elle jugea suffisante, elle désaccoupla le câble de traction et se retrouva livrée à elle-même. Les nuages avaient grossi depuis le début de l'après-midi et elle n'eut aucun mal à trouver une ascendance honnête. Les aiguilles réagissaient dans le sens qu'elle voulait leur donner, elle put ainsi visualiser la force qui la propulsait de plus en plus haut.

Elle accompagna un couple de vautours qui, comme elle, tournoyaient dans le ciel. Elle agita la main dans leur direction dans un bonjour de connivence. De son cockpit ouvert, la sensation de liberté lui offrait une jouissance qu'elle ne rencontrait nulle part ailleurs.

---

[9] Célèbre constructeur de planeurs

À sept mille pieds, elle commença à frissonner. Les montagnes environnantes s'obscurcissaient. Des nuages sombres et menaçants se développaient. Quelle idiote ! Tellement pressée de « s'envoyer en l'air », elle n'avait pas pensé à prendre un blouson. Il était temps de rentrer.

Elle poussa sur le manche pour baisser le nez de son planeur en direction de la terre ferme. Rien ne se passa comme prévu. L'aiguille du variomètre lui indiqua qu'elle montait toujours. La poussée sous ses fesses lui confirma que l'indicateur ne mentait pas. Elle amplifia son action sur le manche à balai, sans effet. L'altimètre s'affola. À présent, l'oiseau de bois et de toile tendue montait comme une fusée. Très vite, elle commença à sentir des cristaux de glace frapper le minuscule parebrise, bien piètre protection.

Il n'y avait plus aucun doute, elle était aspirée par la masse sombre qui avait pris position sur le plus haut sommet de la région. Elle entra soudain dans la crasse et sentit une humidité glacée l'envelopper. Son cœur battit la chamade quand elle réalisa qu'elle ne maîtrisait plus rien. Elle tenta de maintenir ses ailes à l'horizontale, mais se rendit compte que seules les forces de la nature contrôlaient son frêle esquif. Elle serra son harnais de toutes ses forces, grand bien lui prit. En une seconde, le planeur fut secoué comme un tonneau que l'on jette du haut d'une cascade. Il bascula à droite, puis à gauche, à une vitesse telle qu'Hanna pensa voir les ailes se décrocher. Elle perdit toute référence relative à son équilibre. Elle s'accrocha aux deux poignées latérales par instinct de survie. Des grêlons la frappèrent en émettant un bruit de fin du monde.

Le froid s'accentua dramatiquement. Hanna cria le nom de sa mère, sa sœur, son frère. Elle risquait de perdre connaissance à cause du manque d'oxygène – plus l'altitude augmente, plus le gaz nécessaire à la vie diminue. Elle vit la fin s'approcher. Surtout, ne pas s'évanouir. Si elle devait mourir, elle voulait regarder la Faucheuse en face. Chaque inspiration d'air glacé congelait ses poumons. Les turbulences étaient telles qu'elle n'arrivait pas à distinguer quoi que ce fût sur la planche de bord. Heureusement car elle aurait constaté que l'aiguille de l'altimètre s'était figée.

Combien de minutes dura le supplice ? Elle ne le sut pas, mais bien trop longtemps. Soudain, la lumière passa du sombre au gris clair, puis au vert forêt. Elle était sortie du cumulonimbus la tête à l'envers... Le nuage monstrueux l'avait expulsée comme on crache un noyau de cerise. Il ne voulait plus d'elle, se fichant totalement de sa position dans l'espace. Son aéronef se trouvait dans une situation dépourvue d'avenir si elle ne réagissait pas très vite. Les montagnes se rapprochaient et elle tournoyait sur le dos, l'aiguille du variomètre bloquée vers le bas.

Seul un être supérieur pouvait se sortir de ce piège mortel. Hanna en faisait partie. Malgré des membres endoloris par le froid, elle reprit le contrôle de son appareil. Elle constata qu'il volait de travers, mais qu'il volait. Elle choisit une pente proche d'un village pour se poser, la plaisanterie ayant assez duré.

Malheureusement, comme Melitta, Hanna avait franchi la zone neutre à la frontière tchécoslovaque. Elle risquait un retrait de licence.

Une heure plus tard, Wolf enfreignit à son tour les règles et survola à ses risques et périls le territoire interdit. Il largua au-dessus d'Hanna un kit de décollage, que deux équipes de villageois utilisèrent pour faire repartir la jeune aviatrice tombée du ciel.

À bord d'un engin bancal, tordu par les éléments, perforé par endroits, Hanna rejoignit une zone aérienne moins sensible politiquement. Les mécaniciens de Wolf arrivèrent plus tard et rapatrièrent le matériel.

Hanna fit preuve d'une exaltation surprenante. Là où tout individu aurait abandonné, dopée par l'adrénaline, elle raconta à son mentor par le menu ce qu'elle avait ressenti.

« J'ai volé avec les ailes des anges, j'ai approché Dieu », disait-elle à qui voulait l'entendre. Le record d'altitude avait été franchi. Bien que non officiel, la presse s'en fit largement l'écho à travers tout le pays.

La jeune aviatrice commença à se faire un nom.

*

Un beau matin, Peter jeta un journal sur le bureau de Melitta en riant.

« Nouveau record d'altitude battu, lança-t-il à la cantonade. Tu as une sérieuse concurrente, Litta, et en plus, cette Hanna Reitsch a de la chance. »

L'ingénieure ouvrit le quotidien à la double page consacrée à l'événement. Une petite femme blonde, encore harnachée à son parachute, souriait à l'objectif, un planeur Grunau Baby en arrière-plan. Elle lut à haute voix :

« Hanna Reitsch bat un nouveau record en pénétrant dans un cumulonimbus. Bien que non enregistrée, l'altitude de 8000 mètres a probablement été atteinte, selon elle : " Le ciel et la terre se sont rejoints dans une danse harmonieuse, mon oiseau de bois a touché les étoiles ". Pour qui se prend-elle ? Elle est rentrée volontairement dans un cumulonimbus ?

— Il semblerait que non. Elle s'en est un peu trop rapprochée et a été aspirée. Elle a eu beaucoup de chance. D'après mes infos, le Grunau Baby est foutu. Cette femme jouit d'une réputation de tête brûlée.

— Comment peut-elle fanfaronner comme ça devant les journalistes ? Elle a failli se tuer... »

Peter fixa Melitta avec un air taquin.

« Serais-tu jalouse ?

— Moi ? De cette... stratosphère ? Tu plaisantes ou quoi ? L'aviation est une discipline sérieuse où tous les risques doivent être mesurés. »

Peter éclata de rire.

52

« Stratosphère... voilà un joli surnom. »

Au printemps 1933, Melitta reçut un coup de téléphone de son père. Il voulait s'entretenir avec elle d'une affaire délicate. Inquiète, Michael Schiller refusant de lui en dire plus, elle se rendit chez ses parents pour le week-end. L'inquiétude l'accompagna jusqu'à son arrivée à la gare où ses deux jeunes sœurs, Jutta et Klara, lui réservèrent un accueil des plus chaleureux.

Le père étreignit sa fille avec chaleur. N'y tenant plus, Melitta le regarda, des larmes dans les yeux. « C'est maman ? Elle est malade ? demanda-t-elle en essayant d'éloigner ses sœurs.

— Non, ma Litta, rassure-toi. J'ai quelque chose d'important à te dire, mais plus tard. » Il montra d'un regard ses autres filles. Si elles étaient devenues de belles adolescentes, elles ne semblaient pas conviées au partage de la discussion.

La jeune aviatrice ne se doutait pas une seconde que cette réunion familiale avait été déclenchée par la récente nomination d'Adolf Hitler comme chancelier du Reich.

Lorsque sa mère entra dans le bureau avec un plateau à thé, Melitta sentit que le moment était venu. Margareth souriait de façon timide. Elle servit une tasse à chacun et s'installa dans un fauteuil en leur compagnie. Michael attendit qu'elle terminât et entama la conversation :

« Il y a quelque chose que tu dois savoir, ma fille, à présent que tu évolues dans un monde proche du nouveau pouvoir. Il est de mon devoir de t'informer que tu as des ascendances juives... Mes parents étaient juifs, nous nous sommes convertis au protestantisme quand j'étais jeune. Cela n'avait aucune importance jusqu'à aujourd'hui, à présent qu'Hitler a instauré de nouvelles restrictions. »

La jeune femme resta sans voix. Jamais elle n'aurait imaginé une telle chose. Elle ne s'était d'ailleurs jamais posé la question. Pourquoi l'aurait-elle fait ? Elle était allemande, elle aimait son pays, elle serait capable de se battre pour lui, mourir pour lui. Où était le problème ?

« Dorénavant, pour accéder à certains postes de la fonction publique, il faudra prouver une ascendance aryenne pure. C'est fou, je sais, mais c'est comme ça, poursuivit son père.

— Ils ont besoin de femmes comme moi, répondit-elle en tentant de se rassurer. »

Melitta ne mesurait pas encore les effets de cette information. Elle aussi travaillait dans un organisme d'État, elle pouvait en subir les conséquences.

Margareth s'adressa à sa fille :

« Litta, regarde ce qu'ils sont en train de faire. Ils demandent à la population de boycotter les commerces juifs. Nous sommes obligés de nous y soumettre au risque d'être battus par leurs nervis des sections d'assaut. Réfléchis avant d'aller de l'avant. J'ai toujours craint le métier que tu as choisi. Les choses ont bien changé, ma chérie, tu dois reconsidérer ta position. Il en va de la sécurité de toute la famille. Nous, nous sommes vieux, ce n'est pas bien grave, mais tes sœurs... »

Melitta rentra de son week-end complètement abattue. Quelque chose avait changé. Une ride d'inquiétude ne la quittait plus. Dans le train, elle lut avec une attention accrue le *Stürmer*, un journal partisan abandonné sur une banquette. Elle tenta de découvrir entre les lignes ce que certaines informations signifiaient. Des avocats juifs du barreau avaient été radiés, de même que certains médecins. Les artistes juifs n'avaient plus le droit de se produire sauf devant un public juif.

Elle n'avait pas perçu la gravité des faits, protégée dans son cocon professionnel et dans sa nouvelle famille de cœur.

Elle remarqua un homme qui la regardait discrètement dans le compartiment. Avait-il deviné son ascendance juive ? Cela se voyait-il physiquement ? Son nez avait-il une forme particulière ? Elle aurait eu envie de crier. Vivement qu'elle s'en entretienne avec Alexander, il trouverait à n'en pas douter les mots pour la rassurer... Et probablement une solution efficace.

Les semaines suivantes, rien ne changea dans la vie de Melitta excepté cette épée de Damoclès au-dessus de la tête qui lui plombait le moral. Elle commençait même à en vouloir à ses parents de l'en avoir informée.

Le travail reprit de plus belle. Elle devait conduire des tests dans une soufflerie aérodynamique et les mettre en pratique sur un Dornier 11, un bimoteur lourd. L'intensité de la tâche l'empêcha de penser à autre chose.

Régulièrement, des avions leur étaient livrés pour des essais particuliers. Officiellement, ces appareils civils d'observation météorologique ou de démonstration aérienne ne possédaient aucune capacité militaire, mais Melitta comprit très vite que les recherches demandées tendaient à prouver le contraire. L'adjonction de certaines surfaces vitrées, par exemple, ne servait pas à satisfaire le plaisir visuel de passagers fortunés, comme stipulé sur les planches de projets, mais bien à installer des mitrailleuses.

L'ingénieure s'en accommoda, trop heureuse de se noyer dans le travail où se multipliaient les vols d'essai. Elle découvrait des nouvelles machines et affinait son expérience du vol motorisé. Il n'y avait que dans le ciel où elle oubliait sa judéité. Au sol, il ne se passait pas un jour sans que ne viennent à ses oreilles des persécutions de commerçants juifs.

« Une femme comme toi ne peut pas être bannie de notre pays parce que son grand-père était juif, lui avait répondu Alexander lorsqu'elle s'était confiée à lui. Dans mes nombreux ancêtres, il y a eu quelques lâches, voire des traîtres à la Nation, ma famille n'a pas été destituée de ses titres pour autant. Ne t'inquiète pas, ma Litta, tout se passera bien. Les von Stauffenberg y veilleront ».

Le discours de ses frères avait peu différé lorsqu'ils leur en avaient fait part, lors d'un week-end familial. Claus et Berthold avaient réitéré leur loyauté à celle qu'ils considéraient comme leur belle-sœur. Dans cette vieille famille aristocrate, le mot « loyauté » possédait tout son sens.

L'ouverture d'esprit de la fratrie remontait le moral de l'aviatrice. La solidité du clan la rassurait. Elle en faisait partie à présent. Cependant, quelques détails changèrent : ils cessèrent toutes blagues sur les juifs, comme cela pouvait parfois leur arriver par le passé, et les discussions politiques engagées n'eurent plus lieu comme auparavant, à table, ou autour de la cheminée, au su de tous, surtout des domestiques. Lorsque Berthold et Claus souhaitaient critiquer les nouveaux dirigeants, ils conviaient Nina et Melitta pour une partie de canotage sur le Wannsee. Les paroles étaient devenues dangereuses. Les sections d'assaut des nazis n'hésitaient plus à faire taire ceux qui se montraient trop critiques envers leur parti. Il en fallait peu pour être dénoncé et retrouver son commerce dévasté par les flammes, ou pire...

À partir de ce moment-là, les von Stauffenberg prirent l'habitude de ne parler de choses importantes qu'au milieu du lac, à l'abri des oreilles indiscrètes.

Alexander, comme de coutume, restait au chaud devant un bon livre. Pour lui qui vivait dans le passé, refaire le monde ne l'intéressait pas. Pour ça, il faisait confiance à ses frères.

Melitta adorait ces escapades en famille. Elles avaient un goût délicieusement subversif.

Berthold, en bon avocat, se renseigna sur les nouvelles lois concernant les juifs allemands.

« Tu ne crains rien, la rassura-t-il. Ne sont touchés que ceux qui ont tous leurs grands-parents juifs, ou seulement deux d'entre eux si ces derniers étaient pratiquants ».

Grand-père Moses s'était converti au protestantisme en même temps que le père de Melitta par amour de l'Allemagne. Il n'était pas pratiquant. Une chance !

La crainte quitta petit à petit l'ingénieure pilote, qui se noya dans ses recherches. La passion l'animait aussi intensément que celle de son compagnon, qui postulait à présent pour une chaire à l'université de Berlin. Le secret qu'ils partageaient les avait indéniablement rapprochés.

Ils décidèrent finalement de s'installer ensemble dans un petit appartement du centre de la capitale. L'union libre n'avait pas cours en Allemagne, mais ils s'en moquaient. Ne furent dans la confidence que la fratrie, Nina, et Mika, la nouvelle compagne de Berthold.

Malgré les améliorations dans sa vie quotidienne, l'attitude de Melitta changea imperceptiblement. Elle prit de la maturité, de la profondeur. Certains auraient dit de la gravité. Paul la promut responsable des essais. D'aucuns auraient mis en doute ses capacités à DVL. Cette promotion fut acceptée par tous.

Melitta changea aussi d'apparence. Elle qui portait toujours des pantalons pour plus de facilité dans son travail, les choisit dans une matière fluide et élégante. Elle n'acheta plus que des blouses en soie qu'elle rehaussait d'un collier de perles, cadeau d'Alexander. Elle ne cherchait plus à se faire remarquer, fuyant les honneurs et les journalistes, sauf à quelques exceptions près, lorsque des officiels du ministère de l'Aviation effectuaient des visites, auquel cas, elle n'y coupait pas.

*

Contre toute attente, Hanna obtint gain de cause. Elle continuerait ses études à Berlin. Wolf avait tenu parole. Il avait défendu son cas devant la famille Reitsch. Son récent record d'altitude n'eut aucun impact sur la décision finale de son père, en revanche, la proposition d'un poste d'instructrice de vol à voile dans l'Institut de l'industriel aida grandement à son revirement, une petite rentrée d'argent n'étant pas négligeable.

Hanna reprit donc ses cours à la faculté de Médecine de Berlin ainsi que ses leçons de pilotage à l'aérodrome de Staaken. Elle arrondissait ses fins de mois au club de planeurs quand elle rentrait chez elle pendant les vacances.

Pendant ces longues heures passées à évoluer dans le ciel en compagnie d'adolescents avides de sensations, elle affina ses connaissances aéronautiques et montra à maintes reprises ses qualités de pilote hors normes. Toujours prête à tenter des expériences à la limite du raisonnable, elle battait régulièrement des records personnels, records qui confirmaient sa réputation de casse-cou.

L'été suivant, elle fut invitée à participer à la fameuse compétition nationale de vol à voile sur le Wasserkuppe, dans le massif montagneux Rhön, au centre de l'Allemagne. Cette réunion annuelle prestigieuse, un must en la matière, réunissait les plus grands compétiteurs internationaux et attirait des milliers de spectateurs.

Hanna, seule femme à concourir, consciente de sa chance, redoubla d'efforts et s'entraîna sur le planeur que Wolf lui prêtait. Elle devait être à la hauteur le moment venu. Il lui avait alloué un prototype de démonstration de son atelier de fabrication, certes, pas du dernier cri, mais un engin aux qualités de vol honnêtes avec lequel on pouvait obtenir de bons résultats si on le manœuvrait correctement. Un modèle plus performant existait, mais celui-ci, l'industriel unijambiste se le réservait pour son propre usage, car il comptait lui aussi briller lors de cette compétition. Hanna n'était pas en mesure de râler après son record involontaire d'altitude lorsqu'elle avait été aspirée dans ce foutu cumulonimbus. Wolf lui faisait encore confiance, c'était déjà bien. Lui croyait en l'avenir des femmes dans ce monde machiste et qui, mieux qu'Hanna, pouvait défendre ces valeurs progressistes dans la société conservatrice qui semblait se dessiner. Première femme inscrite à la Wasserkuppe, elle devait faire bonne impression.

Malheureusement, le sort s'acharna contre elle et rien ne fonctionna comme elle l'avait souhaité.

Tout d'abord, elle fut confrontée à la mort. Quelques jours avant de partir, un de ses élèves se tua aux commandes d'un planeur du club. Cette perte, même si Hanna dissimula sa peine, l'affecta plus qu'elle ne le pensait. Elle réalisa que la mort pouvait survenir au bout du chemin, qu'une loterie divine pouvait tirer son numéro à tout moment. Elle qui se croyait invincible, comme on peut l'être dans ses jeunes années, fut déstabilisée. Avoir vu le corps démantibulé de ce garçon afficha une réalité qu'elle aurait bien laissée derrière elle.

Elle se rendit en personne annoncer la terrible nouvelle aux parents du pauvre gosse. Elle tenta d'adoucir la douleur avec ses mots à elle, mais on ne s'invente pas psychologue du jour au lendemain. Leur affliction la toucha dans son intimité. Son propre père réagirait-il comme ça si elle venait à disparaître ? Rien n'était moins sûr.

Même si sa responsabilité n'était pas engagée dans ce crash, elle en porta tout de même le poids et perdit le sommeil les jours suivants. Stressée, fatiguée, anxieuse, sa forme ne présageait rien de bon. De plus, la chance l'abandonna dans ce voyage de toutes les possibilités. Hanna se rêvait en première page des journaux, la coupe mythique dans les bras, l'histoire se raconta autrement.

Son premier vol se termina en échec cuisant. Trop confiante en ses capacités, elle tenta une manœuvre délicate. Elle évita l'ascendance de service, utilisée par tous les autres compétiteurs, certaine d'en trouver une autre qui la propulserait plus haut que tout le monde. Elle leur ferait la nique avec son vieux rossignol... Malheureusement, aucun courant miraculeux ne se présenta et elle fut contrainte de se poser dans un champ en contrebas. « Aller aux vaches » atteint profondément l'orgueil du pilote qui en est victime. Jusque-là, Hanna en avait peu fait l'expérience. Il fallait que cela lui arrivât au pire moment de sa jeune carrière. Son égo en souffrit plus qu'à quiconque...

Elle regarda le reste de la journée les compétiteurs évoluer au-dessus de sa tête sous les quolibets des amateurs postés tout autour d'elle.

Le lendemain, avec la volonté farouche de montrer ce dont elle était capable, elle échoua de la même manière. Pour sortir son épingle du jeu, elle devait choisir des stratégies hasardeuses, prendre des risques. Éole l'abandonna. Elle termina encore aux vaches, des larmes de rage l'aveuglant quand elle prit contact avec le sol.

Elle pesta contre le monde entier. L'appareil que Wolf lui avait confié se révélait trop vieux et trop lourd pour ce genre de compétition. Il le lui avait prêté exprès pour la ridiculiser. Il devait bien rigoler du haut de son cockpit ultramoderne.

Hanna bénéficia de quelques heures pour se calmer en attendant les techniciens de l'assistance qui viendraient démonter sa machine. Rassurée de les voir arriver, elle les aida à charger le planeur sur sa remorque, faisant amende honorable, mais leurs sourires en coin la blessèrent aussi douloureusement que des flèches acérées.

Le soir, à la remise des prix, alors que Peter Riedel, « le grand rouquin », recevait la coupe Hindenburg pour un nouveau record de distance, Wolf Hirth une médaille pour ses figures acrobatiques époustouflantes, elle fut gratifiée d'un coupe-viande et d'une balance de cuisine en guise de cadeaux de consolation.

Le message était clair...

Hanna dissimula sa colère avec difficulté ; elle ne goûtait pas d'être montrée du doigt comme la risée de tous ces hommes. Malgré une aigreur manifeste, elle tenta d'offrir autant que faire se put un sourire aux journalistes de la presse internationale. L'occasion de se faire remarquer était trop belle pour la laisser passer.

Peter Riedel, en grand séducteur, vint à son secours. Convaincu de la capacité des femmes à piloter des aéronefs, il déclara à la foule qu'Hanna avait manqué de chance, mais qu'elle reviendrait très certainement sur les plus hautes marches des podiums.

« Comme l'a si bien dit le Français Pierre de Coubertin, l'important n'est pas de gagner, mais de participer, finit-il par déclamer. »

Pendant que le champion discourait, Hanna caressait la coupe Hindenburg avec envie, se jurant qu'un jour, elle la posséderait.

Peter n'oublia pas de mentionner le nouveau pouvoir en place. Sans lui, tout cela ne serait pas possible, bla bla bla... Il semblait qu'à présent, l'arrivée des nazis était la meilleure chose qui était arrivée dans ce pays. Comme si, depuis la nomination d'Hitler comme chancelier, la Terre s'était remise à tourner.

Hanna écouta la suite d'une oreille distraite. Elle se fichait de la politique comme d'une guigne. Hitler ou un autre l'importaient peu. Seul son échec cuisant comptait à ses yeux en cette journée de compétition.

*

À la gare, Melitta rencontra par le plus grand des hasards Peter à son retour de la Wasserkuppe. Son instructeur de planeur portait son trophée à bout de bras. Lorsqu'il reconnut son amie, son visage s'éclaira. Il avait mille choses à lui raconter. Elle accepta de dîner avec lui.

« J'ai rencontré Stratosphère, lui apprit-il au milieu du repas. C'est un sacré phénomène. Figure-toi que les organisateurs n'ont rien trouvé de mieux que de lui offrir des instruments de cuisine en guise de prix féminin. J'ai rarement assisté à une telle humiliation. Je pense que s'il y avait eu un couteau dans la panoplie, elle aurait fait un carnage. Je dois reconnaître qu'elle est douée. Son poids plume est indéniablement un avantage pour le vol à voile, mais elle doit apprendre à contenir ses nerfs. Il est étonnant de voir autant d'énergie dans un aussi petit bout de femme. Rien à voir avec tes amies Elly Beinhorn et Marga von Etzdorf, qui ont les pieds bien sur terre, elles, malgré leurs exploits extraordinaires dans le ciel. Tu devrais la rencontrer.

— Je n'y tiens pas. Ce que j'ai lu sur cette Hanna Reitsch ne sert pas la cause des femmes aviatrices. J'ai l'impression qu'elle fait n'importe quoi pour se faire remarquer. À la moindre occasion, elle apparaît dans les journaux. Ce n'est pas comme ça que je considère l'aviation.

— Je te trouve bien amère. Quelque chose ne va pas ? » demanda-t-il à brûle-pourpoint, en relevant sa mèche orangée pour découvrir ses yeux translucides.

Peter avait des antennes. Il sentait les choses.

Melitta resta silencieuse. Sans qu'elle s'en rendît compte, des larmes perlèrent.

« Peter, je sais que tu appartiens au parti au pouvoir ; puis-je te faire confiance ? J'aimerais que ce que je vais te dire reste entre nous.

— Tu as ma parole. »

Melitta lui raconta l'entretien avec ses parents et l'informa de son embarrassante ascendance, des dangers qu'elle courait à présent ainsi que sa famille.

« Tu sais combien je suis patriote, Peter, combien je suis allemande. Je suis née protestante, certes pas très pratiquante, je le confesse, mais il n'y a rien de juif en moi.

— Ça devrait s'arranger. Tu travailles pour nous. Je sais que tes recherches à DVL, même si tu le nies, ont un caractère militaire. Tu devrais obtenir facilement un certificat d'aryanité. Je vais me renseigner pour toi si tu le souhaites.

— D'accord, mais de façon anonyme. Je ne tiens pas à perdre mon emploi. »

Peter lui apprit que beaucoup de hauts gradés dans l'armée allemande se trouvaient dans son cas.

« Les nouveaux dirigeants devraient trouver une solution s'ils ne veulent pas voir les rangs de l'armée régulière se vider de tous leurs cadres.

— Tu n'exagères pas un peu, Peter ?

— Non, je tiens cette information de quelqu'un de haut placé dans le parti. »

Melitta fut quelque peu rassurée. Peter la dévisagea avec un mélange de tendresse et de désir. La jeune femme lui sourit. Se sentir aimée n'était pas désagréable. Cet homme avait le don de l'apaiser.

« J'ai une proposition à te faire, poursuivit-il. Je fais partie de l'organisation d'un voyage d'études en Amérique du Sud. Là-bas, il paraît que les courants thermiques sont phénoménaux. J'emmène deux autres pilotes. J'ai également besoin d'une femme vélivole. Tu comprends, pour trouver des financements, attirer les photographes, avoir une femme pilote dans l'équipe est primordial. Il faudra t'absenter plusieurs mois. À notre retour, tu seras célèbre. Il ne sera pas compliqué de t'obtenir un certificat d'aryanité.

— Je te remercie pour ta confiance, Peter. Mais j'ai mon boulot à DVL. J'ai de nombreux travaux engagés. Paul von Handel m'a donné sa confiance. Il ne me pardonnerait pas de tout quitter comme ça.

— Je savais que tu refuserais. J'aurai essayé...

— Cela m'aurait beaucoup plus, c'est sûr... Mais il y a Alexander... Notre relation n'y survivrait pas.

— Tu te trompes, Litta. Tu n'es pas amoureuse de cet homme. D'après ce que tu m'as décrit, tu aimes sa famille, le statut, le confort que cela t'apporte. Mais pas lui, je m'y connais, crois-moi ! »

La jeune femme se leva d'un bond.

« Tu es désobligeant, Peter. J'aime Alexander, comment peux-tu prétendre le contraire ? »

Le champion de vol à voile ne se déstabilisa pas pour autant. Il enterra la dispute naissante en plissant ses yeux de chat et en lui offrant son sourire dévastateur.

« Rassieds-toi, Litta ! Tu veux nous faire remarquer ? *Ach* ! Vous, les aviatrices, vous avez des caractères impossibles. Je t'offre ma vie en te proposant un voyage extraordinaire à l'étranger et tu me rembarres comme un vulgaire collégien. Ce n'est pas très gentil, tout ça. »

Il avait raison. Elle posa la main sur son bras en signe d'excuses, toute velléité abandonnée. Peter, malgré sa franchise, était un ami fidèle sur qui elle pouvait compter. Qui sait si elle n'aurait pas cédé à ses avances si elle n'avait pas été déjà engagée ?

« Ton refus va m'obliger à recruter Stratosphère...

— Oh non ! pas elle... »

Ils éclatèrent de rire.

Chapitre 6

Riedel n'était pas non plus le seul à avoir repéré la jeune vélivole. Walter Georgii, un éminent professeur de météorologie, qui organisait la compétition, avait apprécié la détermination et le charisme explosif d'Hanna Reitsch.

Ce dernier planifiait le fameux voyage d'études en Amérique du Sud. Il avait déjà reçu l'accord d'Heini Dittmar, un jeune pilote très prometteur, et de Wolf Hirth, l'unijambiste. Ne lui manquait plus que l'atout charme à sa brochette de spécialistes. Pourquoi ne pas engager la petite protégée de ce dernier ? Lorsque Peter lui donna son aval, il la contacta immédiatement.

La proposition enchanta tellement Hanna qu'elle en oublia la honte des derniers évènements. Seul bémol, elle devait trouver trois mille marks pour payer son voyage. Walter la rassura en lui promettant de l'introduire dans le milieu cinématographique. Un film était sur le point de se tourner et ils cherchaient une doublure pour les prises aériennes. Elle conviendrait...

Lorsque sa fille lui apprit qu'elle souhaitait partir en Amérique du Sud avec une équipe de vélivoles, le docteur Willy Reitsch entra dans une rage folle. La dispute éclata de façon aussi brutale que soudaine. Son Hanna abandonnait les études pour voyager à l'autre bout du monde avec un groupe essentiellement masculin. Décidément, cette fille s'éloignait de plus en plus de l'idéal familial. Sa femme, Emy, partagea ses craintes. Pour elle, tout ce qui vivait à l'extérieur de l'Allemagne n'était peuplé que d'indigènes barbares, certainement pas des lieux pour accueillir sa progéniture. Elle abonda dans les arguments de son mari. Mais Hanna n'en démordit pas.

« Je te rembourserai le montant de mes études, papa, mais ma décision est prise, » avait-elle conclu.

Ses parents avaient été profondément blessés par la couverture médiatique qui avait accompagné l'échec de leur enfant à la Wasserkuppe. Ils ne voulaient plus vivre pareil affront.

« Une fille de bonne famille ne s'expose pas comme ça dans les journaux, lui avaient-ils reproché, ton frère n'a pas eu besoin de ça pour réussir brillamment ses examens d'officier de marine... »

Toute la soirée, Hanna subit un contre-feu familial que peu d'enfants seraient en mesure d'accepter. Elle finit par se retirer dans sa chambre sans dîner. Seule Heidi, sa petite sœur, vint la consoler un peu plus tard avec une tranche de pain et une pomme. Un larcin qu'elle avait caché dans son pyjama.

Heidi l'adorait. Hanna, en tant qu'aînée, ne s'était pas toujours montrée à la hauteur. Ce soir-là, elle accueillit sa benjamine avec une tendresse inhabituelle.

La proposition de Walter Georgii ne cessait de l'habiter. Partir à l'autre bout du monde pendant six mois, loin de ses parents, quelle chance ! De plus, Wolf, son deuxième papa, ferait partie de l'aventure. Elle ne pouvait pas rater ça. Certes, son acceptation revenait à entrer en conflit ouvert avec son père, mais elle devrait composer avec. À elle de prouver à toute sa famille qu'elle n'avait pas tort.

Le cœur fendu, une partie sur le bateau qui lui ferait traverser l'Atlantique, l'autre encore accrochée aux siens, elle rejoignit le lendemain la résidence de Wolf. À son habitude, le chef d'entreprise buvait une tasse de café en tirant sur son étrange fume-cigarette, sa prothèse de jambe reposant sur un tabouret en face de son fauteuil. Sa femme se leva pour lui chercher une tasse vide. Eux au moins la comprenaient. Pourquoi n'avait-elle pas eu la chance d'avoir des parents comme ça ?

Dans la matinée, les conditions étant excellentes, Hanna s'envola à bord d'un planeur de la société avec la bénédiction de Wolf. Elle avait besoin de se calmer.

Son poids léger réagit de façon idéale aux courants chauds de ce milieu d'été. Hanna retrouva ses sensations. Très vite, elle épousa le ciel, rejoignit les oiseaux, caressa les flux d'air, ressentant les soubresauts de vent comme les rapaces, ses frères. Sa vie future passa devant ses yeux. Ce qu'elle y vit n'était pas dans les plans de son père... Elle désobéirait, quelles que soient les conséquences. Elle projeta les images de son avenir sur la canopée de plexiglas de son planeur et se persuada qu'elle avait raison.

En arrivant au sol, un attroupement l'attendait. Des hommes souriants applaudirent lorsqu'elle s'extirpa du poste de pilotage. Wolf s'approcha avec une bouteille à la main, qu'il sabra devant elle. Pour la première fois de sa vie, elle reçut une douche de champagne.

Hanna venait de battre le record de durée avec un vol de plus de cinq heures.

Les trois mille marks de participation furent vite réunis grâce à l'industrie du cinéma. Leni Riefenstahl, la célèbre réalisatrice, engagea Hanna dans son dernier film. L'expérience de doublure plut beaucoup à l'aviatrice, qui rêva de voir son beau visage à l'écran.

Elle perçut une somme encore plus importante en participant également à un film de propagande du NSDAP. Au moins, ses parents seraient fiers de la voir défendre le parti au pouvoir.

*

Le 27 mai 1933, Melitta se rendit à l'aérodrome de Berlin Staaken pour dire au revoir à son ami Margaret von Etzdorf. La célèbre aviatrice décollait pour un périple qui la mènerait jusqu'en Australie. Le constructeur Klemm lui avait confié un de ses avions, un KL32, et Marga avait réussi à boucler son budget. C'est une femme épanouie que Melitta serra dans ses bras devant les photographes qui essayaient d'immortaliser l'instant. Melitta ne se doutait pas qu'elle embrassait son amie pour la dernière fois.

Lorsque Marga démarra son moteur, Melitta enregistra son visage souriant. Elle semblait la personne la plus heureuse au monde. Cette image resterait gravée à jamais dans sa mémoire.

Quelques jours plus tard, pour des raisons techniques, l'aviatrice fut contrainte d'atterrir à Alep, en Syrie, territoire sous protectorat français. Selon le rapport officiel, la jeune femme demanda à se reposer dans une chambre et, à la surprise générale, se tira une balle dans la tête.

La nouvelle frappa durement Melitta. Ce suicide était incompréhensible. Des bruits ne tardèrent pas à courir : l'aviatrice n'aurait pas supporté d'abandonner son aventure si peu de temps après son départ. Mais Paul von Handel informa Melitta de la véritable raison de ce drame. Les Français auraient découvert des plans secrets, ainsi qu'un modèle d'arme automatique, dissimulés dans le Klemm. Marga aurait trouvé une partie de ses financements en transportant du fret interdit, un acte qui violait de façon incontestable les accords de Versailles. L'aviatrice risquait de finir sa vie dans les geôles françaises, ou pire, fusillée pour espionnage.

« Elle aura préféré choisir sa fin, » conclut le directeur.

Il ne faisait aucun doute que l'Allemagne essayait de contourner ses interdictions par tous les moyens possibles. Même Winston Churchill émettait des réserves quant à la soif du pays à participer à des compétitions aériennes. Pour lui, cette propension à obtenir des résultats cachait une volonté de se réarmer avec les meilleurs matériels du moment. Il n'avait pas tort. Melitta en convenait en découvrant la nature des travaux qui lui étaient demandés.

Le monde de l'aéronautique au grand complet se déplaça à Hambourg pour les obsèques de Marga. Ce n'étaient pas des funérailles nationales, mais cela y ressemblait. Des hauts dignitaires du parti vinrent saluer l'aviatrice sous de grands drapeaux nazis qui pendaient de chaque côté du catafalque.

Melitta était effondrée. Elle ne quittait pas le bras de Paul. Les verres des lunettes de son patron étaient recouverts d'une épaisse buée. La mort incompréhensible d'une femme pleine de vie comme Marga les touchait au plus haut point.

Melitta resta insensible à la présence d'Ernst Udet, en grand uniforme militaire, qui vint les saluer avec respect. Elle apprit qu'il avait finalement rejoint le parti, ses aventures commerciales ayant toutes capoté. Hermann Goering, le tout frais ministre de l'Aviation, lui avait confié un poste important au sein de l'administration du nouveau ministère.

« Il faudra qu'on se voie très vite, leur annonça-t-il avec mystère, j'ai plein de projets pour vous ».

Paul opina. Ce n'était ni le lieu ni le moment !

Peter Riedel déambulait lui aussi parmi les invités. À la fin de la cérémonie, il s'approcha de Melitta en compagnie d'une jeune femme de petite taille, aux boucles enfantines qui entouraient un visage poupin. « Puis-je te présenter Hanna Reitsch ? » lui demanda-t-il. Melitta tendit une main de façon machinale. Elle n'avait pas envie de parler, une boule lui enserrait encore la gorge. Involontairement, Elly Beinhorn vint lui sauver la mise. Cette dernière serra Melitta dans ses bras avec chaleur. Le monde aéronautique féminin était en deuil. Il montrait son unité. Elly s'adressa ensuite à Hanna. Elles se connaissaient donc ? Melitta ressentit immédiatement de l'antipathie envers la petite pilote, qui tentait indéniablement de s'immiscer dans leur club. De plus, Peter redoublait d'attention pour elle. Ses yeux de jade la mangeaient du regard. Elle en éprouva une forme de jalousie. Cela ne s'expliquait pas, aussi se garda-t-elle d'en parler à quiconque. Il n'y avait aucune raison qu'elle imposât ses choix en matière de femmes à son ami. Il était libre. Elle était là pour pleurer Marga, et non pour accueillir une sainte-nitouche qui avait choisi l'aviation pour se faire un nom. Il n'y avait qu'à voir comment elle se comportait dès qu'un journaliste approchait. Cette Hanna représentait l'inverse de sa conception du métier. Elle en voulut à Peter de la lui avoir présentée. Malgré sa bonne volonté, elle ne put répondre aux tentatives de sourire timide de la jeune femme, visiblement impressionnée.

Alexander n'avait pu se libérer pour l'accompagner. Elle le regretta. L'épreuve s'avéra plus compliquée qu'elle ne le pensait. Heureusement, Paul, son chef adoré, l'ami fidèle, ne la quitta pas. Ernst n'aurait jamais été d'un tel support. L'as des as papillonnait d'un groupe à l'autre comme un coq à la parade. Lorsqu'elle le vit du coin de l'œil retirer sa casquette pour effectuer un baisemain à Hanna Reitsch, elle ne put s'empêcher de ressentir un pincement au cœur.

*

Les obsèques de Margaret von Etzdorf offrirent à Hanna l'occasion de se montrer parmi les pilotes de renom. Elle avait été choisie pour participer à un voyage d'études prestigieux et il fallait que cela se sût.

Elly Beinhorn lui confirma que les parents de Marga, effondrés par la perte de leur fille, apprécieraient de voir toutes les aviatrices allemandes à l'enterrement.

Enfin, Hanna se sentit acceptée dans la grande famille. Elle décida de s'y rendre avant le départ de son voyage en Amérique du Sud.

Elle fit le trajet jusqu'à Hambourg avec Peter. Pour la deuxième fois, elle assisterait aux funérailles d'un coreligionnaire.

Elle aperçut Elly Beinhorn en compagnie de personnages qui semblaient importants. Certains officiels du parti entouraient la famille de la défunte. Peter lui présenta des inconnus, qu'elle salua poliment avec un sourire de circonspection.

Soudain, elle reconnut Melitta Schiller, son cœur battit la chamade. Son égérie était drapée d'un chagrin qui la rendait méconnaissable. Méconnaissable mais toujours aussi belle...

Enfin, elle se trouvait en présence de celle qui avait allumé en elle le feu de l'aventure. Melitta savait-elle seulement que la petite fille qu'elle avait accueillie dans l'avion d'Ernst Udet la suivait à la trace ? Que leurs chemins devaient se croiser un jour ou l'autre ?

Elle la regarda en catimini. Quelle élégance ! Elle qui ne connaissait pas la timidité se sentit toute timorée. Pourtant, elle avait mille choses à lui dire, mille choses à lui avouer. Son vœu le plus cher à cet instant aurait été de s'isoler avec cette femme et de lui parler à n'en plus finir.

Peter la lui présenta. Elle sentit une chaleur envahir ses joues. Melitta lui tendit une main indifférente. Pourquoi ne l'embrassait-elle pas, comme les autres aviatrices ? Pourquoi restait-elle de glace alors qu'Hanna aurait aimé la prendre dans ses bras ? Aucun mot, ni de réconfort ni de bienvenue, n'émana de sa bouche. Cachée derrière des lunettes noires, l'ingénieure pilote ignorait sa consœur. Elle n'imaginait pas qu'elle brisait ainsi l'amour inconditionnel d'une petite fille de onze ans.

*

L'équipe embarqua à Brême sur un cargo aux cales chargées de matériel d'étude, dont des planeurs dernier cri. L'aventure commençait.

Hanna regarda le rivage s'éloigner. Non, elle ne pleurerait pas. Elle réalisa que son passé restait à quai, qu'une page blanche de sa vie s'ouvrait devant elle, qu'il y aurait un avant et un après...

Wolf, comme à son habitude, prit soin d'elle. Il savait que sous ses airs bravaches, la jeune femme avait encore un pied ancré dans l'enfance. Tu verras, avait-il dit, dans six mois, tu seras devenue adulte !

Peter Riedel fut prévenant pendant toute la traversée, de même qu'Heini Dittmar, un pilote au physique avantageux du même âge qu'elle. Ce dernier montra très vite à Hanna un intérêt autre que celui d'un collègue de travail. Elle allait devoir se méfier. Elle ne partait pas pour se faire conter fleurette et certainement pas par un blanc-bec.

Le voyage dépassa les espérances de la jeune femme sur tous les points. La déception de sa rencontre avec Melitta Schiller s'effaça peu à peu pour ne devenir qu'un mauvais souvenir.

D'abord, elle vola pratiquement tous les jours entre terre et mer au-dessus d'étendues magnifiques, étudiant les courants thermiques empruntés par les vautours, survolant des pays merveilleux aux couleurs si différentes de sa chère Allemagne. Elle écrivit à ses parents pour leur raconter cet ailleurs qu'ils ne connaîtraient probablement jamais. De temps en temps, elle recevait une lettre en retour signée de la main de sa mère. Elle lui donnait des nouvelles de son frère, de sa sœur, mais jamais de son père.

L'équipe fut accueillie dans des réceptions consulaires se terminant souvent par des fêtes inoubliables. La jeune femme montra aux plus hautes autorités une aisance naturelle. Elle n'hésitait pas à offrir son plus joli profil dès qu'un photographe se présentait. Qui sait si son père ne tomberait pas un jour par hasard devant une de ces photos où elle posait en compagnie de dignitaires !

Les ailes frappées d'un svastika[10] survolaient des milliers de kilomètres et affichaient la force et la grandeur d'un pays en pleine reconstruction sous l'impulsion de son nouveau chancelier, Adolf Hitler.

Hanna, bien que n'appartenant pas au parti nazi, s'en faisait la plus belle des ambassadrices. Elle montrerait à ses collègues femmes qu'elles devraient dorénavant compter avec elle.

Galvanisée par les honneurs, elle charmait ses interlocuteurs par son humour. Son sourire ravageur ne laissait pas non plus insensible. Wolf Hirth observa la mue de la petite chenille en papillon. Il continuait de la protéger du mieux qu'il pouvait, notamment, lors d'une dispute entre Heini et elle.

Hanna avait découché après une réception à l'ambassade du Brésil. Heini le lui reprochait avec une véhémence digne d'un

---

[10] Autre nom de la croix gammée, d'origine sanscrit

mari jaloux. Hanna tenta de se disculper en prétextant une discussion sans fin avec l'épouse de l'attaché militaire dans les jardins du palais, qui s'était terminée par son hospitalité lorsqu'elles réalisèrent que tout le monde était parti.

« Et tu n'as rien à me reprocher, tu n'es ni mon mari ni mon père », avait-elle répondu au jeune pilote avec colère. Il est vrai que ce dernier se comportait comme si elle lui avait été promise. Un long voyage dans des contrées de rêve avec à ses côtés un bel homme au standard aryen, du même âge qu'elle, avait suffi à lui faire prendre ses désirs pour des réalités.

Wolf lui expliqua qu'Hanna avait le droit de profiter des quelques amitiés féminines qu'elle rencontrait pendant ce périple, que la promiscuité permanente d'un environnement masculin pouvait parfois être lourde à porter.

Heini ne l'entendit pas de cette oreille et traita Hanna de lesbienne avant de partir en claquant la porte. Cette réaction disproportionnée sonna comme un clap de fin, il cessa toute tentative de rapprochement à partir de cette minute. Leurs rapports redevinrent professionnels, sans jamais plus la moindre chaleur...

*

Régulièrement, des articles de journaux relataient ce voyage aux confins de la planète. Melitta les découvrait avec intérêt, d'autant plus qu'elle recevait en parallèle des lettres de Peter Riedel. Son ami lui manquait. Elle comparait ses écrits avec les élucubrations parfois complaisantes d'une presse aux ordres.

Il lui raconta notamment la vérité sur un événement impliquant Hanna : un atterrissage imprévu sur un terrain de football en plein match. Selon les journaux, ce quasi-crash fut décrit comme un exploit de la pilote. En réalité, son inconscience avait failli tourner au drame. Il ne se termina qu'en incident diplomatique, car même s'il n'y avait eu miraculeusement aucun blessé, il avait fallu faire intervenir la police montée pour extirper l'aviatrice d'une foule en colère.

Malgré des paroles matinées d'un humour féroce, Melitta sentait une certaine admiration vis-à-vis de Stratosphère. Admiration qu'elle ne partageait pas, tant s'en faut. Son avis sur cette espèce d'arriviste, que les nazis montraient en exemple d'une jeunesse aryenne conquérante et courageuse, n'avait pas changé depuis la première fois où elle avait entendu parler d'elle.

L'Aviation n'avait pas besoin de ce genre de fanfaronne avide de notoriété. Hanna se comportait à l'opposé d'elle-même. Des rumeurs couraient dans la ville au sujet de la persécution des juifs augmentant de jour en jour. Melitta devait régler ce problème au plus vite, car qui sait ce dont étaient capables les suppôts du petit moustachu qui avait accédé au pouvoir ?

Dans un de ses courriers, elle ne put s'empêcher de demander à Peter s'il avait succombé aux charmes de la jolie aryenne. Son ami était un séducteur né, elle ne l'imaginait pas rester de marbre devant ses yeux pétillants. Dans la réponse, Peter s'en sortit par une pirouette dont lui seul avait le secret.

Au retour de l'expédition, largement retransmise aux actualités, l'ingénieure conforta une fois de plus son opinion négative en voyant la jeune Hanna tout sourire en première page des journaux.

Chapitre 7

Par un beau matin froid et ensoleillé, quelle ne fut pas la surprise de Melitta d'apercevoir depuis son bureau d'étude Ernst Udet au pied d'un avion inconnu : un splendide monoplace à bord duquel il venait d'atterrir. Paul von Handel la fit appeler. Déjà, des curieux de l'entreprise se massaient autour de la machine rutilante.

Melitta s'approcha, le cœur battant. La proximité de l'as des as lui provoquait encore des palpitations. Ce dernier, plus gentleman que jamais, attrapa délicatement sa main et la porta à sa bouche en claquant des talons. Son regard bleu océan perça ses dernières défenses.

Heureusement, l'attrait de la machine, un Curtiss P36 Hawk américain, dévia ses pensées et atténua son émoi. Elle feignit une froideur qui décontenança le pilote.

« Voici l'avion dont je t'ai parlé », dit-il en tapotant le fuselage comme s'il s'agissait de la croupe d'un cheval. Il fit un tour d'horizon, fier de sa prise, puis alluma un cigare.

Melitta s'affaira autour de la machine en plissant des yeux. Le soleil se reflétait sur le revêtement métallique.

« J'ai réussi à m'en procurer deux, poursuivit Ernst. J'ai amené le premier chez Heinkel, voici le second. Il est pour vous. Vous allez pouvoir vous en inspirer pour le Junkers 87. Le bombardement en piqué est l'avenir. »

Ernst Udet portait un uniforme de la Luftwaffe du plus bel effet sur lequel étaient cousus des galons de colonel. Melitta attendit la fin de son laïus et, une fois à l'abri des oreilles indiscrètes – personne ici ne connaissait ses relations passées avec l'officier – lui demanda s'il avait repris du service.

Il lui confia qu'Hermann Goering, ministre de l'Aviation, numéro deux du nouveau gouvernement, avait reformé des escadrons de pilotes militaires, en contradiction totale avec les articles du traité de Versailles. Il avait nommé tout naturellement son ancien camarade d'escadrille au poste d'Inspecteur de la Chasse aérienne.

Ernst semblait prendre son rôle très à cœur.

« Nous avons à présent des moyens illimités, précisa-t-il. Nous devons rattraper notre retard. Cet avion surprendra le monde de la chasse aérienne. Nous serons les précurseurs de ce type d'attaque. Il se tourna vers Melitta. Inutile de te confirmer le secret qui entoure ces recherches. Ces deux avions américains, achetés de façon régulière par l'intermédiaire d'agents étrangers, ne devraient pas se trouver sur le sol allemand, est-ce bien compris, Mademoiselle Schiller ? »

Melitta chercha en vain un trait d'humour dans sa dernière phrase, attendit le petit sourire en coin qui la faisait tant chavirer. Rien ! L'homme resta froid. Quelque chose avait changé en lui. Son regard était empreint d'une dureté inhabituelle. Elle comprit l'allusion à son escapade involontaire en zone française. Cette erreur la suivrait-elle jusqu'à la fin de sa carrière ?

Elle reçut l'avertissement de plein fouet. Ernst, qui rejetait toute forme de compromission, semblait investi à présent d'une mission divine. Melitta se retint de plaisanter sur son allégeance au petit moustachu. Elle ne pouvait plus se permettre ce genre de familiarité. Le héros de la Grande Guerre avait adhéré au NSDAP, l'insigne nazi épinglé à sa boutonnière en témoignait.

Ernst quitta DVL sans la moindre marque de sympathie vis-à-vis d'elle, à peine un signe de la main, une fois installé sur le siège arrière de sa Mercedes officielle.

Melitta pensa à Alexander, assis dans son fauteuil, le chat sur les genoux, et sourit. Merci, Monsieur le Comte, vous m'avez sauvée...

Elle se mit à la tâche sans perdre de temps. Plus on lui confierait du travail, mieux cela vaudrait pour elle. Elle prit des notes, dessina des croquis, analysa les commandes de vol du nouveau venu.

Le lendemain, à la première heure, elle enfila sa combinaison et décolla à bord de l'avion américain. De façon souple, elle testa sa manœuvrabilité, le sollicitant de plus en plus à mesure qu'elle en découvrait les capacités.

Elle effectua son premier piqué au bout d'une heure. Elle se positionna au-dessus de l'aéroport, se repérant aux hangars de DVL, puis déplaça la manette des gaz sur position ralentie. Elle poussa simultanément sur le manche jusqu'à fixer le nez à la verticale de la Terre. L'accélération fut instantanée. La machine tombait vers le sol comme une pierre. Elle tira sur le levier des aérofreins et sentit la cellule vibrer. La voilure de l'avion se battit contre le vent relatif. La vitesse se stabilisa aux alentours de 500 km/h. La pression atmosphérique appuya sur ses tempes, lui donnant l'impression qu'elles allaient exploser. Ses oreilles se bouchèrent à en devenir douloureuses.

Les sensations physiques étaient extraordinaires. Lorsqu'elle redressa son avion, le facteur de charge l'écrasa sur son siège engendrant un voile noir. Son sang s'était accumulé dans le bas de son corps.

Melitta exulta de bonheur lorsqu'elle recouvra ses esprits. Elle poussa les gaz pour remonter à une altitude digne de ce nom. Elle devina ses collègues sur le tarmac qui l'observaient. Encore quelques plongeons de la mort, se dit-elle, et je rentre. Elle sourit en pensant à Alexander qui avait les oreilles bouchées après une simple descente à ski. Elle en enchaîna cinq à la suite, engrangeant mentalement des données qu'elle transformerait plus tard en formules mathématiques.

Ernst avait raison, l'avion semblait s'accrocher à l'air, sa vitesse se stabilisait en piqué. Attention toutefois à ne pas se laisser griser par le sentiment de puissance qu'offrait cette belle mécanique ; un redressement trop tardif et c'était le baiser de la mort. À ces vitesses-là, l'énorme force centripète engendrée vous projetait vers le bas. La gravité naturelle était décuplée.

Cette nuit-là, Paul resta avec elle. Penchés sur leur planche à dessin, ils laissèrent libre cours à leur créativité. Ils listèrent tous les travaux auxquels ils devraient s'atteler. À l'inverse de ce qu'ils avaient étudié jusqu'à présent, leurs recherches ne pourraient plus passer pour des innovations civiles. Aucun avion de transport passager n'avait besoin de ce type de dispositif.

Le premier Junkers 87 leur fut livré les jours suivants et les études débutèrent sous le nom barbare de s*turzkampfflugzeug* – avion de combat en piqué – vite remplacé par l'abréviation de s*tuka*.

Melitta, tout naturellement, prit en charge les essais en vol. Ses qualités professionnelles ainsi que sa personnalité fermèrent la porte à toute discussion.

À partir de ce moment-là, la jeune femme s'arrangea pour entamer un travail que personne ne pourrait effectuer à sa place. Sa stratégie consistait de façon intelligente à devenir indispensable à l'effort de guerre. Si sa judéité venait à se savoir, les autorités ne pourraient plus la rejeter.

*

Hanna, auréolée d'une gloire toute nouvelle, regagna le domicile de ses parents. Son père, même s'il l'accueillit froidement, ne la rejeta point. Il n'avait pas encore abandonné le souhait qu'elle réintègre ses études de Médecine.

Pour ne pas ajouter d'huile sur le feu, l'aviatrice alla dans son sens et accepta de retourner sur les bancs de la faculté, à condition que ce soit celle de Berlin et qu'elle puisse reprendre en parallèle ses cours de pilotage. De toute façon, elle n'imaginait pas revenir vivre dans la maison de son enfance, même si son bonheur de retrouver ces lieux était réel, cela ne durerait pas.

Si le docteur Willy Reitsch n'avait pas changé, Hanna ne reconnut point le reste de la communauté avec laquelle elle avait grandi. Tout d'abord, elle eut l'impression que tous les villageois portaient l'uniforme, même les plus jeunes. Tous faisaient partie d'organismes agréés par le pouvoir en place. À la moindre occasion, des dizaines d'hommes défilaient sous des drapeaux nazis, déployés à foison. Hanna, accompagnée de ses parents et de sa sœur, assista à des parades impressionnantes. Elle put constater l'unité de la population autour des idées du nouveau führer. Elle comprit rapidement que l'opposition n'avait pas lieu d'être : deux hommes qui ne saluaient pas du bras tendu furent battus à coups de bâtons devant elle.

« Il n'y a plus de place pour la contestation, expliqua son père. Il est temps que ce pays retrouve une unité et se remette au travail.

— Les bolcheviks nous ont fait assez de mal, ajouta sa mère en montrant du doigt des devantures de boutiques recouvertes de graffitis anti-juifs.

— Mais maman, répondit Hanna, interloquée, les juifs ne sont pas des communistes, ça n'a rien à voir.

— Si ! ce sont tous les mêmes, ils ont tous la même tête. Ce sont des ennemis de l'empire germanique. Ce sont tous des traîtres, il n'y a qu'à lire les journaux. »

Sa fille ne répondit pas. À quoi bon ? Après avoir lu une affiche demandant aux Allemands de ne rien acheter aux commerçants juifs, son regard fut attiré par un couple de busards qui enroulaient leurs ailes dans un courant thermique. Quelle beauté ! Cet après-midi, elle irait voler, le temps était idéal.

À la fin de l'été, alors que son retour en faculté de Médecine était acté, elle reçut une lettre du professeur Georgii ! Il y avait une place de navigante pour elle à l'Institut de Recherche de vol à voile de Darmstadt. Il ne s'agissait pas d'un poste de pilote d'essai, elle n'en possédait pas encore les compétences, mais d'une tâche s'y approchant, qui pourrait lui apporter toute l'expérience nécessaire pour lui permettre un jour de se hisser dans cette fonction prestigieuse.

Les autorités allemandes finançaient généreusement tout ce qui avait trait à l'aéronautique et les besoins en ressources humaines augmentaient de jour en jour. Selon les dires du professeur, Hanna appartenait à la grande famille des aviateurs, sa place se trouvait parmi eux.

Les temps changeaient et les membres du groupe avec lequel la jeune femme avait fait ses premiers pas avaient acquis assez de pouvoir à présent pour faire accepter qui ils voulaient dans leur congrégation.

Hanna relut la lettre deux fois avant de sauter de joie. Sa mère la dévisagea avec une lueur d'inquiétude ; un tel entrain signifiait forcément des ennuis à venir.

Les deux femmes attendirent le retour du docteur pour lui annoncer la nouvelle, car Hanna avait pris sa décision de façon radicale : elle renonçait à son avenir médical.

Une telle force de caractère l'étonna elle-même. Son voyage au long cours l'avait endurcie de façon indéniable. Wolf lui avait dit qu'il y aurait un avant et un après, oh, comme il avait raison !

En apprenant la nouvelle, Willy Reitsch entra dans une colère noire, il n'était pas homme à qui l'on tenait tête sans en payer les conséquences. Hanna essuya des salves d'invectives. Malgré le poids des attaques, elle garda la tête haute et soutint le regard assassin de son père.

Le docteur dut se rendre à l'évidence, l'atavisme familial n'était pas un vain mot chez les Reitsch. La tête de mule qui lui faisait face ne lâcherait rien. Sa descendance avait hérité de sa propre obstination. Inutile d'essayer d'arracher ne serait-ce que le plus petit des consensus ! Les chiens ne faisant pas des chats, et bien que cela semblait aussi incongru que de devenir artiste de cirque, il accepta de mauvaise grâce la décision de sa fille : elle serait aviatrice.

*

En septembre 1935, Hitler promulgua une nouvelle série de lois axées sur la protection du sang et de l'honneur allemands. Les libertés des juifs germaniques, des gitans, des homosexuels, des handicapés mentaux, en furent grandement affectées.

Ce sujet, hautement sensible pour Melitta, anima une conversation du clan Stauffenberg lors d'une soirée de retrouvailles comme les trois frères les aimaient tant.

Même si la jeune femme se sentait protégée au sein de ce groupe d'aristocrates cent pour cent teuton, ses craintes ne cessaient d'augmenter.

Ces règles définissaient qui était, ou n'était pas, allemand. Qui était, ou n'était pas, juif. À présent, seules les personnes de sang germanique, ou apparenté, pouvaient prétendre à la citoyenneté. Ce sésame devenait obligatoire pour qui envisageait une place dans cette nouvelle société appelée Troisième Reich, société dans laquelle l'aryanité des individus était devenue la qualité première.

Le dogme nazi considérait les juifs comme race et non comme religion. On naissait juif comme on naissait asiatique ou de couleur noire. Cette doctrine ne reposait sur aucune base scientifique, aussi se tournaient-ils vers la généalogie pour définir si un individu appartenait à cette ethnie. Ce qui avait pour résultat de bannir de la citoyenneté allemande des milliers de ressortissants nationaux considérés, à compter de la promulgation de ces nouvelles règles, comme de simples « sujets de l'État ».

De plus, le décret d'application de cette loi établissait une classification raciale complexe qui divisait les non-aryens en deux catégories : les juifs et les métissés de juifs, les privilèges diminuant au prorata du degré de judéité.

Berthold, le jumeau d'Alexander, avocat de profession, tenta de situer Melitta dans cette échelle barbare. Avec beaucoup de tact, il la questionna sur ses grands-parents et en conclut avec objectivité qu'il était tout à fait possible qu'elle fût listée par les autorités comme *mischling*, une métissée, une sorte de juive de second degré.

Tout le monde s'accorda à dire que cette descendance embarrassante pouvait effectivement nuire à Melitta. Il valait mieux dorénavant qu'elle la cachât jusqu'à trouver une solution. Obtenir un certificat d'aryanité, ce nouveau document à présent exigé par les nazis pour toute demande officielle, semblait être la seule solution.

« Je connais des officiers supérieurs qui sont dans ton cas, ajouta Claus. Je pense que leurs états de service joueront en leur faveur. Vu l'importance de ton travail pour le Reich, tu devrais en obtenir un sans trop de difficulté. Tu peux compter sur notre soutien sans faille, ma chère Melitta. Notre famille possède de nombreux leviers dans les salons gouvernementaux. Si tu as besoin de témoignages, nous t'en fournirons. »

La fratrie acquiesça, de même que les compagnes des deux frères. Nina, la jeune femme de Claus serra Melitta dans ses bras et lui dit, avec le sens de l'humour qui la caractérisait :

« Tu es peut-être une juive de second degré, mais ce qu'il y a de sûr, c'est que tu es une amie de première classe. »

Une telle preuve d'affection tira les larmes de la jeune aviatrice.

« Merci, mes amis, dit cette dernière avec des trémolos dans la voix. Si je ne vous avais pas, je crois que je partirais en Amérique. Hitler est peut-être une chance pour notre pays, mais pour moi, ses lois stupides ne font pas honneur à l'Allemagne. À cause de ça, beaucoup de cerveaux vont quitter notre nation alors que nous avons besoin de toutes les forces vives.

— Notre führer tente de sauver notre pays de la honte de notre défaite, poursuivit Claus, il doit passer par des décisions difficiles redonnant la priorité au peuple allemand. Je suis sûr qu'une fois notre population sortie de l'ornière, les choses se pacifieront.

— Claus, tu es militaire, répondit Melitta, tu ne peux pas être aveugle à ce point sur la volonté du gouvernement de se préparer à une nouvelle guerre.

— Je ne le pense pas, Melitta. Notre führer tente de redonner une dignité à notre royaume afin de recouvrer un poids certain dans le concert des Nations. Cette dignité passe obligatoirement par des forces armées conséquentes.

— Tu as dit toi-même que les autorités du Reich avaient créé un camp pour regrouper des opposants. Penses-tu que ce soit digne d'un grand pays ?

— Je t'ai dit que ce camp avait été construit pour parquer des ennemis de la Nation. Ne me dis pas que tu défends ces vauriens ? »

Claus semblait tellement convaincu que Melitta n'insista pas. Alexander, toujours prévenant vis-à-vis de sa compagne, vint à sa rescousse.

« Savez-vous que nos valeureux universitaires se sont étripés au sujet de la définition biologique de la race ? Des groupes de chercheurs ont même été envoyés autour du globe pour découvrir des traces de nos ancêtres, pour prouver que la race aryenne est à l'origine des grandes découvertes de ce monde. Jusqu'à présent, leurs recherches sont plutôt décevantes. Rien ne prouve de façon indubitable la suprématie de notre race. Du coup, sous la pression nazie, l'obligation de recourir à la confession religieuse pour déterminer qui est de race juive et qui ne l'est pas a été retenue par défaut. Imaginez maintenant un instant notre grand-père qui, au lieu d'épouser notre grand-mère, se soit converti pour une raison x ou y... Eh bien, la famille Stauffenberg serait aujourd'hui, selon les critères de notre cher guide, de race juive. Nous, nobles d'Allemagne depuis le Moyen Âge, serions considérés comme des sous-citoyens germaniques et probablement spoliés de tous nos biens. Voilà la direction que prend ton führer, mon cher frère. »

Seul Alexander avait compris la terrifiante réalité de cette loi. Visiblement, le reste de la famille avait du mal à en mesurer les conséquences.

« Je pense que tu aggraves volontairement les choses, Alexander. Hitler fait un grand ménage dans ce pays qui en a grand besoin. Il reprend les choses en main. Cela ira mieux ensuite... »

Ce sujet de conversation avait de beaux jours devant lui. Melitta, elle, ne parvint pas à calmer l'angoisse qui l'étreignait. Son beau-frère, en tant qu'officier de la Wehrmacht, avait dû jurer fidélité au nouveau leader du pays, pas elle. Même si elle travaillait dans une industrie sensible comme agent de l'État, elle n'était pas obligée d'adhérer au parti au pouvoir. Elle n'avait pas la moindre confiance en ces gens-là, mais elle devait s'adapter, pour elle et pour toute sa famille. Sa stratégie consistant à devenir indispensable lui semblait être le meilleur rempart contre la folie qui s'emparait de ses concitoyens.

Quelques jours plus tard, Alexander reçut un courrier du rectorat de l'université dans laquelle il convoitait une chaire. Ce poste lui était refusé pour des raisons obscures. Lui, plutôt de nature placide, entra dans une colère froide.

« Soit mes critiques du gouvernement ont été mal prises, soit mon célibat déplaît. Ce milieu m'insupporte. Non seulement ils écartent ceux qui ne sont pas aryens, mais ils rejettent en plus ceux qui sont hors normes : les artistes, les intellectuels, les homosexuels, que sais-je encore ? Ce conservatisme obsolète me dégoûte. Ma pauvre Litta, ces gens ne méritent vraiment pas que l'on travaille au développement de notre Nation. »

L'aviatrice se saisit du courrier et le lut à haute voix.

« J'avoue que tu y vas parfois un peu fort, mon doux chéri. Les nazis ne supportent pas la critique. Si tu n'es pas d'accord avec eux, tu es contre eux. Leur réponse passe naturellement par la violence, car ils n'ont pas les armes intellectuelles pour un débat de qualité. Nous sommes condamnés à jouer profil bas.

— T'ai-je déjà dit, Litta, que certains croient que je suis homosexuel ? »

La jeune femme le dévisagea. C'est vrai qu'Alexander était maniéré, mais elle associait cette caractéristique à son éducation aristocratique.

« Peut-être que ton attitude engendre ce genre de ragots. Ne t'es-tu jamais demandé si ton comportement était adapté ? Nous cachons notre union libre, ils pensent que tu vis seul. De là à conclure que tu es un inverti. Je sais que tu aimes les femmes, sinon tu ne serais pas avec moi... »

L'homme resta silencieux. Melitta sentit qu'il voulait lui dire quelque chose. Elle l'invita à poursuivre.

« Tu aimes les femmes, n'est-ce pas ? »

Alexander leva ses grands yeux bleus vers elle.

« Je t'aime, toi... Ainsi que d'autres...

— Je ne comprends pas... Insinues-tu que...

— Cela m'est arrivé, je l'avoue. Je suis atteint de ce que l'on pourrait appeler une ambivalence sexuelle. Mais, rassure-toi, il n'y a rien eu depuis que je suis avec toi. J'aime la vie avec toi, je t'aime. »

Melitta resta pétrifiée. Elle ne s'attendait pas à une telle confession. Pourtant, elle aurait dû s'en douter. Alexander était tellement différent des autres hommes qu'elle avait connus. Elle l'aimait pour ça, pour sa poésie, son intelligence, sa folie, son honnêteté. Cette ambivalence, finalement, complétait la panoplie de ce personnage tellement hors du commun.

« Si je comprends bien, mon cher Alexander, te voilà empêtré comme moi dans une situation que tu ne maîtrises pas. Moi comme demi-juive et toi comme demi-homosexuel. Nous sommes tous deux à la merci d'individus mal intentionnés qui, si nous ne mettons pas un terme à notre ambiguïté, n'hésiteront pas à nous passer sous leurs fourches caudines.

— Je savais que toi seule pouvais comprendre. Tu es une femme exceptionnelle, Litta.

— Ah oui ? Eh bien, épouse-moi... »

Alexander écarquilla les yeux.

« Une union officielle résoudrait notre problème, tu ne crois pas ? Toi rentré dans le rang, une petite épouse t'attendant bien gentiment à la maison, ferait taire les ragots et t'ouvrirait les portes de l'université, et moi une noblesse, oh combien prestigieuse, règlerait de façon définitive cette ascendance plus qu'ennuyeuse.

— Sais-tu que tu es géniale ?

— Oui, tu viens de me le dire. Mais dépêche-toi de me répondre, la situation est assez embarrassante. Monsieur le Comte von Stauffenberg, il me semble qu'une jeune fille de bonne famille vient de vous demander en mariage... »

Chapitre 8

Hanna s'installa dans un petit appartement meublé non loin de la base de Darmsdatd, dans le sud-ouest du pays. Les grandes prairies vallonnées lui rappelaient les paysages de son enfance. Se retrouver dans un environnement familier l'aiderait sans aucun doute à trouver ses marques et à se concentrer sur son nouvel emploi. Elle avait l'impression qu'un siècle s'était déroulé depuis ses dernières cavalcades avec son frère sur les pentes de sa Basse-Silésie chérie.

Elle se sentit à l'aise immédiatement grâce à ses collègues d'Amérique du Sud qui l'intégrèrent au sein du groupe de façon efficace. Son travail consistait à assister l'équipe de représentation commerciale en exhibant en vol les planeurs de l'Institut. L'emploi de rêve pour cette petite jeune femme à l'enthousiasme débordant.

Le docteur Willy Reitsch l'ayant complètement abandonnée financièrement, elle devait à présent voler de ses propres ailes – aucune expression ne pouvait lui seoir aussi bien.

Le salaire proposé, très correct pour vivre, était cependant insuffisant pour poursuivre son apprentissage sur des aéronefs motorisés. Elle devrait s'en accommoder. À elle de saisir les opportunités qui ne manqueraient pas de se présenter. Elle avait à présent un pied dedans, comme lui avait indiqué Elly Beinhorn lorsqu'elle l'avait appelée pour lui annoncer la nouvelle de sa promotion.

« Grimpe les échelons un à un en faisant attention de ne pas rater une marche », lui avait-elle conseillé à juste titre. Oh ! Elle en avait bien l'intention...

Très vite, ce frein dans sa progression professionnelle lui devint insupportable. Bien qu'elle eût accès aux petits avions de l'Institut, elle ne pouvait voler sur les gros Heinkel qui la narguaient sur le tarmac de la base. Il lui manquait la licence adéquate pour ce type d'appareils. Cette frustration s'installa de façon durable. Sa soif d'aller plus haut, plus loin, plus vite, devint obsessionnelle. Il n'existait aucune machine volante qu'elle ne désirait pas piloter, aussi, se sentait-elle comme un oiseau en cage alors que de façon paradoxale, elle volait pratiquement tous les jours. Lorsqu'elle découvrait de nouveaux avions dans des magazines, elle ressentait le besoin irrépressible de les posséder, de les dompter. Cela en devenait presque charnel.

Lorsque les Heinkel de l'Institut étaient inutilisés, il n'était pas rare de la voir grimper dans leur cabine de pilotage. Là, elle se laissait bercer par des rêves de grandeur, s'imaginant traverser les océans à leurs commandes.

« Tu es bien trop petite pour voler là-dessus », lui déclaraient certains collègues à l'esprit aussi étroit qu'un cockpit d'avion de combat. « Rira bien qui rira le dernier ! » murmurait-elle en serrant les dents.

L'un d'eux lui apprit que Melitta Schiller avait effectué des essais sur ces appareils quand ils étaient attribués à DVL.

« T'asseoir sur son siège devrait te porter chance », lui avait-il lancé en pensant lui faire plaisir.

Encore elle ! Quand allait-on cesser de les comparer ? Un jour, son tour viendrait. Un jour, les hommes ne parleraient plus que d'Hanna Reitsch lorsqu'ils feraient référence à une femme pilote.

Ses représentations commerciales l'amenèrent à se rendre à l'étranger où elle se sentait plus à l'aise que dans les locaux de l'Institut. Elle aimait voir du monde, découvrir d'autres peuples, faire des rencontres. À l'instar de son voyage en Amérique du Sud, elle évoluait encore au sein d'une équipe d'hommes. Elle avait acquis de la maturité et savait à présent les manipuler, quel que soit le degré de machisme de certains.

Plus que l'aviation, le pays tout entier reposait sur les bases du patriarcat, Hitler ne faisant rien pour que cela ne change. L'alcool coulant à flots dans les soirées, il annihilait tout savoir-vivre. Il arrivait assez fréquemment qu'Hanna éconduisît des individus au comportement insistant. Sous prétexte de son célibat, ces goujats se permettaient des libertés inacceptables.

Elle avait acquis un trésor d'arguments diplomatiques pour limiter la casse lorsqu'il s'agissait d'hommes de pouvoir. Avec eux, il était hors de question de fâcher leur orgueil. Non seulement ils pouvaient stopper sa carrière, mais pouvaient aussi lui envoyer des subordonnés qui n'hésiteraient pas à s'en prendre à son intégrité physique.

Lorsqu'elle avait joué sa dernière carte et qu'il était évident que son refus la mettrait en danger, elle cédait en cachant son dégoût. Autant que ça serve à quelque chose, se persuadait-elle...

Très vite, les photographes présents dans les cérémonies officielles se jetèrent sur cette petite blonde frisée au regard ardent. Elle attirait les objectifs autant que les grandes stars de cinéma. Lorsqu'elle pilotait son planeur, elle faisait trembler les foules par son audace et déclenchait des applaudissements tonitruants. Comment un si petit gabarit pouvait-il effectuer autant d'acrobaties, posséder tant de grâce ? se demandaient ses admirateurs. Hanna ne s'en lassait pas. Dès qu'elle était annoncée dans une représentation aérienne, les spectateurs se déplaçaient comme s'il s'agissait du dernier magicien à la mode.

Son étoile commença à briller dans le ciel des as de l'aéronautique internationale. En parallèle, le parti politique novateur au pouvoir associa le nom d'Hanna Reitsh à son dynamisme triomphant, pour la plus grande joie de ses dirigeants. Qui mieux que cette aviatrice pouvait rassembler autant de personnes ? Leur guide, peut-être ? Adolf Hitler utilisait lui aussi l'avion en allégorie du dieu païen qui descend du ciel.

Au retour de Finlande, après un voyage de présentation particulièrement fructueux, Peter Riedel vint trouver Hanna. Il était chargé de la décorer de la part des pontes du NSDAP pour services rendus. À cette occasion, il souhaitait organiser une réception à laquelle assisteraient les sommités du parti.

Bien qu'immensément flattée, Hanna resta de marbre. Le grand rouquin, qui se targuait d'être son ami, avait pris du galon au sein du NSDAP, elle devait s'en servir. N'ignorant rien de ses détracteurs qui se gaussaient dans son dos, elle le mit au défi. « Pourquoi ? Pourquoi tant d'égards du parti pour moi et pas pour mes collègues masculins ? »

Elle qu'on disait égocentrique allait prouver à Peter son esprit de groupe. Il ne l'avait pas vue depuis longtemps, elle voulait lui montrer combien elle avait changé.

L'utilisation que le parti faisait de son image commençait à la déranger. Même si elle reconnaissait la compétence des hommes aux manettes du pays, qu'elle leur faisait confiance et ne rechignait pas à se transformer en ambassadrice, elle ne se sentait pas à l'aise avec certains aspects de leur politique qu'elle ne comprenait pas. Une anecdote l'avait fait méditer.

Lors de son voyage en Finlande, elle avait sympathisé avec un médecin juif allemand, le docteur Joachim Küttner. Ce dernier connaissait bien son père. Lorsque la confiance mutuelle s'était installée, il l'avait informée de ses difficultés pour exercer son travail en Allemagne, des problèmes dont toute sa famille souffrait quotidiennement. Elle avait été profondément émue par son discours direct et non agressif.

Joachim Küttner lui avait donné en quelques jours plus de tendresse que son propre père en une vie entière. Cet homme était un bon Allemand. Il devait y avoir erreur sur la personne. Certes, des mauvais juifs, il y en avait pléthore, mais combien de malentendus y aurait-il si les autorités persistaient dans cette voie-là ? Faire l'amalgame de tous les juifs de ce pays risquait d'engendrer de nombreuses méprises qui desserviraient forcément l'effort de reconstruction.

Elle continua sur sa lancée, voulant montrer son indépendance :

« Pourquoi moi ? C'est parce que je suis une femme, c'est ça ?

— Tu n'y es pas, Hanna. »

Il repoussa sa mèche d'un coup de tête en arrière, tic qui trahissait son exaspération.

« C'est parce que tu représentes les forces nouvelles de la Nation. C'est un grand honneur que d'avoir été repérée par nos dirigeants. Hermann Goering t'a lui-même désignée comme espoir de l'Aviation allemande. Tu vas recevoir une médaille, Hanna. Qui sait si ce héros ne viendra pas te la remettre en personne ?

— Eh bien, je n'accepterai cet honneur que si Goering me fait admettre au Centre de l'Aviation Civile de Stettin ! Sinon, mon cher Peter, je te laisse le soin de lui annoncer d'aller se faire foutre. Personne ne m'a demandé si j'étais d'accord de représenter le parti à l'étranger, maintenant ça suffit, il va falloir payer pour m'utiliser... »

Peter resta sans voix. Il ne s'attendait pas à une telle réaction de celle qui avait tout accepté jusqu'à présent. Tout sauf ses avances, mais ça, il essayait de l'oublier. Peut-être qu'un jour, s'il montait encore dans la hiérarchie, lui céderait-elle ?

« Mais aucune femme n'a été acceptée dans cette école. Hanna, tu as un boulot ici, tu...

— Eh bien, c'est le moment d'en faire accepter une ! Et ce sera moi.

— Même Melitta Schiller n'a pas pu y rentrer, pourtant c'est une grande pil...

— Assez ! Je ne veux plus entendre parler de cette bourgeoise-intello. Tu te débrouilles, mais j'exige de rejoindre cette école sinon, pas de médaille et plus d'Hanna Reitsch dans vos petits pince-fesses. »

*

L'annonce de leur mariage fut accueillie avec joie par tout le clan Stauffenberg, surtout par le père. Ses deux autres fils avaient franchi le pas depuis peu, l'heure avait sonné pour ce dadais d'Alexander d'entrer dans le rang. Il n'était pas bien vu pour un aristocrate de rester célibataire trop longtemps, les ragots avaient tôt fait de se colporter au sein des grandes familles. Certes, Alexander s'était entiché d'une femme hors du commun, mais ne l'était-il pas lui-même ?

Bien entendu, le jeune couple garda sous silence les vraies raisons de leur union. Les deux tourtereaux appréciaient leur vie commune, mais n'auraient pour rien au monde abandonné leur chère liberté. S'il n'y avait pas eu danger pour leur propre carrière, ils auraient sans nul doute continué à vivre de la sorte.

Le mariage annoncé, il ne leur restait plus qu'à trouver les documents nécessaires pour convoler. Malheureusement, une preuve d'aryanité était à présent obligatoire pour toute union de nationaux. Si cela ne posa aucun problème pour Alexander, il en fut tout l'inverse pour sa fiancée.

Lors du dépôt de leur dossier, la jeune femme notifia que le certificat de naissance de son grand-père se trouvait à Odessa, en Ukraine, et qu'il lui était impossible de se le procurer. Elle stipula qu'elle travaillait pour le ministère de la Défense dans des travaux ultrasecrets, mais cela resta sans succès. Les autorités la prièrent de revenir avec le fameux sésame lorsqu'il serait en sa possession. Les Stauffenberg s'en mêlèrent à leur tour sans plus de réussite. Le mariage était bloqué.

Cette tracasserie administrative contraria Melitta au plus haut point. Il lui était à présent interdit de franchir une étape importante de sa vie, comme si un plafond de verre avait été érigé entre elle et l'aristocratie allemande. L'épée de Damoclès restait pendue au-dessus de sa famille, accrochée à une corde de plus en plus fine. Elle détestait cette sensation qui se révélait d'une profonde injustice. Son père s'en inquiétait beaucoup et comptait sur elle. N'était-elle pas la plus apte à faire intervenir des gens haut placés ? Il ne prononça pas, par pudeur, le nom d'Ernst Udet, sa fille n'en parlant plus, mais ses allusions ne trompèrent pas Melitta. Elle y avait pensé, elle aussi, mais l'idée d'annoncer à son ancien amant qu'elle possédait des origines juives la révulsait. La confiance envers cet homme qu'elle avait adulé s'était effondrée depuis qu'il avait rejoint le parti nazi.

Ce gouvernement était capable de tout. Ernst aussi, elle le connaissait bien. Hermann Goering l'avait nommé chef du bureau technique de la toute nouvelle Luftwaffe pour être ses yeux et ses oreilles dans l'industrie aéronautique. Si Ernst savait récompenser un subordonné de la plus folle des manières, il pouvait également le menacer de la pire des façons. Personne, et certainement pas Melitta, ne pouvait prédire sa réaction s'il apprenait ses origines. Ernst évoluait à présent dans un groupe qui avait désigné les juifs comme ennemis de la Nation.

Il y a peu, de façon discrète, les Témoins de Jéhovah avaient été dissous et leurs biens avaient été confisqués. L'événement était passé inaperçu dans la population. Si un technicien de DVL qui s'entendait bien avec Melitta ne l'avait pas mise au courant lors d'une discussion, elle n'en aurait rien su. L'homme, choqué de ce qu'il avait vu, lui avait décrit des atrocités commises par les policiers de la Gestapo, la toute nouvelle police politique.

Rien n'avait transpiré dans la presse. La radio diffusait uniquement des nouvelles passées au tamis de la censure. Joseph Goebbels, ministre de l'Information et de la Propagande, veillait à ce que la population allemande ne fût alimentée que de faits à la gloire du Troisième Reich, le honteux étant soigneusement dissimulé. Sous sa houlette, les médias désignaient sans vergogne les ennemis de l'État, les juifs endossant la plus grande concentration de haine.

« Si tu veux te débarrasser de ton chien, accuse-le d'avoir la rage », avait cité Alexander en résumant les exactions des milices nazies. Melitta ne pouvait qu'approuver. Jusqu'où irait le petit moustachu dans son nettoyage ethnique ? Un soir, lors d'un dîner, Claus leur avait divulgué que des camps d'internement avaient été construits pour enfermer des gitans.

À quand les mêmes prisons pour les communistes, les juifs, les opposants ?

Comme son père, elle avait senti le vent tourner à l'accession d'Hitler et aucune crainte ne disparaissait, bien au contraire. Les Stauffenberg tentaient de la rassurer. Ils lui promettaient un avenir radieux ; les choses s'arrangeraient. Malheureusement, ils ne condamnaient pas assez clairement, à son goût, leurs congénères avec leurs lois stupides. Seul Alexander partageait sa haine pour ces hommes avides de pouvoir absolu.

Heureusement, son métier accaparait son temps et son énergie. Un Stuka l'attendait tous les matins devant un hangar de DVL. Après avoir contrôlé les réglages des techniciens issus de données calculées tard dans la nuit, elle s'installait aux commandes, enfilait son casque en cuir, ses gants de peau, et décollait aux premières heures du jour pour des plongeons de plus en plus risqués. Maîtriser cette machine, la pousser jusqu'à ses dernières limites, la sentir vibrer à travers le manche à balai, la faisaient frissonner de plaisir. Il n'y avait qu'en vol où elle parvenait à oublier ses tracas. Le ciel était son ami, même si son organisme souffrait énormément des changements de pression incessants, des accélérations, du bruit, des vapeurs d'huile et d'essence. À chaque sortie de piqué, son corps flirtait avec l'évanouissement.

Il lui arrivait d'effectuer quinze attaques aériennes simulées dans la même journée, ce qui était inhumain pour un pilote non entraîné. Mais elle ne s'en plaignait pas. Elle n'aurait échangé sa place pour rien au monde. Elle voulait porter ce travail très spécial sur ses seules épaules, malgré les reproches de Paul von Handel, qui la voyait dépérir de jour en jour à travers ses grosses lunettes. Tous les employés de DVL pouvaient témoigner de l'implication déraisonnable de l'aviatrice. Rapidement, elle acquit un statut de *superfrau,* statut qui ne pouvait que la rassurer dans ce contexte politique.

Le soir, elle s'enfermait dans le bureau avec Paul pour débriefer les données techniques accumulées lors des vols.

Lorsque Melitta se glissait enfin dans sa petite voiture, une Fiat Topolino achetée d'occasion, la nuit cachait de larges cernes sous ses yeux. Bien souvent, elle ne dînait pas. Elle allait se coucher directement après avoir pris une douche, laissant Alexander seul en compagnie de leur chat.

L'équipe d'ingénieurs, avec Paul à leur tête, travaillait sur le pas de l'hélice de la machine. Un réglage d'angle négatif associé à un bon aérofrein accrochait littéralement l'avion dans le ciel, le but étant d'éviter aux pilotes une perte de contrôle due à une trop grande vitesse.

L'un des chercheurs trouva une idée lumineuse : adjoindre une sirène aérodynamique qui se manifesterait lors des piqués. L'effet fut saisissant. Le son ne manquerait pas de terroriser les pauvres bougres qui se retrouveraient sur la trajectoire de la machine.

À intervalles réguliers, Ernst Udet prenait des nouvelles de l'avancée des recherches. Le secret ne semblait plus être de mise sur la finalité de leurs travaux. Le rétablissement du service militaire, la création de la Wehrmacht, le baptême d'un sous-marin, tout ça dans la même année, ne laissaient plus aucun doute sur les velléités du gouvernement. Claus Stauffenberg l'avait même finalement admis, félicitant sa future belle-sœur de sa clairvoyance. Selon Udet, Goering avait commandé des milliers de Stukas. L'as des as avait parfois tendance à exagérer, mais son application à suivre de près les travaux de DVL indiquait qu'il ne s'éloignait pas trop de la réalité.

Lorsqu'elle tombait directement sur lui au téléphone, elle lui répondait de façon professionnelle, tentant de cacher l'accélération de son rythme cardiaque. S'il était satisfait de ses réponses, il lui faisait miroiter des soirées à Berlin sans se soucier d'Alexander ; invitations qui restaient sans suite, les responsabilités n'avaient pas changé l'aviateur, bien au contraire.

Lorsque Paul s'entretenait avec lui, Melitta rougissait de bonheur en entendant son chef décrire avec force détails ses plongeons d'une grande audace. Elle aurait payé cher pour voir la tête de l'as des as à ce moment-là. Melitta était d'une certaine manière sa chose. Il l'avait façonnée... sur la Terre comme au Ciel.

Melitta réalisa assez tardivement que ses recherches pourraient apporter la mort à autrui. Mais la perspective de sauver des vies humaines allemandes, d'éviter une boucherie, comme celle du dernier conflit, contrebalançait cette vérité dérangeante. Et puis sa priorité restait la sauvegarde et le bien-être de sa famille. Son patriotisme chevillé au corps ne lui faisait pas oublier que ceux pour qui elle travaillait pouvaient la mener à sa perte.

Une grande majorité des employés de DVL lui témoignaient à présent un réel respect. Qui aurait cru quelques mois auparavant que les essais aéronautiques les plus dangereux seraient effectués par une femme ? On était loin de l'idéal féminin prôné par les intellectuels du Troisième Reich, qui mettait souvent en scène Magda Goebbels et ses six enfants, l'épouse et les rejetons du ministre, dans des films projetés aux actualités cinématographiques. Cette femme de caractère et ses chères têtes blondes représentaient dorénavant la famille modèle, du point de vue du guide suprême.

Très éloignée de ce cliché, Melitta appréciait de voir les hommes la saluer lorsqu'elle se déplaçait à bicyclette sur le terrain d'aviation. Il y en avait bien certains qui ne goûtaient guère son choix de vie, mais ils restaient une minorité. Elle devrait malgré tout s'en méfier. La moindre erreur et ils n'hésiteraient pas à l'humilier. Coiffée de son éternel béret de laine, de son pantalon en serge noire et de son blouson assorti, on la voyait arriver de loin. L'aviatrice remarquait sans déplaisir ces petits signes discrets qui annonçaient sa présence lorsqu'elle entrait dans un lieu public. La bataille avait été rude, mais elle avait gagné.

Un soir, lors d'un dîner à la villa des Stauffenberg, Claus, bien placé dans la Wehrmacht, les informa du viol des accords de Locarno[11]. Hitler avait décidé brusquement de baser des troupes en Rhénanie, une zone démilitarisée après la défaite de 1918. Les timides protestations lui donnaient raison. Déjà, en début d'année, le führer avait arraché à la Société des Nations le droit de récupérer la Sarre, occupée par les armées françaises.

Même si Melitta ne l'aimait pas, obtenir de telles concessions des vainqueurs démontrait un grand talent de négociateur. À l'étranger, le chancelier allemand profitait sans aucun doute d'une presse complaisante. Sans cela, comment aurait-il pu faire accepter de tels manquements auprès de la communauté internationale ? Ses services excellaient dans la diffusion de bonnes nouvelles. Une certaine euphorie s'était emparée du pays depuis son arrivée au pouvoir. Cette euphorie se propageait très certainement à l'étranger.

---

[11] Traité définissant les frontières allemandes après la Première Guerre mondiale.

Chapitre 9

Hanna Reitsch disposa avec soin un coussin rehausseur sur le siège avant de son Focke-Wulf Fw44. Elle fixa ensuite sur les palonniers deux cales de pieds fabriquées spécialement pour elle. Les avions avaient été conçus pour des hommes, et non pour des demi-portions comme elle. Cette vérité assimilée, les sarcasmes de l'instructeur qui s'installait en place arrière glissèrent sur elle comme la pluie sur le parebrise d'un cockpit.

L'événement était d'envergure : pour la première fois de son existence, une femme prenait les commandes d'un avion au sein de la prestigieuse Académie de Pilotage de Stettin, dans le nord du pays.

Hanna avait intégré le centre de formation trois semaines plus tôt et avait suivi des cours théoriques avec une promotion de cadets. Au début, ses congénères, des garçons à peine sortis de l'adolescence, l'avaient regardée avec curiosité et une certaine méfiance. Ce moment de calme lui permit de s'imposer. Elle excellait à présent dans les rapports humains.

Dès le premier jour, elle ne rata pas une occasion de faire le pitre, le rire se révélant dans un groupe le meilleur moyen de briser la glace. Très vite, elle se fit accepter et devint la mascotte de sa promotion.

Malgré le terme de « centre de formation civil », les stagiaires se déplaçaient au pas et portaient un uniforme. Hanna avait été obligée d'ajuster les dimensions du sien, la plus petite taille étant encore trop grande pour elle. Beaucoup témoignèrent de ce moment hilarant où, au mess, à l'heure du déjeuner, elle avait défilé, bas de pantalon retroussés, en imitant la démarche d'un pingouin sur la banquise.

Officiellement, ces jeunes étaient appelés à rejoindre les équipages de la toute récente compagnie aérienne nationale baptisée Lufthansa. Officieusement, ils étaient destinés à fournir en pilotes de guerre les nouvelles escadres militaires formées par Hermann Goering.

Lorsque le moteur démarra, faisant vibrer toute la cellule de l'avion, Hanna ne put s'empêcher de frissonner. Le grand jour était arrivé. Elle jouait son avenir sur ce premier test in situ.

Elle ajusta ses lunettes, testa les commandes – sans ses prothèses en bois fixées aux palonniers, ses jambes étaient trop courtes pour actionner la gouverne de direction – et poussa la manette des gaz. L'énorme hélice répondit docilement. Un signe d'acquiescement au mécanicien qui retirait les cales et la voie s'ouvrait devant elle vers un ciel orphelin de nuages.

Elle savait que des officiers la suivaient du regard, aussi s'appliqua-t-elle à effectuer un décollage comme stipulé dans le manuel de vol : d'abord, relever la roulette de queue par une pression du manche vers l'avant, pas trop, sous peine de heurter le sol avec l'hélice, puis, quand la vitesse est suffisante, tirer gentiment ce même manche en arrière pour quitter la terre ferme. Le moindre manquement au règlement et ils n'hésiteraient pas à la dégager de la formation.

Elle ne leur ferait pas ce plaisir ; l'envol fut impeccable.

Une fois en l'air, Gerhard, l'instructeur, un vétéran de la Grande Guerre, lui demanda à travers son laryngophone d'exécuter quelques manœuvres. Ce qu'elle réussit sans difficulté. Son expérience du vol à voile était indéniable. Elle pilotait à l'instinct, ressentait le moindre mouvement de son aéronef. Moteur ou pas ne changeaient pas grand-chose. Le professionnel qui la testait s'en rendit vite compte et décida de la pousser dans ses limites avant de constater qu'elle n'en avait pas. La boule d'énergie qu'il évaluait possédait des qualités bien supérieures aux élèves qu'il avait l'habitude d'accompagner. Elle n'était pas seulement le petit clown pistonné par des huiles haut placées qu'on lui avait décrit.

Hanna effectua un tonneau irréprochable, une boucle parfaitement maîtrisée, et cerise sur le gâteau, un virage sur le dos sans perdre la moindre altitude.

Il reprit les commandes, gagna de l'altitude et engagea l'avion dans une vrille rapide. Au bout de trois tours, il lui cria :

« À toi les commandes ! ».

Hanna poussa légèrement sur le manche, contre la rotation d'un coup de palonnier, et sortit de la position dangereuse de façon sûre et maîtrisée. Là où le moindre stagiaire se serait écrasé, elle fit preuve d'une grande virtuosité. L'art de l'acrobatie aérienne n'avait aucun secret pour elle. Au bout d'une heure, Gerhard, son instructeur était conquis.

Une fois au sol, il s'épancha à son sujet auprès de ses supérieurs, qui attendaient son avis avec impatience. Son rapport termina par le conseil suivant : « La progression vers la licence finale ne posera pas de problème si vous continuez à respecter le règlement de l'école. » Chat échaudé craignant l'eau froide, Hanna avait décidé en rejoignant cette académie qu'elle ne risquerait plus sa carrière pour des imbécillités, déterminée à aller jusqu'au bout sans brûler sa seule chance de parvenir à son rêve. Elle collerait au règlement comme un bedeau à son missel.

Ce premier vol lui valut la réputation d'élève surdouée. Cadets comme encadrement étaient à présent envoûtés par la jeune femme. Le chemin de la réussite lui tendait les bras.

Elle passa rapidement sur des machines plus lourdes, équipées de deux moteurs comme le Heinkel 111. Avion de transport civil, ses instructeurs ne cachaient pas qu'une version militaire était à l'étude. Cet appareil n'avait pas besoin de grand-chose pour être modifié en bombardier.

Ces grosses machines ne déstabilisèrent pas Hanna outre mesure. Elle compensa sa faiblesse musculaire par une finesse au pilotage bien supérieure à celle de ses pairs.

Quelques mois plus tard, elle reçut son brevet de pilote d'avion des mains du directeur des vols dans une cérémonie sobre et émouvante. Wolf Hirth, son mentor, toujours membre honoraire du comité directeur de l'Académie, se déplaça à bord d'un des avions de sa société. En plus du plaisir de partager avec lui ce que son père avait nommé « diplôme de singe », Wolf était porteur d'une excellente nouvelle :

Darmstadt avait besoin d'un pilote d'essai planeur, le centre avait pensé à elle.

« D'accord, dit-elle en cachant sa satisfaction, mais à la première occasion, je bifurquerai vers l'aviation à moteur. Je veux devenir pilote d'essai d'avion. »

À son retour à l'Institut de Recherches de vol à voile, elle fut accueillie comme l'enfant prodige. Son renom au sein de l'institution nazie permettrait des demandes de budget élevées. Le nom d'Hanna Reitsch ouvrait en grand les portes de l'administration centrale.

Le ministère de l'Aviation misait sur le planeur pour le transport des troupes. Les besoins en machines lourdes étaient devenus une priorité. Qui mieux qu'Hanna pouvait s'occuper des essais en vol, à présent ?

Régulièrement, des responsables de l'État-major, dont Ernst Udet, se déplaçaient au centre pour inspection. Lors de ces visites, Hanna leur offrait des démonstrations aériennes époustouflantes, puis venait se mélanger à eux dans les petites sauteries qui s'ensuivaient.

Il n'était pas rare de voir Udet lui apporter un bouquet de fleurs, ou même l'inviter à dîner en tête à tête. Ce n'est pas sans fierté qu'elle lui tendait la main lorsqu'il la faisait descendre de sa Mercedes, devant le restaurant le plus huppé de la ville. À tout juste vingt-trois ans, elle s'affichait à présent avec des responsables proches de l'exécutif. Qui sait si un jour elle ne rencontrerait pas le guide suprême ? Peut-être que cette fois, son père daignerait enfin reconnaître l'importance de sa profession.

Ses fréquentations lui attribuèrent un statut. Plus personne ne critiquait ses choix ni n'osait plaisanter sur sa taille ou sur sa condition de femme. À présent, les employés de l'Institut la saluaient poliment tout en gardant une certaine distance.

Hanna aimait beaucoup le général Udet qui, comme de nombreux enfants, l'avait fait rêver lors de ses acrobaties. Elle n'avait pas oublié que la première fois où elle avait posé ses fesses dans un plus lourd que l'air, c'était dans son propre avion.

Lors d'un de ses tête-à-tête, elle lui raconta la genèse de sa passion pour l'aviation, cette rencontre avec Melitta Schiller qui préparait son biplan pendant un de ses meetings.

« L'as-tu déjà rencontrée ? demanda-t-il.

— Oui, à quelques occasions... Je... je ne la trouve pas très sympathique.

— Melitta est une personne réservée, qui peut paraître distante, mais extrêmement professionnelle.

— J'ai entendu dire que ses essais n'étaient pas si compliqués que ça.

— Détrompe-toi. Ce qu'elle accomplit est très dangereux. J'ai piloté le Stuka pour me rendre compte par moi-même des difficultés de l'attaque en piqué. Eh bien ! Crois-moi, ce n'est pas si simple. Quand tu redresses en bas de piqué, l'accélération est telle que le sang n'irrigue plus ton cerveau. Tu restes quelques secondes aveugle. Ne rien voir si près du sol n'est pas une situation d'avenir pour le pilote, d'où l'importance de ses recherches pour limiter cette vitesse en bout de manœuvre. »

La jeune femme avait les yeux brillants.

« Je suis sûre que je pourrais y arriver mieux qu'elle. Je pourrais facilement abattre le double de son travail. Si jamais elle venait à abandonner, pensez à moi, Général !

— Je ne crois pas qu'elle en soit là ! Mais j'y penserai. À l'occasion, je te la présenterai. »

Udet sourit. Cette petite femme ne manquait pas d'air.

« Melitta est une ingénieure hors pair, Hanna. Elle développe ses recherches avec une règle à calcul avant d'aller les expérimenter en l'air. Son travail est très important pour notre armée. Le public n'en sait rien, car, pour des raisons que j'ignore, elle refuse la plupart de mes propositions quand il s'agit de la mettre en avant, mais moi je connais sa valeur...

— L'Aviation ne se crée pas sur une planche à dessin, Général, elle se vit en direct, le nez dans le cambouis. Vous verrez que j'ai raison. Un jour, vous serez obligé de venir me chercher. »

Le ton d'Hanna s'était endurci. En séducteur né, Ernst releva une certaine dose de jalousie dans les mots de son invitée. Il sourit. Les femmes jalouses étaient les plus passionnées, elles agrémentaient son quotidien. Cette stimulation les rendait vulnérables. Il n'avait plus qu'à se pencher pour les accrocher à son tableau de chasse.

« Promis, ma chère Hanna, je penserai à toi. En attendant, encore un peu de champagne ? »

*

Un soir, à son retour de l'Institut, tandis qu'Alexander se relaxait dans son fauteuil favori, Melitta remarqua sur son visage un sourire inhabituel. Le professeur s'éventait avec une lettre, comme si ce document ne revêtait aucune importance.

« Je te préviens, mon petit canard, je sens que tu as envie de jouer. Je suis épuisée et je vais me coucher. Alors si tu as quelque chose à me dire, c'est maintenant. »

Alexandre se leva et, d'un air mi-martial, mi-guilleret, lui lut le document. Il s'agissait d'un pli de l'ambassade d'Ukraine qui attestait que les certificats de naissance demandés par l'aviatrice avaient été détruits dans un incendie.

Un sourire irradia le visage de Melitta.

« C'est un vrai ? Comment as-tu pu obtenir ça ? » demandat-elle en lui arrachant le document des mains.

« Avantage des vieilles familles germaniques, ma chérie, réseau de la noblesse internationale. Avec ça, notre mariage ne devrait plus poser de difficultés. »

Pour fêter l'occasion, il ouvrit une bouteille de champagne en faisant sauter le bouchon. Melitta, toute fatigue oubliée, trinqua avec lui.

Alexander lui délivra les dernières informations en sa possession. Des événements agitaient les cercles intellectuels berlinois : les SS avaient fermé les établissements de nuit, notamment ceux réputés pour leurs mœurs débridées. Même l'Eldorado, célèbre night-club où ils avaient jadis dansé, avait été frappé d'une interdiction administrative. Plus grave encore, des listes d'homosexuels notoires étaient établies par les autorités. Des bruits couraient sur des exactions de groupes nazis envers cette communauté qui jouissait jusqu'à présent d'une liberté totale.

« Les choses changent de façon dramatique, ajouta Alexander, si le taux de chômage baisse, que les Allemands retrouvent de quoi vivre dignement, c'est au prix des libertés individuelles qui s'amenuisent. Beaucoup d'écrivains jugés subversifs voient leurs ouvrages confisqués pour être détruits. Je ne veux pas vivre dans un monde où l'on brûle les livres, ma Litta, où l'on jette les gens en prison en raison de leur façon de vivre. »

L'aviatrice partageait l'opinion de son compagnon. Elle l'aimait pour ses idéaux, pour son courage. Ils envisagèrent la possibilité de partir à l'étranger, quitter ces fous qui les dirigeaient. Ils pourraient trouver du travail sans problème. Mais tous deux savaient que ça leur était impossible : lui du fait de son nom – un von Stauffenberg n'abandonne pas la mère patrie, ça tuerait son père – elle de par la vulnérabilité de sa famille, à présent, la seule à leur garantir un blanc-seing dans ce monde aryen. En conclusion, il était urgent d'obtenir une autorisation de mariage à l'aide de ce document. Plus vite ils obtiendraient le feu vert des autorités, plus vite ils pourraient arrêter une date et stopper d'éventuels ragots. Alexander voulait absolument éviter une dénonciation calomnieuse, car personne ne pouvait prédire comment sortir de ce mauvais pas si par malheur son nom était inscrit dans un registre quelconque, ce qui ne tarderait pas s'il continuait à se vautrer dans le célibat.

Quelques jours plus tard, Melitta fut convoquée par Paul von Handel alors qu'elle se trouvait sur la piste avec des techniciens. Le procédé la surprit.

L'ingénieure pénétra dans son bureau sans même retirer son béret. Que se passait-il donc ? Une mauvaise nouvelle ?

Le chef de l'Institut tenait dans sa main une feuille de papier sur laquelle Melitta devina un svastika. Son rythme cardiaque s'accéléra.

« Ma chère Melitta, dit-il d'un ton martial, tu as été désignée par les autorités pour conduire un groupe de pilotes au défilé aérien qui va avoir lieu lors des cérémonies d'ouverture des Jeux olympiques de Berlin. Tu devras présenter un programme d'acrobatie sur le Heinkel 70. C'est un grand honneur pour nous. Je te félicite. »

La jeune femme resta sans voix. Il est toujours gratifiant de se voir décerner une telle estime, mais vu les circonstances, la circonspection était de mise.

« Eh bien, dis quelque chose, au moins, Melitta.

— Je... je... ne sais pas quoi en penser. Quand je vois les difficultés que je rencontre avec la bureaucratie de ce pays et maintenant ce... cet honneur, j'avoue ne plus rien comprendre. Suis-je donc une paria ou une héroïne ?

— Tu sais très bien que le pays a besoin de toi, Melitta. Je crois en toi depuis le début, je suis ton ami. Tu trouveras dans cette enveloppe les détails du dispositif aérien que le ministère de l'Aviation veut mettre en place. Tu seras déchargée de ta mission actuelle pour t'occuper de ça. Autre chose, plus ennuyeuse : ton père a écrit un article dans le magazine *Nature et Esprit*. Il critique de façon diplomatique les dernières lois raciales. »

Paul tendit le brûlot à sa subordonnée. Il la fixait à travers ses loupes, guettant sa réaction. Melitta resta pétrifiée. Alors qu'elle voyait le bout du tunnel, son père ajoutait des kilomètres d'obscurité. Quelle mouche l'avait piqué ?

« J'admire son courage, poursuivit Paul, et je partage ses idées, bien évidemment. Ce lien héréditaire avec des aïeuls juifs est d'une stupidité sans nom, on connaît tous des juifs allemands profondément patriotes, mais bon, de nos jours, il convient d'être prudent. Cet article ne manquera pas d'attirer les regards sur toi.

Chapitre 10

La colère d'Hanna pétrifia Peter Riedel, qui baissa instantanément la tête pour se cacher derrière sa mèche.

Pourtant, la journée avait bien commencé. À l'ouverture des Jeux d'hiver, à Garmisch-Partenkirchen, les deux aviateurs avaient effectué une présentation de planeur acrobatique. Le ciel, d'un bleu minéral, avait servi d'écrin à leur démonstration commune que d'aucuns jugèrent incroyable.

Les deux professionnels du vol à voile défendaient l'intégration de leur spécialité dans la liste des disciplines olympiques. Ils avaient ensuite attendu la décision du comité. Un tel succès dans leur présentation aérienne était de bon augure.

Lors de la réception qui s'ensuivit, Avery Brundage, un membre américain de la délégation officielle, leur annonça avec regret que leur demande avait été rejetée. Énorme déception, car Hanna y croyait dur comme fer. Des généraux le lui avaient assuré : le planeur concourrait aux jeux d'été à Berlin et elle serait la mieux placée pour défendre les couleurs de l'Allemagne.

Peter l'accompagna dans son aigreur. Lui aussi s'était investi et le résultat l'avait profondément déçu.

Ils abandonnèrent la délégation officielle et passèrent le reste de la soirée à boire et à pérorer, accoudés au bar du plus grand hôtel de la station.

Les officiels qui constituaient ce comité n'étaient que des corrompus, il ne pouvait en être autrement. Ils craignaient les champions allemands. Ce qu'ils leur avaient montré dans l'après-midi les avait effrayés. Ils énoncèrent dans leurs médisances toutes les mauvaises raisons du monde qui avaient abouti à cette décision.

La désillusion les amena à boire un peu plus que d'habitude, surtout Hanna, qui restait sobre la plupart du temps. Il faut dire qu'elle avait défendu le projet avec tant de fougue que son rejet était douloureux. Ces verres la réconfortaient.

Perdu dans cette petite partie des Alpes allemandes, Peter décida de tenter sa chance avec celle qui lui résistait depuis si longtemps. Malheureusement, même s'il possédait d'aussi bonnes qualités de pilote que son rival Ernst Udet, il ne lui arrivait pas à la cheville en matière de séduction. Bêtement, il choisit de dénigrer son amie Melitta Schiller, grand sujet de désaccord avec Hanna, pensant que prouver sa préférence à la championne de planeur lui ouvrirait les portes de son cœur.

Il lui annonça tout de go qu'il ne comprenait pas comment l'aviatrice avait obtenu le commandement d'un groupe aérien au défilé de la cérémonie d'ouverture des jeux d'été.

Hanna le regarda avec incompréhension. Puis ses yeux lancèrent des éclairs. Elle entra dans une rage folle qu'il peina à contenir. Elle n'était pas au courant... Quel idiot !

Ce fut au tour de Melitta de recevoir une bordée d'insultes. Les noms d'oiseaux fusèrent. Hanna n'était pas dans son état normal. Les quelques clients présents dans le lobby la dévisageaient avec inquiétude. Une fois de plus, Peter s'y était mal pris. Il commanda une autre bouteille de champagne pour tenter d'apaiser sa compagne. Il n'y avait plus qu'un excès d'alcool qui pourrait lui offrir la chance de la ramener dans son lit. Il poursuivit dans sa lancée :

« Savais-tu que Melitta est d'origine juive ?

— Quoi ? Juive, elle ? Mais... mais ça ne m'étonne pas du tout. Une preuve de plus qu'ils obtiennent toujours ce qu'ils veulent. Ah ! Heureusement qu'Hitler a pris des mesures contre cette lèpre qui ronge notre société. Il ne leur a pas suffi de brader notre pays, voilà qu'ils continuent à se hisser à la tête de nos compagnies nationales. C'est une honte ! »

Peter observa Hanna, guettant le moindre signe d'ouverture. Il lui prit la main et la regarda droit dans les yeux, sûr de l'effet de leur couleur translucide sur la gent féminine. Malheureusement, sa cible semblait partie dans un autre monde ; son regard se perdait dans les limbes.

« Hanna, tu mérites beaucoup mieux qu'elle, crois-moi. Je la connais bien. Melitta est une calculatrice froide qui cherche à accéder à la haute société. Toi, tu es beaucoup plus simple.

— Merci, P... Peter. Tu... tu es un véritable ami. »

Au moment où il sentait qu'une ouverture se dessinait, l'état d'excitation d'Hanna se mua en une léthargie soudaine. Sans prévenir, elle se tassa dans le fauteuil en cuir et ferma les yeux. Peter tenta de la réveiller en continuant à lui parler, mais la jeune femme s'était refermée. Le joli minois de sa collègue, apaisé par le sommeil, avait retrouvé la fraîcheur de son adolescence. Il la trouva belle, l'imagina nue dans son lit...

Il termina sa coupe en se maudissant. Il venait de comprendre qu'il ne posséderait jamais cette femme comme il n'avait jamais possédé Melitta Schiller. Si elle avait voulu de lui, elle ne s'endormirait pas comme ça aussi facilement.

Une pointe de jalousie le transperça quand il pensa au prétentieux général Udet. Qu'avait-il donc de plus que lui ? Pourquoi aucune femme ne lui résistait alors que lui, un champion de planeur plutôt séduisant, sérieux, disposé à offrir un bel avenir à celle qui accepterait ses avances, ne parvenait pas à accrocher une de ces aventurières ? Certes, des aryennes bien sous tous rapports, prêtes à fonder une famille, ne manquaient pas dans son entourage, mais lui, ce qu'il voulait, c'était entrer dans le cercle de ces intrigantes, bien plus excitantes que les modèles de vertu que le pouvoir mettait en avant. Était-il condamné à entrer dans le rang ?

Embrumé par l'alcool, il enlaça Hanna et la souleva, surpris par son poids plume, et la monta dans sa chambre. Il la déposa sur le lit. Gentleman, il ne tenta rien qui aurait pu le dégoûter par la suite. Il referma la porte et rejoignit sa propre tanière.

Au matin, Hanna avait retrouvé sa fougue. Elle ne posa aucune question à Peter sur la fin de soirée.

« J'ai téléphoné à Ernst. J'attends qu'il me rappelle.

— Pourquoi ? Ne fais pas de bêtise, Hanna, ce que je t'ai appris doit rester dans notre sphère privée.

— Ah, tu as peur, Peter ! Ne t'inquiète pas, tu as eu raison de m'en informer. En bon patriote, tu comprendras que les juifs ne doivent pas gouverner le monde, j'en fais mon affaire.

Ernst Udet lui téléphona huit jours plus tard. Hanna avait rejoint Darmstadt et avait repris son travail. Ironie du sort, on lui avait confié les essais d'un nouveau modèle d'aérofreins qui permettaient une plus grande maîtrise de la vitesse aérodynamique. Voilà qu'elle étudiait sur planeur ce que son ennemie jurée développait sur avion.

Le général accueillit les complaintes de la jeune femme avec un intérêt feint. Il lui promit d'intervenir en sa faveur, mais pour l'instant, Melitta Schiller restait à la tête du dispositif des pilotes d'essai. Il ne pouvait rien changer, la requête émanait de Goering en personne. Les allégations sur les origines juives de la jeune femme n'étaient pas fondées. Il n'y avait pas de quoi s'inquiéter. Merci de montrer un tel patriotisme.

Pour la calmer, il lui demanda de préparer une journée de présentation devant un aréopage de généraux dont Hermann Goering en personne. Ils effectuaient une grande tournée des centres de recherche aéronautiques et Darmstadt en faisait partie. Voilà qui allait l'occuper, se dit l'hiérarque nazi. Il avait autre chose à faire que de gérer les égos de ces dames, il y en avait déjà assez auprès de ses propres congénères – plus ils approchaient du sommet, plus ils tentaient d'écraser ceux qui voulaient intégrer le cercle restreint du guide suprême.

Hanna secoua le bureau d'études afin que le nouveau prototype de planeur qu'ils construisaient fût prêt à temps. Elle remua ciel et terre pour que la journée des généraux fût inoubliable, se créant des inimitiés au sein même de l'Institut. Elle portait la mission que le grand Ernst Udet lui avait confiée comme s'il s'agissait d'une mission divine.

Le jour J, les dirigeants du centre l'aidèrent en mettant les petits plats dans les grands. Ils savaient ce qu'ils risquaient en cas de mécontentement des huiles du ministère.

Hanna présenta le planeur dans une chorégraphie époustouflante. Les généraux, tous des aviateurs chevronnés, accrédités de multiples victoires aériennes, furent abasourdis par ses prouesses. Lorsqu'elle ouvrit la verrière en plexiglas, elle perçut les applaudissements de ces hommes aux pouvoirs infinis. Elle en ressentit une immense fierté. Ces bravos n'étaient destinés qu'à elle. Un sourire de satisfaction ne la quitta pas jusqu'au cocktail de clôture, où Ernst la présenta à ses pairs. Accompagnée du directeur du centre, Hanna salua les illustres militaires : Milch, von Greim, Hermann Goering en personne – ce dernier garda la main de la jeune prodige un peu plus longtemps que les autres. Hanna rencontrait son ministre pour la première fois. Elle ne l'imaginait pas si grand. Leur différence de taille impressionnait et ne manqua pas de faire sourire le groupe d'hommes.

Le contact de cette main moite mit mal à l'aise l'aviatrice. Elle se sentit soudain petit oiseau fragile pouvant être broyé aussi facilement qu'un fruit mûr. Elle comprit la peur qu'engendrait ce *Reichsmarschall* auprès de ses concitoyens. Aujourd'hui, il lui souriait de toutes ses dents, mais qui sait si un jour, il ne lui briserait pas la nuque d'un coup de mâchoire ? Hanna se débarrassa vite de ses pensées funestes pour profiter pleinement de sa gloire nouvelle.

Goering entama un discours informel à la fin duquel il nomma Hanna *flugkapitän*[12], un titre jamais obtenu par une femme. À cette occasion, le maréchal remit à la jeune aviatrice un insigne de pilote en or serti de diamants.

Hanna flottait sur un petit nuage. Elle, une *flugkapitän*. Elle se regarda dans une glace et observa la distinction qui brillait sur sa poitrine. Ses premières pensées allèrent vers son père.

---

[12] Littéralement capitaine de vol, que l'on peut traduire en français par commandant de bord.

Ne serait-il pas fier d'elle, ici, aujourd'hui ? Elle se remémora les mots de sa mère dans sa dernière lettre : *fais attention Hanna, ton orgueil te mène parfois sur des pentes savonneuses. Un peu plus d'humilité ne te desservirait pas, bien au contraire.* Elle se sourit à elle-même et lui répondit mentalement : *ma chère maman, tous ces hommes se prosternent à mes pieds et un jour, Hitler les rejoindra. Mon orgueil dirige mes pas et mon instinct guide mes ailes vers les lauriers de la gloire.*

En début de soirée, Ernst la prit à part et l'informa qu'il avait essayé de l'intégrer dans le dispositif d'ouverture, mais le casting des participants étant terminé, Melitta Schiller ne pouvait l'accepter seulement qu'en pilote de renfort. Cette proposition ne pouvait pas convenir à une *flugkapitän,* aussi avait-il pensé à une journée spécialement dédiée au planeur, un peu à l'image de celle effectuée à Garmisch-Partenkirchen. Voulait-elle s'en occuper ?

« Ernst, tu es merveilleux, lui confia-t-elle avec plein de reconnaissance dans la voix.

— Je sais, on me le dit souvent, répondit-il dans un sourire irrésistible. »

Chapitre 11

Le 31 juillet 1936 avait été choisi par les autorités pour montrer au Monde le savoir-faire aéronautique de l'Allemagne. Ce grand théâtre politique, précédant l'ouverture officielle des Jeux olympiques, ne devait pas souffrir de la moindre fausse note. Ce jour de fête ne devait pas être gâché.

L'aérodrome de Berlin Tempelhof avait été choisi pour l'occasion, car le stade construit pour l'événement, bien que gigantesque, ne se prêtait guère à l'exercice. On pouvait y apercevoir, à la verticale de ses immenses gradins pouvant accueillir 150 000 spectateurs, le ballon dirigeable *Hindenburg*. L'aérostat régnait comme un dieu hospitalier déployant sa croix gammée au-dessus de ce qui allait être le centre du monde pendant près d'un mois. Drapeaux de tous pays, bannières olympiques et oriflammes nazis, se tendaient sous la force du vent.

Malgré l'appel au boycott de certaines Nations, la ville de Berlin s'apprêtait à accueillir 4500 athlètes et des millions de spectateurs. Pour l'occasion, les autorités avaient employé les grands moyens : des arbres avaient été plantés le long de l'avenue *Unter den Linden*, des cheminements piétons avaient été tracés, les immeubles officiels avaient été restaurés. Tout visiteur devrait repartir avec le plus beau souvenir possible de la ville, image d'un pouvoir nouveau et prometteur.

Le national-socialisme avait dévoyé cet événement sportif à sa gloire. L'Allemagne nazie allait montrer à la planète son rayonnement, son dynamisme, et surtout prouver la supériorité de la race de ses enfants.

Melitta avait perdu le sommeil. L'enjeu était capital. Cette démonstration aérienne lui tenait à cœur, non qu'elle souhaitait satisfaire Adolf Hitler en personne, qui serait accompagné pour l'occasion d'Umberto II, le dernier roi d'Italie, mais elle désirait du plus profond de son être faire briller les couleurs du drapeau de son pays. Son patriotisme n'était pas un vain mot et l'aviatrice se battrait jusqu'au bout pour représenter l'Allemagne. Elle savait aussi qu'un échec pourrait lui être directement imputé.

Elle rejoignit l'opération à la tête de son groupe, formé de plusieurs Heinkel 70. Les avions décollèrent de différents aéroports autour de Berlin et s'emboîtèrent dans le dispositif pour défiler au-dessus de Tempelhof, que l'on avait paré pour l'occasion de ses plus beaux atours.

Malheureusement, le ciel se montrait capricieux. De nombreux nuages obscurcissaient l'horizon et des rafales déstabilisaient les trajectoires. Le dieu Éole semblait mécontent. L'automne s'était invité en plein été.

Sur une prévision de cent soixante-dix aéronefs, quarante restèrent cloués au sol, soit en conséquence directe des conditions météorologiques, soit à cause d'ennuis techniques. Malgré les informations de la propagande, la *Luftwaffe* n'était pas encore tout à fait prête pour montrer son savoir-faire. Pourtant, les aviateurs souhaitaient donner leur maximum pour la réussite de ce défilé.

Elly Beinhorn, en bout de parade, se détacha de ses congénères et offrit une splendide chorégraphie dans un Messerschmitt 108. Elle ouvrit le bal, suivie par d'autres pilotes émérites à bord d'appareils récents, vitrine de l'industrie aéronautique allemande.

Au moment voulu, Melitta quitta son groupe et attendit son tour en faisant des ronds dans le ciel au sud de la ville. Elle se présenta ensuite seule au-dessus de l'aérodrome où elle répéta son programme de voltige en restant au-dessous des nuages. Les conditions dantesques lui firent prendre des risques inconsidérés. En passant sur le dos, elle aperçut les milliers de spectateurs agglutinés derrière les barrières. L'aviation attirait les foules, le chancelier également. Les deux ensembles assuraient un succès phénoménal à tout événement public.

Melitta pesta contre les éléments. Elle ne pouvait pas effectuer ses figures comme elle le souhaitait sous peine de perdre le visuel avec le sol. Elle termina tant bien que mal sa série d'acrobaties sous les vivats des spectateurs, qui ne remarquèrent pas ses déviations inhabituelles. Elle se posa ensuite sur la piste, laissant place à des parachutistes. Le cirque aérien ne souffrait d'aucun temps mort.

À sa descente d'avion, elle découvrit sa popularité en entendant les applaudissements. Bien qu'elle n'eût rien fait pour attirer la lumière, sa réputation l'avait précédée. Impossible d'y échapper. Au parking avions, un groupe de techniciens des actualités cinématographiques se précipitèrent vers elle.

Elle ne put s'empêcher de faire une grimace lorsqu'un journaliste lui posa les premières questions, qu'elle éluda du mieux qu'elle put. Travailler dans une entreprise d'État la marquait du sceau nazi. Cette interview sur le tarmac lui laissa un goût amer. Elle avait la sensation d'être manipulée. Elle réalisa que le spectacle qu'elle venait de donner avait été confisqué par les autorités. Elle n'avait pas volé pour son pays, mais pour le national-socialisme.

Il était trop tard pour faire marche arrière. L'aurait-elle seulement pu ? Un refus d'obtempérer aurait été perçu comme un comportement anti allemand qu'elle aurait payé sûrement extrêmement cher.

Dans la soirée, Alexander la rejoignit à la *Berlin Haus der Flieger,* la maison des aviateurs, un club créé par Hermann Goering, où officiels et pilotes pouvaient se rencontrer dans un cadre décontracté.

Elly Beinhorn s'y trouvait avec son nouveau compagnon, Bernd Rosemeyer, le célèbre champion automobile. Les deux couples se retrouvèrent pour boire quelques coupes de champagne. Alexander fut ravi d'échanger avec le pilote de course. Très éloignée de sa spécialité, la discipline le fascinait.

Alexander possédait une ouverture d'esprit et une liberté de paroles rares. Il s'intéressait à tout, dévoilant une qualité importante pour celle qui partageait dorénavant sa vie : la curiosité bienveillante.

L'alcool aidant, sa volubilité exacerbée provoqua de nombreux rires.

Melitta l'observa du coin de l'œil et le trouva beau ; sa grande taille et son langage corporel la séduisaient. Soudain, elle aperçut Ernst Udet qui papillonnait d'un groupe à l'autre. Elle ne put s'empêcher de les comparer. Certes, le général déclenchait toujours une multitude d'aiguillons délicieux au creux de son ventre. Peut-être était-ce le fait de ne jamais avoir pu le garder pour elle, ou le souvenir de leurs longues nuits endiablées ? Mais aujourd'hui, l'insigne nazi accroché au revers de son grand uniforme la repoussait. L'homme qu'elle avait adulé avait finalement répondu aux sirènes du pouvoir. Elle le ressentait comme une trahison.

Bien qu'elle n'eût jamais parlé de son histoire avec Ernst, elle sentit Alexander sur ses gardes lorsque l'as des as vint les saluer. Ce dernier congratula les deux aviatrices pour leur prestation de l'après-midi. Quelle bonne idée de les avoir choisies pour représenter le monde de l'aéronautique moderne ! De plus, sa décision contredisait sa réputation de machiste.

« Une excellente chose. » affirma-t-il dans un grand éclat de rire.

Ils échangèrent des détails techniques en utilisant leurs mains pour mimer des positions d'avion. Alexander resta silencieux. Il se sentait comme un lapin au milieu d'une meute de loups.

« J'ai ouï dire que notre führer était très satisfait du défilé, même si la météo n'a pas été de son goût, » ajouta Udet, l'air satisfait de celui qui a l'oreille des puissants.

« Une preuve de plus que Son Altesse Adolf n'est pas l'être tout puissant qu'il prétend être, » répondit Alexander, un sourire de défi accroché au visage.

Ernst le regarda d'un air interloqué. Rares étaient ceux qui osaient plaisanter sur le dos du chancelier.

Melitta donna un coup de coude à son compagnon.

« Comte von Stauffenberg, je présume ? répondit le général. Vous avez de la chance d'appartenir à une grande famille qui a servi son pays à de multiples reprises. Notre guide ne goûte guère les railleries. Par respect pour votre compagne, qui est une grande dame, j'en resterai là. »

Le général claqua des talons d'un air sévère et rejoignit un autre groupe, plus enclin au respect des institutions.

Melitta se demanda si l'aigreur d'Ernst était due à la réflexion d'Alexander ou s'il n'avait pas apprécié de se faire tancer par un rival. Elle agrippa son compagnon par le bras et l'éloigna des convives. Ses yeux envoyaient des éclairs. Elle lui reprocha son manque de discernement. Udet pouvait se transformer en serpent si une personne ne lui plaisait pas. Elle travaillait dur pour éviter les problèmes et Alexander sabordait tout. Pour toute réponse, ce dernier lui offrit un large sourire.

« Une autre coupe, ma chérie ?

— Tu exagères, Alex, insista-t-elle, tu te comportes parfois comme un enfant. Pense un peu à moi au lieu de t'attirer les foudres des gens.

— Promis, ma jolie, furent ses derniers mots avant de déposer un baiser provocateur sur sa bouche. »

À quelques mètres de là, Hanna retrouva avec plaisir des camarades de promotion. Ils n'avaient pas oublié leur petite mascotte et levèrent leurs verres en l'honneur de sa distinction. La « capitaine de vol » répondit à leur toast, mais arrosa discrètement quelques plantes d'ornement ; si elle avait dû ingurgiter tout ce qu'ils lui versaient, elle serait ivre morte depuis longtemps.

Lorsqu'elle aperçut Ernst en discussion avec Elly et Melitta, elle se tint à distance. La suffisance de cette dernière l'agaçait au plus haut point. Encore une juive qui se voyait en haut de l'affiche grâce à ses diplômes. Qui sait comment elle les avait obtenus ? Sûrement en couchant. Pour qui se prenait-elle ? Elle avait regardé sa présentation dans l'après-midi. Franchement, ça ne cassait pas trois pattes à un canard. Elle-même aurait fait beaucoup mieux si on lui avait laissé sa chance. Pourquoi avaient-ils choisi cette parvenue ? Elle leur montrerait, elle, de quoi elle était capable. La journée du planeur avait lieu dans quelques jours, ils verraient à qui ils avaient affaire.

Hanna se promena parmi les convives. Ils devaient tous voir son insigne de *flugkapitän*. D'aucuns, nombreux, la félicitèrent, d'autres ignorèrent sa distinction. Le président de l'aéroclub d'Allemagne la congratula pour son action au sein de l'Aviation nationale. Il la remercia de participer à l'essor du national-socialisme. En montrant au monde ses talents de pilote du Reich, elle exposait le dynamisme des jeunesses hitlériennes. C'était une héroïne pour bon nombre de jeunes filles.

Hanna bien que dubitative – elle ne réalisait pas la portée de son rôle dans la propagande nazie – n'en resta pas moins fière. Plus elle montait dans la hiérarchie du cœur, plus elle garantissait son maintien dans le monde aéronautique.

Ernst Udet vint la chercher pour lui présenter Charles Lindbergh. Ce dernier, invité aux cérémonies d'ouverture avec son épouse, Anne Morrow Lindbergh, leur avait fait l'honneur d'une visite. Très vite, les deux femmes se trouvèrent des points communs. Anne était détentrice de la première licence américaine de planeur. Comme Hanna, c'était une mordue d'aviation, passion qu'elle avait dû mettre de côté pour s'occuper de ses enfants.

Hanna admira cette dame qui avait vécu l'indicible, l'enlèvement suivi du meurtre de son fils. Elle se garda bien de faire référence à ce qui avait été décrit dans la presse comme « Le crime du siècle ».

Partageant les mêmes valeurs, Anne qualifia Adolf Hitler de visionnaire et de grand homme pour le monde. Grâce à lui, l'Allemagne se relèverait grandie de ces années noires. Hanna, dont l'anglais était plus que correct, ne pouvait qu'être d'accord.

Melitta n'avait pas l'habitude qu'Alexander l'accompagnât dans ces raouts aériens. L'altercation avec l'as des as lui avait montré qu'il était capable de tout. Tout en le surveillant du coin de l'œil, elle aperçut dans la foule Hanna Reitsch, qui furetait aux abords d'Ernst Udet.

Les rencontres féminines de son ex-amant ne la touchaient plus depuis longtemps, mais celle-là la perturba de façon irraisonnée. Inconsciemment, elle les surveilla de manière discrète. Cette curiosité ne lui ressemblait pas. Elle s'en voulut, mais ne les quitta pas des yeux, surtout lorsqu'elle surprit un geste de complicité entre eux. Ernst avait la manie d'attraper le poignet des femmes pour le porter à sa bouche afin d'y déposer un baiser. C'était sa façon de marquer son territoire. Elle l'avait expérimenté à de nombreuses reprises. Hanna avait jeté son dévolu sur lui. Avait-il succombé ?

Cette fois, elle en avait assez vu. Elle récupéra Alexander au fumoir et le traîna jusqu'à leur voiture.

Déjà, de nombreux pilotes titubaient en parlant fort. Melitta dut s'extraire des pièges que certains d'entre eux lui tendirent. Ils savaient tous qu'elle vivait en couple mais n'en avaient cure. L'alcool permettait toutes les audaces. Certains tentèrent de la prendre par le cou pour l'entraîner vers le bar, mais son regard glacial les calma sur-le-champ. Malgré ces quelques contrariétés, la fête fut une réussite.

Les deux amants traversèrent Berlin toutes vitres ouvertes. Le vent était retombé et la chaleur de l'été avait repris ses droits. Les terrasses de café regorgeaient de femmes élégantes en compagnie d'hommes en complet chapeau. Les moins fortunés déambulaient en rêvant tandis que les pauvres erraient, les yeux dans l'estomac. On aurait dit qu'aucun Allemand n'avait envie d'aller se coucher. Le trafic routier grouillait de taxis, de bus à impériale, de véhicules privés prenant le pas sur les calèches hippomobiles, preuve d'une modernité galopante. Les Jeux allaient commencer et la ville vibrait d'une énergie débordante.

Chapitre 12

Quelques jours plus tard, un soleil radieux se leva sur Berlin. Comme pour se faire pardonner de son absence à la cérémonie d'ouverture, l'astre étendit ses rayons sur une journée pleine de promesses. Les quelques cumulus qui ornaient le ciel annonçaient des conditions de vol exceptionnelles.

Hanna y vit un signe. Elle s'était levée bien avant l'aube et avait rejoint l'aéroport de Staaken où, déjà, une activité soutenue agitait les hangars. De nombreuses délégations, arrivées la veille, préparaient leurs machines. Bien que non officielle, la compétition avait attiré beaucoup de vedettes de la discipline. Bien sûr, son mentor, Wolf Hirth, s'était déplacé – Hanna repéra de loin sa grande carcasse à la démarche claudicante. Peter Riedel, qui avait mis fin à sa bouderie post-nuit apocalyptique à Garmisch-Partenkirchen, traînait également dans les parages.

Les vols commencèrent de bonne heure alors même que le public n'avait pas encore rempli les gradins. Lorsque le nom d'Hanna retentissait dans les haut-parleurs, toute activité stoppait. L'acclamation qui accompagnait ses performances témoignait de sa notoriété.

Tout se déroulait bien, sans fausse note, jusqu'au crash d'un planeur de la délégation autrichienne. Un problème technique, semblait-il. Le pauvre pilote perdit la vie et la compétition fut interrompue pendant deux heures.

Hanna dut se battre auprès des autorités lorsque le public commença à quitter les lieux. Cette journée ne pouvait pas virer à l'échec. Quelques coups de téléphone bien placés effacèrent les réticences des juges arbitres. Très vite, les images de l'accident s'estompèrent pour redonner grâce à ces drôles de machines aux ailes allongées.

Comme promis, Anne Lindbergh lui rendit visite. Malgré la couleur de leurs cheveux, l'une blonde, l'autre brune, les deux femmes se ressemblaient à bien des égards : petites, menues, toutes deux pilotes de planeur, elles partageaient les mêmes idéaux politiques.

Quelle meilleure propagande qu'une Américaine célèbre amie avec une des plus fameuses pilotes du Troisième Reich !

Il était difficile de juger laquelle des deux journées aéronautiques avait rencontré le plus de succès, mais les autorités attribuèrent à Hanna Reitsch un satisfecit pour son événement.

En fin d'après-midi, un officier SS lui remit en mains propres un pli officiel. Elle était convoquée immédiatement à la Chancellerie.

Sans lui laisser le temps de se changer, le militaire l'invita à monter à ses côtés dans une Mercedes flanquée d'un drapeau nazi. Lorsque le véhicule démarra, ni lui ni le chauffeur ne prononcèrent le moindre mot. Inquiète, Hanna essaya d'en savoir plus, en vain. L'officier, un grand blond au regard de marbre lui accorda une « raison d'État » en contemplant une ligne imaginaire à l'horizon. Pour se rassurer, l'aviatrice tenta de se situer dans les rues de Berlin, sans succès. Elle se jura d'apprendre par cœur le nom des principales avenues de la capitale. Qui sait si elle n'en aurait pas besoin un jour ? Lorsqu'ils longèrent la porte de Brandebourg, elle se rassura. La Chancellerie se trouvait à quelques encablures.

Ils pénétrèrent dans la cour d'honneur et quittèrent le véhicule devant une porte monumentale. Des gardes armés protégeaient les accès. Leur réaction à la vue du laissez-passer de son accompagnant lui indiqua que ce dernier possédait un certain pouvoir en ces murs.

L'officier l'installa dans une antichambre et lui ordonna de patienter. Il disparut, non sans l'avoir saluée d'un *Heil Hitler* impeccable. Qui était donc l'officiel qui l'avait convoquée ? La curiosité ayant pris le pas sur la crainte, elle observa autour d'elle. Trois canapés de velours ambre entouraient un guéridon lourdement sculpté. Des tableaux représentaient des scènes de chasse. Une immense maquette d'architecture moderne reposait sur une table à l'angle de la pièce.

Un pas résonna et une porte dérobée s'ouvrit sur un chien berger qui se jeta sur elle. L'animal lui témoigna de l'affection comme pour une proche.

« Blondi ! Couchée ! » entendit-elle avant d'apercevoir Adolf Hitler en personne pénétrer dans la pièce.

Hanna, stupéfaite, se leva sans réfléchir. Elle montra son respect en effectuant une espèce de révérence ridicule. Elle n'avait jamais appris le salut nazi. Le führer lui tendit une main qu'elle saisit avec avidité ; les mots lui manquaient.

« Ne vous inquiétez pas, ma chienne n'obéit qu'à son maître et je ne lui ai pas demandé de vous sauter à la gorge », dit-il en s'accompagnant d'une mimique qui se voulait un sourire.

J'avais envie de rencontrer la femme dont tout le monde parle. Cette amazone qui vaut dix de mes plus valeureux guerriers. Je n'ai pas pu assister à vos prouesses aériennes, mais je n'y manquerai pas la prochaine fois. »

Une fois remise de ses émotions, Hanna lui sourit et le remercia. Elle pensa immédiatement à la fierté de son père s'il la voyait là.

Le chancelier la surplombait de quelques centimètres. Elle le laissa parler poliment, charmée par cette voix grave, chaude et suave, très éloignée des discours enflammés qu'elle avait entendus à la radio. Elle fut frappée par ses yeux bleu clair qui vous transperçaient comme le plus puissant des rayons. Elle, qui avait appris à soutenir le regard des hommes, baissa le sien dès que le chancelier la fixa.

Ses paroles étaient suivies de silences inquiétants qu'elle n'osait briser. Il n'hésitait pas à flatter la croupe de sa chienne ou à se curer le nez sans vergogne, avant de repartir dans une tirade. Il émanait de cet homme une aura étrange. Il inquiétait aussi bien qu'il attirait.

Finalement, Adolf Hitler l'assura de son soutien pour l'avenir.

« Le Reich a besoin de citoyennes comme vous. N'hésitez pas à me solliciter en cas de besoin. Je suis votre dévoué. J'espère que je pourrai compter sur vous et sur votre fidélité.

— Oui, *mein führer,* je vous assure d'une loyauté sans faille et vous offre mon soutien jusqu'à la mort. »

Satisfait, il disparut suivi de son fidèle berger allemand. Elle resta interdite. Pourquoi lui avait-elle dit ça ? Par quelle tour de magie avait-il réussi à ce qu'elle lui offre sa vie sur un plateau ? Malgré son costume froissé et ses manières de soldat de garnison, cet homme dégageait une personnalité diabolique et terriblement attirante.

Le soir, à la réception de clôture de cette belle fête aérienne, Hanna fut incontestablement la star de la soirée. Auréolée de gloire, nantie de cette nouvelle protection, elle montrait une force que d'aucuns se seraient amusés à contrer.

Alors qu'elle ne s'y attendait pas le moins du monde, Ernst Udet s'approcha d'elle tout en demandant l'attention. Il déclama un discours qui la fit rosir. Le parti était reconnaissant. Il termina en lui offrant une broche en forme d'hélice ornée d'un svastika serti d'émeraudes. L'assemblée applaudit à tout rompre. Il était de bon ton d'aller dans le sens du vent...

La jeune femme accrocha le bijou sur sa poitrine, à côté de celui de *flugkapitän*. Elle se sentit pousser des ailes que ni rien ni personne ne pourraient lui couper. Dorénavant, le monde de l'Aviation compterait avec elle. Elle deviendrait incontournable.

Sans crier gare, un virus insidieux envahissait son être, un virus que tant d'hommes côtoyant Adolf Hitler expérimentaient, un virus toxique nommé « pouvoir ».

Chapitre 13

À peine un mois après les Jeux olympiques, Melitta fut convoquée par Paul von Handel. Elle avait emprunté un avion de la compagnie sans autorisation. Paul, même s'il ne pouvait tolérer ce genre d'abus, restait d'une grande clémence envers sa petite protégée. Aussi s'y rendit-elle d'un pas léger, armée de son plus beau sourire.

Lorsqu'elle pénétra dans le bureau, elle comprit que quelque chose de plus grave l'attendait. Le directeur du centre d'essais affichait la tête des mauvais jours. Il cachait une expression de grande inquiétude derrière ses énormes lunettes.

Alors que la menace qui pesait sur l'aviatrice s'était éloignée, ce qu'il tenait dans sa main la ramena à la triste réalité. Son passé la rattrapait. Une demande de renseignements était parvenue au centre de recherches. Melitta figurait sur une liste. Elle devait se rendre à l'évidence : l'information sensible concernant son ascendance avait fuité.

« Tu as manqué de discrétion, Melitta, je ne vois pas autre chose, murmura Paul, comme si les murs avaient des oreilles.

— Impossible ! Les Stauffenberg sont dignes de confiance, quant à ma famille, je m'en porte garante, » dit-elle en se saisissant du document. Son nom y figurait bien. Elle fut prise de tremblements. Au fond d'elle-même, elle se sentit coupable d'avoir trop parlé.

En tant que supérieur hiérarchique de l'aviatrice, Paul était tenu de répondre aux autorités, mais en tant qu'ami, qui plus est détenteur de son secret, il s'y refusait.

« On va trouver une solution », dit-il en lui enveloppant les mains de façon chaleureuse. Paul n'était pas un homme tactile. Son geste démontrait une véritable inquiétude.

Le danger était réel. DVL appartenant à l'État, les origines juives de la jeune aviatrice la plaçaient dans une position délicate. De plus, le sceau de l'infamie découvert, le reste de sa famille serait condamné ipso facto. Une fois la frontière franchie, il n'existait aucun retour possible.

Après l'entretien, elle quitta immédiatement son poste de travail pour rejoindre Alexander, qui passait quelques jours de congé dans la maison familiale. Étonné de la voir rentrer si tôt, le professeur l'écouta avec attention puis l'enserra d'une manière protectrice. Berthold, son jumeau, qui se trouvait aussi dans le salon, se joignit à eux en pestant contre le pouvoir en place.

« La face cachée de ce salaud d'Hitler commence à émerger », gronda-t-il. Il ne voyait malheureusement aucune solution légale pour contrer la décision du *Sicherheitsdienst* [13].

Alexander servit un verre de schnaps à chacun. Il réfléchirait mieux avec un peu d'alcool dans le sang. Soudain, il trancha. Il décida avec beaucoup de courage d'avancer la date de leur mariage. Se marier à une juive, même demi, placerait sa famille entière dans une situation périlleuse. Il acceptait le risque.

Berthold ne posa aucune question : la parole d'un von Stauffenberg ne se reprenait pas. Il opina sans réserve en affirmant que Claus irait dans leur sens.

Selon les jumeaux, plus vite cette union serait célébrée, plus vite Melitta retrouverait un statut solide. On ne remettait pas en cause l'origine familiale des von Stauffenberg, et certainement pas des suppôts du petit moustachu. En attendant, ils devaient trouver une solution pour stopper l'enquête. Les options ne laissèrent que peu de choix.

Après âpre discussion, l'aviatrice se plia à l'avis des deux hommes. La mort dans l'âme, elle rédigea une lettre de démission sous le contrôle de Berthold. S'il n'avait été question que de sa petite personne, elle aurait pris le risque de continuer, mais l'avenir de toute sa famille en dépendait.

---

[13] Service de renseignement du NSDAP et de la SS dont l'abréviation est SD

Le lendemain, elle remit le document en mains propres à son grand ami, qui comprit l'astuce et l'accepta sans réserve. Elle récupéra ensuite ses affaires personnelles, qu'elle entassa dans le coffre de sa voiture, puis démarra sans un au revoir, des larmes plein les yeux.

La nouvelle de son départ sidéra un grand nombre d'employés. Ses travaux, reconnus de tous, la plaçaient sur un piédestal indéboulonnable. Le Stuka était opérationnel grâce à elle. Certes, les équipes continueraient à le faire évoluer. Il n'empêche que Melitta Schiller laisserait un vide immense.

Son cas alimenta les conversations pendant des jours. Bien que travaillant dans une entreprise nationale, elle ne partageait pas les idées du parti, et ça se savait. Il était de notoriété publique que son soutien au régime n'était qu'une façade.

Paul répandit le bruit que son caractère indépendant et son indiscipline vis-à-vis du règlement, notamment sa propension à se servir des avions pour son compte personnel, l'avaient contrainte à lui demander de partir. D'autres pilotes d'essai la remplaceraient sans difficulté.

Grâce à sa complicité bienveillante, la demande de renseignements resta lettre morte. L'aviatrice ne travaillant plus à DVL, il n'y avait plus aucune raison pour que son directeur de recherche répondît à cette démarche. Il possédait encore suffisamment de contacts au ministère pour peser sur des bureaucrates tatillons.

Melitta rejoignit à son corps défendant les cohortes d'Allemands demi-juifs obligés de quitter leurs fonctions après la promulgation des lois de Nuremberg. La stratégie adoptée par le clan Stauffenberg – devancer les ennuis avant qu'il ne fût trop tard – sembla payante. Elle n'entendit plus parler d'enquête la concernant.

Le 11 août 1937, elle se maria avec Alexander dans la plus stricte intimité. Seuls Paul et Klara, la sœur de Melitta, assistèrent à la cérémonie civile en tant que témoins.

Klara et son nouveau beau-frère découvrirent qu'ils avaient travaillé dans la même université. Ils s'en amusèrent beaucoup et devinrent immédiatement complices.

Le jeune couple convint de régulariser son union devant le pasteur quelques mois plus tard, quand toute la famille pourrait se retrouver. Les Stauffenberg avaient coutume de célébrer les mariages dans la chapelle familiale de l'Île de Reichenau, sur le lac de Constance. Il n'y avait aucune raison de changer.

Melitta Schiller endossa avec le plus grand sérieux le titre de comtesse Schenk Graf von Stauffenberg, certaine que cet antique bouclier de noblesse la protégerait des folies de ce siècle.

Les quelques mois suivants, la jeune noble tenta d'oublier sa passion du vol en revêtant la blouse de femme au foyer. Le clan Stauffenberg lui donnait toutes les garanties dont elle pouvait rêver. Cette sécurité la comblait et éloignait le cauchemar de son propre héritage.

Pour la première fois de sa vie, elle apprit l'art de la cuisine et s'occupa de son intérieur. Elle reprit également la sculpture sur glaise. Malaxer la terre l'apaisait. Elle façonnait des bustes représentant ses proches. Le réalisme de celui d'Alexander prouva que son esprit technique n'avait pas supplanté sa fibre artistique. Elle pratiqua également de nombreux sports, dont le tennis, la natation, et, comme la pratique du vol lui manquait, elle se rapprocha de l'association des avions ambulances. Son titre de comtesse facilita grandement l'obtention d'un poste de pilote bénévole.

Ernst Udet l'appela un soir à son domicile. Il ne comprenait pas son départ de DVL et tenta de lui tirer les vers du nez. Elle sourit à l'idée que cette nouvelle lui était parvenue que deux mois plus tard. Il avait beau naviguer dans les arcanes du pouvoir, son service de renseignements personnel laissait à désirer.

« Tu ne vas pas te rabaisser à travailler comme ambulance des airs ! lui reprocha-t-il. Je peux t'aider à retrouver un poste dans une unité de recherches à ton niveau.

— Comme pour Hanna Reitsch », laissa-t-elle échapper.

Un ange passa, laissant croire que la communication avait été coupée.

« Si tu ne veux pas qu'elle te passe devant, tu ferais mieux de remettre ton cul dans un avion », lui conseilla-t-il avec rudesse... Le grand Ernst Udet ne s'en laissait pas conter, certainement pas par une femme qu'il avait façonnée.

« Je te propose mon aide et tout ce que tu trouves à dire, c'est me jeter à la figure des propos de femme jalouse. Je te croyais différente, Litta, poursuivit-il.

— Excuse-moi, Ernst, je suis un peu perturbée en ce moment. Je retire ce que j'ai dit. Merci pour ton aide, je vais y réfléchir.

— Nous sommes taillés dans le même bois, Litta, ne l'oublie pas. Personne ne pourra nous attacher à des chaînes. D'ailleurs, je n'ai pas compris ton mariage avec ce ... nobliau. La famille n'est pas faite pour toi. Tu as un trop grand besoin de liberté.

— J'ai... j'ai beaucoup changé », murmura-t-elle d'un ton hésitant.

La conversation avec l'as des as la perturbait au plus haut point. Il avait raison. Elle ne pourrait pas rester une tendre épouse dévouée à son mari ! Elle n'avait pas l'âme à ça. Elle s'enfonça dans le fauteuil, le regard perdu. La voix de son ex-amant réveilla en elle des sensations ne laissant aucune place au doute. Elle se sentit défaillir. Non ! Jamais elle ne trahirait Alexander et les von Stauffenberg, ils avaient pris trop de risques pour elle. Une marche arrière était inconcevable.

Pourtant, si elle était momentanément tirée d'affaire, le problème de sa famille persistait. Elle devait tenir compte des siens. La question était toujours en suspens.

Ne valait-il pas mieux qu'elle pactisât avec les loups ? Qu'elle se rapprochât du pouvoir via Ernst Udet ? Les rumeurs les plus folles couraient au sujet du traitement des juifs allemands. Les SA se montraient de plus en plus brutaux. Elle ne supporterait pas qu'il fût fait le moindre mal à ses parents, encore moins à sa sœur ou à son frère, sous prétexte d'une idéologie basée sur l'inégalité des races.

Elle en parla honnêtement avec Alexander, en omettant les sensations qu'Ernst continuait à lui provoquer. Voler faisait partie de ses gènes. Elle ne pourrait pas jouer le rôle de femme au foyer indéfiniment. Elle devait retrouver ce pour quoi elle était sur terre : le ciel.

Il la suivit dans son raisonnement. Tous deux connaissaient la teneur de leur pacte et c'est avec beaucoup de tendresse qu'il consentit à ce qu'elle retournât travailler sur les champs d'aviation. Ils se verraient moins souvent, car de son côté, il avait enfin été accepté par ses pairs et venait d'obtenir une chaire à l'université de Würzburg. Un futur radieux s'ouvrait devant lui. Il n'y avait aucune raison pour que Melitta n'en fît pas de même. Ils se retrouveraient les week-ends, voilà tout.

Sur les recommandations d'Ernst, Melitta postula un poste d'ingénieur dans la société Askania. Le développement des instruments de pilotage gyroscopiques avait besoin de spécialistes de sa trempe, avait-il insisté.

Askania se trouvait sur l'aéroport de Berlin Gatow. Pour quelles raisons Ernst avait-il envie de retrouver la jeune pilote dans son rayon d'action ? Pour ses capacités professionnelles ou pour ses beaux yeux ? Melitta restait lucide, la première option était la plus probable. L'appétence du nouveau directeur technique de la Luftwaffe envers la technologie était proportionnelle à ses lacunes. Il avait besoin dans son entourage proche d'éléments doués en qui il pouvait avoir confiance. Leurs rapports étranges n'avaient probablement plus rien à voir avec les folles nuits de leur jeunesse.

Les derniers mots de leur entretien la glacèrent.

« Askania est une société privée, précisa-t-il. Tu auras moins de problèmes... »

Que savait-il ? Elle n'osa pas relever et le remercia chaleureusement. Il avait sans doute cherché à connaître les raisons de son départ de DVL. S'était-il contenté des

explications de Paul ? Elle en doutait, mais il n'y avait rien
d'autre à faire.

Chapitre 14

Hanna s'investit corps et âme dans son nouveau travail. Elle fut chargée par Hans Jacobs, le responsable de l'Institut de recherches, un pionnier du vol à voile, de mettre au point un planeur capable de se poser sur un filet. L'idée paraissait farfelue, mais la marine désirait posséder un moyen de liaison rapide et fiable. La période étant au progrès, sous l'impulsion du parti nazi qui ne faisait plus secret de réinventer le pays, aucun concept ne semblait irréalisable.

Hanna s'attela au projet sans réserve, montrant une audace supérieure à la moyenne, que d'aucuns auraient qualifiée d'inconscience, mais pas Hans, qui fourmillait d'idées et souhaitait voir ses études aboutir au plus vite.

Le courant passa immédiatement entre eux. Hanna avait abandonné son caractère d'adolescente rebelle depuis sa reconnaissance officielle et son ardeur au travail ne pouvait que plaire à son directeur de recherche.

Travailleur acharné, l'ingénieur surdoué passait sa vie entre sa planche à dessin et le terrain d'aviation. Aussi grand qu'Hanna était petite et aussi brun qu'elle était blonde, leur duo atypique se repérait de loin.

Ils devinrent inséparables, osant des expériences que nul autre n'aurait tentées, même si certains vols se terminaient en quasi-catastrophes.

Autant le courage de l'aviatrice forçait l'admiration chez certains autant il attisait les critiques chez d'autres.

La jeune femme tenait à faire honneur à son grade de *flugkapitän*. Lorsque des huiles du parti rendaient visite au centre d'essai, les démonstrations en vol ne pouvaient passer que par elle, reléguant les autres pilotes à des rôles secondaires. Tous se demandaient ce que les officiers venaient voir : le show aérien ou le phénomène qui s'y rattachait.

Devant les photographes, Hanna ne manquait pas d'offrir son plus beau sourire. Aux collègues qui s'aventuraient sur le terrain de la critique, elle n'hésitait pas à leur montrer les dents.

Hans Jacobs laissait couler car ses budgets ne cessaient d'augmenter. La carte Hanna Reitsch dans sa manche servait indéniablement ses intérêts, même s'il fallait parfois faire preuve de diplomatie avec le reste du personnel, la jeune femme n'étant pas toujours facile avec les autres.

Sur son insistance, il lui céda à bon prix un Sperber Junior, un planeur de sa conception. Hanna souhaitait reprendre la compétition et elle voulait une machine moderne. Il défendit sa décision auprès des autres pilotes en arguant du fait que la notoriété de leur recrue ne manquerait pas d'éclabousser de gloire le centre de recherches.

Le pari paya. Hanna accumula succès et records à bord de sa nouvelle machine. Elle obtint même d'excellents résultats à la Wasserkuppe, effaçant les mauvais souvenirs de ses débuts en compétition.

Son joli minois et son sourire carnassier devinrent incontournables dans le monde de l'aviation. Le parti utilisait son image pour sa propagande, Darmstadt pour sa publicité, et elle pour sa notoriété.

Melitta découvrit avec effarement cette célébrité galopante. Pour elle qui croyait aux vieilles valeurs conservatrices, à la modestie et au sens du travail, ces succès n'étaient qu'un vernis dissimulant une tête brûlée. Il n'y avait rien de sérieux dans tous ces records. La jeune femme pilotait avec les tripes, sans aucune formation théorique pouvant faire avancer les recherches. De plus, elle avait de la chance, la presse ne parlait que de ses prouesses, jamais de la casse qui les accompagnait.

Dans le milieu aéronautique, les bruits couraient vite. Les informations se divulguaient d'aéroport en aéroport. Les pilotes de l'Institut de Darmstadt, au sud de Francfort, ne manquèrent pas de lâcher quelques moqueries au sujet du phénomène Reitsch lorsqu'ils étaient de passage à Berlin Gatow. Melitta les écoutait non sans déplaisir, même si elle réalisait que cette femme devenait incontournable dans le milieu, et qu'il valait probablement mieux faire partie de ses amies plutôt que l'inverse.

En avril 1937, les légions Condor – unités allemandes envoyées en Espagne dans le cadre des accords de défense – attaquèrent la ville de Guernica, au Pays basque. Les raids aériens permirent de tester les capacités de la Luftwaffe en grandeur réelle.

Selon la propagande gouvernementale, les Stukas se montrèrent d'une efficacité redoutable, confirmant la théorie d'Ernst Udet quant aux attaques en piqué. Les progrès du Reich dans l'aviation échauffèrent certains observateurs étrangers – le traité de Versailles continuait à être bafoué sans réactions de la communauté internationale.

Cet événement tragique fit sortir de l'ombre les travaux de Melitta.

Lors d'une discussion familiale, Alexander minimisa son succès. Tandis que ses frères la félicitaient, il se fit l'écho d'une presse étrangère à laquelle il avait accès, une presse antigouvernementale, qui stipulait que les Stukas avaient tué énormément de civils.

« Les idées d'Ernst Udet sur le bombardement chirurgical de cibles militaires sont une belle utopie, railla-t-il. Cela n'enlève rien à ton courage ni à ton professionnalisme, ma chérie, mais la guerre restera toujours la guerre. »

Ces critiques la mortifièrent. Alexander la mettait devant ses responsabilités : qu'elle le veuille ou non, ses travaux pouvaient aussi provoquer la mort d'innocents.

Claus, toujours prêt à voler à son secours, lui dit qu'il avait ressenti également cette culpabilité dans ses fonctions d'officier de la *Wehrmacht*. Les victimes collatérales faisaient partie du paysage de ceux qui travaillaient pour la défense. Pour conserver la paix, il fallait préparer la guerre, et ça ne se faisait pas sans casser des œufs.

Melitta n'avait malheureusement plus le choix. Elle était entraînée dans une spirale qui l'amènerait toujours dans le domaine militaire, et cela ne s'arrangerait pas. Askania avait remporté un marché sur des équipements gyroscopiques qui devaient équiper les futurs bombardiers de la Luftwaffe. Elle ne tarderait pas à remettre ses fesses dans un Stuka. Les discussions avec son mari risquaient de devenir animées.

Un soir, elle se rendit à la soirée donnée par Ernst pour célébrer sa nomination au grade de lieutenant général. Le gratin de l'aviation allemande était convié. Ne pas y aller aurait attiré l'attention sur elle.

Une tente avait été montée dans un pré du *Grünewald,* le quartier chic à l'ouest de la ville où se concentraient de magnifiques résidences. C'était une belle soirée. Les femmes rivalisaient d'élégance et l'éclairage du soir les sublimait. Les derniers rayons de soleil se miroitaient sur la rivière *Havel* et renvoyaient une lumière mordorée.

Melitta salua de nombreuses connaissances et rejoignit ses amis : Elly Beinhorn et Bernd Rosemeyer, sans conteste le couple le plus glamour de la soirée. Les tourtereaux irradiaient de bonheur depuis leur mariage. Elly arborait déjà les rondeurs d'une future maman.

« Ce dadais n'a trouvé que ça pour m'empêcher de voler », confia-t-elle à la cantonade, d'un faux air de mécontentement qui ne trompait personne.

Goering apparut de façon remarquée. Comment éviter cette masse de chair libidineuse accoutrée d'un uniforme aussi ostentatoire que ridicule ? se demanda Melitta, terrifiée à l'idée d'être obligée de se courber devant celui qu'elle considérait comme son pire ennemi.

Elly lui montra l'exemple en exécutant une révérence des plus hypocrites. Elle l'imita et ne put refréner un haut-le-cœur au contact de sa main boudinée.

Elle observa du coin de l'œil Hanna Reitsch, qui se comportait avec lui comme une intime. Broche et insigne apparents, elle tentait par tous les moyens de gagner quelques centimètres en allongeant le cou, et ce malgré les talons les plus hauts que l'on pouvait trouver dans le commerce. Ne pas apparaître sur les photos de la presse semblait inconcevable pour la petite pilote.

« Il faudra bien qu'un jour tu deviennes son ami ! »

Melitta sursauta. Ernst s'était approché dans son dos et lui avait susurré cette phrase dans l'oreille. Il avait lu dans son jeu.

« Hanna a compris où se trouvait son intérêt. Tu devrais en faire autant », poursuivit-il.

Le fringant lieutenant général la quitta sans qu'elle eût le temps de répondre. Il était attendu par d'autres groupes dont les gloussements augmentaient à son approche.

Melitta accepta une coupe qu'Elly Beinhorn lui tendit.

« Bois pour moi, s'il te plaît, j'en ai tellement envie », lui murmura-t-elle en cachette de son champion de mari.

Autant s'amuser un peu et profiter des bonnes choses que ce parti permet, pensa Melitta. Lorsque le pouvoir s'offre à vous, il est bien difficile de lui tourner le dos.

Quand Goering quitta la soirée, l'atmosphère se détendit. L'orchestre joua des airs plus gais, osant même quelques morceaux américains. Le rythme endiablé de ces nouvelles musiques entraîna des danseurs sur la piste. L'alcool coulait à flots et Melitta accepta quelques invitations.

Comment ces hommes pouvaient-ils défendre des idées inacceptables et se comporter en parfaits gentlemen ? se demanda-t-elle. Le fascisme est un courant de pensée qui engendre la peur de celui qui le rejette et décuple la puissance de celui qui l'admet, lui avait expliqué, un jour, Alexander.

Qu'importe ! Elle se sentait rassurée du fait de son acceptation par cette population. Dans le milieu aéronautique, son professionnalisme était reconnu et son titre de comtesse lui offrait une certaine considération. La façon dont tous ces gens s'adressaient à elle le prouvait.

Une étape avait été franchie et cela la rassurait. Pour une fois, elle put s'amuser, l'esprit léger. Elle dansa même avec un officier SS qui se montra d'une grande élégance. Son statut de brebis parmi les loups avait indéniablement évolué. Elle aussi, à présent, renvoyait l'image d'une louve. Même si elle ne partageait pas leurs idées, elle possédait elle aussi l'amour de l'Allemagne.

C'est avec cet esprit de concorde qu'elle salua Hanna. Surprise, sa cadette lui répondit par un sourire poli puis engagea la conversation. D'abord des planeurs, elles parlèrent ensuite des records d'Hanna, puis de leurs travaux respectifs. Melitta remarqua immédiatement le manque de modestie de la *flugkapitän*, qui n'hésitait pas à décrire comme exploits ses prouesses. Melitta ne releva pas. Elle resta sur la réserve, prenant soin tout de même de ne pas apparaître hautaine.

Hanna semblait heureuse de cet échange. Elle se détendit. La hache de guerre avait été enterrée.

Elles devisèrent sur leur région commune, ces pentes du Hirschberg qu'elles avaient maintes fois dévalées en tirant des planeurs pilotés par d'autres.

Où étaient ces jeunes garçons à présent ? Probablement dans les rangs de cette aviation militaire qui leur était interdite. Elles en rirent. Cette période leur semblait si lointaine... et si proche en même temps.

Soudain, Ernst monta sur la piste de danse au guidon d'une moto. Elles échangèrent un regard de connivence. Lorsqu'il avait bu, l'as des as se montrait sans limites.

Il fit rugir l'engin, inondant les convives d'une fumée bleutée. L'assemblée applaudit en riant très fort. L'heure des excentricités avait sonné. La frustration née d'un gouvernement autoritaire s'était abattue sur le pays, aussi, ces petits moments de transgression faisaient du bien à tout le monde.

Les deux aviatrices, bien que différentes de caractères, se rejoignirent dans cette légèreté. Elles rirent de concert aux frasques de leur ami. Elles ne ressemblaient définitivement pas aux images d'épouses et mères modèles prônées par le parti nationaliste.

Cette complicité les rapprocha. Elles passèrent le reste de la soirée ensemble avec un groupe de fêtards. Melitta but plus que de raison, de même qu'Hanna, dont le rapprochement avec la personne qui lui avait fait aimer l'aviation semblait la combler de bonheur.

Lorsque la fête se termina, Ernst leur proposa une baignade dans la *Havel*. Le soleil dardait ses premiers rayons et perçait les voiles de brouillard suspendus au-dessus de l'eau.

Sa proposition délicieusement subversive enchanta les convives qui avaient décidé de ne pas aller se coucher.

Melitta hésita. Son nouveau statut d'aristocrate n'en souffrirait-il pas ? Comme s'il avait deviné ses interrogations, Ernst lui susurra à l'oreille :

« La comtesse a-t-elle peur de se baigner nue en compagnie d'autres hommes ? »

Le souffle qui accompagnait les paroles de son ancien amant l'électrisa. À quoi bon les conventions ! Une fois n'est pas coutume !

Alexander ne lui cachait pas qu'il passait du bon temps dans sa nouvelle université où, semblait-il, ses élèves l'appréciaient beaucoup, alors pourquoi pas elle ?

La fraîcheur de l'eau lui remit les idées en place. Sa caresse la calma. Nager et voler représentaient les activités qu'elle préférait au-delà de tout. Se baigner nue ne lui ressemblait pas, mais cette nuit, tout était permis.

Ernst continua ses pitreries, ne cachant rien de son anatomie. Il avait jeté son dévolu sur une très jeune fille qu'on leur avait présentée comme une future star de cinéma. Elle s'abandonnait facilement dans ses bras lorsque ce dernier la saisissait dans la rivière. D'autres jouèrent à se faire couler. Qu'il était bon de retrouver son enfance dans ces jeux puérils !

Melitta nota qu'Hanna ne semblait pas jalouse du comportement de l'as des as. Elle pensait pourtant que leur promiscuité cachait une relation coupable. Elle n'osa pas le lui demander. Leur amitié naissante n'en était qu'à la phase d'apprivoisement.

Elle non plus ne ressentait aucune jalousie vis-à-vis de son ancien amant. Elle réalisa que son attirance envers lui ne relevait que d'une réaction épidermique, un souvenir de peau contre peau. Leur complicité exceptionnelle de jadis avait bel et bien disparu. Mais elle n'osa pas s'avouer ce qu'elle aurait fait si elle s'était retrouvée à la place de la jeune actrice.

Lorsque le chauffeur d'Udet leur apporta des serviettes, elle sortit de l'eau, suivie d'Hanna. Le reste du groupe avait organisé une traversée de la rivière. Leurs cris et leurs rires parvenaient jusqu'aux jeunes femmes, qui s'assirent à même le sol en les attendant.

Les effets de l'alcool s'étaient dissipés et Melitta reprit son sérieux. Elle frissonna malgré la serviette autour de ses épaules.

Hanna la fixa avec une lueur étrange dans le regard.

« J'ai une confession à te faire, lui dit-elle. Je t'ai rencontrée lorsque j'étais petite et c'est toi qui m'as transmis le virus du vol. »

Melitta n'en revint pas. Elle finit par se remémorer l'anecdote de ce médecin et de cette petite fille espiègle.

« Me trouver parmi vous deux, Ernst et toi, ce soir, dans ce lieu paradisiaque, me rend très heureuse. C'est le moment de te remercier, Melitta. Nous avons pris un mauvais départ, toutes les deux, mais cela va changer. Ton amitié me manquait. Puis-je t'embrasser ? »

Cette dernière phrase étonna l'ingénieure. Elle n'eut pas le temps de répondre que la *flugkapitän* l'enlaça avec tendresse et lui déposa un léger baiser sur la bouche.

Jusqu'où serait-elle allée si Melitta ne l'avait pas repoussée avec rudesse ?

« Mais ça ne va pas ? » cria-t-elle, ne sachant comment réagir. Elle regarda si les autres avaient vu la scène. Elle sortait à peine de ses problèmes de judéité, il ne lui manquait plus qu'on lui attribuât une étiquette d'homosexuelle.

Hanna se confondit en excuses : « Ne te méprends pas, Melitta, c'était juste une marque d'affection. J'ai trop bu, je ne sais plus trop ce que je fais.

— Restons-en là, et ne m'approche plus. »

Chapitre 15

Il fallait se rendre à l'évidence, l'économie allait de mieux en mieux dans le pays après cinq années de parti nazi au pouvoir.

La propagande s'enorgueillissait de la sortie d'un grand nombre de citoyens allemands du chômage, grâce notamment à la construction des autoroutes ou de l'industrie lourde qui tournait à plein régime. La levée de la limitation à cent mille hommes au sein de l'armée avait créé également un vivier d'emplois conséquent. Les enrôlements dans la Wehrmacht et dans la SS se multipliaient, rattrapant les effectifs des SA, la police politique du régime. Le gouvernement pouvait se targuer d'avoir instauré le plein emploi.

Une réalité s'étalait moins dans les journaux : les juifs contraints d'abandonner des milliers de postes à présent réservés aux aryens. Les plus chanceux tentaient de quitter le pays avec discrétion, les autres étaient sacrifiés sur l'autel de la raison d'État.

Finalement, l'application de la politique gouvernementale sur l'hégémonie raciale fonctionnait. La reconstruction nationale suivait le bon chemin. Comme beaucoup de ses concitoyens, Hanna en convenait. Pourquoi ne pas en profiter, le temps de remettre l'Allemagne sur les rails ? se disait-elle. Ne viendrait-il pas ensuite une période de calme où la raison prendrait le pas ? La majorité des Allemands, lassés des efforts considérables fournis après la défaite, justifiaient sous un prétexte d'intérêt général un égoïsme compréhensible.

Étrangement, les voix qui tiraient le signal d'alarme restaient inaudibles. Les antifascistes étaient bâillonnés, voire réprimés, avec la plus grande violence par les SA.

Entraînée par cette vague d'espoir, Hanna œuvrait, la main sur le cœur, pour le bien de son pays. Comme beaucoup de ses compatriotes, elle pensait que si les juifs étaient exclus de la population allemande, c'est qu'il était prouvé qu'ils n'appartenaient pas à la race dite supérieure ; et puis s'ils quittaient le pays vers des cieux meilleurs, c'est qu'ils en avaient les moyens. Personne ne les pleurerait...

Elle n'avait plus entendu parler d'Ernst Udet depuis cette fête inoubliable au Grünewald. Elle n'avait plus de nouvelles de personne, d'ailleurs. Cela l'arrangeait, la tournure de la fin de soirée la taraudait. Heureusement, son travail harassant l'empêchait de penser. Elle ressentait un malaise à revenir sur cette nuit où elle s'était laissé aller avec Melitta Schiller. Que lui avait-il pris ? N'avait-elle pas cédé à l'invite de sa consœur, qui avait exhibé son corps nu sans pudeur ? Décidément, si cette femme lui avait fait découvrir le monde de l'aviation, elle ne l'avait jamais aidée à s'y hisser. Pire même, elle se présentait toujours à elle comme un obstacle infranchissable. C'était bien la dernière fois qu'elle lui offrait son amitié.

Le lieutenant général Ernst Udet l'appela un après-midi au centre d'essais. Quand pouvait-elle se rendre à Berlin ? Il souhaitait la voir au plus vite. Le genre d'invitations qu'elle ne pouvait éviter, loin de là. Hans Jakobs la libéra en milieu de semaine.

Le jeudi soir, à l'heure dite, elle se fit déposer par un taxi au Horsher's, un restaurant célèbre, que les mauvaises langues qualifiaient d'annexe du ministère de l'Aviation. Il faut dire que les contrats de l'armée de l'air s'y signaient plus souvent qu'au siège, à la *Leipziger Strasse*. Les locaux offraient un luxe bien supérieur à l'austère bâtiment administratif.

Hanna pénétra dans le luxueux lobby où la grande majorité des hommes portaient l'uniforme. Malgré le froid qui cinglait les jambes, l'aviatrice avait enfilé une robe élégante. Alors qu'elle patientait au vestiaire, Peter Riedel, son vieil ami, vint la saluer. Ils ne s'étaient pas revus depuis la journée de démonstration sur l'aéroport de Staaken.

Peter avait changé. Il avait opté pour une coupe courte. Débarrassé de sa barrière capillaire, son regard semblait à présent plus perçant que par le passé.

« Je pars aux États-Unis, Hanna, annonça-t-il d'un air triomphant. Le ministère m'envoie occuper le poste d'attaché de l'air à l'ambassade de Washington. À moi les longues envolées à travers les déserts américains et les compétitions de vol à voile les plus réputées au monde.

— Félicitations, Peter. Je suis heureuse pour toi », répondit-elle avec une réelle empathie.

Après quelques banalités, Peter lui proposa de la rejoindre.

« À nous deux, on pourrait faire de grandes choses, là-bas. Et pourquoi ne pas ouvrir une école ? Hanna, réfléchis ! Je ne te fais pas cette proposition en l'air. »

La jeune femme lui sourit. Elle savait où il voulait en venir. Il n'avait pas abandonné l'idée d'entamer une relation amoureuse avec elle. Mais non.

« L'Allemagne avait besoin d'elle ! », répondit-elle.

Leur conversation fut interrompue par l'arrivée de l'as des as, qu'un groom dévêtit avec obséquiosité. Un lieutenant général ne patientait pas dans une file d'attente.

Peter dévisagea le nouvel arrivant, puis Hanna, jusqu'à ce qu'il comprît qu'ils avaient rendez-vous.

Son regard translucide se brouilla. Sans un mot, il baisa la main de son amie de manière protocolaire et disparut dans les méandres du restaurant.

Hanna ne s'en formalisa pas, toujours préoccupée par son rendez-vous. Ernst voulait-il la voir pour des raisons professionnelles ou pour un motif personnel ? Cet homme était du genre à vous laisser dans l'expectative. Sa position à la direction de l'Aviation militaire ne permettait pas non plus de faire la fine bouche. Même si Hanna n'avait rien à voir avec la hiérarchie militaire, il valait mieux entretenir de bonnes relations en son sein.

L'as des as lui prit le poignet et lui baisa la main avec élégance en l'invitant à s'asseoir. Son uniforme brillait des multiples décorations gagnées pendant la Première Guerre.

Un serveur zélé leur apporta une bouteille de champagne, sa boisson favorite. Il laissa le jeune homme servir deux coupes avant de porter un toast en l'honneur de sa convive.

Hanna trempa les lèvres dans le breuvage, les sourcils en accent circonflexe. Que lui valait un tel traitement ?

Ernst répondit aux saluts de quelques officiers supérieurs qui arboraient l'insigne nazi. Leurs sourires en coin trahissaient leurs pensées. Une aviatrice célèbre à la table de l'as des as ne pouvait être que sa maîtresse.

Ils pouvaient penser ce qu'ils voulaient, Hanna s'en fichait. Qu'on lui colle un amant comme Ernst Udet ne pouvait que lui donner encore plus de pouvoir.

« Ces guignols viennent se prosterner devant les deux meilleurs pilotes d'Allemagne », s'enorgueillit-elle en tentant un peu d'humour. Ernst sourit.

« Les deux meilleurs pilotes... Sans doute. Hanna, je t'ai fait venir ici pour te proposer quelque chose qui devrait te faire plaisir. J'ai besoin de toi à Rechlin où le travail ne manque pas. Je te nomme pilote d'essai avion. Le Stuka a encore besoin d'améliorations et le Junkers 88 va sortir d'usine. »

L'aviatrice en fit tomber sa fourchette. Un serveur se précipita pour la changer.

« Pilote d'essai ? Mais je ne suis pas militaire. Rechlin est l'Académie de l'aviation militaire. Tous ces hommes autour de nous me font des sourires par devant, mais ils ne m'accepteront jamais.

— Je ne me fais pas de souci pour toi, Hanna. Pour être honnête, les hommes résistent moins aux essais en piqué. Je les ai moi-même testés et j'étais épuisé au bout de quatre plongeons. Les médecins m'ont confirmé que les femmes possédaient des capacités sanguines bien supérieures aux nôtres. Il faut que l'on aille vite, Hanna. Mon cahier des charges est impossible à tenir. Goering et Milch m'en demandent trop. Alors, tu acceptes ? »

Si elle avait pu, la jeune femme aurait dansé sur la table. Elle n'en revenait pas. Adieu les planeurs, elle allait voler sur des avions à moteur et pas n'importe lesquels, les derniers modèles sortis tout droit des chaînes de l'industrie allemande. Le rêve de tout passionné d'aviation.

Elle promit à Ernst qu'elle ne le décevrait pas, qu'il verrait ce dont elle était capable. Il avait fait le bon choix. Pour l'occasion, elle accepta une autre coupe de champagne.

« Tu devras sûrement travailler avec la comtesse von Stauffenberg, poursuivit-il, l'air de rien. Vous vous entendez bien, maintenant, n'est-ce pas ? Melitta fait de l'excellent travail à Askania. Quand elle aura fini le projet sur lequel elle travaille actuellement, j'aurai également besoin d'elle à Rechlin. Vous formerez une équipe formidable, tu verras. »

Hanna blêmit. La dernière personne avec qui elle avait envie de travailler était bien l'ingénieure pilote.

« Ce... ce n'est pas possible, bafouilla-t-elle. Tu ne peux pas me faire travailler avec une juive, qui plus est homosexuelle. Je ne sais pas si tu l'as remarqué, mais ta protégée a essayé de me séduire à ta fête, l'autre soir, lorsque nous sommes allés nous baigner. Cette intrigante ne mérite pas la sympathie que tu lui portes. »

Les traits d'Ernst se durcirent.

« Je t'interdis de proférer de pareilles allégations, tu m'entends, je te l'interdis. J'ai besoin de vous deux et tu obéiras, sinon, je t'écrase comme un cloporte. »

Le regard bleu acier du héros de guerre glaça Hanna. Ses propositions ne pouvaient souffrir d'aucune contradiction.

« Comme tu voudras, s'entendit-elle prononcer d'une voix blanche. »

Hanna perdit soudain l'appétit. Alors qu'elle adorait ça, elle laissa dans son assiette ses *spätzles*[14]. Elle avala le reste de sa coupe de champagne qui, lui sembla-t-il, avait pris le goût du poison de la compromission.

––––––––––––––––––––––––––

[14] Type de pâtes aux œufs frais.

Chapitre 16

Lorsque Melitta s'installa enfin dans un Junkers 87, l'odeur caractéristique du bombardier, un mélange de métal, de lubrifiant et de cuir, l'enivra. Elle réalisa à quel point voler lui avait manqué. Elle caressa le manche à balai et la poignée de gaz avec un plaisir non feint.

Lorsque le moteur démarra, transmettant des vibrations jusqu'à sa moelle épinière, elle se souvint que dompter ce genre de machine pouvait procurer une véritable jouissance.

Le stuka avait été équipé du nouveau système gyroscopique qu'Askania avait mis au point, lui permettant d'augmenter son domaine de vol sous facteur de charge, défaut relevé lors des attaques à Guernica. D'autres dispositifs d'aide à l'atterrissage de nuit et par mauvaise visibilité étaient à l'étude dans les bureaux de recherche, du pain sur la planche en perspective.

Elle décolla sans appréhension aucune, savourant la liberté qui lui était offerte. Elle aurait tout le temps de se concentrer sur la liste des tâches programmées lorsqu'elle aurait atteint son altitude de croisière.

Pour une question de standardisation avec les autres pilotes, elle avait reçu la qualification de pilote d'essai militaire, certificat signé de la main même d'Hermann Goering.

Adoubée de ce titre, que personne ne vint contester au sein de l'entreprise, elle replongea dans ses recherches. Équiper le Reich d'une force digne de ce nom n'était plus un tabou.

Elle n'avait pas oublié les paroles d'Alexander après les attaques des légions Condor. Elle devait vivre avec l'hostilité de son mari envers le pouvoir en place et défendre sa position quand elle le retrouvait les week-ends. L'humanisme du professeur se conciliait mal avec son métier de fabricant d'armes. Heureusement, Claus la confortait dans sa fierté d'œuvrer pour la défense de son pays. Tous savaient qu'il lui était impossible de quitter le domaine militaire au risque d'être accusée de haute trahison. Tant qu'elle travaillait pour la

Nation, les autorités la laisseraient tranquille et il y aurait peu de chances de voir ses origines remonter à la surface.

Très vite, le son caractéristique du Junkers résonna du matin jusqu'au soir dans le ciel de Gatow, n'offrant de répit aux populations limitrophes que lorsque la météo était mauvaise.

L'ingénieure pilote montait et plongeait inlassablement, martyrisant la structure du bombardier à la limite de la rupture. Elle effectuait jusqu'à quinze descentes rapides par jour, un labeur titanesque qui la laissait sur les rotules, le soir venu.

Ses sorties étaient observées par les employés d'Askania, et à distance par le lieutenant général Udet, qui, régulièrement, inspectait la progression des travaux en compagnie d'huiles militaires.

Tant que les recherches avançaient, ce dernier lui montrait sa reconnaissance. Il lui offrait même parfois des petits cadeaux comme du champagne ou des chocolats. En revanche, lorsqu'un problème grippait la machine, retardait le programme, son regard envoyait des éclairs. Le général ne supportait pas les contretemps. Lors de ces moments de tension, Melitta et ses collaborateurs ressentaient un tel danger qu'ils n'hésitaient pas à masquer la vérité, s'obligeant à inventer de faux résultats et à travailler deux fois plus jusqu'à l'inspection suivante.

Connaissant de façon intime le militaire, Melitta savait que ses drogues antidouleurs pouvaient lui provoquer des sautes d'humeur. Mais à présent, autre chose qui n'avait plus rien à voir avec ses blessures animait son mentor. L'as des as était bel et bien tombé dans le chaudron du bellicisme national. Il faisait partie d'un mécanisme qui se mettait en place dont elle, Melitta, n'était qu'un rouage. Le temps de leur complicité était bel et bien échu.

Un soir, lors d'un cocktail, Ernst l'informa de la promotion d'Hanna Reitsch à l'Académie militaire de Rechlin. Il ne bouda pas son plaisir en observant sa réaction. Melitta aurait juré qu'il faisait exprès de verser de l'huile sur le feu. Il poursuivit en se vantant que la jeune pilote ne lui refusait rien.

Y avait-il un message subliminal dans cette nouvelle provocation ? Il se dégageait de son regard une perversion qu'elle n'aurait su expliquer. Où voulait-il en venir ? Que lui apportait cette rivalité féminine ? Ernst la surprenait toujours et pas forcément dans le bon sens.

Si Hanna Reitsch avait obtenu gain de cause, ses appuis devaient être sérieux. Elle ne pouvait pas atteindre un tel niveau sans un solide réseau.

Malgré un pincement de jalousie, Melitta se fit un point d'honneur à ne rien montrer. Elle maîtrisait à présent parfaitement le contrôle d'elle-même. Imaginer Hanna Reitsch aux commandes d'avions qu'elle avait pilotés la rendait furieuse. La petite blonde arriviste l'avait finalement rattrapée, et même dépassée. Ah ! si elle n'avait pas cette épée de Damoclès sur la tête, elle ne se laisserait pas faire et montrerait à tous ces imbéciles de machos qui était la meilleure.

Connaissant les pilotes militaires, Hanna allait en baver des ronds de chapeau. Ils n'étaient pas près d'accepter une femme dans leurs rangs. Le succès n'était pas assuré. Ça lui fera le plus grand bien, se répéta-t-elle pour se rassurer. Il n'empêche que la pilule était dure à avaler.

La difficulté de la tâche qu'accomplissait quotidiennement Melitta effaça bien vite son aigreur. Tant qu'elle ne voyait pas son adversaire dans son périmètre, elle n'y pensait pas, et quand quelqu'un parlait d'elle, elle se détournait de la conversation.

Un jour, Ernst arriva à Gatow à la tête d'un convoi de voitures officielles. De la fenêtre du bureau d'études, Melitta reconnut la silhouette massive d'Hermann Goering, que le chauffeur aidait à descendre du véhicule. Une blessure par balle lors du putsch raté de son mentor, des années plus tôt[15], lui rendait certains mouvements difficiles.

Elle observa à distance les directeurs qui rivalisaient de salamalecs. Lequel réussirait le plus beau salut nazi ?

------

[15] Tentative de putsch dans une brasserie de Munich en novembre 1923

« Encore des contrats en perspective, plaisanta Markus, un collaborateur de Melitta. On ne sait plus où donner de la tête. Un ami qui travaille chez Messerschmitt m'a dit que leurs carnets de commandes étaient tellement pleins qu'ils avaient du mal à trouver de la main-d'œuvre. Le ministère de l'Aviation a des appétences difficiles à assouvir.

— Focke-Wulf rencontre les mêmes problèmes, répondit-elle sans quitter des yeux les édiles.

— Que Dieu bénisse notre führer, poursuivit Markus. Il reconstruit notre pays de bien belle façon. Bientôt, l'Allemagne retrouvera son lustre d'antan. »

Melitta ne répondit pas. Elle avait banni toute discussion politique depuis longtemps. Beaucoup prenaient sa discrétion pour de la suffisance, mais peu se doutaient de son antipathie pour le pouvoir. La période était à la méfiance. Le titre de comtesse de Melitta, même si elle n'en faisait jamais état, la plaçait automatiquement dans le camp des puissants.

Un peu plus tard, Ernst la fit appeler. De façon docile, elle rejoignit le groupe avec appréhension. Ils étaient tous là, autour de leur chef : les généraux Milch, von Greim, Kesselring, Udet. Tous des as bardés de décorations gagnées lors de la Grande Guerre. Hermann Goering se tenait au milieu de son aréopage, les mains sur les hanches, le visage éclairé d'un sourire de propriétaire. Elle imaginait la tête d'Alexander s'il la voyait en compagnie de ces hommes.

Le gros cochon – elle ne put s'empêcher de penser au sobriquet donné par Ernst lui-même – s'approcha d'elle et se saisit de sa main comme s'il s'était agi d'un chaton fragile. Les paumes moites, la sueur sur le front, Melitta aurait juré qu'il portait du fond de teint.

Il la flatta comme seuls savent le faire ceux qui vont exiger un énorme service. En reconnaissance de ses travaux, respectés en hauts lieux, précisa-t-il – qui plus haut que lui pouvait connaître ses essais – d'un air solennel, il la nomma *flugkapitän*. Le ministre accompagna ses mots par l'accrochage de l'insigne sur sa poitrine et par une accolade.

Melitta n'en revint pas. Tout allait trop vite. Des journalistes prirent des photos d'elle aux côtés de l'hiérarque nazi. Le piège tendu par Ernst – parce qu'il ne pouvait en être autrement – se referma sur elle. Elle savait que son visage s'afficherait sous peu dans le *Stürmer* ou le *Völkicher Beobachter,* les organes de presse affiliés au pouvoir.

Elle tenta d'éviter leurs questions à la fin de la cérémonie, prétextant une migraine, mais le mal était fait.

Comment réagirait Alexander ? Sûrement de façon acerbe. Elle devait le joindre rapidement. Bien qu'il se refusât à lire ces torchons indignes de tout bon Allemand, elle devait lui expliquer les circonstances dans lesquelles les nazis l'avaient piégée. Elle ne doutait pas de la ferveur de l'entourage universitaire de son mari. Une bonne âme ne manquerait pas de le prévenir.

*

Hanna découvrit la photo de sa consœur dans un journal posé au mess des officiers, ouvert sans nul doute à la bonne page à son intention. Une deuxième *flugkapitän* dans le monde feutré de l'aérien déclencha en elle une rage folle. Elle jeta le quotidien par terre et laissa son plateau sans le toucher, sous le regard satisfait des quelques aviateurs en train de déjeuner. Celle qui demandait que l'on s'adressât à elle par le terme *mein kapitän* l'avait bien cherché. Une civile ne pouvait pas exiger quoi que ce soit en provenance des militaires. Une petite leçon d'humilité ne lui ferait pas de mal. De plus, l'aviatrice montrait des changements d'humeur qui ne servaient pas la gent féminine.

Hanna avait intégré Rechlin depuis deux mois et finissait un module de formation de pilote d'essai. À son arrivée, ceux qui s'étaient permis quelques plaisanteries à son sujet avaient vite été remis à leur place. Une femme aviatrice au milieu de militaires surprenait, mais le parachutage de ce phénomène n'avait rien d'anodin et il convenait de se méfier.

Il se racontait dans les vestiaires que la petite pilote blonde avait l'oreille du führer. Les plus téméraires murmuraient même que *Der kapitän* n'avait pas que l'oreille. Le guide suprême avait beau jurer qu'il n'était marié qu'avec l'Allemagne, personne ne pouvait croire qu'il restât toujours chaste.

Hanna s'imposa d'abord par sa réputation sulfureuse, mais très vite, ses qualités indéniables de pilotes prirent le dessus et les ragots diminuèrent. La jeune femme montra qu'elle savait manier toutes les machines présentes sur la base et qu'elle n'avait pas froid aux yeux. Comme à l'accoutumée, son audace déclenchait l'admiration chez les uns, la jalousie chez les autres. Il arrivait parfois qu'un quolibet effleurât ses oreilles, son coussin rehausseur arrachant plus de sourires que de respect. Dans ce cas, elle fusillait son auteur d'un regard assassin qui ne lui donnait plus envie de recommencer.

Lorsqu'elle découvrit le Stuka, elle obtint l'autorisation exceptionnelle d'effectuer des vols en piqué. Son intention était de démontrer qu'il n'y avait pas que Melitta Schiller apte à ce genre d'exercice. Au retour d'une de ces missions, un témoin rapporta ses paroles : « La Schiller ne mérite pas le titre de pilote d'essai. Elle s'y connaît peut-être en équation, mais elle ne sent pas le vol comme moi. Franchement, je ne comprends pas pourquoi Goering l'a nommée *flugkapitän*. Épouser la vieille noblesse allemande a du bon, c'est moi qui vous le dis... »

Sa réputation dépassa très vite les barbelés de la base aérienne de Rechlin pour atteindre les oreilles du patron de l'usine Focke Wulf. Ce dernier cherchait un pilote de présentation pour son nouveau prototype qui devait clôturer chaque jour le spectacle donné à l'occasion du Salon de l'auto à Berlin. Ses ingénieurs avaient mis au point un aéronef capable de décoller et atterrir à la verticale. Cet engin baptisé « hélicoptère » promettait un pas de géant dans la course aux armements.

Grand ami d'Ernst Udet, il quémanda la collaboration de la jeune aviatrice qui assisterait son pilote d'essai habituel. Ce besoin de s'attacher les services d'une femme dans une tâche masculine revêtait un paradoxe étonnant. La société nazie prônait pour ses citoyennes la politique des trois *K : Kinder, Küche, Kirche,* Enfants, Cuisine, Église. L'Allemagne n'était plus à une contradiction près à cette époque de reconstruction.

Hanna accueillit l'ordre de mission avec enthousiasme. L'idée même de piloter un appareil nouveau la séduisait. Sa soif incommensurable d'aller de l'avant, ou d'aller plus haut dans son cas, masquait les dangers inhérents à ce travail pour le moins conventionnel.

Sa décision contredit les recommandations de sa mère, qui continuait à lui envoyer de longues lettres remplies de bons conseils. Celui de prudence resterait relégué aux tréfonds de son amour maternel. Hanna devait se montrer digne des deux insignes que le pouvoir lui avait accrochés à la poitrine. La mère patrie avait pris le dessus de façon définitive. Un refus, qui plus est à la demande d'Ernst Udet, était inconcevable.

Le chèque attaché à cette mission lui permit d'acheter une petite Opel et deux uniformes sur mesure : un bleu et un marron. Sa tenue et son comportement forceraient le respect de quiconque douterait de ses capacités aéronautiques. Terminés les sourires en coin et les blagues douteuses. À présent, la *flugkapitän* ne plaisantait plus.

Elle rejoignit les usines Focke Wulf à Brême, où elle se mit au travail sans attendre.

Chapitre 17

Revoler permit à Melitta de retrouver une certaine sérénité. Ses angoisses s'estompèrent sans pour autant disparaître. Alexander comprit dans quelle chausse-trappe le parti nazi l'avait fait tomber. Selon lui, il n'y avait pas que du négatif dans cette manœuvre : plus l'aviatrice montait dans l'échelle de la respectabilité, plus difficile serait de l'en faire redescendre.

Claus avait confirmé que les généraux dans le même cas avaient réussi à obtenir un certificat d'aryanité. Le nom de la jeune mariée, son titre, sa compétence professionnelle la placeraient sans aucun doute dans la même position que ces hauts gradés. Sa patience serait un jour récompensée.

Melitta passait à présent ses week-ends à récupérer de la fatigue accumulée dans la semaine. Les retrouvailles de son couple la rassérénaient. Quitter le monde technique des chiffres et des essais pour celui plus feutré de l'universitaire domptait son stress. Dans un pyjama confortable, elle aimait se prélasser devant la cheminée de leur maison de Würzburg, un livre à la main, le chat sur ses genoux. Chose nouvelle, elle éprouvait du plaisir à se concentrer sur les contingences ménagères. Le ménage lui vidait la tête.

Alexander réalisait peu les dangers que sa femme traversait au cours de la semaine. Lui aussi appréciait leurs week-ends, leurs discussions à bâtons rompus sur les problèmes du Monde, leurs longues promenades sur les chemins enneigés, où le professeur retrouvait son enfance en confectionnant des boules de neige qu'il lançait contre des cibles imaginaires.

Il était indéniable qu'en ce début d'année 1938, les cinq années de nazisme avaient porté leurs fruits : le chômage avait baissé de façon spectaculaire et les exportations augmentaient de manière tangible. De plus, les actions de son chancelier, qui rognait petit à petit les interdictions du Traité de Versailles encouragé par le silence des puissances internationales, remontaient le moral des Allemands.

Lorsque Melitta vantait les décisions du gouvernement — elle ressentait toujours le besoin de justifier son travail devant son mari — Alexander contrait son enthousiasme en citant des informations qu'il avait lues dans la presse étrangère, ou colportées par des personnes de confiance. Un incident l'avait touché personnellement : le fils du couple de gardiens de son université avait été emmené dans un centre de soins par des SA.

« Je crains le pire, Melitta, dit-il, du trémolo dans la voix. Tu aurais vu le regard de ce gamin, que je connais bien, quand ils l'ont saisi pour le faire grimper dans le camion. Ça m'a retourné. C'est un trisomique qui ne ferait de mal à une mouche. J'ai essayé d'intervenir, tu t'en doutes bien, mais la brutalité des SA m'a empêché de récupérer le môme. J'ai juré à ses parents de le faire revenir. J'ai passé beaucoup de temps cette semaine à faire intervenir mes connaissances, sans succès. Les bruits les plus inquiétants courent en ce moment. À cette occasion, j'ai appris que sa mère avait été stérilisée contre son gré. Le simple fait d'avoir mis au monde un enfant pas comme les autres l'a condamnée par ceux pour lesquels tu travailles, alors ne me dis pas qu'Hitler et sa bande sont des parangons de vertu. Jusqu'où iront-ils ? Melitta, jusqu'où iront-ils ? »

Alexander était profondément meurtri. Lui qui trouvait toujours une pirouette humoristique pour se sortir d'une situation dérangeante montra une facette inhabituelle de sa personnalité. Melitta le prit dans ses bras, touchée à son tour.

Dieu, qu'il était difficile de travailler pour ce pouvoir en place ! Les excuses commençaient à lui manquer cruellement. Heureusement, son époux comprenait ses raisons : sa survie, celle de sa famille, et aussi sa propre sécurité puisqu'il avait également enfreint la loi.

Ces moments d'intense émotion la confortaient dans sa décision de vivre avec cet homme. Alexander était la bonté même. Sa courageuse vision du Monde allait à contre-courant de ses semblables. Il mettait en pratique les préceptes du mentor de sa famille : Stefan George. Les trois frères n'abandonnaient pas l'idée qu'ils seraient appelés un jour à accomplir de grandes choses, Alexander étant celui qui le cachait le moins aux yeux de tous, ce qui irritait parfois Claus et Berthold.

Pour amener un peu de gaîté, Melitta lui annonça la venue d'Elly et de Bernd Rosemeyer à Würzburg. Le champion automobile séjournait dans la région avec sa femme pour essayer un nouveau prototype. Le couple les avait invités dans le meilleur restaurant de la ville. Melitta n'avait pas vu sa consœur et amie depuis de longs mois et se réjouissait de ces retrouvailles.

« Évitons toute discussion politique, Alexander. Je sais que Bernd ne partage pas les opinions politiques du parti, mais comme tout Allemand en vue, il se doit d'être prudent. »

La soirée fut merveilleuse. L'amitié des deux femmes ne souffrait d'aucun problème d'ego ni de jalousie. La photo du petit Bernd junior, quelques mois à peine, fit monter les larmes à Melitta, dont le choix de refuser toute grossesse était parfois mis à rude épreuve. Aussi se concentra-t-elle sur la conversation de leurs compagnons. Tous deux, comme les hommes de leur âge, faisaient partie à présent de la réserve militaire, Alexander dans la Wehrmacht *Heer*, la composante terrestre des forces armées du troisième Reich, et Bernd à la Schutzstaffel, l'escadron de protection du régime, plus communément appelé la *SS*.

« Ils m'ont forcé à y adhérer, expliqua ce dernier dans une grimace, sinon pas de licence de pilote de course. Ils ont toujours tenté d'utiliser ma notoriété pour le bien du parti, et j'ai toujours fait de mon mieux pour les en empêcher. Ils ont snobé mon mariage quand ils ont appris que je ne porterais pas leur uniforme. Le noir porte malheur aux pilotes automobiles, s'esclaffa-t-il en saisissant la main de son épouse. »

Alexander regarda Melitta avec de la compassion dans le regard. L'ingénieure navigante vivait à peu près la même chose, mais le danger de sa situation les obligeait à rester discrets. Le professeur resta silencieux.

Elly combla ce silence en expliquant à quel point son mari était superstitieux :

« Il ne veut que le numéro 13, nombre qu'il nous a aussi imposé pour le jour de notre mariage. »

Bernd buvait les paroles de sa moitié. Le couple irradiait du bonheur autour de lui aussi intensément qu'une lueur divine. Un tel amour est rare, pensa Melitta. Elle regarda son mari. Lui non plus ne manquait pas de charme. Tant qu'Alexander ne dépassait pas un certain degré d'alcool, il se montrait un être attentif et à l'écoute des autres ; au-delà, il devenait problématique.

Bernd était intarissable. Il raconta de nombreuses histoires drôles, notamment sur ses coreligionnaires SS, anecdotes qui les firent beaucoup rire tout au long de la soirée.

Régulièrement, Melitta leur demandait de baisser le ton. La clientèle avait reconnu le couple le plus glamour du moment et n'avait d'yeux que pour leur table.

Bernd leur apprit que les subventions importantes dont bénéficiaient les constructeurs de voitures de course camouflaient des recherches moins vertueuses : « Les moteurs sont de plus en plus puissants afin d'être adaptés dans des chars. Mon écurie en profite pour le moment, mais d'ici peu, le monde découvrira des machines de guerre hors du commun. »

Melitta et Alexander étaient arrivés à cette conclusion depuis longtemps, mais n'en rajoutèrent pas. Le cognac de fin de repas allégea les esprits et détourna les conversations sur des sujets plus futiles.

Quelques jours plus tard, le 28 janvier 1938, en écho à toute une nation, le jeune couple fut dévasté en apprenant le décès brutal de Bernd. Sa voiture, une Auto Union de type C, avait quitté la route à plus de 300 km/h lors d'un essai sur l'autoroute Francfort-Darmstadt. Son corps avait été éjecté, ne laissant aucune chance de survie.

Le drame toucha chaque Allemand dans sa chair. Le champion adulé de tous, qui représentait rêve et réussite, qualités si chères aux instances gouvernementales, eut droit à des obsèques nationales préparées par le parti, au grand dam d'Elly qui ne souhaitait qu'une chose : pouvoir pleurer son amour, entourée de ses intimes.

Les SS avaient perdu l'un des leurs, et pas n'importe lequel. Aussi, fallait-il que ça se sût. Hitler en profita pour organiser un grand rassemblement politique. Personne ne pouvait aller à l'encontre de ses décisions, pas même la pauvre veuve.

Le 1ᵉʳ février 1938, Melitta et Alexander se rendirent au cimetière de Dahlem, à Berlin, pour le dernier adieu à leur ami. Ils durent longer une foule de curieux massés derrière des barrières métalliques. Entouré de SS au garde-à-vous, le catafalque recouvert de fleurs allait recevoir les honneurs des grandes figures du parti. De Goering à Hitler, tous s'inclinèrent devant la dépouille du champion et présentèrent leurs condoléances à Elly, écrasée de chagrin et complètement dépassée par l'ampleur du drame.

De nombreux coureurs automobiles avaient fait le déplacement. À leur tête : Rudolf Caracciola, l'éternel concurrent et néanmoins ami du défunt.

Des uniformes à dominante noire tentaient d'imposer un semblant d'ordre. Melitta reconnut Hannah au premier rang des officiels. À ses côtés, Ernst Udet. Ce dernier salua son couple de façon protocolaire. Melitta répondit par un timide signe de tête, Alexander ignora totalement le général.

Elly fondit en larmes et s'accrocha à Melitta lorsque retentit la marche funèbre de Beethoven. C'en était trop, elle lui glissa à l'oreille qu'elle voulait s'en aller : « Bernd n'aurait pas voulu tout ça. Tu le connaissais, ça ne lui ressemble pas ». Melitta la retint avec affection. La cérémonie touchait à sa fin. Ils allaient pouvoir se retrouver. Elle aperçut la haute silhouette d'Alexander qui s'éloignait discrètement. L'hymne de la SS avait eu raison de sa bonne volonté.

*

Les essais du prototype d'hélicoptère FW61 laissèrent un goût amer à Hannah, qui pensait pouvoir évoluer en toute liberté aux commandes de la machine. Karl Bode, le chef pilote de Focke-Wulf, lui précisa que sa mission ne consisterait qu'à présenter l'engin, en alternance avec lui, dans un hangar géant rempli de public. La machine ne devrait pas décoller de plus d'un mètre, car la moindre maladresse pouvait provoquer un drame. C'était la première fois qu'un engin volant était présenté dans une enceinte fermée.

Hannah développa rapidement les automatismes nécessaires au contrôle de l'hélicoptère, bien différent du pilotage d'un avion. Elle dut acquérir de nouveaux réflexes. Le prototype se sustentait peu naturellement, à l'inverse du planeur, qui lui, épousait les courants atmosphériques de façon harmonieuse. Le moindre souffle et l'aéronef se déséquilibrait, obligeant son pilote à rattraper les pièges des forces aérodynamiques. Aux commandes, la concentration était totale.

Le prototype restait arrimé à des cordes afin de ne pas monter trop haut. Régulièrement, Hanna sentait les entraves qui se tendaient de façon frustrante. L'engin ne demandait qu'à s'envoler plus haut, mais Karl refusait de le détacher. Elle ferait ce qu'il lui ordonnait, un point, c'est tout ! Si son supérieur mettait en avant des raisons de sécurité, elle comprit très vite qu'il était hors de question qu'elle marchât sur ses plates-bandes.

Lors des premiers entraînements publics à l'intérieur du grand hangar, la machine refusa de s'élever. Le moteur ne pouvait pas donner sa puissance totale dans cet espace confiné. Les milliers de spectateurs rejetaient un gaz carbonique néfaste à une bonne combustion de son carburant. Les ingénieurs décidèrent d'ouvrir les portes en grand afin de retrouver une atmosphère proche du plein air. À cette occasion, Hanna obtint le retrait des cordes sous prétexte qu'elles alourdissaient le prototype. Elle put enfin s'élever à la hauteur qu'elle désirait, et surtout rabaisser le caquet de son chef pilote.

Le jour de l'inauguration, en présence de Goering et d'un nombre conséquent de têtes galonnées, Hanna ne put s'empêcher de monter plus haut que ce qui était prévu. Elle évolua autour du centre de la piste dans un raffut d'enfer, décoiffant les premiers rangs et les couvrant de poussière.

Avant de poser l'engin sur son point de départ, encore perchée à quelques mètres de hauteur, elle effectua un salut nazi d'une grande maîtrise. Sans les entendre, elle aperçut les milliers de mains qui l'applaudissaient. Des frissons parcoururent son corps. Sa présentation était un succès.

À la fin du spectacle, alors que Karl, furibond, lui reprochait de façon véhémente son manque de rigueur, Goering vint la trouver. Sans adresser le moindre regard au pilote d'essai en chef, il félicita l'aviatrice en la prenant dans ses bras.

Une fois de plus, la vision d'Hanna rejoignait celle des dirigeants du parti. Karl ravala ses paroles. Sa rage allumait ses iris d'éclairs haineux. Hannah soutint son regard d'un air de défiance tandis que Goering ne tarissait pas d'éloges sur elle. Sans même en référer à quiconque, le ministre nazi lui ordonna de s'occuper elle-même de toutes les présentations du *Berlin motor-show*. L'exploit de l'aviatrice attirerait à n'en pas douter la presse internationale. Ernst Udet, la félicita à son tour. « Passe me voir ce soir, lui glissa-t-il à l'oreille, un sourire empli de promesses. J'organise une petite fête. Il faut que je t'entraîne à faire un beau salut nazi, il y a encore du boulot ».

D'autres officiers la congratulèrent également. La jeune pilote ne touchait plus terre. Ah ! Si son père pouvait voir ça.

Chapitre 18

Lorsqu'elle se rendait dans sa belle-famille, Melitta, seule femme sans enfant, prenait énormément de plaisir à s'occuper de ses neveux et nièces. En plus des cadeaux qu'elle ne manquait pas de leur offrir, elle les captivait en leur racontant des histoires d'aviation. Il n'était pas rare de voir la jeune ingénieure embarquer toute la petite tribu dans sa Fiat Topolino, toit ouvert, comme s'il s'agissait d'un avion. Les crissements de pneus dans ses courses endiablées rencontraient beaucoup de succès.

Quand ils partaient à pied dans de longues promenades, le long des collines boisées aux alentours de la maison familiale, ils rentraient à la nuit tombée avec de belles joues rouges, que Melitta adorait embrasser.

Le soir, exténués et repus après un bon repas, ils s'endormaient de bonne heure, laissant la voie libre aux parents de refaire le monde autour d'un excellent schnaps.

1938 annonçait une période faste en matière d'événements politiques. Les débats endiablés les emmenaient souvent tard dans la nuit.

Cette année-là, Adolf Hitler montra à la communauté internationale son appétit d'expansion territoriale. Ses troupes annexèrent l'Autriche, accueillies par une population tellement conquise qu'il fut inutile de tirer le moindre coup de feu.

Quelques mois plus tard, sous prétexte de rassembler les Allemands en zones frontalières germanophones, il fit part de son intention de récupérer les régions des Sudètes. Les puissances signataires du traité de Versailles se réunirent de toute urgence. Malheureusement, le souvenir des millions de morts de la Grande Guerre pesa sur Chamberlain, Mussolini et Dalladier. Peu enclins à déclencher un nouveau conflit européen, le 30 septembre 1938, les trois dirigeants dévoilèrent leur faiblesse en accordant à Hitler ce qu'il exigeait.

La force de persuasion du petit moustachu, sa capacité à manipuler les foules, sa roublardise, convainquirent ses homologues anglais, italiens et français de lui faire confiance. Il leur jura qu'une fois tous les Allemands d'Europe réunis, son Reich prospérerait dans le respect et la concorde de leurs voisins.

Malgré la grogne des populations respectives et les nombreuses manifestations dans les grandes capitales, la majorité se félicita d'avoir sauvé la paix. L'expansion du territoire allemand fut donc actée.

Winston Churchill, alors opposant au gouvernement anglais, écrivit à la suite de cet accord une phrase lourde de sens : « vous aviez le choix entre la guerre et le déshonneur, vous avez choisi le déshonneur et vous aurez la guerre. » Personne n'imaginait à ce moment combien il avait raison.

Alexander se faisait l'écho de toutes ces nouvelles géopolitiques. Il se délectait de relayer l'opinion internationale, bien différente de celle dictée par le ministère allemand de la Propagande. Les discussions à Lautlingen ne manquaient pas de piment. Berthold, son jumeau, et Mika, l'épouse de ce dernier, partageaient dans les grandes lignes les analyses du professeur. Claus, le cadet des trois frères, peinait à défendre le pouvoir en place. Nina, sa femme, tentait de lui faire entendre raison, mais il était difficile pour ce militaire de carrière de se parjurer. Comme tous les officiers allemands, il avait prêté serment au chancelier.

Cependant, sous les arguments imparables de son aîné, ses convictions commencèrent à vaciller. Ayant participé avec son régiment à l'annexion des Sudètes, il émettait quelques doutes sur les belles promesses d'Hitler.

« La facilité avec laquelle notre führer a obtenu l'accord des grandes puissances lui a prouvé qu'elles le craignent. Il ne s'arrêtera pas là, avait-il déclaré un soir, lors du repas.

— Profitons encore de nos moments de sérénité, qui sait combien de temps nous pourrons en jouir ? », avait répondu Alexander.

Il avait raison, ce week-end de rêve était le dernier dans un pays en paix.

Melitta décida de mettre à profit cette politique où les budgets pour les sports mécaniques camouflaient des recherches sur le réarmement. À présent que son titre de comtesse la protégeait, elle accepta des propositions qui risquaient de la projeter davantage dans la lumière.

Lors d'une absence prolongée d'Alexander, parti effectuer une période de réserve militaire, elle donna son accord pour participer à une compétition aérienne ouverte pour la première fois aux femmes. Avant de signer le contrat du constructeur Klemm, qui lui prêtait un monomoteur K25, elle vérifia que sa concurrente Hanna Reitsch n'y était pas inscrite. Elle avait besoin de respirer un peu après une série d'essais qui lui avait pris toute son énergie. Cette opportunité tombait à pic. Un peu de frivolité ne lui ferait pas de mal, loin de la petite blondinette stratosphérique, si possible.

Melitta remplaçait son amie Elly Beinhorn, qui avait refusé la proposition de Klemm pour cause de deuil. Elly apprécia beaucoup le fait que Melitta exigeât de porter le numéro 13 en mémoire de Bernd, son défunt mari.

Au premier briefing précédant le départ, Melitta fut amusée en découvrant l'immatriculation de son appareil « E-HIN » qui signifiait *kaput*[16] en dialecte autrichien. Comme la majorité des aviateurs, elle considérait la superstition comme une charge incompatible avec leur métier. Elle préféra en rire.

Avec une pugnacité et une modestie qui forcèrent l'admiration, l'ingénieure-pilote gagna la compétition. Elle eut droit aux honneurs et à quelques articles de presse qui, bien qu'allant à l'encontre de la discrétion qu'elle s'était imposée, flattèrent son ego, oublié sur l'autel de l'intérêt familial.

Melitta se dit avec un certain orgueil que son apparition en une des journaux rabaisserait le caquet de la petite blondinette.

---

[16] Détruit, foutu.

Hanna avait pris une place trop importante dans le cœur du public. Au fond d'elle-même, Melitta rêvait de croiser le fer avec sa concurrente. Son esprit de compétition était en veilleuse depuis bien trop longtemps. Parfois, elle se sentait pousser des ailes et se laissait emporter par son ardeur.

Peu de temps après, elle regretta son imprudence, car les nazis décrétèrent l'annulation du permis de résidence des étrangers et des juifs. Cette politique raciale, mise en veilleuse lors des Jeux olympiques, avait repris de la vigueur maintenant que les observateurs étrangers avaient quitté le pays. Il ne se passait plus un jour sans que des exactions soient commises par les SA ou par les SS. Les dénonciations de patriotes explosaient au rythme des bonnes affaires que ces départs précipités engendraient. Les ventes de commerce et d'immobilier appartenant à des juifs se concluaient à des prix défiant toute concurrence. L'aubaine pour les sans scrupules.

Bien que non confirmées dans les journaux, ces informations terrorisaient Melitta. Elle entendait quotidiennement des rumeurs. Les sévices à l'encontre des milliers de familles contraignaient les plus riches à quitter le pays. Tous les Allemands côtoyaient dans leur entourage des voisins, des commerçants, parfois des amis, touchés par cette loi raciale. Tous pouvaient mettre des visages à ce drame qui engendra une crise de l'émigration. Ces non-Allemands par décret, rejetés par leur pays, n'étaient les bienvenus nulle part. Il devenait problématique pour eux de trouver une nation d'accueil.

L'inquiétude de Melitta pour sa famille augmenta d'un cran. Elle ne les imaginait pas fuir. Petits bourgeois, ils ne pouvaient se permettre une installation à New York, comme les plus chanceux. Où iraient-ils dans ce cas ? La prudence restait de mise.

Un succès en entraînant un autre, Melitta fut désignée pour participer à un meeting aérien international sur l'aérodrome de Chigwell, en Angleterre. La bonne nouvelle effaça ses dernières réserves : Elly Beinhorn ferait partie du voyage. Les deux aviatrices représenteraient l'Allemagne à cette grande première : une réunion de femmes pilotes. Hanna Reitsch avait embarqué pour l'Amérique pour une autre rencontre sportive, d'où la probable désignation de Melitta par les autorités. L'ingénieure constata avec amertume qu'elle était condamnée à accepter tout ordre de Goering, un refus comportant trop de risques.

Le constructeur Klemm lui renouvela sa confiance en lui prêtant un K35, son dernier monoplan de sport. Elly la rejoindrait à bord d'un *Taifun,* son Messerschmitt personnel.

Une fois sur place, les deux femmes ressentirent le poids de la politique dans la vie quotidienne. Leurs prestations, bien que remarquées, n'enflammèrent pas les foules comme à l'accoutumée. Les svastikas peints sur leur empennage, à présent sceau de l'infamie, refrénaient l'envie d'applaudir des Anglais. S'ils avaient su que ces deux championnes rejetaient avec force la politique raciale de leurs dirigeants, il est certain que leur succès aurait rencontré une toute autre dimension. Seuls les enfants, démunis d'arrière-pensées, leur montrèrent un enthousiasme digne de ce nom.

Heureusement, leur entente surmonta bien vite les petites brimades et les mauvaises surprises que certains bureaucrates leur avaient réservées. Elly avait repris un peu de poil de la bête. Son sourire facilita des situations complexes, son expérience des voyages au long cours également. Les rires partagés augmentèrent leur complicité et cimentèrent leur amitié.

Hanna, elle, débarqua en Amérique du Nord avec, dans ses bagages, un *Habicht,* le nouveau planeur conçu par son mentor Hans Jacobs. Ce dernier avait mandaté sa protégée pour le représenter à la course aérienne de Cleveland. Ayant conservé un souvenir ému de sa dernière traversée, la *flugkapitän* ne ménagea pas sa peine pour arracher un congé à ses supérieurs. Trop heureux de la voir s'éloigner de Rechlin, ces derniers lui signèrent une autorisation sans difficulté.

Peter Riedel l'accueillit avec chaleur. Cela faisait quelques mois qu'il résidait sur le continent américain sans avoir rencontré de compatriote.

Toujours célibataire, son désir envers la petite aviatrice ne s'était pas émoussé. Il avait même repris de la vigueur quand il avait reçu un télégramme signalant sa venue.

Ses fonctions diplomatiques à Washington lui offraient une position envieuse, car il pouvait participer à toutes les compétitions de vol à voile qu'il souhaitait. Cela avait-il fait changer d'avis la jeune championne allemande ? Les conflits de son gouvernement lui avaient-ils enfin ouvert les yeux ? Avait-elle envie de s'installer en Amérique ?

Très vite, Peter se rendit compte qu'il n'en était rien. À son grand désarroi, il réalisa qu'Hanna le considérait comme un bon copain, sans plus. Pourtant, le succès du playboy rouquin auprès des Américaines aurait pu attiser la jalousie de son condisciple, mais rien dans son comportement ne trahit un quelconque intérêt pour sa personne.

Dans leurs longues discussions, Peter réalisa qu'Hanna n'avait qu'une vision étriquée de la politique nazie. Bien que n'ayant jamais adhéré au parti, elle montrait une grande dévotion pour Hitler. Elle lui raconta son entrevue avec Hermann Goering ainsi que l'admiration qu'elle lui vouait. Seuls comptaient pour elle les rapports personnels qu'elle entretenait avec les uns et les autres. Dès que Peter dénonçait une exaction d'un hiérarque nazi, elle le remettait à sa place en déclarant qu'elle connaissait bien l'individu et que cela ne pouvait être possible.

Membre du parti lui-même, le champion osa des critiques qu'il ne se serait pas permis en Allemagne. L'éloignement lui conférait ce droit et il ne s'en privait pas. De toute façon, Hanna ne pensait qu'à elle et à sa carrière ; les autres, elle s'en fichait.

Quand la discussion virait à la dispute, il lui remémorait leur voyage en Amérique du Sud, ce qui avait pour effet de la calmer immédiatement. Comme deux vieux camarades de régiment, les anecdotes remontaient à la surface et déclenchaient des fous rires.

Après quelques coupes de champagne, denrée rare chez l'oncle Tom, Peter tentait de la faire parler de ses aventures amoureuses. En général, il se voyait opposer une fin de non-recevoir. Hanna verrouillait sa vie sentimentale comme on cache un trésor. Il brûlait d'envie de prononcer le nom d'Ernst Udet afin d'observer sa réaction, mais il n'osait pas. Certaines discussions pouvaient déclencher chez son amie une colère noire.

C'est ce qui arriva un jour, lorsqu'il demanda des nouvelles de Melitta. Comme il n'avait pas reçu de nouvelles depuis longtemps, il pensait qu'Hanna lui en donnerait.

« Ta juive a essayé de m'embrasser. C'est une gouine, tu ne le savais pas ? » lui jeta-t-elle à la figure. Il resta pétrifié.

Connaissant l'ingénieure aussi bien qu'Hanna, il n'en crut pas un mot. Il n'avait jamais pu situer Hanna sur le plan de ses préférences sexuelles. Hanna était insondable quand il s'agissait de ses rapports intimes. Bien que bons amis, la période ne se prêtait pas aux confidences, surtout lorsque celles-ci pouvaient vous envoyer en camps de travail forcé.

Pendant la compétition, arborer une croix gammée sur l'empennage de son planeur revêtait une signification guerrière trop appuyée, trop éloignée des principes de neutralité du sport. Les champions qui défendaient de telles couleurs étaient considérés comme des ambassadeurs et non plus comme des compétiteurs. Comme ses congénères, à son tour, l'aviatrice essuya les quolibets d'un public hostile à Adolf Hitler. Peu habituée à ce genre d'accueil, réveillant des douleurs égotiques, Hanna abandonna toute diplomatie et critiqua l'organisation.

Elle quitta les États-Unis sans regret. Peter avait beau être un bon camarade, elle n'abandonnerait jamais sa carrière ni son pays, d'autant plus lorsque celui-ci était attaqué de toutes parts.

Chapitre 19

À son retour des États-Unis, Hanna accepta la proposition d'Hans Jakobs de participer à la mise au point d'un planeur d'assaut que ses ateliers avaient construit sur commande du ministère de l'Aviation. Les autorités militaires voulaient créer une arme redoutable capable d'effectuer des attaques surprises dans le dos de potentiels ennemis.

Hanna s'attela sans délai à étudier le DFS 230, un aéronef pouvant transporter une unité de dix hommes entièrement équipés. La taille de l'engin changeait des machines de compétition qu'elle pilotait habituellement, mais une fois en l'air, elle retrouva immédiatement les qualités de vol des fabrications de son ami.

Hanna prétendit avec fierté avoir été l'instigatrice d'une telle idée. Lors de son entrevue avec Hitler, elle avait loué la furtivité et le silence des planeurs. Le chancelier s'était montré fort intéressé, toujours à l'affût de techniques modernes, surtout celles applicables au domaine militaire.

Lorsqu'elle commença les essais à pleine charge, le contrôle des planeurs devint problématique ; ils perdaient une grande partie de leur manœuvrabilité.

Son travail consista alors à guider l'équipe conceptrice dans l'élaboration de dispositifs correcteurs. Destinés à être pilotés par des fantassins et non des aviateurs chevronnés, les ingénieurs devaient trouver des artifices facilitant leur pilotage. Ils adaptèrent alors des aérofreins puissants et des rétrofusées afin de permettre à ces aéronefs d'atterrir sur tous types de surfaces, même sur des lacs gelés.

Quelques semaines d'entraînement suffiraient pour former des recrues ne possédant aucune connaissance en pilotage. Nul besoin d'exceller en navigation pour amener une de ces machines sur une zone déterminée après avoir été larguée par les avions-tracteurs.

Au bout de quelques mois, les généraux commandant la Luftwaffe vinrent assister à une exhibition d'Hanna. Sous sa supervision, un dispositif de plusieurs planeurs se fit tracter jusqu'à 10 000 pieds pour ensuite se poser dans le plus grand silence sur l'objectif désigné.

Les militaires témoignèrent leur satisfaction en découvrant l'efficacité de cette tactique.

Hanna fut chaleureusement félicitée pour cet exploit encore jamais expérimenté sur les champs de bataille.

« La victoire viendra du ciel, déclara Hermann Goering à un aréopage de hauts gradés. Nos budgets pour atteindre notre objectif sont illimités. Bientôt, nous pourrons montrer à la face du monde notre suprématie aérienne. »

La fierté d'Hanna se lisait dans ses yeux. Contribuer au succès de l'aviation de son pays lui prouvait qu'elle ne s'était pas trompée dans ses choix.

Emportée par l'euphorie, elle proposa un vol à tous les généraux présents, ce qu'ils acceptèrent sans mesurer le risque de priver la Luftwaffe de ses chefs en cas d'accident. Hans pesta en silence. Il connaissait l'impétuosité de sa petite protégée. Heureusement, elle effectua un vol sans histoire. Hanna s'était-elle enfin dotée de la rigueur des *flugkapitän* ?

À la réception qui s'ensuivit, elle avoua à son ami qu'une démonstration acrobatique l'avait bien titillée, mais qu'elle s'était abstenue... Il frissonna en imaginant ce à quoi il avait échappé...

Hanna papillonna autour des généraux. Il était temps de ferrer d'autres officiers supérieurs. Ernst Udet faisant preuve de sautes d'humeur inquiétantes, de nouveaux alliés seraient les bienvenus.

Robert von Greim lui montra un intérêt qui semblait aller au-delà de ses capacités aéronautiques. D'une élégance rare, il lui parla en égale. Cet as de la Première Guerre mondiale lui raconta avec beaucoup d'humour la façon dont il avait détruit le premier char britannique lorsqu'il volait au sein de la 34ᵉ escadrille de chasse. Le discours de cet homme au charisme indéniable, qui lui rappelait sous certains aspects son père, la conforta dans son rôle d'aviatrice. Il lui prouva qu'elle appartenait bien à la grande famille des pilotes du Reich ; elle ne l'oublierait pas.

En novembre, Hans Jacobs la convia à l'anniversaire du centre de recherche. Ses bons résultats, mais aussi la place prépondérante qu'elle occupait à présent au sein de l'équipe, justifiaient sa présence.

En sortant du restaurant, tandis qu'Hans la raccompagnait, ils assistèrent au saccage d'une boutique dont la devanture avait été taguée d'une étoile de David. Les attaquants avaient à peine seize ans et ne portaient pas d'uniforme. Quand le couple de commerçants fut jeté dehors, encore en pyjama, Hanna s'interposa de façon courageuse. Hans la retint. Il voulait l'empêcher d'intervenir. Pensant que les assaillants appartenaient à une bande de bolcheviks, Hanna les menaça d'appeler la police. Celui qui semblait être leur chef lui intima d'aller se mêler de ses affaires. Ils faisaient partie des jeunesses hitlériennes.

Hanna ne s'en laissa pas conter et poursuivit ses menaces en leur déclarant qu'elle connaissait bien Adolf Hitler, que ce dernier n'apprécierait pas que de telles exactions soient perpétrées en son nom. Les jeunes s'en moquèrent en riant de façon hystérique. Pour toute réponse, ils brisèrent les vitrines de la boutique à coups de marteau tout en molestant leurs propriétaires.

Pendant que certaines échoppes étaient vandalisées, que d'autres brûlaient, des groupes d'excités hurlaient comme s'ils avaient été atteints de folie collective. Hans et Hanna assistaient sous leurs yeux à une bacchanale effroyable. Il s'était passé quelque chose.

Avec précaution, les deux amis remontèrent la rue recouverte d'éclats de verre, incommodés par ce déchaînement de violence et par la fumée des incendies.

Quelques minutes plus tard, ils furent arrêtés par des individus plus âgés, dénoncés par celui avec qui ils avaient eu une altercation. Une fois au siège du NSDAP local, il leur fut reproché leur sympathie avec les ennemis d'État. Ils apprirent qu'un juif polonais, d'origine allemande, avait assassiné le secrétaire d'ambassade à Paris. La colère légitime de la population interdisait aux bons citoyens allemands, comme eux, de condamner cette violence.

Courageusement, Hanna refusa de retirer ses paroles en déclarant de façon naïve qu'Hitler, cet homme doux qui aimait tant les animaux, n'aurait pu donner de tels ordres, qu'il y avait forcément une erreur. Était-ce la renommée de l'aviatrice ? Son travail de recherche militaire ? Les deux amis furent relâchés.

À cette époque, Hanna se pensait intouchable. Elle réagissait avec ses tripes sans réfléchir aux possibles conséquences de ses actes. Hans non plus ne craignait pas grand-chose, mais il convenait d'être prudent, aussi la sermonna-t-il.

L'aviatrice lui confia qu'elle connaissait bien un médecin juif, qu'ils n'étaient pas tous des ennemis d'État. Certes, les lois raciales avaient du bon, mais elle restait persuadée que leurs effets pervers, comme ils venaient d'en être les témoins, animaient les petits chefs à l'esprit étriqué. Les dirigeants ne manqueraient pas de remettre un peu d'ordre dans tout ce charivari, elle y veillerait personnellement.

L'occasion lui fut donnée lors d'une entrevue avec le général Robert von Greim, le seul ayant donné suite à sa demande de rendez-vous ; Milch, von Richthofen et Kesselring lui ayant signifié une fin de non-recevoir.

Hanna n'avait pas oublié la chaleur avec laquelle von Greim avait loué ses performances.

Le général la reçut au ministère de l'Aviation. L'homme n'avait pas changé. Il posa son regard doux sur elle comme un père sur son enfant, lui demanda si la fumée ne la dérangeait pas – il fumait un cigare à l'odeur pestilentielle – et lui proposa une tasse de thé. Une fois à l'aise, il la questionna sur la raison de sa venue.

Naïvement, elle lui relata l'incident et son altercation avec les jeunesses hitlériennes. Il lui expliqua que ces événements résultaient d'un quiproquo. Le ministre Goebbels avait désigné une synagogue ennemie au régime et la population avait réagi de façon excessive en prenant pour cible l'ensemble des juifs[17]. Rassurée, Hanna se détendit. Elle n'aimait pas les rumeurs qui collaient aux SA.

Elle lui donna ensuite la vraie raison de sa visite. Elle souhaitait faire partie de l'équipe d'entraînement des futurs pilotes de planeurs d'assaut. Pour les autorités militaires, il était inconcevable qu'une civile prît part aux manœuvres de combat, ne serait-ce que pour former des équipages.

Le général von Greim lui sourit. Il lui promit d'intercéder en sa faveur si elle acceptait une invitation à dîner.

*

Cette Nuit de Cristal, baptisée ainsi à cause du reflet des éclats de verre qui jonchaient les trottoirs au petit matin, entraîna Melitta dans une profonde angoisse. Dans une moindre mesure que sa consœur, elle fut témoin, elle aussi, de ces exactions. Cette nuit d'émeutes avait maintenu la population dans la peur. Il était impossible pour tout citadin de dormir paisiblement en ignorant cette violence. Melitta avait entendu des cris et senti l'odeur âcre des incendies depuis sa petite chambre de la banlieue de Berlin. Bien que les journaux ne s'en fissent que très peu l'écho, ses collègues commentèrent ce qu'ils avaient observé du haut de leurs fenêtres.

Le week-end venu, Alexander lui apprit qu'un véritable pogrom avait eu lieu cette nuit-là. Les chiffres donnés dans la presse internationale, en totale contradiction avec ceux des actualités radiophoniques nationales, indiquaient des centaines de morts et des milliers de déportés parmi les juifs allemands.

---

[17] Nuit du 9 au 10 novembre 1938

Il était difficile selon lui de connaître l'ampleur exacte des événements. Claus en avait lui aussi entendu parler et confirma que de nombreuses synagogues avaient été incendiées. Cette spontanéité dans l'horreur de tout un pays ne pouvait s'être produite sans la complicité des instances au pouvoir. Tous convinrent que la volonté nazie d'une ségrégation à grande échelle n'était plus une vue de l'esprit.

Melitta se referma, terrorisée à l'idée que cela pourrait la toucher ainsi que sa famille. Son beau-frère Berthold se battait toujours pour lui trouver un statut pérenne. Ses connexions dans les arcanes de l'administration centrale le rendaient confiant. Il n'empêche que le temps nécessaire pour résoudre le problème n'était pas bon signe. Elle supplia Alexander de rester discret dans ses prises de paroles en public, ce dernier cachant de moins en moins son antipathie envers les dirigeants.

Même Peter Riedel, dans ses lettres provenant des États-Unis, critiquait Himmler et Goebbels qui, selon lui, portaient la responsabilité des horreurs de cette nuit de cauchemar. Dans ses réponses, elle se garda bien de lui donner le fond de sa pensée. Qui sait dans quelles mains ses écrits pourraient tomber ?

Pour la grande majorité des Allemands, la colère spontanée de la population excusait les quelques débordements dénoncés ici et là. Quand les discussions tournaient autour de ce sujet sensible, l'aviatrice s'appliquait à ne pas froisser ses interlocuteurs.

À présent, bolcheviks et juifs étaient des ennemis d'État et aucun bon Allemand ne s'aventurerait à les défendre. Il était inconcevable pour Melitta de critiquer les événements devant ses collègues. Même dans la famille von Stauffenberg, les trois frères apprirent à baisser le ton lorsqu'ils abordaient le sujet. La paranoïa s'était invitée jusqu'au plus haut niveau de l'aristocratie allemande.

Melitta s'appliqua à travailler encore plus durement afin de se garantir une place dans la communauté militaire, juste au cas où un fonctionnaire zélé aurait eu l'idée de revenir enquêter sur elle. Son départ de DVL lui restait toujours en travers de la gorge.

Sous l'impulsion d'Ernst Udet, le ministère de l'Aviation ordonna la transformation du Junkers 88 en bombardier en piqué. Le général n'avait pas changé d'avis, bien au contraire. Il croyait en la supériorité de cette technique en cas de conflit armé. Bénéficiant de la confiance de Goering, ses projets ne tardaient jamais à être lancés.

Le développement des instruments d'aide à cette manœuvre d'attaque échut au service de Melitta, toujours à la pointe pour trouver des solutions. Appliquer les recettes du Stuka à un JU88 n'offrait aucune garantie de succès, les deux machines étant très différentes. La tâche qui incombait à Melitta promettait des nuits blanches, le nez sur sa règle à calcul. Son expérience du Stuka était un atout indéniable qui la hissait en haut de l'échelle des ingénieurs, ce qui la rassurait. Elle allait pouvoir se plonger dans cette nouvelle mission et oublier la menace sourde qui lui rongeait les sangs.

*

Les fêtes de la Saint-Nicolas donnèrent l'occasion à Hanna de se rendre en Silésie. Elle n'avait pas revu sa famille depuis plus d'un an. Bien que son indépendance ne fît plus aucun doute, baigner dans le cocon de son enfance la reposa des tensions auxquelles elle se confrontait quotidiennement. Retrouver sa chambre, la bonne odeur matinale du chocolat chaud, abaissa son niveau de stress et fit remonter des souvenirs d'une période bel et bien terminée.

Observer ses neveux dévorer les tartines de leur grand-mère la projeta dans une vie très éloignée de la sienne. Elle s'imagina à la place de sa sœur. Elle n'avait encore jamais éprouvé le besoin d'être maman. Pour la première fois, cet amour étalé devant elle ébranla ses fondations. Voler était incompatible avec toute gestation. Quel petit être supporterait

181

les accélérations phénoménales qu'elle subissait à chacune de ses sorties aériennes ?

Sa sœur Heidi s'intéressa à ses aventures sans pour autant témoigner la moindre envie de changement. La vie de mère et d'épouse lui convenait. Elle semblait heureuse avec son militaire de mari et ses trois enfants.

Pendant les repas, Hanna racontait avec la modestie qui la caractérisait ses pérégrinations. Elle enjolivait ses rencontres avec les grands de ce monde. Malheureusement, alors que toute la famille s'extasiait, son père, lui, l'écoutait sans le moindre enthousiasme. Seuls son fils Kurt, en permission, et ses petits-enfants accaparaient son attention. Heidi ne semblait pas s'en offusquer. Hanna, en revanche, trépignait. Elle tenta par tous les moyens d'obtenir un signe de reconnaissance sans aucun succès. Elle trouvait injuste, alors qu'elle était adulée par toute une population, que le seul qui lui importait vraiment restât indifférent à ses exploits.

Le dernier jour, avant de repartir dans sa petite Opel, elle s'invita dans son bureau. Elle voulait arracher ce qu'elle était venue chercher. À tout juste 27 ans, elle avait reçu des distinctions qu'aucune autre femme n'avait obtenues avant elle. Il n'était pas normal que son père ne lui montrât pas un minimum de fierté.

Une fois installée face à lui, le docteur prit la position de celui qui attend la confidence de son patient.

« Je sais que tu as toujours réprouvé mes choix, déclara-t-elle, et je suis consciente du prix que tu as payé pour mes études. Je souhaite que nos rapports redeviennent comme avant, lorsque j'étais petite. Aussi, pour effacer la dette qui nous empêche d'avoir de bons rapports, je vais te rembourser. Voici un chèque de la somme que j'ai évaluée. J'espère qu'après ça tu redeviendras comme avant. »

Willy Reitsch se saisit du document en silence, le fixa de longues secondes, puis plongea ses yeux froids dans ceux de sa fille. Son regard trahissait une immense colère.

« Comment oses-tu ? lança-t-il d'une voix blanche. Tu crois pouvoir m'acheter comme on achète une vulgaire automobile. Où te crois-tu ? Madame pense que rien ne peut lui résister, c'est ça ? Qui es-tu ? Qu'es-tu devenue, Hanna ? Je ne t'ai pas élevée de cette manière. Tu fais donc partie de ces gens pour qui la vie ne représente rien... Avant toute chose, dis-moi la vérité : es-tu une nazie ? »

Hanna ne put retenir ses larmes. Une vague de chaleur envahit le haut de son corps. Son père ne souhaitait pas enterrer la hache de guerre. Alors qu'elle se prosternait devant lui comme une esclave devant son maître, ce dernier recevait sa soumission comme un affront. Dans la famille Reitsch, le patriarcat ne souffrait d'aucune dissidence.

Elle ravala un sanglot, et lui assura d'une voix bégayante qu'elle n'avait pas été enrôlée dans le parti d'Hitler. Sa participation à la propagande nationale était indépendante de sa volonté. Sa tâche l'obligeait à se plier à des injonctions partisanes sous peine d'être éjectée du travail auquel elle tenait le plus au monde. Travail qui – elle n'avait pas oublié le patriotisme dans lequel ses parents l'avaient éduquée – participait au rayonnement mondial de l'Allemagne, et probablement à ses futurs succès militaires. Jamais elle n'avait dérogé ni à cette ligne de conduite ni à ses valeurs familiales.

Willy Reitsch resta impassible. Il sonda sa fille, essayant de deviner quelle femme avait pris corps en elle, convaincu que seul un esprit maléfique pouvait l'avoir changée à ce point.

L'entretien prit fin, laissant les deux protagonistes sur un constat d'échec.

Anéantie, Hanna quitta sa famille, ne lâchant ses pleurs qu'une fois à l'abri dans sa voiture. Les mots blessants de son père l'accompagnèrent tout le voyage. Si cet homme ne voulait pas d'elle, d'autres le remplaceraient...

Chapitre 20

L'hégémonie d'Adolf Hitler monta d'un cran quand il montra son ambition de récupérer la Haute-Silésie, la Prusse-Occidentale et surtout l'ancienne ville allemande de Dantzig, territoires concédés à la Pologne après la défaite de la Grande Guerre. De nombreux Allemands – dont les parents de Melitta – y vivaient et il était naturel selon le chancelier que ces régions soient rattachées au Troisième Reich.

Cette fois, le Royaume-Uni et la France protestèrent avec vigueur. Leurs gouvernements menacèrent le dirigeant nazi d'entrer en guerre. En fin stratège, Hitler tenta de gagner du temps. Il signa un pacte avec l'Union Soviétique dans le but d'éviter une intervention sur le flanc est. Avec l'Italie, il négocia un libre accès au sud. Alliances scellées, il ne restait plus au chancelier qu'à trouver un prétexte pour récupérer ses territoires.

Les usines d'armement tournaient à plein régime. Le souhait allemand de reconstruire une armée puissante n'était plus ignoré d'aucune nation européenne. La propagande préparait la population à un effort de guerre, les réservistes étaient rappelés, la mobilisation générale était sur toutes les bouches.

Le 15 août 1939, les troupes allemandes massées à la frontière polonaise déclenchèrent des manœuvres militaires. Des exercices grandeur nature, expliquèrent les officiels.

La Luftwaffe n'y dérogea pas. Le général Udet organisa une simulation de bombardement en piqué impliquant vingt-six Stukas. L'armée allemande devait à présent montrer ses muscles. Les stratèges imaginaient qu'une reddition de la Pologne avant tout combat était encore possible.

Une erreur d'analyse engendra un drame jamais rencontré dans la jeune armée de l'air germanique. Un brouillard matinal se leva après le vol de reconnaissance météorologique. Le groupe de bombardiers se présenta à quatre mille mètres d'altitude. Sans savoir que le plancher des nuages avait changé de façon critique, il plongea dans la nappe nuageuse recouvrant l'objectif. En aveugle, l'escadrille piqua vers le sol à 500 km/h, sirènes en action. Les repères visuels nécessaires ne furent acquis que trop tard et treize des vingt-six avions s'écrasèrent, tuant pilotes et mitrailleurs devant des officiers allemands médusés.

Ernst Udet en fut terriblement affecté. Non seulement il perdait vingt-six hommes avant le début d'une campagne importante, mais sa technique, qu'il vantait comme la meilleure, démontrait une terrible carence. Ce drame faucha son orgueil de manière irréversible. En revanche, cela ne changea en rien les plans du chancelier. Pour lui, cet accident ne représentait qu'un détail devant l'ampleur des objectifs. Le principal était qu'il pouvait à présent aligner des centaines d'avions. Ce n'était pas un accident industriel qui allait l'arrêter.

L'attaque d'un relais radio allemand par des soldats polonais – des Allemands portant de faux uniformes – déclencha les hostilités : les troupes du Reich envahirent en masse la Pologne le 1ᵉʳ septembre 1939 et les pays alliés déclarèrent la guerre à l'ennemi germanique.

Bien que sa responsabilité ne fût en aucun cas engagée, Melitta perçut ce crash comme un échec personnel. Les instruments de bords qu'Askania avait mis au point sous sa direction ne pouvaient fonctionner que si on leur communiquait de bonnes informations. Là, la hauteur erronée des nuages avait trompé le chef de patrouille, entraînant son groupe vers une mort certaine. Piètre consolation, le système de compensation avait probablement sauvé la moitié des avions. Cette sécurité était à mettre au crédit de l'ingénieure.

Le programme JU88 n'en fut pas modifié, mais la confiance des aviateurs en la technique fut ébranlée. Pourtant, la campagne polonaise, mis à part cet accident aussi dramatique

que stupide, fut couronnée de succès. La combinaison de la Luftwaffe et des armées au sol permit une victoire rapide en un peu plus d'un mois.

La confiance d'Hitler renforcée, il ordonna la construction de milliers d'avions : des chasseurs légers, des bombardiers lourds, des planeurs. Tout ça ajouté à la fabrication de tanks, de blindés de transports terrestres sans oublier des navires de guerre.

Pour Melitta, le travail s'intensifia de façon notable. Soumises à une pression hiérarchique constante, les exigences d'Ernst Udet devenaient irréalisables. Son ancien compagnon avait changé. Il s'était assombri. Rien ne semblait le satisfaire, pas même les innombrables fêtes qu'il continuait à donner à son domicile. Il avait perdu confiance. Ses propos défaitistes pouvaient l'envoyer en prison, mais il s'en fichait.

Trouvant toujours des excuses pour ne pas y aller, Melitta accepta finalement de se rendre à l'une d'elles. Ces soirées étaient toujours très prisées dans les hautes sphères berlinoises. Cette fois, elle s'était assurée de l'absence d'Hanna Reitsch. Alexander absent – il avait été missionné par son université en Grèce pour quelques mois – elle avait envie de se changer les idées.

Elle constata avec effroi que la consommation d'alcool du général, mélangée à ses antidouleurs habituels, l'avait transformé physiquement. Il était moins amusant, voire inquiétant. Son visage était bouffi. Il brûlait la vie comme si elle n'avait plus d'importance, comme si sa dernière heure avait sonné.

En fin de soirée, il organisa un jeu qui consistait à tirer avec son Luger à l'aide d'un miroir, la cible se trouvant placée derrière lui. Les nombreux officiers présents ne semblèrent pas s'en émouvoir – leur degré d'alcoolémie annihilait toute réflexion sensée – mais Melitta trouva le divertissement dangereux.

Ernst avait définitivement perdu de son pouvoir attractif. Il tentait à présent de le remplacer par des extravagances. Il y avait toujours une femme pour s'en extasier. Melitta s'éclipsa, doutant de ce qu'il leur restait d'amitié.

Il l'appela le lendemain pour connaître la raison de son départ précipité. Elle argua de son travail harassant et des demandes de plus en plus complexes de son mentor.

« Je compte sur toi, Melitta. Ne me déçois pas », l'implorat-il. Ses mots restèrent ancrés en elle. Le général semblait perdu, ce n'était plus le même homme. Pourquoi tout ce cinéma alors qu'il ne faisait rien pour la retenir ?

Selon la propagande, des Allemands vivant dans ces territoires étaient soumis à des actes racistes de la part des populations slaves. L'invasion de la Pologne rassura Melitta. Comme des milliers de ses congénères, elle avait des proches qui y vivaient.

À l'occasion d'une permission de Claus, elle fut invitée à un repas dominical chez Nina, sa belle-sœur. Alexander se trouvait toujours en Grèce.

Claus revenait de la Pologne occupée où il commandait un régiment. Lorsque les enfants du couple quittèrent la table, sa mine s'assombrit. Il leur dressa un tableau de la situation beaucoup plus dramatique que ce que les censeurs communiquaient par les voies officielles.

« Des groupes d'intervention de nos troupes exécutent en masse des centaines d'opposants. Ce n'est pas très beau à voir. J'ai beaucoup de mal en tant qu'officier à accepter cela. La guerre n'est certes pas un florilège de bons sentiments, mais l'assassinat de civils, dont des enfants, va à l'encontre de mes valeurs. Ces commandos de la mort agissent à l'opposé des conventions internationales qui régissent les lois des conflits armés. Ces *einsatzgruppen* répondent aux ordres directs du chef des SS, Heinrich Himmler qui, lui-même, reçoit ses directives du chancelier. Je n'aime pas la tournure que prend ce conflit.

— Dans sa dernière lettre, Alexander m'a appris que le fils des gardiens de son université n'avait pas survécu. Il aurait été tué de façon volontaire. Des rumeurs enflent en ce qui concerne les handicapés dans notre pays.

— J'en ai entendu parler, Melitta. Notre cher Adolf aurait ordonné à ses médecins de les euthanasier. Ça me paraît tellement énorme que j'ai du mal à y croire. Mais après ce que j'ai vu en Pologne, plus rien ne me semble impossible. J'ai l'impression que nos dirigeants sont devenus fous. »

Le regard brûlant de Claus fixait un point invisible. La droiture du militaire était mise à rude épreuve. Nina posa sa main sur celle de son mari. L'amour du couple renvoyait une image apaisante. Les piliers de la belle famille de Melitta tremblaient. Combien de temps avant que son édifice ne s'écroulât ?

Le message annonciateur de mauvaise nouvelle, pressenti par l'aviatrice, arriva quelques jours plus tard par un appel téléphonique de son père. Il lui lut une lettre émanant du bureau allemand des recherches généalogiques. Ce document stipulait que lui, Michael Schiller, était à présent considéré comme un métis juif et qu'à ce titre, il devait se conformer aux lois régissant son nouveau statut.

Cette nouvelle anéantit Melitta. Son père pourrait-il continuer à travailler maintenant que Dantzig était aux mains de la Wehrmacht ? Jusqu'à quand serait-elle autorisée à poursuivre ses recherches ? Des images de brutalités contre sa communauté – elle devait la considérer ainsi, à présent – vinrent la hanter.

Dans l'expectative, elle se jeta à corps perdu dans son travail. Elle voulait éviter d'être rongée par la peur. Pour cela, se rendre encore plus indispensable et laisser la fatigue prendre le pas sur ses angoisses devinrent une nécessité.

À sa grande surprise, elle reçut une mutation pour Rechlin, le centre d'essai militaire. Un cadeau du ciel qu'elle attribua à Ernst. L'entrée en guerre de l'Allemagne nécessitait des moyens incommensurables. Les programmes de fabrication en retard, toutes les forces vives du pays étaient mobilisées. Ses compétences étaient demandées sur la base aérienne secrète d'où sortaient toutes les innovations militaires. La guerre lui offrait une opportunité qu'elle ne pouvait refuser. La recherche en armement étant devenue une priorité nationale.

Elle profita de quelques jours de battement pour sauter dans un Junkers 52 de la Lufthansa et rejoindre son mari toujours en échange interuniversitaire à Athènes. La facilité avec laquelle elle put quitter le territoire la rassura sur son statut de demi-juive ; les autorités de police l'auraient empêchée d'effectuer un tel voyage si elles en avaient été informées.

*

À Darmstadt, la création en moins de quatre mois d'un planeur lourd de transport de troupes apporta son lot de problèmes. Selon Hans, Hanna s'imposait pour régler ce que les ingénieurs n'avaient pas anticipé. Cette raison suffit à l'aviatrice pour quitter la tête haute le Centre de formation, qui pouvait tourner à présent sans elle.

L'engin, un Messerschmitt 261, ressemblait à un énorme camion doté de deux immenses ailes. Tout profane aurait pensé qu'une telle masse ne pourrait jamais s'élever dans les airs. Les autorités militaires voulaient caser dans son ventre une centaine d'hommes armés.

Pour Hanna, les concepteurs n'étaient que des dessinateurs de talent sans aucune notion des vraies difficultés, celles qu'allaient rencontrer les aviateurs. La mise au point leur étant réservée.

Pour gagner en charge offerte, le constructeur avait choisi de n'installer qu'un seul opérateur et non deux, comme l'aurait exigé une telle machine.

Quand Hanna se hissa dans son cockpit, à dix mètres de hauteur, les autres pilotes affectés au projet se moquèrent sous cape. Cette fois, l'engin était trop gros pour cette demi-portion. Beaucoup n'avaient toujours pas digéré sa promotion et l'attendaient au tournant.

Hanna s'attaqua à la tâche avec passion. Elle tira une certaine fierté à dominer un tel mastodonte, malgré des difficultés évidentes.

Après les premiers vols du « Gigant », Hanna ne cacha pas ses critiques. Au bout de cinq minutes, elle était atteinte de crampes tant les efforts aux commandes étaient importants. De plus, le décollage posait de nombreux problèmes. L'avion-tracteur, un Junkers 90, le plus gros quadrimoteur du marché, ne possédait pas suffisamment de puissance pour faire décoller le mastodonte. Des fusées d'appoint furent installées sous ses ailes, ce qui améliora la poussée, mais restait bien insuffisant.

Hanna s'en confia à Ernst Udet avec une franchise aveugle. Là où les grands constructeurs cachaient la vérité au général, elle n'hésitait pas à remettre en cause le développement d'un tel projet. Udet, amoindri après le crash des Stukas, ne voulut rien entendre. Il préféra écouter Willy Messerschmitt, qui défendait son planeur, accusant Hanna de son manque de force musculaire. Selon lui, les autres pilotes ne rencontraient pas le même problème, ce qui n'était pas la réalité. Là où elle ne résistait pas plus de cinq minutes, ses pairs masculins ne dépassaient pas une heure.

Le constructeur décida de remplacer l'avion-tracteur par trois engins plus légers des Messerschmitt 110, dont les puissances additionnées doublaient la capacité du quadrimoteur.

Lorsqu'Hanna effectua les premiers essais, elle mesura la complexité d'une telle manœuvre. Les trois avions devaient être parfaitement coordonnés. Maintenir trois câbles tendus en même temps relevait du miracle. Malgré ses réticences, elle poursuivit avec la pugnacité qui la caractérisait.

Malheureusement, lors d'un essai, un des avions-tracteurs tomba en panne au décollage. Il se décrocha avant même que le Gigant n'ait quitté le sol. Les fusées étant allumées, Hanna dut poursuivre l'envol. Au bout de deux minutes, après l'extinction des propulseurs, elle se retrouva à quelques mètres de hauteur toujours accrochée aux deux avions à la peine, car la puissance de tractage était à présent insuffisante.

Très vite, ils larguèrent leur fardeau sous peine de s'écraser. Livrée à elle-même, Hanna chercha un endroit pour effectuer un atterrissage de fortune, n'ayant pas assez de hauteur pour opérer un demi-tour. Elle se posa au milieu de la vallée qui jouxtait la piste d'envol, endommageant le planeur et se blessant gravement au genou.

Ce début d'année 1940 commençait mal. Cet accident la cloua dans un lit d'hôpital pendant de longues semaines.

Robert von Greim lui rendit quelques visites, toujours avec un petit cadeau : des chocolats ou un bouquet de fleurs. Depuis leur premier dîner, une relation s'était tissée. Le général très occupé par ses fonctions et par sa famille avait peu de temps à lui consacrer, mais Hanna n'en éprouvait pas de manque. Seule l'attention qu'il lui portait la comblait. Pour le reste, elle pouvait s'en passer.

Un jour, il vint en personne lui apprendre une terrible nouvelle : lors du dernier essai du Gigant, une fusée avait refusé de s'allumer. Le déséquilibre engendré avait précipité la troïka d'avions-tracteurs au sol, suivi par le prototype. Il s'agissait d'un essai à pleine charge. Le crash avait entraîné la mort de cent-vingt-neuf soldats.

Il avait été décidé en haut lieu d'abandonner le projet. La baraka d'Udet l'avait définitivement quitté. La disgrâce rôdait.

Chapitre 21

Le voyage à Athènes offrit à Melitta l'occasion de passer des vacances bien méritées. La chaleur grecque et l'éloignement de ses problèmes quotidiens apaisèrent ses angoisses.

Malheureusement, pas pour longtemps. Après les effusions des retrouvailles, son compagnon l'informa avec beaucoup de délicatesse d'une injonction : il était sous la menace d'un limogeage de ses fonctions sous prétexte qu'il avait épousé une demi-juive. Les autorités nazies avaient statué sur son « état racial » et avaient prévenu la hiérarchie universitaire.

Le recteur ne remettait pas en cause son ignorance quant aux antécédents familiaux de son épouse, mais comme la cérémonie avait eu lieu après la promulgation des lois de Nuremberg, il lui conseillait d'annuler son mariage. La nouvelle législation le lui autorisait. En cas de refus, les ennuis ne manqueraient pas. Ses compétences ne suffiraient pas pour le maintenir en poste. L'université serait dans l'obligation de se séparer de lui.

Ainsi, Melitta avait été rattrapée par son embarrassant passé.

Elle dévisagea son compagnon, une ride d'inquiétude lui barrant le front. C'était la catastrophe. Alexander fouilla dans son cartable et en sortit une lettre : une copie du courrier qu'il avait envoyé au recteur. Il y contredisait les faits, affirmant qu'il connaissait bien la famille de son épouse et qu'il était impossible qu'elle fût d'origine juive. Le bureau des recherches généalogiques avait forcément commis une erreur. Comment de petits fonctionnaires d'une administration zélée pouvaient-ils mettre en doute la parole d'un aristocrate au nom lié à la grande Histoire de leur pays ? Il s'opposait fermement à ces allégations et ferait en sorte que la vérité vienne laver son honneur ainsi que celui des von Stauffenberg. Inutile de préciser que l'annulation de son mariage n'était pas envisageable.

Melitta posa le double dactylographié sur le bureau et enlaça son mari. Sa haute stature la rassurait. Le courage de cet homme la rendait fière, mais la peur persistait. Elle se sentait comme un malade à qui l'on annonce un cancer incurable.

« J'ai téléphoné à Berthold, continua-t-il, il m'a appris que les délais administratifs de réclamations avaient plus que doublé. Des consignes ont été données pour plus de fermeté. Trop de passe-droits ont été utilisés. Les nazis verrouillent tout, à présent. L'état de guerre du pays leur donne tous les pouvoirs. Ça m'ennuie de te dire ça, mais il faudra que tu fasses intervenir les huiles que tu connais, la seule chance pour nous sortir de là à présent. Comment sont tes rapports avec le guignol des airs ?

— Si tu veux parler d'Ernst Udet, ils sont bons. Je travaille toujours pour lui et aux dernières nouvelles, il a toujours l'oreille de Goering.

— Je crois qu'il est temps de l'appeler. »

À son retour à Berlin, une lettre à l'en-tête d'une croix gammée était arrivée au domicile de Melitta. Même si elle s'y attendait, voir son nom au regard d'une décision officielle la plongea dans une détresse infinie. Cette fois, elle était bel et bien entraînée dans les rouages de l'administration nazie, une situation peu enviable pour qui connaissait la rigueur avec laquelle ils travaillaient leurs dossiers.

Avant d'entamer son voyage retour, elle avait pris rendez-vous avec l'as des as en insistant sur l'importance de leur rencontre.

Udet la reçut dans son bel uniforme d'officier supérieur. Il ferma la porte de son bureau et l'invita à s'asseoir. Il semblait dans un bon jour. Melitta nota que sa démarche avait changé. Probablement ses douleurs ! Elle n'osa pas s'en inquiéter. Elle savait que l'homme détestait se sentir diminué.

Pour Ernst Udet, l'aviatrice représentait plus qu'une simple connaissance ; leur intimité passée avait forgé une alliée de taille. Il lui avait mis le pied à l'étrier et l'avait déjà sortie de situations embarrassantes. Elle ne l'avait jamais trahi. Il pouvait la considérer comme une amie fidèle. Melitta ignorait que son ancien amant comptait ses troupes. Les tensions au sommet de l'État-major déstabilisaient les chefs. Fragilisé par ses récents échecs, le général se battait pour conserver son poste. D'autres généraux briguaient sa position. Pour le moment, son ministre de tutelle croyait encore en lui, mais pour combien de temps ? Il n'en dit rien à son interlocutrice, il n'échangeait pas ce genre de conversation avec les femmes.

Il alluma un cigare et fixa son regard saphir sur l'aviatrice.

Melitta choisit la franchise :

« Je suppose que tu es déjà au courant, Ernst. » Elle lui tendit la lettre officielle. Le militaire la lut à voix basse pour s'octroyer quelques secondes de réflexion. Il exhala un nuage de fumée âcre et reposa le document.

« Pour être honnête, je le savais depuis longtemps, répliqua-t-il. Ta collègue Hanna Reitsch m'en avait touché deux mots. Melitta encaissa le choc en silence. Je t'assure que je lui avais ordonné de taire cette information. Je ne pense pas qu'elle y soit pour quelque chose. Les services de la généalogie sont très puissants et n'ont pas besoin de délation pour découvrir les ascendances de chacun. Je te promets d'en parler à Goering. Lui seul a le pouvoir de débloquer la situation. Rejoins Rechlin comme si de rien n'était, ta mutation tient toujours. Les délais administratifs ont sérieusement ralenti avec la guerre, le patron de l'escadre est un ami, je lui demanderai de glisser ton dossier sous la pile lorsqu'il recevra une injonction. D'ici là, le gros cochon aura trouvé une solution. »

Il lui fit un clin d'œil grossier et tira sur son cigare.

« Le centre d'essai a besoin de toi là-bas, le JU88 exige de sérieuses améliorations. Les pilotes s'en plaignent et j'ai Milch sur le dos du soir au matin. Cet abruti n'attend qu'un faux pas pour me couler, alors je compte sur toi.

— Je te remercie du fond du cœur, Ernst. Cette situation est intenable.

— Tu es une patriote, Melitta, je n'ai aucun doute là-dessus. L'Allemagne a besoin de toi. Goering te connaît. Je vais lui secouer la couenne.

— Je craignais que tu me tiennes rigueur de la catastrophe du 15 août.

— Ma chère Litta, la cour martiale a statué. Il s'agissait d'une erreur de pilotage liée aux conditions météo. Tu n'y es pour rien. Continue à travailler dur pour moi et tout se passera bien.

La base secrète de Rechlin se situait sur un immense domaine à une centaine de kilomètres au nord de Berlin. Depuis la volonté d'Hitler d'équiper le pays d'une armée puissante, de nombreux sites avaient été transformés pour effectuer des recherches militaires. Les idées de grandeur du führer n'avaient pas encore transpiré dans la rue. Le cloisonnement des informations empêchait le quidam d'imaginer les plans d'expansion du chancelier. Pourtant, ce dernier ordonnait à tout va l'élaboration d'engins de mort jamais expérimentés. Du char blindé géant aux fusées balistiques, il était évident que sa quête de supériorité armée n'était pas consacrée qu'à la défense du pays.

À Rechlin, de nombreuses structures de maintenance et de stockages étaient disséminées dans un large périmètre boisé. La forêt permettait un camouflage naturel.

Melitta prit ses fonctions au centre de recherche dès son arrivée et débuta les essais au lendemain de son installation dans des baraquements réservés aux employés civils. Spécialisée dans l'attaque en piqué, elle travailla au renforcement des commandes de vol du Junkers 88, bimoteur de combat déjà en unité opérationnelle, mais qui nécessitait encore de nombreuses améliorations.

Depuis le début de la guerre, l'ambiance avait changé. Les railleries machistes avaient laissé place à une rigueur toute militaire. Chacun s'attelait à sa tâche. Tout était conçu pour obtenir des résultats au plus vite. Melitta se sentit en sécurité, noyée parmi ces centaines d'employés en uniformes. Elle découvrit l'efficacité redoutable de la machinerie de guerre allemande. Une mécanique qui ne laissait rien au hasard et ne souffrait d'aucune faiblesse. De nombreux officiers SS surveillaient l'avancée des travaux et imposaient des cadences infernales.

Une unité spécialisée dans la capture d'avions alliés jouxtait les bureaux de Melitta. Les ingénieurs désossaient littéralement les machines pour en découvrir leurs secrets. L'aviatrice aimait y traîner pour s'inspirer. À la guerre comme à la guerre !

Elle ressentit très vite l'impression de passer de l'artisanat à l'industrie lourde. Les effectifs, autant techniciens que troupes de défense, avaient été multipliés par dix. Des groupes de travailleurs étrangers, escortés par des gardiens en uniforme, s'occupaient de la main d'œuvre. Les employés se comptaient par milliers. Il n'était pas rare de faire la queue à l'heure des repas devant les mess respectifs.

Des canons de DCA avaient été dispersés aux alentours et de fausses pistes d'atterrissage construites, afin d'y attirer d'hypothétiques assauts. La stratégie militaire concentrait son intelligence autant dans la protection que dans l'attaque.

Les stratèges allemands avaient tout prévu. Des exercices de défense avaient lieu régulièrement et l'aviatrice était obligée de s'y conformer. Les abris avaient été aménagés pour résister à des bombardements massifs.

Très vite, elle repéra Hanna Reitsch, qui promenait sa frêle silhouette dans son uniforme personnel. L'aviatrice travaillait dans un bureau d'études assez éloigné du sien, aussi ne la croisait-elle que rarement dans les parties communes de la base. Même là, elles n'avaient pas trop de difficultés à s'éviter ; il était facile de se dissimuler derrière d'autres personnes. Quand elles ne pouvaient pas faire autrement, elles se saluaient d'un signe de tête protocolaire.

Toutes deux connaissaient la nature des travaux de l'autre et toutes deux repoussaient le moment où elles devraient s'affronter. Heureusement, leurs activités respectives ne leur laissaient pas trop de temps, ni pour les loisirs ni pour penser à leurs griefs.

Le soir, Melitta ne rêvait que d'une chose : se coucher. Épuisée, elle ne correspondait avec Alexander que le dimanche.

Son mari ne l'oubliait pas et lui écrivait plus souvent. Dans une de ses lettres, il lui raconta comment il avait informé son recteur de la position indispensable de son épouse au sein de l'armée allemande. Avec un culot qui ne ressemblait qu'à lui, il avait affirmé que le problème généalogique avait été réglé auprès des instances militaires et que l'affaire était close.

Ils devaient gagner du temps. Lui comme elle, personne n'avait intérêt à les voir quitter leur poste respectif, aussi leurs supérieurs directs freinaient-ils des quatre fers pour ralentir les procédures.

Heureusement, Michael Schiller, son père, avait pris sa retraite et ne présentait plus de problème dans l'immédiat. Melitta recevait des lettres de ses parents qui lui décrivaient la situation à Dantzig. La ville, à présent sous juridiction allemande, n'avait pas encore sombré dans la paranoïa anti-juive.

Comme Melitta n'avait aucune nouvelle d'Ernst, elle s'accrochait à son travail comme on s'accroche à une bouée après un naufrage. Ses supérieurs la considéraient comme une professionnelle hors pair. Elle avait à nouveau opté pour une discrétion maximale. Se fondre dans la foule et ne pas se faire repérer étaient redevenus son quotidien. Seuls quelques collègues proches se permettaient d'utiliser son prénom, le reste du personnel l'appelait Madame von Stauffenberg.

Malheureusement, sa rivale ne l'entendait pas ainsi. Des rumeurs lui vinrent aux oreilles. Hanna lui savonnait la planche en toute discrétion. Des hommes dignes de confiance lui rapportèrent qu'elle lui donnait le sobriquet de « la comtesse » ou de « la juive » pour parler d'elle. Melitta tentait de garder bonne figure, mais elle rongeait son frein. Elle était condamnée à prendre des coups sans les rendre sous peine d'attirer les foudres d'une hiérarchie à la botte de la petite aviatrice. Hanna clamait haut et fort à qui voulait l'entendre le nom de ses contacts bien placés. Ses décorations toujours en évidence ne donnaient envie à personne de mettre sa parole en doute.

Melitta hésita à en parler à Ernst, son seul soutien de taille, mais ce dernier ne s'était pas manifesté depuis leur dernière entrevue. Elle préférait garder les quelques munitions qu'il lui restait pour son problème de descendance.

Faire avancer la recherche, obtenir des résultats, c'est tout ce qui lui importait. Elle s'échappait dès qu'une discussion s'éloignait du sujet professionnel, surtout quand elle prenait une tournure politique.

L'invasion de la France amena un peu d'espoir à l'aviatrice. Les forces aériennes allemandes révélèrent une efficacité redoutable et s'imposèrent comme la composante majeure d'une victoire sans conteste. En quelques mois, le gouvernement français fut contraint de signer l'armistice et de laisser entrer les troupes du Troisième Reich dans Paris. Les images d'actualité montrant Hitler déambuler sur la place du Trocadéro, la tour Eiffel dans le champ de vision, se diffusèrent autour du monde. La puissance du rouleau compresseur allemand ne pouvait plus être ignorée.

Alexander, de retour de Grèce, fut incorporé dans une unité de soutien militaire. Il était évident que l'armée n'était pas pour lui, mais aucun homme en état de combattre ne pouvait échapper à l'obligation de servir. Officier de réserve, il fut admis dans les forces actives et envoyé en Pologne. Le jeune couple se sépara à nouveau pour de longs mois. Leur lien épistolaire reprit sa routine.

Au printemps 1940, l'invasion de l'Europe du Nord donna raison à la politique du chancelier. Les composantes terrestres et aériennes du Reich ne laissèrent aucune chance aux armées vieillissantes des précédents vainqueurs. Le bombardement en piqué se révéla une stratégie payante. Les Stukas détruisirent une grande partie des escadrilles alliées. Les victimes encore en vie témoignaient de l'effroi qu'engendrait le hululement des sirènes incorporées dans le train d'atterrissage des bombardiers. Le son des avions plongeant vers le sol se suffisait à lui-même pour terroriser les populations.

Melitta en reçut les honneurs par une lettre officielle d'Ernst, qui la félicitait pour son travail. Les pilotes de Stukas célébrés en héros à leur retour ne tarissaient pas d'éloges envers elle. Ils lui devaient leurs succès.

À son corps défendant, Melitta dut répondre à des journalistes qui lui demandaient de poser pour la postérité. Tout ce cirque allait à l'encontre de sa discrétion, mais qu'y pouvait-elle ? Berthold, toujours à la recherche d'une solution pour son statut, l'encourageait à poursuivre dans cette direction. Il était indéniable que son dossier était bloqué sous le coude d'un dignitaire, et que sa mise en avant ne ferait qu'aller dans le bon sens. Tant qu'elle servirait les intérêts nationaux, sa situation n'évoluerait pas.

Elle en eut la confirmation lors d'une visite d'Hermann Goering en personne. Il la congratula pour ses résultats. Son cœur battit la chamade quand il lui annonça en aparté que son cas était à l'étude.

Se sentir entièrement dépendante de ses travaux la mettait mal à l'aise. Malgré la fatigue, la charge émotionnelle la réveillait, la nuit, dans des insomnies dévastatrices.

Les louanges des aviateurs de retour de la bataille de France[18] couvrirent également Hanna de lauriers. Ses planeurs de

---

[18] Du 10 mai au 25 juin 1940

combat se montrèrent redoutables et permirent des victoires incontestables, notamment en Belgique où le fort d'Ében-Émael, réputé imprenable et pièce maîtresse de la défense belge, avait été conquis en à peine trente-six heures. Chargés de combattants, les machines de bois et de toile s'étaient posées en toute discrétion sur les terrains de sport à l'intérieur de la forteresse, prenant à revers les troupes ennemies. La précision des atterrissages ainsi que la dextérité des pilotes furent attribuées à l'intrépide aviatrice.

Hanna fit l'objet une fois de plus de nombreux articles et couvertures de journaux allemands ; une héroïne des temps modernes. À son grand désespoir, aucune louange ne provenait de son père.

Heureusement, l'affection que lui portait le peuple allemand comblait le manque d'amour paternel. Elle n'avait pas le temps de répondre aux innombrables lettres d'admirateurs. Le centre d'essais dut lui attribuer une secrétaire à cet effet.

Après le Gigant, Hanna s'attendait à prendre les commandes d'un bombardier, aussi, sa déception la submergea quand elle fut envoyée sur d'autres projets de planeurs ! La Luftwaffe souhaitait mettre au point des citernes volantes sans pilote. L'idée paraissait saugrenue, mais semblait réalisable sur le papier. Ces énormes cerfs-volants bourrés de carburant devaient être tractés comme des remorques de camions dans le but de ravitailler les unités de blindés sur le front.

Hanna prit place dans le prototype avec appréhension. Elle devait juste noter le comportement de l'engin, comme une passagère dans la cabine d'un avion de ligne, à la différence qu'il n'y avait pas de pilote. Il n'y avait pas de commandes non plus... Un espace minuscule avait été aménagé, espace dans lequel seule une personne de son gabarit pouvait s'installer.

Après les premiers vols, elle comprit que peu de techniciens auraient accepté de prendre autant de risques. L'engin se révéla très instable. Elle était autant ballotée qu'un tonneau jeté au milieu d'un rapide. À tout moment, elle s'attendait à se retrouver la tête en bas sans pouvoir intervenir. Une perte de contrôle l'aurait immédiatement condamnée. Le prototype avait beau être rempli d'eau à la place d'essence, percuter la planète ne lui aurait laissé aucune chance.

La seule personne à qui elle pouvait se plaindre était son ami Hans Jakobs.

« La peur n'a rien à voir avec tout ce que j'ai connu. Même lorsque je me suis retrouvée perdue dans le cumulonimbus avec le planeur de Wolf Hirth », lui avoua-t-elle.

Sa fierté l'empêchait de montrer ses faiblesses et pour elle, la peur représentait le principal handicap de tout aviateur qui se respecte. Accepter cette peur était un prérequis pour qui souhaitait embrasser la profession de pilote d'essai et elle se faisait un point d'honneur à ne jamais transgresser cette règle. Avant le décollage, elle percevait dans les yeux des ingénieurs une étincelle d'admiration. Cette lueur l'accompagnait ensuite jusqu'à l'atterrissage où ces mêmes hommes l'accueillaient comme si elle revenait de l'enfer. Sa réputation de casse-cou sans limites n'étant plus à faire, ils se félicitaient de la présence de cette trompe-la-mort dans l'équipe des testeurs.

Les vols d'essai de la citerne volante ne s'effectuant pas tous les jours, Hanna devait travailler en parallèle aux techniques d'atterrissage sur le pont d'un bateau. Elle préférait de loin cette mission puisqu'elle restait maître de son aéronef. Elle devait le diriger vers une plateforme représentant un navire et accrocher un câble parmi une succession de filins tendus. Le pilotage demandait une précision d'horloger, car la zone de contact ne dépassait pas la taille d'une planche à repasser. Pour l'aviatrice, ces essais lui offraient sa récréation. Elle s'amusait beaucoup à accrocher le câble comme s'il s'était agi d'un jeu d'adresse à la fête foraine. Mais dans cette discipline, la part de jeu n'avait pas sa place. Un jour, ce manque de concentration faillit lui coûter la vie. En tapant un peu plus fort que d'habitude, le dernier câble rebondit sur la plateforme et glissa au-dessus de son planeur, découpant au passage sa verrière de plexiglas. Elle évita la décapitation de quelques centimètres.

Alors que beaucoup auraient abandonné ce métier si particulier, se disant que la chance n'avait que trop duré, Hanna persista. Elle croyait profondément en son étoile. Son heure n'était pas encore arrivée. Elle avait vu le jour pour accomplir de grandes choses dans le ciel, un point c'est tout ! Une entité supérieure la guidait vers son destin, qui ne pouvait s'épanouir qu'en dehors des sentiers battus.

De l'avis des responsables de projets, ces accidents étaient inhérents aux risques du métier, jamais de sa faute. Leurs paroles donnèrent à Hanna une assurance incontestable. Elle se sentait imbattable et le doute ne faisait pas partie de son caractère.

Sa notoriété dans le pays et sa réputation dans le milieu professionnel, de même que ses accointances avec les dirigeants nazis, l'accompagnèrent dans sa vie de tous les jours. Elles lui donnaient une force invincible. Hanna promenait à présent sa petite taille sur la base de Rechlin, le menton en avant, tel un roquet prêt à mordre.

Un jour, tandis qu'elle déjeunait au mess des officiers, elle aperçut Melitta qui cherchait une place où s'installer. L'air bravache, interrompant la discussion qu'elle menait au milieu de pilotes militaires, elle lança à voix haute :

« Tiens, v'là la juive ! ».

Melitta se figea comme si un liquide glacé avait remplacé son sang. L'affront était de taille et elle ne pouvait pas faire semblant de ne pas avoir entendu. Les pilotes de la tablée, dont elle reconnaissait certaines têtes, l'observèrent en silence. Une chape de plomb s'était abattue dans la salle à manger. Ils attendaient la riposte.

Comme un automate, Melitta s'arrêta et fixa sa concurrente.

« *Flugkapitän* Reitsch, articula-t-elle d'une voix blanche, je vous prie de faire preuve d'un peu de retenue, ce n'est pas parce que vous cassez tout ce que vous touchez que cela vous donne le droit de m'insulter. »

Un silence de mort ponctua sa phrase, puis les collègues masculins éclatèrent de rire, autant pour mettre un terme à la joute verbale que pour faire retomber la tension. Deux hommes en seraient probablement venus aux mains, ça, ils savaient gérer, mais deux femmes...

Hanna prit le parti d'en rire. Elle leva son verre en direction de l'ingénieure. Sans la quitter des yeux, elle but dans un toast muet. Melitta soutint son regard, puis poursuivit son chemin. Sa froideur lui sauva une fois de plus la mise.

Moins célèbre que sa collègue, Melitta jouissait elle aussi d'une excellente réputation professionnelle. La seule présence des deux femmes à Rechlin indiquait que leurs appuis dans les hautes sphères n'étaient pas que de simples ragots. Tous savaient qu'un mot suffirait à muter n'importe qui au fin fond de la Pologne occupée. Pour cette raison, aucun des pilotes ne souhaita envenimer la situation. Hanna comme Melitta, il valait mieux les avoir de son côté.

L'incident parut anodin pour certains, mais pas pour les deux femmes.

Malgré son rire de façade, Hanna encaissa la réflexion comme un véritable camouflet.

Chapitre 22

Le général von Greim avait pris l'habitude d'inviter Hanna lorsqu'il venait inspecter la base. Personne dans l'entourage de l'aviatrice ne se serait amusé à émettre la moindre critique sur ses accointances personnelles. Si la crainte qu'Hanna inspirait autour d'elle la préservait des remarques désobligeantes, elle la privait aussi de relations amicales. En dehors du travail, elle bénéficiait de peu de distractions. Les visites du général lui offraient son seul divertissement.

Ces rencontres, si elles donnaient lieu à des messes basses parmi ses collègues, l'éloignaient des avances de certains, plus téméraires que d'autres. À Rechlin, la pénurie de femmes attrayantes rendait nerveux ces jeunes mâles en pleine force de l'âge.

Les deux amants se retrouvaient dans une auberge au bord du lac jouxtant la base. Le général renvoyait son chauffeur jusqu'au lendemain, tandis qu'Hanna arrivait au volant de sa petite Opel. Discrétion de façade, car nul n'ignorait leurs relations.

Leurs corps se retrouvaient avant tout préalable de discussion. Hanna aurait pu facilement se passer de ces contacts, mais elle avait compris que cette arme lui conférait un pouvoir difficilement remplaçable. L'amour charnel n'était pas désagréable, alors si en plus, cela pouvait servir...

Son indépendance s'assortissait de façon parfaite avec une relation adultère. Pas d'attaches, pas de contraintes, du plaisir et une liberté totale.

Elle avait beaucoup de chance, car elle appréciait l'élégance raffinée du général ainsi que son immense culture, de plus, il était bel homme. Seul défaut : son addiction à ces cigares malodorants. Nul n'étant parfait, elle s'en contentait.

Ils ne discutaient jamais travail avant quelques heures, mais cette fois, Hanna dévia de leurs habitudes en lui relatant l'incident avec Melitta. Son ressentiment la rongeait. La colère qui l'avait envahie ce jour-là s'empara d'elle à nouveau et lui fit monter le rouge aux joues :

« Pour qui se prend-elle ? brailla-t-elle sans retenue dans la salle à manger du restaurant. Je ne comprends pas qu'une juive homosexuelle fasse partie de notre famille d'aviateurs. Les autres, comme Udet, ne sont que des poules mouillées, à plat ventre devant l'aristocratie allemande. S'il faut que je monte jusqu'à notre guide suprême, je le ferai, Robert. Crois-moi !

— Calme-toi, Hanna ! Nous avons besoin de la comtesse von Stauffenberg. Il n'y a pas de place pour les divergences d'egos en ce moment. Notre führer a d'autres chats à fouetter. Nous sommes en guerre, la bataille d'Angleterre débute et nous ne devons pas relâcher nos efforts. Melitta abat un travail énorme avec le Junkers 88. Tu ne l'aimes pas, je pense qu'elle non plus ne t'aime pas. Il faudra faire avec. Ses origines sont discutables, certes, mais n'oublie pas que nous avons tous quelque chose à cacher.

— Qu'entends-tu par-là ? Des ragots peut-être ?

— Il m'a été rapporté que ton père appartenait à la franc-maçonnerie. Je te rappelle que cette organisation a été interdite par nos instances. Ce n'est pas très grave, mais ça pourrait te jouer des tours, ne l'oublie pas !

— Je n'échange plus rien avec mon père. Je n'ai jamais existé pour lui. Allons, Robert, sois sérieux !

— Tes succès attisent les jalousies, Hanna. Les gens parlent. Tu connais l'adage, si tu veux te débarrasser de ton chien, accuse-le d'avoir la rage, alors pour toi comme pour la comtesse von Stauffenberg, je refuse de me faire polluer par les médisances. Fais attention ! Évite-la ! Je sais que Goering l'aime beaucoup. Il t'apprécie également, mais attention à ne pas tomber en disgrâce pour une stupidité que tu regretterais ! »

Hanna plongea ses yeux dans ceux de son amant. Il ne plaisantait pas. Sa droiture et sa rigueur lui rappelèrent son père, la bienveillance en plus.

« Eh bien, soit ! Dans ce cas, je veux moi aussi voler sur des avions. J'en ai assez des planeurs et des projets loufoques qui n'aboutissent à rien. Trouve-moi un projet digne de ce nom, un projet dans lequel je pourrai apporter toute ma connaissance et mon savoir-faire. Si l'on ne peut pas se battre sur le plan physique, battons-nous au moins sur le plan technique. Je vais lui montrer qui est la plus forte, moi, à cette comtesse à la gomme... »

Leur discussion stoppa net, car des sirènes lugubres montèrent dans le ciel : un raid aérien. Le tenancier les invita à se rendre à l'abri le plus proche, proposition que les deux amants déclinèrent avec un sourire entendu. Ils regagnèrent leur chambre et firent l'amour au son des bombardements, leurs corps nus apparaissant au gré des éclairs aveuglants.

Le général ne pouvait rien refuser à sa jeune maîtresse. Elle sourit aux anges lorsque, quelques jours plus tard, elle reçut l'ordre de rejoindre une unité qui travaillait sur un nouveau projet, dont un des concepteurs n'était autre que son mentor Hans Jakobs. Une mission des plus délicates qui semblait avoir été dessinée pour elle.

Au-dessus de leurs grandes villes, les Anglais avaient dressé des barrières antiaériennes constituées de ballons captifs retenus par des longes d'acier mortelles. Ces ceintures de fer ne permettaient plus les attaques en basse altitude ni même les passes de tir en piqué. Les ailes des aéronefs risquaient d'être découpées comme de vulgaires boîtes de conserve. Lorsqu'un raid était envisagé, une seule option s'imposait aux stratèges : le bombardement à haute altitude, réduisant la précision et l'efficacité. De nombreuses pertes d'appareils et d'équipages dans les rangs de la Luftwaffe avaient poussé les autorités à commander un dispositif coupe-câbles.

Hanna comprit que ce qui lui était demandé engendrerait de nouveaux risques, mais quand elle découvrit avec quoi elle allait devoir voler, elle sauta de joie : un Dornier 17. Un véritable bombardier bimoteur en opération tous les jours au-dessus des côtes anglaises. Pour beaucoup, cela n'était qu'un avion, un tas de ferraille avec deux moteurs, mais pour Hanna, cela représentait un Graal. Elle imagina son père la découvrant en photo à bord de cet appareil réservé à l'élite masculine. Elle serait la seule femme à pouvoir le piloter. Enfin la seule, pas tout à fait. Elle grimaça en pensant à la comtesse qui volait déjà sur un avion équivalent.

Elles joueraient dans la même cour. La pimbêche allait devoir ravaler sa morgue et la regarder avec moins de suffisance.

Hanna se jeta dans le manuel de vol de la machine et se forma avec un vétéran, un peu bourru, mais plein d'expérience.

Lorsqu'elle se sentit suffisamment à l'aise sur l'engin, elle rejoignit l'équipe de recherche, un panel d'aviateurs chevronnés, qui la jaugèrent avec méfiance. Le chef pilote lui confia sans attendre les essais les plus difficiles. Il lui avait été conseillé d'employer « la petite prodige » comme le meilleur de ses pilotes, alors autant voir immédiatement ce qu'elle avait dans le pantalon !

L'intelligence militaire avait capturé des ballons et des équipements similaires à ceux des alliés. Hanna étudia les cibles avant de s'y attaquer et réalisa vite la dose d'inconscience nécessaire pour se jeter de façon volontaire sur ces brins d'acier, qui pouvaient découper une aile aussi facilement qu'une meule de fromage.

Les ingénieurs avaient installé des barres de renfort à l'avant du nez, censées dévier le câble vers un dispositif de découpe. Quelques pilotes l'avaient expérimenté et ils n'en semblaient pas totalement satisfaits. Selon eux, l'angle de contact devait se mesurer très précisément sous peine de dommages importants sur l'avion. Le travail d'Hanna consisterait à déterminer la fourchette angulaire opérationnelle au-delà de laquelle il serait dangereux de s'aventurer. En langage de technicien, elle devait délimiter le point de rupture en évoluant dans un domaine de vol que personne n'avait jusque-là exploré.

Qu'importe le danger, sa philosophie n'avait pas changé. L'aviatrice se lança corps et âme dans sa tâche. Elle s'habitua très vite aux chocs ahurissants de sa machine, suivis de la perte de vitesse importante qui la faisait souvent décrocher. Dans cette situation critique, son savoir-faire entrait en jeu. Elle rattrapait le fragile équilibre de la sustentation d'un plus lourd que l'air et récupérait l'altitude perdue, parfois au ras des cimes. Tant que la mécanique tenait le coup, elle pouvait s'en sortir. En cas de casse, l'issue serait fatale, car elle n'aurait pas le temps de sauter en parachute.

De nombreux témoins se demandaient comment la jeune femme, à la dernière seconde, réussissait à modifier la trajectoire qui la conduirait à une mort certaine. Ses prouesses confirmèrent la réputation qui lui collait à la peau. Très vite, ses pairs la respectèrent et son chef la dédia à cent pour cent à ce projet, le travail ne manquant pas, par ailleurs, sur d'autres machines et ses pilotes d'essai n'étant pas une denrée illimitée.

La pression de la hiérarchie augmenta lorsque la suprématie aérienne allemande commença à perdre de sa superbe. Si les Stukas se montraient redoutables en bombardement, leur lenteur les désignait comme des cibles faciles pour les avions de chasse anglais. Les pertes s'accumulèrent sans qu'aucun succès dans la bataille ne laisse entrevoir un quelconque espoir. Après des jours et des nuits de raids aériens dans le ciel anglais[19], la Luftwaffe commença à marquer le pas, au grand dam de ses dirigeants.

Les autres bombardiers furent équipés des dispositifs qu'Hanna avait mis au point, mais les pertes restèrent très importantes. De plus, le poids limitait la charge militaire. Un nouveau système fut vite étudié et essayé dans la foulée par l'aviatrice.

---

[19] Bataille d'Angleterre du 10 juillet au 30 octobre 1940.

Cette fois, une lame d'acier d'une dureté extrême fut ajoutée dans le bord d'attaque de l'aile, transformant celle-ci en super couteau. Moins lourd, plus tranchant, le mécanisme se montrait prometteur.

Un après-midi, Ernst Udet se posa à Rechlin pour assister à une démonstration. Hanna l'accueillit à sa descente d'avion : un Siebel qu'il pilotait lui-même. Elle remarqua immédiatement le masque d'inquiétude qu'affichait le général. Il avait abandonné son regard de grand séducteur. Elle cacha sa surprise.

Il invita Hanna à le rejoindre dans la cabine arrière de son avion et, tout en se servant un verre de cognac français dans un mini bar aménagé, il lui expliqua qu'il se rendait chez Hitler. Le chancelier n'était pas satisfait des résultats de son armée de l'air et, en tant que directeur des matériels de l'aviation militaire, les hautes autorités le montraient du doigt.

Ernst était agité. Hanna le savait sous l'emprise de drogues, mais n'osa émettre la moindre remarque. Sa consommation d'alcool l'inquiéta. Il devait repartir à Berlin aux commandes. Elle refusa poliment le verre proposé par le général.

Le statut de l'aviatrice avait changé et Udet semblait le seul à ne pas l'avoir remarqué. Même si une promiscuité les avait rapprochés à une certaine époque, elle n'apprécia guère qu'il lui parlât comme si elle n'avait été qu'une danseuse de cabaret.

Au-delà des travaux de l'aviatrice, Ernst semblait chercher de l'aide. Sa position devenue fragile ne tenait que par la volonté du maréchal Goering. Milch et Sperr voulaient sa peau. D'autres alliés, comme le général von Greim, pouvaient lui être d'un grand soutien, expliqua-t-il.

Hanna resta de marbre. Il semblait que les secrets d'alcôve avaient déjà traversé les murs du ministère. Rien d'étonnant dans un monde où l'ambition personnelle supplantait l'intérêt du pays. Elle devina la finalité de ce tête-à-tête et, l'air de rien, se drapa dans une attitude de femme qui découvre un grand secret, encourageant son détenteur à se confier.

Le général semblait être le seul à croire encore à ses techniques de guerre aérienne. Selon lui, les problèmes découlaient de la fabrication qui ne suivait pas. L'industrie aéronautique manquait de matière première et de main-d'œuvre. La Luftwaffe ne possédait pas assez d'avions pour imposer une différence. La faute lui retombait dessus. Ses semblables n'hésitaient plus à clamer que l'as des as était dépassé.

Une course contre la montre s'était engagée. Les velléités de leur guide envers la Russie laissaient craindre un nouveau front. Goering n'osait pas avouer la vérité sur l'état réel de leurs forces. Ils couraient à la catastrophe, catastrophe qui serait une fois de plus imputée au directeur du matériel.

Hanna lui promit d'en toucher deux mots à son amant, même si elle ne croyait pas à l'appui de Robert, car à ce niveau de responsabilité, les amitiés anciennes ne comptaient plus.

Elle se rendit ensuite vers son appareil et laissa Udet en compagnie des responsables du centre d'essais. Son aparté avec l'illustre visiteur ne surprit personne et confirma une fois de plus qu'elle avait l'oreille des grands.

La météo présentait des risques, car le vent soufflait en rafales. Si le général n'avait pas été présent, les essais auraient été reportés. Hanna insista malgré tout pour satisfaire le dignitaire nazi. Un officier de son rang ne se déplaçait pas pour rien. Ses chefs lui laissèrent l'initiative.

Elle prit l'envol, s'éleva à l'altitude de travail et prit le cap vers son objectif.

Découvrant que le ballon se balançait plus que d'habitude, elle réalisa soudain le danger. Habituellement, l'immobilité de la cible offrait une trajectoire aisée.

« Allons, Hanna, tu ne vas pas baisser les bras pour un peu de vent » murmura-t-elle. Elle envoya un message radio confirmant l'essai au prochain passage.

Lorsque le Dornier approcha, une rafale fit tourner le ballon sur lui-même, le câble forma un angle dangereux. L'aviatrice tenta de redresser sans succès.

Son moteur droit heurta l'obstacle, brisant deux pales d'hélice qui se détachèrent et vinrent traverser le cockpit. L'avion s'inclina brutalement sur la droite et bascula vers le sol.

Une poussée d'adrénaline s'empara de l'aviatrice. Si un pilote avait pris place à ses côtés, il aurait été découpé sur-le-champ. Pour elle, c'était passé à un cheveu, mais le temps pressait. La vitesse à laquelle la situation se dégradait n'offrait pas une minute d'analyse, ni une seconde pour avoir peur.

Elle éteignit son moteur endommagé et tenta de redresser l'appareil. Elle aurait sans doute réussi si elle avait pu bénéficier d'un peu plus d'altitude, mais la cime des arbres s'approchait dangereusement. Elle les heurta dans un bruit d'apocalypse. Son second moteur cracha des flammes sous l'impact des branches.

Elle s'accrocha au manche comme un enfant à la jambe de sa mère. Heureusement, l'appareil répondait encore à ses sollicitations. Devant elle s'étalait un champ dégagé. Elle mit les ailes à l'horizontale et releva le nez juste avant l'impact. L'avion toucha le sol et glissa sur l'herbe sans rencontrer le moindre obstacle. Lorsqu'il s'immobilisa. La jeune femme coupa le contact, se détacha et regarda autour d'elle. Déjà, les voitures de secours approchaient, toutes sirènes hurlantes.

Dans l'une d'elles se trouvait le général Udet, qui fut l'un des premiers à monter sur les ailes et à lui porter assistance. Elle constata avec plaisir que son inquiétude n'était pas feinte. Elle lui décocha un sourire espiègle, comme si le spectacle qu'elle venait de lui offrir ressemblait à une bonne blague.

Un vrai miracle : pas la moindre égratignure. Elle s'extirpa de l'épave comme si elle descendait de son Hispano-Suiza, en saisissant sa main. S'il existait un dieu des aviateurs, il avait été présent ce jour-là. Elle avait eu beaucoup de chance.

Certes, un crash supplémentaire serait mis à son crédit, mais qu'y pouvait-elle ?

Ernst, très impressionné, lui assura que la nature des essais engendrait des accidents de façon indéniable, qu'elle ne devait pas s'en inquiéter. Témoin oculaire, qui mieux que lui pouvait défendre la difficulté de son travail ? L'enquête conclurait à un malheureux concours de circonstances. Hanna était dotée d'un talent exceptionnel et d'une chance inouïe. Ces deux qualités profitaient aux forces allemandes. Elle devait en être fière.

Avant le départ du général, l'aviatrice, qui souhaitait lui toucher deux mots au sujet de Melitta, renonça, échaudée par sa réaction la seule fois où elle s'en était prise à elle. L'ingénieure avait forcément assisté au crash et devait s'en réjouir. Un jour, ça sera ton tour, menaça en silence la jeune miraculée en se tournant vers les bureaux de sa concurrente.

Effectivement, la comtesse qui se trouvait à quelques centaines de mètres à vol d'oiseau entendit les sirènes de secours, malheureusement fréquentes sur la base – les accidents en essai arrivant régulièrement.

« Encore Stratosphère qui joue avec l'argent du ministère », lança-t-elle à ses collègues sans lever le nez de sa planche à dessin. Ses boutades étant suffisamment rares pour être remarquées, elle ne pensait pas si bien dire.

« Depuis le temps que je vous affirme que cette femme est un danger pour notre profession. La recherche n'a pas besoin de pilotes de cirque », maugréa-t-elle un peu plus tard aux deux pilotes qui partageaient un dîner avec elle au mess des officiers.

Ces futilités disparurent de son esprit lorsqu'elle reçut un coup de téléphone de sa belle-mère, Karoline, qui lui annonçait qu'Alexander avait été blessé sur le front de l'est. Son mari avait été touché par un éclat d'obus et avait été rapatrié sur Berlin.

L'inquiétude étant un handicap gênant dans le domaine professionnel, encore plus chez les pilotes, elle obtint l'autorisation exceptionnelle de se rendre à son chevet, toutes affaires cessantes, son chef de corps lui donnant même les clés d'un Arado, un petit avion de liaison ; son retour n'en serait que plus rapide, les transports ferroviaires ayant perdu de leur fiabilité depuis le début de la guerre.

Les retrouvailles avec les siens donnèrent lieu à un repas de famille dans la maison de campagne des von Stauffenberg.

Nina avait emménagé depuis peu dans le vaste domaine avec ses enfants, son mari craignant pour leur sécurité. Des avions français avaient réussi à lâcher quelques bombes au-dessus de la ville et des attaques plus sévères frappaient les ports et les zones industrielles. Claus n'écartait plus l'hypothèse qu'un jour, ils arriveraient jusqu'à Berlin.

Alexander obtint l'autorisation de quitter l'hôpital militaire pour les rejoindre. Héros du jour, tout le monde se plia en quatre pour le satisfaire.

Melitta ressentit un grand bonheur de le retrouver. Malgré un emploi du temps qui ne laissait pas de place à la mélancolie, son époux lui manquait.

Ses neveux et nièces fêtèrent comme il se doit la venue de leur tante favorite, d'autant plus qu'elle était passée au *Kadewe*[20] pour leur acheter des cadeaux.

Qu'il fut agréable de se prélasser dans ce havre de paix où régnait un bonheur simple, où la chance d'appartenir à un véritable clan effaçait les inquiétudes quotidiennes !

Comme à l'accoutumée, lorsque les adultes se retrouvaient dans le fumoir après le repas pour boire une liqueur et apprécier un bon cigare, les discussions prirent une tournure politique.

Karoline ferma les portes pour plus d'intimité et de discrétion. La liberté de parole de ses enfants nécessitait

---

[20] *Kaufhaus des Westens* : Grand magasin de l'ouest

quelques précautions. Même si elle les connaissait depuis de longues années, les domestiques pouvaient répéter leurs propos de façon déformée. Les restrictions commençaient à se ressentir à cause de la situation de guerre du pays. Dénoncer son voisin arrivait fréquemment, surtout si ce dernier possédait un peu plus que la normale...

Alexander, comme à son habitude, émit le plus de critiques.

« Ma fierté d'avoir été blessé pour mon pays est grande, mais j'ai honte d'avoir versé mon sang pour ce fou d'Hitler », entama-t-il en guise de hors-d'œuvre. La discussion promettait d'être animée.

Melitta savait que son tour viendrait. Son mari n'avait pas perdu sa vigueur, qu'elle concernât le pouvoir en place ou à ceux qui participaient volontairement à l'effort de guerre.

« Quand je vous disais qu'Hitler se fichait pas mal des Allemands des Sudètes, son discours nationaliste n'était que de la poudre aux yeux. Ce qu'il voulait, et qu'il a obtenu, c'était l'industrie lourde austro-hongroise. Avec ces usines facilement transformables en fabriques d'armes, il pouvait déclencher une guerre européenne. Aujourd'hui, nos troupes sont presque partout. L'Angleterre manque à son tableau de chasse et nous sommes à la frontière de la Russie. Où s'arrêtera-t-il ? Qui stoppera sa soif d'empire ? Que fait la Wehrmacht ? »

Tout le monde se tourna vers Claus, le militaire de carrière.

« Je me suis trompé, je l'avoue, répondit-il d'un air contrit, Hitler est possédé par le diable. En haut lieu, nous ne comprenons plus rien. Sa politique d'éradication des opposants, des juifs, des Gitans, des homosexuels, dépasse ce qu'aucune personne sensée ne pourrait imaginer. Les luttes de pouvoir à la tête du pays desservent l'exécutif et obligent à la surenchère. En plus de la folie, notre cher Adolf frise la paranoïa. Il voit des complots partout. Je peux vous affirmer que tout le monde ne partage pas ses lubies. Si nous attaquons la Russie, je prédis un carnage.

— Je suis heureuse que votre père ne soit plus là pour vivre ça », intervint Karoline. La présence de ses fils effaçait la douleur de la perte de son mari. Berthold, le plus prévenant prit la main de sa mère dans un geste protecteur et entama un exposé pour tenter d'expliquer la singularité des décisions de leurs dirigeants. Selon lui, une grande majorité d'entre eux étaient dépendants à la drogue.

« C'est un secret de polichinelle, expliqua-t-il, depuis sa blessure par balle lors du coup d'État, le maréchal Goering est sous l'emprise de la morphine. Même Hitler ne sort pas sans une injection. Je tiens ces informations du pharmacien qui prépare les potions du docteur Morell, le médecin du chancelier. Engel, le pharmacien est un ami. Morphine, chlorhydrate de cocaïne, hormones, stéroïdes. Ces cocktails médicamenteux ne peuvent qu'exacerber les troubles psychologiques. Nous sommes dirigés par des drogués, il ne faut pas s'étonner après... »

La vieille comtesse fixa ses enfants un à un, un éclat liquide dans les yeux.

« Ne vous inquiétez pas, ma chère mère, poursuivit-il, vos fils ne laisseront pas notre belle Allemagne tomber entre les mains d'une bande d'exaltés. »

Les paroles mystérieuses de Berthold conclurent la discussion. Mika, son épouse lui fit comprendre de cesser de parler à tort et à travers. Depuis la mort de son mari, Karoline était fragile.

Alexander rebondit avec une plaisanterie que lui seul pouvait se permettre. Il était temps de rétablir l'ambiance joyeuse du bonheur de leurs retrouvailles.

Plus tard, sur le chemin de la *Königstrasse*, quartier où Alexander devait rejoindre sa convalescence, Melitta le questionna au sujet des dernières paroles de Berthold. Que manigançait-il ? Elle avait encore besoin de lui pour la représenter devant les autorités généalogiques allemandes. Alexander balaya sa question d'un geste de la main.

« Mes frères ont toujours cru qu'ils avaient une destinée hors du commun, répondit-il, il faut les laisser courir après leurs chimères. »

L'heure de se séparer arriva. Pour combien de temps ? Sans attendre son total rétablissement, Alexander avait déjà reçu son ordre de mobilisation pour la Tchéquie. La guerre respectait avec rigueur ses règles inhumaines et l'une d'elles imposait la séparation des êtres qui s'aimaient.

Chapitre 23

Hanna reprit les vols quelques jours après son accident. Trop rapidement, peut-être, pour les mauvaises langues qu'elle n'avait pas réussi à museler.

Udet ne lui avait pas menti. Son témoignage devant la cour martiale permit de lui rendre son statut de pilote d'essai à l'unanimité des membres de la commission d'enquête. Même s'il n'était plus en odeur de sainteté, l'inspecteur général de la Luftwaffe possédait encore un énorme pouvoir de nuisance ; tous les officiers le savaient. Discuter ses ordres activait le risque d'être muté sur le front russe ou sur la ligne Siegfried[21].

Par cette décision, l'aviatrice conforta sa position sur l'échiquier aéronautique militaire.

Peu de temps après, et comme si cela ne suffisait pas pour asseoir son pouvoir, elle reçut une lettre à l'en-tête nazi : Adolf Hitler voulait la rencontrer en personne.

À présent, fréquenter les édiles ne l'impressionnait plus, mais cette convocation la laissa perplexe. Elle ne savait que penser. Dans sa palette d'émotions, crainte et plaisir se battaient en duel. Elle ressentait un mélange de peur et de satisfaction, comme un dompteur avant d'entrer dans la cage aux lions.

Sa dernière visite lui avait laissé un souvenir étrange. Elle réalisa que cet homme fascinant pouvait aussi bien la détruire que la propulser sur une orbite qu'aucune femme n'avait atteinte.

Sa convocation à la main, elle se rendit à l'administration de la base aérienne. C'était l'occasion rêvée de s'évader quelques jours loin de l'atmosphère austère dans laquelle elle baignait depuis trop longtemps. Son excitation se percevait lorsqu'elle pénétra dans le bureau de la secrétaire.

---

[21] Zone de défense allemande construite pendant la Première Guerre mondiale.

Son directeur de projet rechigna pour la forme, mais lui accorda les congés compensatoires qu'elle avait accumulés. Qui oserait aller à l'encontre des désirs du führer ?

En sortant du bureau, elle sauta de joie à l'idée de retourner à Berlin. Quelle meilleure raison que ce rendez-vous pour refaire sa garde-robe, s'occuper d'elle, et contacter des amies qu'elle avait trop longtemps délaissées ?

Une fois sur place, elle descendit dans un petit hôtel sur *Dircksenstrasse*, que Robert von Greim, qui se faisait une joie de la revoir, lui avait conseillé. De ce côté-là, elle pouvait lui faire confiance, ce serait un endroit confortable...

Elle réserva dès son arrivée une visite chez Antoine, le coiffeur de luxe. L'artiste capillaire qui se vantait de coiffer des stars comme la chanteuse Zarah Leander ou Lida Baarová, la maîtresse de Joseph Goebbels, lui conseilla une coupe à la mode.

Ses manières, son accent français, qu'il entretenait avec soin – il était alsacien – animaient le personnage qu'il s'était créé. Il expliqua à Hanna que son surnom lui avait été donné par ses clientes en hommage au célèbre coiffeur parisien ; son vrai nom étant Harold.

Heureuse de sa nouvelle tête, elle déambula sur le *Kurfürstendamm,* mesurant sa célébrité. Les regards appuyés des hommes et des femmes prouvaient qu'ils la reconnaissaient. Elle s'attarda devant des boutiques aux formes géométriques, éclairées au néon, qui offraient le nec plus ultra en matière de vêtements. L'air détaché de ceux que rien ne peut atteindre, elle détailla dans le reflet des vitrines les Berlinoises, les bras chargés de paquets siglés de marques réputées, essayant de deviner la tendance du moment. Jusqu'à présent, l'aviatrice ne s'était jamais préoccupée des modes vestimentaires.

La guerre n'avait pas encore touché les riches Allemandes. La célèbre avenue, souvent comparée aux Champs-Élysées parisiens, offrait aux promeneurs une image d'opulence et de luxe. Pourtant, à quelques rues de là, les files d'attente s'allongeaient sur les trottoirs. Les tickets de rationnement avaient réapparu. Des pénuries de produits de première nécessité obligeaient les habitants à se lever tôt pour bénéficier de denrées fraîches. Hanna se félicita de s'en tenir éloignée. Vivant sur une base militaire, elle n'avait pas à se préoccuper de ces basses contingences.

Elle se remémora ses débuts quand elle se réveillait aux aurores pour s'agglutiner dans des tramways bondés. Beaucoup d'eau de la *Spree* avait coulé sous les ponts ! Maintenant, elle pouvait se targuer de ressembler à ces belles citadines.

Sa situation financière enviable ne lui laissait pas le temps de dépenser ses salaires, mais elle pouvait épargner. Peut-être s'offrirait-elle un petit appartement après la guerre ? Mais aujourd'hui, elle avait bien mérité un peu de shopping.

 Plus tard, elle revit Paula, une amie rencontrée en première année de faculté de Médecine, qui travaillait dans une administration liée au ministère des Affaires étrangères. Elle l'invita au bar de l'hôtel Bristol – un établissement qu'elle n'aurait jamais pu s'offrir si elle n'avait pas été pilote d'essai – pour boire un thé et déguster une délicieuse pâtisserie.

Discuter d'autre chose que d'aviation l'éclaira sur les difficultés que pouvaient rencontrer en temps de guerre les petits employés des administrations obscures. Malgré ses misères, Paula avait gardé sa joie de vivre et sa candeur. Hanna se souvint que cette fraîcheur l'avait séduite lors de leur première rencontre, et qu'une aventure aussi courte qu'intense les avait réunies de manière intime. Les deux femmes décidèrent de se revoir avant le départ d'Hanna.

Le soir, elle rejoignit Robert, qui avait pu se libérer. Elle en profita pour étrenner un tailleur mauve et un chemisier couleur lilas qu'elle aspergea d'un nouveau parfum : *Mitsuko,* de Guerlain. Elle espérait que la fragrance couvrirait l'odeur âcre des cigares du général, qui avait revêtu pour l'occasion un complet civil.

Hanna avait compris depuis longtemps le pouvoir de séduction des femmes. Elle ressentait toujours une puissance incommensurable lorsqu'elle sentait qu'un homme était prêt à lui manger dans la main.

Pendant le dîner, tandis qu'elle tentait d'orienter la discussion vers la requête d'Ernst Udet, les propos de son amant ne laissèrent aucun doute quant à ses sentiments envers l'as des as.

« Cela n'a rien à voir avec l'amitié que je lui porte, lui expliqua-t-il, mais Ernst a fait de mauvais choix et la Luftwaffe est à la traîne à cause de lui. L'alcool et la morphine ont eu raison de ses capacités intellectuelles, Hanna. Je ne lui donne plus beaucoup de temps à la tête de l'Inspection Générale. »

La messe était dite. Ernst se débrouillerait...

Heureux ou malheureux hasard, elle reçut un appel du grand aviateur la veille de son rendez-vous :

« Le gros cochon souhaite nous voir ce soir à son domicile, lui annonça-t-il. Prépare-toi, je viens te chercher à 19 heures.

— Mais j'avais prévu autre chose, clama-t-elle sans grande conviction.

— On ne refuse pas une invitation du maréchal Goering », lui répondit l'as des as d'un ton qui ne prêtait à aucune discussion.

Malgré la déception de devoir annuler son rendez-vous avec Paula, Hanna éprouva une immense fierté. Les nazis ne pouvaient plus se passer d'elle.

Ernst vint la chercher à son hôtel dans une somptueuse décapotable noire. Ses rides frontales trahissaient une certaine préoccupation, mais il la flatta tout de même sur le choix de sa robe. Hanna se remémora une remarque avisée de sa mère dans une de ses dernières lettres : le seul placement qui ne coûte rien et qui rapporte beaucoup, c'est la flatterie ; Ernst avait besoin d'elle, cela ne faisait aucun doute...

Ils prirent la direction de la résidence berlinoise du ministre : un ancien palace entièrement restauré le long de Tiergarten.

L'aviatrice regarda du coin de l'œil son vieil ami et observa ses mains posées sur le volant, ses mains que tant de femmes désiraient, et qui la conduisaient à présent vers son destin. Que de chemin parcouru ! À vingt-neuf ans, elle avait atteint une position enviable, était crainte et respectée, et cerise sur le gâteau, l'exécutif la réclamait à cor et à cri. Elle s'enfonça dans le fauteuil en cuir de la puissante Mercedes et s'esclaffa.

« Qu'y a-t-il ? lui demanda le général, sur les lèvres duquel la joie de sa passagère fit naître un timide sourire.

— Je suis heureuse, Ernst, voilà tout. Cela fait tellement longtemps que je n'ai pas pensé à moi que tout cela m'enivre.

— J'avoue que ce vieux vautour de von Greim a réussi une prouesse. J'en serais presque jaloux. À ce propos, tu l'as vu ? Lui as-tu parlé de mon problème ?

— Je l'ai vu, oui, mais nous n'avons pas parlé de travail. Hier soir avaient lieu nos retrouvailles, je ne vais pas te faire un dessin... Je lui en parlerai la prochaine fois. »

Ernst se referma. Ses doutes semblaient le tenailler. Hanna comprit que ses soucis n'avaient certainement rien à voir avec les images de luxure d'un vieux général avec une jeune aviatrice. La jalousie et l'as des as étaient antinomiques.

Ils pénétrèrent dans l'enceinte de la résidence du ministre et furent conduits auprès de lui par deux éphèbes blonds, véritables modèles d'aryanité, qui portaient un uniforme impeccable.

L'aviatrice apprécia la finesse des bibelots étalés sur les commodes ainsi que les peintures qui ornaient les murs. Même si elle n'y connaissait rien, il était évident qu'il y en avait pour une fortune. La richesse du décor désignait le locataire des lieux comme une personne au goût certain. Hermann Goering aimait les belles choses et il fallait que cela se sût. Elle n'avait pas ressenti cette impression dans les bureaux d'Hitler. Les deux hommes avaient beau poursuivre un même dessein, ils étaient totalement différents.

Les deux arrivants furent annoncés en entrant dans une salle de réception à la magnificence tapageuse, comme si le cheminement qu'ils avaient traversé jusque-là n'avait pour seule fonction que de les préparer à s'extasier par la suite.

Dès qu'il les aperçut, l'homme d'État abandonna ses convives pour les accueillir.

Hanna le trouva plus grand que la dernière fois où elle l'avait croisé. Il portait un uniforme blanc à parements dorés sur lequel de nombreuses décorations cliquetaient. Son embonpoint trahissait un appétit d'ogre.

Il la dévisagea, l'air sévère, les mains sur les hanches et s'exclama à la manière d'un mauvais acteur de théâtre :

« Comment ? Est-ce donc notre célèbre *flugkapitän* ? Mais où est passé le reste ? » Il fit un tour d'horizon, sa main boudinée en visière.

L'assemblée éclata de rire. Le regard du ministre pétilla de malice. Son sourire découvrit de petites dents acérées. Il poursuivit :

« Mais comment une aussi petite chose peut-elle piloter nos énormes bombardiers ? »

Hanna, piqué au vif, répondit du tac au tac en mimant la circonférence de son ventre :

« Avez-vous besoin de ressembler à ça pour voler ? »

Un ange passa. Ernst ne laissa pas le silence s'installer. Il vint à la rescousse en enclenchant un éclat de rire. Hermann Goering s'esclaffa à son tour, suivi des invités. Ouf ! l'honneur était sauf.

« On m'avait dit que son caractère était à la hauteur de son courage, tonitrua le bras droit d'Hitler, je vais devoir m'en méfier. Pourvu qu'elle ne se jette pas sur moi pour me griffer. » Il croisa les bras devant son visage en riant de plus belle. L'assemblée se détendit. Udet s'essuya le front ; sa protégée était passée à côté du crime de lèse-majesté.

Le ministre entama un speech en l'honneur de l'aviatrice qui la gonfla d'orgueil. Pour conclure son discours, le maréchal s'approcha d'elle et lui agrafa une décoration sur la poitrine : la version féminine de la médaille aéronautique militaire. Hanna était la première civile à obtenir une telle distinction. Elle regarda avec incrédulité l'insigne en or garni de diamants qui brillait sur le tissu bleu nuit de sa robe. Il y avait autant d'étoiles dans ses yeux que d'éclats sur les pierres précieuses. Toute vexation avait disparu.

L'assemblée applaudit jusqu'à ce que le bruit des bouchons de champagne sonnât la fin de la partie officielle. Place au cocktail !

L'as des as respira. Hanna ne manquait pas d'air. En toute discrétion, il lui murmura à l'oreille qu'elle avait eu de la chance, le gros cochon était dans un bon jour. Personne, ici présent, n'aurait osé la plaisanterie qu'elle avait faite.

La réception se poursuivit dans la gaîté. Madame Goering fit une apparition avec Edda, leur fille, que le maréchal exhiba avec fierté. Le contraste du bébé avec la grosseur de ses membres donna à Hanna l'envie de plaisanter, mais elle s'en abstint. La bonhomie apparente du numéro deux du Reich ne devait pas lui faire oublier que ses deux bras pouvaient l'écraser aussi facilement qu'un vulgaire cloporte.

Le lendemain, le 28 mars, elle se rendit à la Chancellerie où elle attendit sagement au pied d'un escalier monumental de marbre blanc. Poli à l'extrême, bordé de colonnes doriques et décoré d'oriflammes nazies, il desservait un immense hall qui pouvait accueillir une centaine de personnes.

Trente minutes plus tard, elle aperçut Hitler en compagnie de Goering et d'un petit groupe d'officiers supérieurs descendre les degrés de façon nonchalante.

Hanna leva le bras dans un salut timide, que le chancelier lui rendit, un sourire aux lèvres. Comparée à son ministre, sa tenue n'avait rien d'extraordinaire. Un brassard rouge à croix gammée offrait la seule note de couleur sur une chemise brune. Le bas de sa cravate était glissé entre deux boutonnières qui se perdaient dans les plis d'un pantalon trop large. Goering, en revanche, dissimulait ses excès de graisse dans un uniforme gris clair à la coupe impeccable. Il jouait avec son bâton de maréchal comme s'il s'agissait d'une badine.

Hitler posa les yeux sur elle. Le chancelier n'avait rien perdu de son aura, il était toujours aussi fascinant.

« Attention ! *mein führer,* la petite dame est sensible comme une chatte protégeant ses petits », glissa le maréchal, suffisamment fort pour que tout le monde entendît. Hitler décocha un sourire et serra la main de son invitée. Hanna sentit son cœur battre à tout rompre. Elle fut entourée par l'aréopage de militaires de façon peu protocolaire. Excepté sa plaisanterie d'accueil, Hermann Goering lui montra la bienveillance d'un père envers son enfant. Elle lui en sut gré, car elle ne se sentait pas à l'aise. Il raconta des anecdotes flatteuses sur son travail et insista sur la dangerosité de ses essais. Des paroles qui détendirent l'aviatrice.

Hitler écouta en silence puis appela son attaché militaire. Ce dernier tendit une boîte ouverte avec respect. Hitler se saisit de l'objet – la Croix de fer de deuxième classe – et l'épingla sur la poitrine d'Hanna. Pour la seconde fois en deux jours, elle était récompensée de distinctions qu'aucune femme n'avait jamais reçues.

Elle le remercia chaleureusement en proférant un discours haché, puis suivit les hommes vers un buffet dressé dans une salle attenante.

Elle profita d'un aparté pour s'entretenir avec le chancelier. Ce dernier montrait toujours une attention soutenue en ce qui concernait le domaine aéronautique. Les ratés subis depuis la bataille d'Angleterre avaient aiguisé son appétence. Hanna avait entendu parler d'un programme d'avion-fusée. Elle lui exposa l'impérieuse nécessité de développer un tel avion dont la vitesse dépasserait enfin celles des machines anglaises, plus performantes de ce côté-là. Elle était prête à donner sa vie pour mettre au point ce prototype. Posséder une telle machine de guerre apporterait sans nul doute la suprématie aérienne.

Hitler ne voyait aucun inconvénient à ce qu'elle rejoignît tous les programmes possibles.

« Vous ferez certainement mieux que tous ces incapables de la Luftwaffe, lui glissa-t-il dans le creux de l'oreille. » Hanna se demanda s'il plaisantait ou s'il était en colère. « Je vais en parler à mon ministre ». Il leva les yeux sur elle sans s'écarter, sa moustache bougeait à la manière d'un hamster. Hanna se recula imperceptiblement. L'homme qui fascinait les foules dégageait une haleine fétide.

Plus tard, elle rejoignit Paula en taxi dans un restaurant italien sur *Nollendorfplatz*. La suie provenant des grandes cheminées d'usines de Tempelhof recouvrait les façades des immeubles et collait aux silhouettes des pauvres hères qui traînaient dans les rues de ce quartier populaire.

Ce soir, rien ne pouvait assombrir l'humeur de l'aviatrice. La vie était belle, tout lui réussissait.

« T'en rends-tu compte, Paula ? Hitler me fait plus confiance qu'à ses officiers généraux. Quand je pense que mon propre père n'a jamais daigné me féliciter pour tout ce que j'ai accompli, et qu'aujourd'hui, j'ai la Croix de fer. »

Elles se laissèrent aller à boire plus que de raison. Les décorations d'Hanna n'égalaient pas le bonheur de se retrouver.

Le taxi s'arrêta sur le chemin du retour, car des sirènes annonçaient une attaque aérienne imminente. Bien que les bombardements atteignissent rarement l'agglomération berlinoise, le chauffeur refusa de poursuivre, les abandonnant en pleine rue. Des fonctionnaires de la défense passive leur ordonnèrent de rejoindre l'abri le plus proche, une cave où déjà s'agglutinaient des familles entières. Il faisait froid et humide. Quelqu'un leur tendit une couverture crasseuse. Les deux femmes s'assirent par terre, dans un recoin où les lueurs des bougies ne parvenaient pas. Elles s'enroulèrent dans le carré de laine comme deux gamines en retenant leur envie de rire, encore sous l'emprise de l'alcool. Excitées par le danger des bombes, par l'imprévu de la situation et par la chaleur de leurs corps, leurs mains entrèrent en action dans un jeu érotique qui, selon la loi nazie, pouvait envoyer leurs propriétaires dans un camp de concentration.

Chapitre 24

Melitta décida de passer quelques jours de congé pour Noël au domicile de sa belle-mère à Berlin. Les voyages ferroviaires devenaient trop aléatoires pour effectuer de longs trajets – les bombardements s'intensifiaient toutes les nuits – aussi repoussa-t-elle sa visite à Dantzig, chez ses parents.

Les deux heures de train prévues pour rejoindre la capitale se transformèrent en sept heures de cauchemar. Correspondance ratée, ligne détériorée ne permettant pas le croisement des convois, le tout dans des wagons bondés. C'est en pleine nuit et éreintée qu'elle arriva enfin à destination. Après un lait chaud, Melitta rejoignit sa chambre où elle s'endormit sans même se déshabiller.

Au petit matin, une tribu d'enfants l'attendaient de pied ferme : ceux de Claus et Nina et ceux de Berthold et Mika. Tante Lili était arrivée avec ses belles histoires. Quel événement ! Grand-mère Karoline dut sévir pour laisser sa dernière belle-fille s'attabler tranquillement devant un solide petit-déjeuner.

Berthold représentait la gent masculine de la famille. Pour le moment, l'armée ne l'avait pas appelé, car ses fonctions revêtaient une importance capitale ; le cabinet juridique dans lequel il était employé s'occupait de dossiers du parti nazi.

Lorsque le dernier enfant en âge de courir sortit jouer dans le parc de la bâtisse, le frère jumeau d'Alexander s'installa à table avec les femmes. Il arborait un sourire que la seule présence de Melitta n'expliquait pas.

En cette fin d'année 1940, les fronts militaires se disséminaient partout en Europe et une attaque de la Russie se préparait. Malgré les belles promesses des belligérants de n'attaquer que des objectifs stratégiques, les bombardements de civils se multipliaient. Quelle raison rendait donc Berthold si heureux ?

Mika retenait avec peine, elle aussi, une joie manifeste. Qu'avaient-ils à leur annoncer ? Une nouvelle grossesse, une promotion ? Les bonnes nouvelles, suffisamment rares, ne restaient pas cachées bien longtemps.

L'objet de la liesse du couple était Melitta elle-même. L'avocat sortit un document à en-tête et lut à haute voix :

« À la demande expresse du *Reichsmarschall* Hermann Goering et en vertu des travaux accomplis pour le bien de la nation allemande, le bureau des parentés du Reich confirme que le sang de la comtesse Melitta Schenk Graf von Stauffenberg est allemand. Le statut d'égal à aryen annule et remplace tout arrêté précédent, etc. »

Melitta n'en crut pas ses oreilles. Déjà, ses deux belles-sœurs l'entouraient pour la congratuler.

« Ton cauchemar est terminé, Melitta, dit Nina en l'embrassant.

— Laisse le temps aux ronds de cuir de rédiger l'acte officiel. Ceci est une copie de la décision. Tu ne crains plus rien à présent », enchaîna Berthold, fier d'avoir remporté cette victoire.

Melitta se confondit en remerciements. Elle mesurait la chance d'avoir été adoptée par cette famille.

« Il est trop tôt pour du champagne, dit-elle, mais je vous promets d'arroser ça ce soir, tous ensemble. Je vais aller en ville trouver quelques bouteilles et des cadeaux pour les enfants. Mais avant, je souhaiterais appeler mes parents. Cette lettre sera leur plus beau cadeau. »

Melitta s'isola dans l'ancien bureau de feu Alfred, son beau-père. Elle respira profondément quelques minutes. Elle n'avait pas encore intégré l'incroyable nouvelle. Lorsque les battements de son cœur se calmèrent, elle demanda à l'opératrice une connexion avec Dantzig.

La nouvelle ravit Margaret et Michael Schiller qui, eux aussi, vivaient dans l'angoisse depuis trop longtemps. Bien qu'ils aient été épargnés jusqu'à présent – les relations bien placées dans l'administration se montraient d'une grande efficacité dans cette ville à la constitution particulière – le statut de leur fille les aiderait probablement à obtenir un sauf-conduit dans les meilleurs délais. Les mesures coercitives envers les juifs arrivaient toujours en retard de quelques mois dans les territoires reconquis. Comme les premières déportations avaient lieu en Allemagne, nul doute que Dantzig suivrait le mouvement.

Melitta voyait le bout du tunnel pour la première fois depuis des années. Le poids qu'elle supportait, qui, souvent, la réveillait au beau milieu de la nuit, avait enfin disparu par la voix de son beau-frère. Elle aurait aimé partager sa joie avec Alexander, mais toujours en Tchéquie, elle ne savait où le joindre. Elle pourrait lui parler bientôt, car il lui avait promis de téléphoner pour les fêtes.

Après un bon bain – l'eau chaude était devenue une denrée rare – elle sortit dans le jardin pour s'aérer et respirer à pleins poumons cet air glacé qui, à présent, avait pris une odeur de liberté. Elle s'amusa avec ses neveux comme si elle était retombée en enfance. Elle attaqua les plus âgés en leur lançant des boules de neige, en imitant le staccato des mitrailleuses, à la grande joie des garçons qui, comme la plupart des enfants, rêvaient d'aventures extraordinaires. Ses belles-sœurs découvrirent une nouvelle Melitta, radieuse et heureuse de vivre.

Mika l'accompagna un peu plus tard au centre-ville pour tenter de dénicher des cadeaux pour toute la famille. Elles empruntèrent la ligne 51 du tramway jusqu'à la *Tauentzienstraße* où se trouvait le *Kadewe,* le seul magasin où elle aurait encore la chance d'acheter des présents dignes de ce nom.

Malgré le deuil des familles berlinoises – la guerre commençait à toucher durement bon nombre d'Allemands – et les bombardements nocturnes qui frappaient à présent toutes les villes, une certaine euphorie se dégageait de l'atmosphère générale. La magie de Noël trahissait un besoin impérieux de retour à la normale, que tous appelaient de leurs vœux.

Mystères et stratégies du ravitaillement, vins français et champagne étaient plus faciles à dénicher que la bière allemande, de même qu'il était plus facile de trouver des crustacés que du poisson, ce dernier ayant complètement disparu des étals. Malgré des prix rédhibitoires, Melitta dépensa sans compter. Cette fête de Noël devait revêtir ses plus beaux atours.

La famille von Stauffenberg, amputée de deux de ses membres – Claus appelé en France occupée, Alexander en Tchéquie – se rendit à la messe de minuit, qui avait lieu sur ordre des autorités à 19 heures. De confession orthodoxe, Melitta se prêta volontiers à la liturgie catholique. Peu pratiquante, elle pria malgré tout en pensant aux absents, puis à son pays en général.

Le dîner s'effectua dans la simplicité et la chaleur de cette famille aimante et réunie. Trêve de Noël, aucune sirène ne vint perturber la réunion de milliers de Berlinois.

Quand tous les enfants s'endormirent, que la vaisselle et le ménage furent terminés, les adultes se retrouvèrent dans le fumoir. Devant un dernier verre de Schnaps aromatisé à l'abricot, Berthold analysa la situation politique et militaire du pays. L'alcool aidant, ses propos envers le pouvoir en place devinrent de plus en plus haineux.

Les bombardements nocturnes tuaient de nombreux civils sans discrimination. Il accusa le commandement allemand d'avoir commis une erreur en attaquant des villes, soi-disant pour pousser le gouvernement anglais à la capitulation. Jusque-là, cette stratégie d'Hitler – montrer ses forces jusqu'à persuader l'ennemi de l'inutilité de continuer à se battre – avait fonctionné. Mais pas cette fois. Le chancelier s'était trompé. Churchill n'avait pas plié devant ce pilonnage en règle. La riposte britannique s'était montrée redoutable et les pertes d'avions allemands inquiétaient jusqu'au plus haut sommet de l'État.

Melitta ajouta une donnée technique aux dires de son beau-frère. Les bombardements alliés qui avaient commencé de jour leur avaient fait perdre de nombreux appareils. Les stratèges avaient changé de tactique et attaquaient à présent de nuit, quand la riposte aérienne se retrouvait paralysée par le manque de visibilité.

« D'où l'importance de mon travail à Rechlin, poursuivit-elle : la mise au point de radars embarqués. Une fois équipés, nos avions de chasse pourront intercepter les bombardiers alliés dans l'obscurité totale et feront diminuer ces attaques meurtrières.

— Claus m'a appris que des milliers de prisonniers polonais creusaient des abris dans les mines souterraines afin de résister aux bombes alliées. Des usines de montage voient le jour dans des endroits tenus secrets, poursuivit Berthold.

— J'en ai entendu parler. Les bombardements incessants nous font beaucoup de mal. Nos usines d'armement doivent s'adapter sans cesse. »

La discussion dura une partie de la nuit. Berthold répéta les mots de Claus en déclarant que de nombreux officiers de la Wehrmacht montraient leur opposition au régime. Les SS avaient commencé à traquer les « traîtres » dans leurs rangs. La moindre allusion à une défaite pouvait traduire tout militaire en cour martiale.

« Nous devons faire extrêmement attention à nos propos », prévint-il à la fin de la discussion.

Cette parenthèse familiale enchanta Melitta, qui rejoignit sa base par voie aérienne militaire, le lendemain de Noël.

Ses travaux reprirent de plus belle et il n'était pas rare de la voir travailler quinze heures d'affilée. Elle arrivait tôt le matin, enfilait sa combinaison de vol et son casque de cuir, puis enchaînait quelques heures d'essais sur des avions aussi différents que des Messerschmitt, des Focke-Wulf, des Junkers et même le petit Fieseler Storch[22], un avion de reconnaissance dont la lenteur permettait des atterrissages sur des mouchoirs de poche.

Après un déjeuner frugal, elle rejoignait les bureaux où elle travaillait sur sa planche à dessin. Sa vie ne se résumait plus qu'à son travail et au repos, qu'elle tentait de préserver, car ses essais exigeaient une santé de fer et une énergie phénoménale.

Lorsque son sommeil était perturbé par des bombardements, elle modifiait ses programmes de vol pour n'effectuer que les moins dangereux. Elle avait compris que la fatigue était un élément non seulement perturbateur dans ses analyses, mais surtout mortel lors des manœuvres délicates. Son professionnalisme la confirma auprès de ses pairs comme une des pilotes d'essai les plus rigoureuses.

Lorsque la campagne de Russie débuta, en juin 1941, sous le nom de code d'opération Barbarossa, la Luftwaffe fut mise à rude épreuve. Les travaux de recherche de Melitta permirent de sauver un grand nombre de pilotes allemands. L'ingénieure reçut au même moment le document officiel confirmant son statut d'égale à aryenne. Cet arrêté aurait pu lui faire lever le pied – elle voyait mal les autorités revenir en arrière et se discréditer – mais il n'en fut rien. Connaissant l'importance de ses travaux, elle poursuivit sans relâche la mise au point de dispositifs qui, elle aimait à le croire, minimiserait les pertes humaines, qu'elles soient civiles ou militaires.

Son patriotisme aurait pu la catégoriser auprès du public comme une nazie pure et dure, au même titre que sa consœur Hanna Reitsch.

Les proches collaborateurs de Melitta savaient que sa discrétion naturelle trahissait sa volonté de rester éloignée des nazis. Sans l'inscrire dans le groupe des opposants, dont les plus farouches créaient des groupuscules de résistance anti-régime, tous étaient convaincus de ses désaccords avec la politique du *führer*.

---

22 « Cigogne » en allemand

                                    *

Hanna s'éloigna quelque temps des champs d'envol pour cause de maladie. Une mauvaise scarlatine l'avait clouée au lit. Elle resta cloîtrée au service médical de Rechlin pendant plus d'un mois. Pour la jeune femme, éprise de liberté, son confinement marquera sa mémoire comme la plus terrible des épreuves. Seul l'imposant courrier que lui apportait sa secrétaire lui donnait l'impression d'être vivante. Le peu de visites qu'elle recevait l'accablait au point d'imaginer que tout le monde l'avait oubliée. Heureusement, elle comptait toujours aux yeux de Robert von Greim. Le général était très occupé, mais il passa deux fois pour lui apporter des chocolats.

Lorsqu'elle fut en état de voyager – mais toujours pas de voler – elle retourna à Hirschberg rejoindre sa famille. Depuis longtemps, la petite ville souhaitait la nommer citoyenne d'honneur. Hanna avait repoussé plusieurs invitations successives en prétextant des excuses diverses. En froid avec son père, elle n'imaginait pas venir dans sa région sans lui rendre visite.

Cette fois, son isolement accentua le manque familial. La dernière lettre de sa mère effaça ses réticences. Le vaisseau de son frère Kurt avait coulé en mer du nord. Son père, souffrant de dépression, avait sombré en même temps que le bateau de son unique fils. Emy s'inquiétait de plus en plus et ne savait plus que faire. Elle implorait sa fille de rentrer à la maison.

Le voyage en train dura une éternité, malgré la chance d'avoir bénéficié d'un compartiment pour elle toute seule – un contrôleur l'avait reconnue et l'avait invitée dans une voiture réservée à la direction des chemins de fer.

Les horaires étaient devenus indicatifs. Les voies nécessitant souvent des réparations à la suite de bombardements, il n'était pas rare d'apercevoir des prisonniers de guerre affairés le long du ballast. Heureusement, la main-d'œuvre ne manquait pas. Les nombreuses victoires et occupations diverses fournissaient des ouvriers à bon prix.

Pragmatisme du pouvoir en place, son service social intervenait lors des haltes dans des gares secondaires et offrait des sandwichs et de l'eau aux voyageurs qui s'entassaient dans les wagons.

À destination, Hanna trouva un des rares taxis disponibles et rejoignit son domicile avec soulagement. Voyager était devenu une terrible épreuve. Elle regrettait son avion chaque minute.

Sa mère avait vieilli. Ses cheveux gris l'avaient installée pour toujours dans son rôle de grand-mère. Sa sœur Heidi, enceinte de son quatrième enfant, l'enlaça de longues minutes. Encore à son cabinet, elle ne rencontra son père que plus tard dans la soirée.

Willy Reitsch ne fut pas surpris de la trouver attablée dans la cuisine. Il ne lui aurait pas été possible d'ignorer sa visite. La venue de sa fille avait été largement commentée dans la presse locale. Une cérémonie en son honneur était même prévue le samedi suivant à grand renfort de publicité.

Hanna sentit son cœur s'emballer quand il s'approcha pour l'embrasser. Elle reconnut immédiatement son odeur. Une fragrance indéfinissable, mais caractéristique, qui la faisait autant chavirer que trembler lorsqu'elle était enfant. À l'instar de sa maman, elle remarqua les rides qui s'étaient creusées ainsi que la blancheur de ses cheveux.

Son visage impassible trahissait une sorte d'indifférence qui la peina. Son désamour était-il lié au souci de la perte de son fils, ou à un réel désintéressement de sa fille ? Elle ne fut pas surprise. À quoi devait-elle s'attendre ? Elle ressentit malgré tout une certaine joie de le revoir.

Heidi demanda des nouvelles de son frère.

« L'officier de marine avec qui je suis en contact m'a informé qu'il y avait de nombreux survivants. Malheureusement, il est trop tôt pour connaître l'identité des marins qui ont été recueillis par les navires de secours, » les informa-t-il.

« — Veux-tu que j'appelle l'état-major, papa ? demanda Hanna, j'ai des connexions haut placées.

— Je n'en doute pas, ma chère fille, mais mes contacts sont fiables, je t'assure, mais merci quand même. »

Hanna regretta son intervention. Son père ne changerait jamais. Heureusement, ses neveux et nièces vinrent mettre un peu de gaîté dans sa vie et Heidi, toujours égale à elle-même, lui témoigna un intérêt digne d'une petite sœur.

Hanna renoua avec les sirènes du succès lors de la fête organisée par la ville. La foule était au rendez-vous et pour l'occasion, elle revêtit son uniforme bleu nuit sur lequel elle accrocha ses décorations.

En pénétrant dans le salon, habillée de la sorte, son père, qui avait enfilé le costume noir qu'il réservait pour les grandes cérémonies, la détailla des pieds à la tête. Il semblait remarquer sa fille pour la première fois. Une lueur d'intérêt s'alluma en découvrant la Croix de fer.

Ce simple regard gonfla Hanna d'espoir. Le docteur Reitsch, qui avait participé à la Grande Guerre dans les services médicaux, n'ignorait pas la signification d'une telle décoration ; son obtention ne pouvait qu'être liée à un acte d'héroïsme.

Ils se rendirent en famille à la mairie et furent surpris de découvrir une foule compacte, avide de rencontrer la jeune aviatrice.

Habituée aux honneurs, qu'elle ne boudait pas, la présence de son père emplit Hanna d'une joie nouvelle. Bien que le docteur n'ôtât pas son masque d'impassibilité, elle lisait au fond de lui une certaine fierté. Il y a des regards qui ne trompent pas.

L'aviatrice fut entraînée dans un tourbillon de serrage de mains, d'embrassades, d'interviews. Des flashs crépitèrent, un superbe bouquet de fleurs lui fut remis par deux petites poupées blondes aux yeux bleus. Elle se plongea dans un bain de foule avec délectation. Elle était restée trop longtemps éloignée de ses admirateurs.

Même si ses congénères n'avaient pas encore ni vu ni entendu le moindre bombardier ennemi – la région ne possédait rien de stratégique – tous leurs fils étaient à la guerre, et même si la propagande disait le contraire, ils savaient que les combats tournaient mal sur le front russe. Le bonheur que leur apportait la visite d'Hanna leur donnait un semblant d'espoir.

De temps en temps, Hanna cherchait du regard son père. Facilement reconnaissable, aussi grand qu'elle était petite, sa posture rigoureuse d'homme de sciences laissait entrevoir parfois un rictus qui aurait pu passer pour un sourire.

Il y eut un avant et un après cette journée de célébration. Willy Reitsch regarda sa fille différemment. Lorsqu'il s'adressait à elle, ses remarques étaient moins cinglantes. Il se détendit complètement quand Kurt leur téléphona en personne. Il venait de débarquer dans le port de Kiel et leur expliqua que leur croiseur avait été coulé par une torpille. Il avait eu la chance de monter dans une chaloupe de sauvetage et avait été secouru par un bateau commercial.

En attendant une nouvelle affectation, il bénéficiait d'une permission et comptait bien les rejoindre à Hirschberg avec sa fiancée Wilhelma.

Willy Reitsch ouvrit une bouteille de champagne pour l'occasion. Savoir son fils vivant était la plus belle chose qui pouvait lui arriver, déclara-t-il en portant un toast. Cela ne pouvait pas en être autrement, pensa Hanna en levant son verre.

Elle passa son mois de convalescence dans sa famille où elle réapprit la vie en communauté. Loin de la guerre et des problèmes quotidiens de son travail, elle apprécia de se replonger dans des plaisirs simples comme la cuisine ou le jardinage. Elle aidait sa sœur dans l'éducation des enfants, ou accompagnait Kurt et Wilhelma dans de longues promenades pendant lesquelles ils cueillaient des tulipes et des azalées. Le soir, tout le monde se réunissait pour attendre le retour du patriarche.

Le dimanche, quand le temps était de la partie, toute la famille se rendait en train à Krummhübbel, dans le parc de Karkonosze, à la frontière tchèque. Petite station de ski l'hiver, elle se transformait au printemps en retraite pour privilégiés. Sous les pommiers en fleurs, ils aimaient pique-niquer de saucisses fumées et de salade de pommes de terre.

Lorsqu'elle récupéra sa santé, Hanna quitta sa famille pour rejoindre Rechlin. Cette parenthèse, bien qu'infiniment agréable, ne lui avait pas effacé sa passion de voler. Le manque des nuages commençait à lui peser.

Elle s'arrêta en chemin à Berlin, car Robert s'y trouvait pour quelques jours. Ils planifièrent une soirée ensemble ; ils ne s'étaient pas vus depuis deux mois.

Dans les rues de la capitale, Hanna sentit la pression de la guerre sur les épaules des Berlinois. Personne ne s'attardait après le travail, de peur qu'une alerte ne les obligeât à rester une partie de la nuit dans le premier abri disponible.

Elle descendit à l'hôtel Eden où Robert l'attendait. La fumée de son cigare empestait déjà le petit salon quand elle le rejoignit. Elle avait besoin de quelques minutes d'adaptation avant d'oublier ce désagrément. Ils dînèrent au restaurant de l'établissement pour éviter d'être bloqués par une alerte.

Le général lui raconta en détail le succès de l'attaque aérienne de Belgrade, qui avait permis la capitulation de l'armée yougoslave[23]. Un triomphe de la Luftwaffe qui tombait bien après des erreurs inacceptables, selon lui.

« Je vais te confier un secret », murmura-t-il en s'assurant que des oreilles indiscrètes ne traînaient pas dans leur secteur. L'an dernier, Goebbels a réussi un exploit en maquillant le bombardement de Fribourg en attaque ennemie alors que c'était une erreur de nos avions. Le groupe d'attaque s'est trompé de cible. Il croyait être au-dessus de la France. Goering

---

[23] Du 6 au 9 avril 1941

était fou furieux. Le chef d'escadron, un vétéran de la Grande Guerre, que je connais bien, a été emprisonné à la suite de ce drame. »

Hanna lui confia ses inquiétudes quant à la reprise de son travail. Elle ne savait pas ce qui l'attendait à Rechlin après son arrêt prolongé :

« Je sais que Willy Messerschmitt met au point un avion fusée. Je veux en être, Robert. J'ai volé sur presque tous les types d'avions de guerre, il est temps pour moi de passer à l'étape supérieure. Tu me connais, non ? T'ai-je une seule fois déçu ? »

Le général la regarda dans les yeux. Il aspira une longue bouffée de son barreau de chaise et recracha la fumée dans une expiration qui sembla infinie.

« Je le savais. Ta requête auprès d'Hitler n'est pas restée lettre morte, Hanna. Goering m'en a touché deux mots. J'ai tâté le terrain. Je vais être honnête avec toi. Te souviens-tu d'un certain Heini Dittmar ?

— Oui, c'était un de mes coéquipiers lors de mon voyage en Amérique Latine. Pourquoi ?

— C'est le chef pilote du projet et il ne veut pas entendre parler de toi.

— Comment ça ? Ce blanc-bec me met des bâtons dans les roues ? Il n'a pas trouvé autre chose ? Tout ça parce que je n'ai pas voulu coucher avec lui ?

— Ça, je ne le savais pas. Tu jouis d'une réputation d'excellente pilote, certes, mais qui manque de rigueur dans les programmes d'essai. Tu aurais oublié de rédiger bon nombre de rapports d'après vol. Dittmar m'a dit que ces essais n'avaient rien à voir avec les autres types d'avions, qu'ils nécessitaient des ingénieurs. Si on lui imposait une femme, il serait prêt à accueillir Melitta von Stauffenberg, mais pas toi. »

Les yeux de la jeune femme lancèrent des éclairs.

« Cette baronne qui couche avec tout le monde pour obtenir ce qu'elle veut. Mais bon sang, quand aurez-vous le courage de vous en débarrasser ? »

Le général tenta de calmer sa maîtresse. Il comprit qu'avoir prononcé ce nom risquait de gâcher leur soirée. Ils terminèrent rapidement leur plat, une sorte de ragoût sans saveur que tous les restaurants étaient obligés de servir une fois par semaine pour cause de restrictions, et commandèrent un pudding recouvert d'une sauce annoncée comme à la vanille.

Dans la nuit, ils furent réveillés par les sirènes d'alerte. Au lieu de descendre dans la cave, comme demandé par le réceptionniste, ils s'installèrent sur le balcon, leurs corps nus enroulés dans l'édredon. Dans une obscurité totale, ils admirèrent le balai des projecteurs à la recherche des avions ennemis. Le vrombissement des bombardiers précéda des explosions sourdes qui ne visaient pas leur quartier. Le ciel s'éclaira d'une couleur orangée et ils perçurent une odeur de soufre.

Chapitre 25

Plus fort qu'un bombardement, la mort d'Ernst Udet dévasta une population exsangue. Qui aurait pu imaginer que le lieutenant général puisse disparaître ? Certainement pas Melitta ni les millions d'admirateurs de celui qui était considéré comme un dieu de l'aviation.

L'as des as aurait été victime d'un accident en essayant un prototype ultrasecret. Où, quand, comment ? Chacun y allait de sa conjecture. Peu de détails avaient été distillés pour le grand public ; une vacuité d'informations qui commença à faire douter Melitta. Elle était probablement la seule à avoir bien connu le défunt. La version officielle ne collait pas. Il y avait longtemps que plus aucun constructeur ne faisait confiance au général en tant que pilote. Ses addictions incompatibles avec le pilotage précis et rigoureux qu'exigeaient les machines de guerre l'en tenaient éloigné. S'il pilotait encore son Siebel pour ses déplacements – un avion facile qui pardonnait tout – c'était grâce à son statut de héros national. Quiconque ayant passé une soirée en sa compagnie comprenait que cet homme, aussi flamboyant fût-il, ne pouvait plus se retrouver aux commandes d'un aéronef complexe.

Même si, en hauts lieux, il avait perdu son aura, l'entière population des pilotes militaires le considéraient encore comme le plus grand des leurs. Sa mort plongea le monde des aviateurs dans une immense affliction, Melitta la première.

Au-delà du mythe vivant, qui lui avait ouvert les portes de son métier, cet homme faisait partie du cercle restreint des amants qu'elle avait aimés. Une douleur à l'estomac ne la quitta plus, certaines questions non plus.

Toute la journée ainsi que la nuit suivante, des souvenirs remontèrent dans sa mémoire : les vols à bord de son avion de voltige pendant ses meetings ; ses échappées folles lorsqu'il surgissait dans son salon sur une moto, faisant fuir les invités à grands coups d'accélérateurs ; ses jeux stupides avec son revolver chargé à balles réelles ; les plus douloureux restant ces nuits où son corps tremblait de plaisir quand il n'appartenait qu'à elle.

Melitta perdait son mentor. Même si elle ne devait sa position qu'à son travail acharné, il l'avait imposée dans le milieu aéronautique quand personne ne croyait en elle ; il l'avait défendue lorsque son statut de demi-juive avait mis sa vie en danger.

Cette nuit-là, elle pleura la disparition de son premier amour et la fin d'une certaine insouciance.

Dans une moindre mesure, Hanna en fut affectée. Elle reçut la nouvelle comme on apprend la mort d'un semblable, le décès d'un collègue de travail que l'on appréciait plus qu'un autre, sans plus.

Ernst appartenait, comme elle, à ceux qui possèdent dans les tripes le sens inné du vol, ceux qui n'ont pas besoin d'années d'études pour comprendre comment dompter les filets d'air autour des ailes d'un avion. L'Allemagne perdait probablement le plus grand aviateur qu'elle eût engendré, mais la mort faisait partie du métier, il ne fallait pas pleurer. Dans cette période troublée, il ne se passait pas un jour sans que les pilotes n'apprennent la disparition d'un des leurs. Certes, Ernst n'était pas n'importe qui, mais tel était le sort de la majorité d'entre eux en temps de guerre. Aucun membre de cette congrégation ne souhaitait quitter cette terre autrement qu'aux commandes de son engin. L'as des as entrait à présent dans la légende. Il était parti voler sous d'autres cieux, voilà tout. Bon vent, Ernst !

Hitler organisa des obsèques nationales. Il ne pouvait en être autrement vu la notoriété de l'aviateur qui avait fait naître tant de passions auprès du jeune public. Une majorité des pilotes de guerre avait embrassé cette profession grâce à lui et à ses exploits.

Le héros ne pouvait être enterré qu'au cimetière des Invalides de Berlin, sépulture de tous les grands militaires allemands.

Il semblait que toute l'aéronautique allemande s'y était donné rendez-vous. Pourtant beaucoup de jeunes pilotes se battaient au même moment dans le ciel de Russie. Un drame n'arrivant jamais seul, deux figures de la Luftwaffe périrent dans un crash aérien en se rendant aux funérailles.

Melitta salua de nombreuses connaissances, mais évita volontairement Hanna. Elle n'avait plus de raison de se cacher. Les deux femmes ne s'aimaient pas, personne ne l'ignorait. Paul – son premier patron – et Alexandra von Handel, au mariage duquel elle avait rencontré Alexander, l'enlacèrent chaleureusement. Ils ne s'étaient pas vus depuis son départ précipité de DVL. Elle ne pouvait rêver mieux comme épaules amies sur qui s'appuyer. Elle resta auprès d'eux. Ils l'aideraient à supporter ces funérailles qui dégénéraient en raout nazi.

La dépouille d'Ernst arriva en grande pompe sur un affût de canon tiré par deux chevaux couleur de jais. Une garde prétorienne accompagnait au pas de l'oie le convoi funèbre, rythmé par une musique militaire. Un drapeau nazi recouvrait le cercueil.

Melitta imagina son ami allongé dans cette boîte et ne put s'empêcher de pleurer lorsqu'il passa devant elle. Alexandra, dans un élan de compassion, lui soutint le bras. Elle connaissait leur relation dans les moindres détails.

Pour des raisons de sécurité, le führer n'apparut qu'au dernier moment, entouré de ses gardes du corps – des rumeurs d'assassinat étaient colportées par le très efficace ministre de la Propagande. D'ailleurs, ce dernier, Joseph Goebbels, avait, lui aussi, fait le déplacement. Il se tenait à quelques pas en arrière du guide suprême. Son visage en lame de couteau inspira à Melitta un certain effroi. Les paroles d'Alexander remontèrent dans sa mémoire : cet homme distillait la haine des juifs aussi efficacement que le poison du serpent.

Dans son manteau de cuir, le chancelier déambula devant la foule saluant les premiers rangs d'un *heil*[24] vigoureux.

Il passe en revue les lèches-bottes, pensa Melitta, un goût salé dans la bouche. *Tous ces hauts dignitaires ne sont venus que pour se faire voir. Combien aimaient vraiment Ernst ? Ne lui auraient-ils pas planté un couteau entre les deux omoplates pour se hisser à son niveau ?* Elle avait envie de crier sa haine.

Parmi tous ces dignitaires qu'elle exécrait, elle repéra la petite silhouette d'Hanna Reitsch aux côtés de Robert von Greim. Le général Milch se tenait non loin, de même que Kesselring. *Les pourris au complet,* continua-t-elle dans son discours intérieur, l'esprit ravagé par une sorte de colère et de tristesse, *dommage qu'un résistant n'ait pas la bonne idée de faire exploser une bombe, il sauverait l'Allemagne.*

De son côté, la petite aviatrice aux boucles blondes avait également repéré Melitta. Elle aussi l'avait ignorée de façon méprisante.

« La comtesse vient se pavaner auprès de ses semblables », persifla-t-elle à l'oreille de son amant. Robert ne répondit pas. Les enfantillages de sa jeune maîtresse l'agaçaient au plus haut point. Il préférait les ignorer. Il accomplit un salut nazi parfait quand son chef suprême approcha. Hanna sentit son cœur chavirer lorsque le chancelier lui fit un signe de tête. Quelle fierté ! Il la reconnaissait. Personne des grands pontes de la Luftwaffe ne rata cet échange. Greim en ressentit même – il le lui avouera plus tard – une certaine jalousie.

Hanna avait perdu un soutien de poids en Ernst Udet. Disparue de son échiquier personnel, une pièce maîtresse allait lui manquer. Robert avait du pouvoir, certes, mais les craintes qu'il inspirait n'avaient rien à voir avec celles de l'as des as. L'aviatrice devait trouver à présent d'autres protecteurs bien placés, car son chemin risquait d'être parsemé de chausse-trappes. À l'avenir, elle devrait se méfier de l'intrigante comtesse qui possédait un solide réseau dans le milieu où elle était respectée. Pour sûr, elle n'hésiterait pas à la faire éjecter à la moindre occasion.

---

24 Salut

Ce type de célébrations, bien qu'infiniment tristes, offraient des opportunités incontestables. *Si tu ne peux parler à Dieu, adresse-toi à ses saints*, se remémora-t-elle parmi les conseils avisés que sa mère lui enseignait dans son enfance.

Le général von Greim étant bien placé dans la hiérarchie de la Luftwaffe, de nombreux officiers vinrent les saluer à l'issue de la cérémonie. Goering, engoncé dans un uniforme dont lui seul connaissait les codes, s'attarda et échangea quelques mots avec eux. Lorsqu'il demanda à Hanna comment elle allait, elle se plaignit de l'insignifiance des travaux qui lui avaient été confiés.

« On me sous-emploie, Maréchal. J'attends mieux, lui confia-t-elle. Le führer m'avait promis ce qui se fait de mieux actuellement. On me tient éloignée des nouveaux prototypes. »

Robert la fusilla du regard.

« Alors, Greim, répondit le Premier ministre en se tournant vers lui, il faut faire quelque chose. Trouvez donc une occupation à notre chère *flugkapitän*. Je compte sur vous ».

Le ministre continua sa route, éparpillant sur son passage une fragrance de muguet, effluve délicat en totale opposition avec sa masse qui s'apparentait à celle d'un taureau. Il jouait avec son bâton de maréchal, prêt à frapper le moindre contradicteur. Il était évident que le sort de la petite aviatrice lui importait autant que son costume de première communion. Vingt secondes plus tard, l'hiérarque s'entretenait avec des personnes dont les préoccupations revêtaient probablement plus d'importance que les demandes de l'aviatrice.

Une fois hors de portée, von Greim la sermonna :

« Je ne sais pas dans quel sens il m'a demandé de te trouver une occupation. Ça pourrait très bien être un emploi dans un bureau oublié. Tu sais, avec lui, on ne sait jamais. Le jour où tu l'ennuies, tu peux au mieux te retrouver à travailler dans un camp, au pire au fond d'une fosse. »

Hanna n'en avait cure. Elle reprochait parfois à son amant sa timidité. Elle n'hésitait pas, elle, à invectiver ses correspondants lorsqu'elle avait quelque chose à dire. Robert lui avait expliqué que cela ne se passait pas comme ça dans le milieu des hautes autorités militaires, qu'il était de bon ton de ne jamais mentionner les réels problèmes rencontrés sous peine d'être taxés d'incapable.

Melitta observa du coin de l'œil le manège de sa collègue et adversaire.

« Toujours à intriguer, celle-là », glissa-t-elle à l'oreille de Paul, qui connaissait les relations tendues entre les deux femmes. Il partageait l'opinion de son amie, car lui non plus ne goûtait guère les accointances nazies de la petite aviatrice.

Alexandra, qui devisait avec des semblables issus de l'aristocratie allemande, s'approcha d'eux en compagnie d'une superbe femme brune :

« Permettez-moi de vous présenter Inge Bleyle, leur dit-elle, c'était la dernière compagne de notre cher disparu. »

Comme Melitta, cette dernière ne cachait pas ses larmes.

Ils serrèrent la main de la malheureuse en lui présentant leurs condoléances.

« Ernst m'a souvent parlé de vous, vous savez, dit-elle en s'adressant à Melitta. Il vous aimait beaucoup. »

La sincérité qui s'échappait de son regard brun toucha Melitta. Elle qui peinait à qualifier ses vrais rapports avec l'as des as recevait aujourd'hui une réponse à ses nombreuses questions. Ces quelques mots, issus d'une inconnue, lui apprirent que d'une certaine manière, elle avait compté dans la vie du défunt.

Les deux femmes ressentirent une complicité immédiate et la dernière maîtresse d'Ernst resta en leur compagnie. Avant de se quitter, Inge prit Melitta à part.

« Je dois te dire la vérité, Melitta, murmura-t-elle en s'assurant que personne ne les écoutait. Ernst n'a pas eu un accident d'avion, c'est encore une légende inventée par ce rat de Goebbels. Ernst s'est tiré une balle dans la tête. Je le sais, je l'ai vécu en direct au téléphone. Il me suppliait de reprendre une relation avec lui ; je l'avais quitté parce qu'il était devenu insupportable. Il en voulait énormément à Hermann Goering de l'avoir trahi. Ce gros porc l'a rendu responsable de la défaite dans la bataille d'Angleterre ainsi que des mauvaises performances en Russie, alors que la véritable raison est la pénurie de matière première pour la fabrication des avions. Ernst était très atteint, je m'en rends compte aujourd'hui. Je n'ai pas voulu le croire et voilà le résultat. Je m'en veux énormément. »

Elle sortit un mouchoir et se tapota le dessous des yeux. Son maquillage impeccable ne supportait pas les larmes.

« Je ne sais pas pourquoi, mais tu es la seule personne qui m'inspire confiance ici », poursuivit-elle.

Melitta enlaça sa nouvelle amie. Secouée par ce qu'elle venait d'apprendre, elle la remercia de sa sincérité et lui promit de garder le secret. Une telle confiance en ces jours difficiles n'était pas fréquente. Dangereuse, elle pouvait au mieux vous conduire en *KZ*[25], au pire, vous rayer de la surface terrestre.

---

[25] Konzentrationslager: camp de concentration

La vie reprit à Rechlin, marquée par un des hivers les plus rigoureux que le continent européen n'eût jamais connus. Pendant que les troupes allemandes s'enlisaient dans de profondes congères de neige autour de Moscou, les deux aviatrices poursuivaient leurs travaux respectifs en s'ignorant de façon dédaigneuse.

Quand elles se croisaient sur la base, l'atmosphère entre les deux femmes n'avait rien à envier au froid glacial qui régnait à l'extérieur. Lorsqu'une cérémonie les réunissait, elles se tenaient éloignées l'une de l'autre. Et quand elles ne pouvaient faire autrement, elles se fendaient d'un salut du bout des lèvres.

Le patron du centre d'essai, le major Edgar Petersen, avait tenté à maintes reprises un retour à la normale, sans succès. Il était difficile de faire cohabiter les deux *flugkapitäns*.

Bien souvent, l'objet de leurs études se recoupait et un travail d'équipe aurait gagné en efficacité, mais une telle hypothèse n'était pas concevable ; les militaires recevaient une fin de non-recevoir à chaque tentative de rapprochement.

Le caractère vindicatif des deux adversaires agaçait la hiérarchie, peu habituée à rencontrer ce genre de problème. Les chefs du centre auraient aimé s'en débarrasser – beaucoup de pilotes d'essai masculins auraient pu les relever – mais les réseaux respectifs des deux femmes, vrais ou savamment entretenus, empêchaient toute mutation. L'une comme l'autre inspirait crainte et respect. Les rumeurs étaient trop nombreuses pour ne pas révéler une part de vérité.

Pourtant, toutes deux souhaitaient partir. Hanna poursuivait ses actions de lobbying auprès des hauts gradés pour rejoindre l'équipe du ME163. L'avion-fusée semblait promis à une belle carrière, malgré le secret qui entourait ses essais. Si le refus de Heini Dittmar, le chef pilote de Willy Messerschmitt, était gravé dans le marbre, elle ne perdait toujours pas espoir. Elle avait à présent volé sur tous les types d'avion militaire et ressentait des fourmis dans les jambes dès qu'elle entendait parler de ce prototype qualifié d'avenir de l'aviation par ceux qui l'avaient approché.

Melitta, moins ambitieuse, commençait, elle aussi, à trouver le temps long. Son tissu social résidant en majorité à Berlin, elle souhaitait s'en rapprocher. Hormis son travail, la vie à Rechlin l'ennuyait profondément. Sa famille lui manquait, de même qu'Alexander. Elle se surprenait à compter les jours avant d'obtenir un congé pour rejoindre sa ville. Même si les informations qu'elle recevait de la capitale étaient mauvaises – les pénuries ajoutées aux nombreux bombardements faisaient souffrir la population – elle rêvait de retourner y vivre. Sur la base aussi, les pénuries diverses se faisaient sentir. Le quotidien de la cantine se dégradait et le manque de charbon accentuait le froid. Ses extrémités souffraient fréquemment d'engelures. L'eau chaude n'arrivait pas tous les jours dans la salle de douche et bien qu'elle adorât, plus jeune, se baigner dans les courants tonifiants de la *Spree*, se laver à l'aide d'un gant rêche et glacé ne l'amusait plus.

Sans qu'elle le sût, un inconnu allait l'aider dans son désir de changement. Un beau matin, en descendant de son avion après une série de plongeons plus impressionnants les uns que les autres, un gradé s'approcha d'elle. Il s'agissait du colonel Georges Pasewaldt, de l'office technique du ministère de l'Aviation. À ses dires, il avait été fort impressionné par de telles prouesses, effectuées par une femme.

« J'ai cru que vous alliez vous écraser, lui confia-t-il, je ne croyais pas que de tels exercices étaient autorisés, même lors d'essais ; vraiment, je n'en reviens pas, je vous félicite. »

Ils déjeunèrent ensemble et Melitta lui raconta son quotidien ainsi que l'objet de ses recherches. Le colonel buvait ses paroles. Il avait déjà entendu parler de ces deux aviatrices et pensait que tout ce qui se murmurait sur elles était exagéré. Sa surprise amusa Melitta, qui le raccompagna à son avion à l'heure du départ pour Berlin.

Depuis la disparition d'Ernst, elle se sentait comme un unijambiste marchant sans béquille. Un vide s'était creusé en elle. L'assistance d'un gradé ne lui déplaisait pas. Certes, son statut avait été réglé, elle n'avait plus à s'en inquiéter, mais elle n'était pas exempte d'un coup bas d'un de ses pairs, les jalousies n'ayant pas disparu. Le comble, il n'y avait que deux femmes à évoluer dans ce banc de requins et elles se détestaient. Elle n'allait pas faire la fine bouche alors qu'un officier bien placé auprès des décideurs lui témoignait son admiration et lui offrait son soutien.

Peu de temps après, alors qu'elle s'apprêtait à décoller à bord d'un Messerschmitt 109, pour tester un nouvel instrument – un radar de combat Lichtenstein – elle aperçut sur l'aire d'envol un Focke-Wulf 190.

C'était une de ces belles journées d'hiver, un de ces matins glacés dénués de nuages où le soleil bas sur l'horizon darde des rayons timides. Elle reconnut la voix d'Hanna Reitsch sur la fréquence radio. Pour la première fois, les deux femmes se retrouvaient côte à côte dans leur avion respectif, comme au départ d'une course.

Sur l'aire de manœuvre, proche de la piste d'envol, toutes deux effectuèrent leurs essais moteurs comme si de rien n'était. Lorsque sa *check-list* fut terminée, Hanna lui passa devant à quelques mètres, Melitta se demanda si son regard jaugeait l'espace entre les deux machines ou si elle la défiait.

Les deux avions de chasse décollèrent l'un après l'autre et virèrent chacun en direction de leurs axes de travail.

Melitta oublia son adversaire et se concentra sur ses observations, prenant quelques notes sur un calepin accroché à sa cuisse. La visibilité était infinie et l'air d'une stabilité rare. Elle put lâcher les commandes sans que son engin ne déviât d'un degré. Elle aimait ce Messerschmitt, maniable et puissant, qui faisait les belles heures de l'aviation de chasse allemande. Les douze cylindres en V du moteur ne demandaient qu'à rugir à la moindre sollicitation de la manette des gaz.

Melitta réglait son radar lorsqu'elle découvrit un écho qui se rapprochait à grande vitesse. Aucun avion ennemi n'avait été annoncé. Un allié aussi loin de son pays n'avait pas de sens. Elle demanda en radio si des chasseurs de la Luftwaffe s'étaient annoncés et il lui fut répondu que le seul avion dans le secteur était celui de sa collègue.

Melitta regarda dehors. Elle fouilla l'immensité bleue. Le soleil encore bas sur l'horizon la gênait. Soudain, elle aperçut un point noir en face d'elle. Il se rapprochait vite. Trop vite. Elle distingua l'hélice qui grossissait à vue d'œil : un Focke-Wulf. Mais à quoi jouait Hanna ? Elle lui fonçait dessus.

L'avion approchait de manière dangereuse, Melitta braqua ses gouvernes à fond à droite et poussa la manette de gaz. Le Me 109 répondit brutalement lui envoyant la tête dans la verrière. Heureusement, son casque en cuir amortit le choc. Au même moment, elle entendit sur la fréquence radio une voix imitant grossièrement le staccato d'une mitrailleuse suivi d'un :

« Alors, on fait moins la maligne, comtesse ! ».

Sa consœur la provoquait. Elle voulait engager un combat aérien.

Une dose d'adrénaline envahit ses veines. Elle avait souvent entendu ses collègues pilotes de chasse raconter leurs exploits d'entraînement dans des combats simulés. Leurs propos lui revinrent en mémoire : le principe est de rester derrière l'ennemi afin d'ajuster le tir pendant que ce dernier fait tout pour s'échapper. Toujours selon eux, les violentes manœuvres que nécessitait ce duel pouvaient les entraîner jusqu'à la perte de connaissance. Melitta n'avait jamais reçu ce type de formation, mais elle savait encaisser les accélérations. Elle n'hésita pas longtemps. Hanna la cherchait, elle allait la trouver.

L'ingénieure tira sur le manche et afficha plein gaz. L'avion partit en chandelle, écrasant son corps sur le siège. Elle pencha la tête en arrière et balaya le ciel pour retrouver son adversaire. Elle aperçut le Focke-Wulf qui terminait déjà son virage.

« Que se passe-t-il là-haut ? entendit-elle dans sa radio.

— R.A.S manœuvre normale, répondit-elle. »

Les vols n'étaient pas suivis par un radar, les deux femmes étaient seules au monde.

Elle tira un peu plus sur le manche et se retrouva sur le dos, sa cible dans ses dix heures. Elle bascula en position horizontale et commença à virer pour tenter de passer derrière Hanna.

Le ballet dura plusieurs minutes où les accélérations verticales lui obscurcirent la vision ; le sang descendait dans les parties basses de son corps et n'irriguait plus le cerveau. La difficulté résidait à ne pas perdre de vue son adversaire, car la collision pouvait survenir à tout moment. Heurter un autre appareil en plein ciel condamnait à coup sûr les deux pilotes.

Elle réussit à se glisser derrière le Focke-Wulf quelques secondes, mais Hanna ne s'avoua pas vaincue. Elle se dégagea violemment. Pour la suivre, Melitta tira si fort sur son manche que l'avion vibra de toutes ses nervures. Elle afficha plein gaz. Un voile noir apparut instantanément. Elle maintint la traction pour coller à sa cible.

Soudain, tout devint mou, elle se trouva dans du coton. Elle perdait connaissance. Elle relâcha le manche, l'accélération verticale s'annula et la conscience revint. Elle chercha Hanna, mais il était trop tard. Elle entendit un tac-tac à la radio et comprit que cette dernière était passée derrière. Dans sa ligne de mire, l'ingénieure perdait le combat. Un véritable ennemi l'aurait arrosée d'obus de 20 mm, lui laissant peu de chances.

Elle tenta une dernière manœuvre, bascula sur le dos et plongea à la verticale de la terre. Le Messerschmitt n'était pas équipé pour les bombardements en piqué, mais ça, elle savait faire. On allait voir laquelle des deux redresserait en dernier.

La pression atmosphérique écrasa ses tympans. Un être non habitué aurait hurlé de douleur. La machine n'était pas dotée des puissants aérofreins du Stuka. La vitesse augmenta d'une façon faramineuse, et même si elle réduisit ses gaz au ralenti, elle atteignit l'énergie maximale au-delà de laquelle elle allait endommager le moteur. Elle aperçut les hangars et la piste d'atterrissage, les deux femmes n'avaient pas pensé une seconde à leur navigation. Elles s'étaient rapprochées de la base sans s'en rendre compte. L'altimètre dévissait dramatiquement, plus que quelques secondes. La transpiration coulait sur le visage de Melitta et glissait sous son masque à oxygène.

À la dernière seconde, elle redressa violemment jusqu'au voile noir et remit plein gaz. Lorsqu'elle recouvra la vision, le Focke-Wulf se trouvait devant elle à ses deux heures. Hanna avait réagi avant elle. Elle l'avait bien eue. L'avion s'éloignait, sa consœur abandonnait le combat.

Melitta se dirigea à nouveau vers ses axes de travail et reprit son souffle. Son cœur battait la chamade. Son malaise la rongeait. Pourquoi avait-elle été stupide au point d'entrer dans ce jeu périlleux ? Elle se jura de ne plus jamais recommencer. Les deux femmes s'étaient mises en danger, de même qu'elles avaient risqué deux chasseurs bombardiers en pleine période de guerre.

Leur piqué au-dessus de la base ne pouvait être passé inaperçu. L'altitude du bas de sa ressource lui avait échappé, mais elle sentait qu'elle avait frôlé la catastrophe. Nul doute qu'elle en entendrait parler.

L'ingénieure reprit ses observations, la boule au ventre, jusqu'à ce que sa jauge à carburant lui indiquât de rentrer.

Au sol, elle aperçut le Focke-Wulf entouré de mécaniciens. Pas de trace de sa pilote blonde. Elle avait dû se poser bien avant elle. Des techniciens s'approchèrent de son avion, sourires en coin. Sa déviation des règles avait manqué de discrétion. La comtesse quitta le cockpit, le visage impassible.

« Le major Petersen vous attend dans son bureau. », lui annonça un jeune sergent.

Quand elle arriva devant la secrétaire du chef de centre, Hanna patientait bien sagement sur une chaise. Elles se dévisagèrent. Melitta n'avait jamais remarqué les traits juvéniles de son adversaire. Recroquevillée comme un garnement qui attend de se faire gronder, elle lui apparut comme une petite chose inoffensive. Un sourire lui échappa qu'Hanna lui rendit.

Le major Petersen les reçut ensemble dans son bureau. Rouge de colère, il les laissa debout et leur fit un sermon digne d'un proviseur d'école. Il les soupçonnait d'avoir effectué « une mailloche », un combat tournoyant, une manœuvre réservée aux pilotes de guerre. De plus, leur piqué vertigineux n'était pas prévu dans le programme d'essai. De nombreux témoins pensaient qu'elles allaient percuter la surface terrestre. Elles avaient contrevenu aux ordres de vol et risquaient une radiation.

Toutes deux nièrent le combat. À moins d'avouer, leur forfait n'était pas prouvable. Elles expliquèrent d'une seule voix que leur rencontre dans le ciel était prévue afin de démontrer que les deux chasseurs étaient capables, bien que non équipés, de telles manœuvres en piqué.

« Ce n'était que la fin d'une discussion technique, Major, rien de plus, jura Hanna.

— Parce que vous avez des discussions techniques, maintenant ?

— Oui, depuis, toujours », répondit Melitta. Hanna confirma de la tête.

Le major leur promit des sanctions. On ne mettait pas en danger des avions du Reich impunément. Il en avait assez de leurs frasques. Il les cloua au sol de façon temporaire en attendant une décision de la hiérarchie.

Pour la première fois en plusieurs mois de cohabitation, les deux femmes rentrèrent dans leur baraquement ensemble.

« Je t'ai eue à la seconde passe de tir, confia Hanna en mimant la position des deux avions avec ses mains.

— Pas sûr, en revanche, après le piqué, tu as dégagé et j'aurais pu te coller le train et te descendre sans le moindre doute.

— Alors un à un ! Partie ex aequo. »

N'importe quel observateur aurait pu conclure à un changement notable dans leur entente, mais il n'en était rien. Ce nouvel élan compassionnel ne s'expliquait que par la peur commune de perdre son emploi. Conscientes d'avoir pris volontairement un risque, elles n'osèrent s'avouer que cette idiotie avait été motivée par une vanité mal placée. Certes, le haut degré d'expertise qu'elles avaient atteint les mettait à l'abri d'une sanction définitive, mais toutes deux se souvenaient de la période d'incertitude qui suivait une faute professionnelle. Personne n'était à l'abri du coup de sang d'un gradé.

Les deux aviatrices se séparèrent en se serrant la main, concluant un pacte silencieux.

Elles n'eurent pas l'occasion de se revoir, car Hanna quitta précipitamment la base pour rejoindre Hirschberg. Sa sœur Heidi venait de perdre son mari, tué au front, et Kurt, son frère, était à nouveau porté disparu.

Chapitre 27

Le frère d'Hanna, Kurt, avait, une nouvelle fois, survécu au torpillage de son bâtiment, et Heidi s'était enfoncée dans une tristesse inconsolable. Entourée des siens, elle tentait de remonter la pente. Mère de trois jeunes enfants et enceinte du quatrième, elle se retrouvait veuve, triste privilège de centaines de milliers de femmes allemandes pendant cette période tourmentée.

Hanna tenta d'aider sa cadette, mais réalisa vite qu'elle ne se sentait pas à l'aise en présence de personnes qui se plaignaient tout le temps. Elle aimait Heidi, certes, mais ne supportait pas son manque de combativité. Depuis que la jeune mère avait rejoint le domicile familial avec sa progéniture, elle laissait le soin aux autres occupants de la maison de s'en occuper. Si la grand-mère des petits se prêtait volontairement au simulacre, la tantine adorée se faisait violence.

Les sanctions professionnelles arrivèrent quelques semaines plus tard. À quelques jours d'intervalle, les ordres de mutation tombèrent. Les routes des deux aviatrices se séparaient de façon définitive.

Les autorités de la base, trop heureuses de se débarrasser de ces deux cas compliqués, ne rechignèrent pas à cet éloignement. Elles perdaient indéniablement deux excellents éléments dans l'équipe des pilotes d'essai, mais les expérimentations aériennes, contrairement à ce que pouvait penser le grand public, ne supportaient ni laisser-aller ni têtes brûlées. La rigueur et la camaraderie étaient de mise et les deux seules femmes admises dans le groupe d'élite en avaient cruellement manqué, même si le bilan de leurs travaux dépassait largement la moyenne générale.

Grâce à Melitta, des centaines de brevets avaient été déposés, et de nombreuses améliorations avaient facilité le travail de milliers de pilotes de guerre. De plus, elle avait accumulé plus de neuf cents plongeons, un score notable qu'aucun de ses pairs masculins n'avait atteint. Dommage que le dernier eût terni son passage à Rechlin. Ce piqué vertigineux était entré dans les mémoires du centre davantage pour ses effets polémiques que pour sa technicité.

Sollicité par Melitta, qui savait par expérience qu'un soutien dans les hautes sphères était nécessaire par gros temps, Georges Pasewaldt s'était montré d'une aide précieuse et ses promesses n'avaient pas été de vains mots. Il intervint au bon niveau hiérarchique et lui obtint un poste d'ingénieure d'essai à l'Académie militaire de Gatow, dans les faubourgs de Berlin.

Quant à Hanna, qui n'avait pas non plus démérité, son amant Robert von Greim lui présenta un retour à Darmstadt, au centre de recherche de vol à voile où elle avait débuté, comme une opportunité qu'elle ne pouvait pas refuser. Le Messerschmitt 163 Komet qui la faisait tant rêver se trouvait sur les planches d'étude de son ami Wolf Hirth. Si cet avion révolutionnaire décollait à l'aide d'une fusée, il devait atterrir en planeur, car l'autonomie du propulseur était limitée. Qui mieux qu'elle, la *flugkapitän* aux multiples records, pouvait mettre au point la partie retour sur Terre ? Il y avait du pain sur la planche et elle était la spécialiste la mieux adaptée à cette tâche.

Hanna accepta. Elle n'avait pas d'autre choix. Habituée à rentrer dans les projets par la petite porte et à se hisser par la suite jusqu'au sommet, elle trouverait bien un moyen de faire plier Heini Dittmar.

L'aviatrice cacha sa satisfaction à ses proches lorsqu'elle reçut son ordre de mission officiel. Les besoins de la guerre l'obligeaient à repartir. Elle boucla ses valises dans l'heure et prit la direction de Darmstadt sans le moindre remords.

Hanna retrouva avec plaisir le couple Hirth, trop heureuse de quitter l'atmosphère lourde qui plombait sa famille. Ils l'accueillirent comme à ses débuts, lorsqu'elle se confrontait à l'intransigeance de son père. Elle n'avait pas oublié que les

Hirth avaient remplacé ses parents à une période de sa vie où tout allait mal. Cette fois, elle les rejoignait pour une tout autre raison, mais avec toujours autant de plaisir.

Wolf n'avait pas changé, il trimballait sa grande carcasse en claudiquant, son célèbre fume-cigarette dans le prolongement de ses doigts. Grâce à la guerre, son entreprise avait connu un énorme développement. Il possédait à présent des ateliers répartis un peu partout sur le territoire.

Il habitait à présent une jolie maison dans la campagne de Darmstadt, au sud de Francfort. Tout naturellement, il offrit le gîte et le couvert à sa protégée, ce qui atténua la déception d'Hanna lorsqu'il lui parla du Komet.

Les recherches étaient moins avancées que ce que lui avait vanté Robert. Certes, le prototype avait déjà décollé à l'aide d'une fusée, mais la mise au point du propulseur se déroulait aux usines Messerschmitt, à Augsburg, et présentait encore de nombreux problèmes. La mission confiée à Wolf consistait à trouver le meilleur atterrisseur possible. Pour les essais, un patin glisseur avait été installé sous le fuselage, mais les contraintes physiques des pilotes lors de l'atterrissage ne permettaient pas une utilisation en série. Il existait d'autres projets à l'étude que Wolf souhaitait voir aboutir au plus vite, avec l'aide de sa protégée.

Il lui confia la tâche d'étudier ces dispositifs sur des planeurs existants, parce qu'avant d'être fixés sur le Komet, ils devaient être mis à l'épreuve sur des machines classiques. Hanna accepta – elle n'avait jamais su dire non à son mentor. Wolf lui promit de l'imposer pour la suite des essais sur le prototype du Komet, car il était en bons termes avec Wolfgang Späte, le directeur des opérations des usines Messerschmitt. Ce dernier ne pouvait rien lui refuser parce qu'il lui avait rendu de grands services. Hanna inscrivit l'information dans un coin de sa mémoire. Nul doute qu'elle ressortirait la promesse de Wolf en temps voulu.

Bien qu'elle aimât follement la force motorisée des avions, sa passion du vol à voile la reprit de façon viscérale, un peu comme une relation charnelle avec un premier amour. Épouser les courants aériens à l'instar des grands rapaces lui donnait des sentiments de puissance indescriptibles, comme si elle devenait ange et se rapprochait de Dieu.

Elle se concentra sur les travaux qu'on lui confia avec une ardeur et un enthousiasme communicatifs. Elle passait souvent dans les bureaux d'étude où elle se sentit très vite comme un poisson dans l'eau. Grande nouveauté, elle rendait ses rapports de vol en temps et en heure et elle donnait son avis sur des améliorations possibles en écoutant les conseils des uns et des autres. À sa surprise, ses suggestions étaient suivies d'effet. Les ingénieurs ne la prenaient plus pour une amatrice et semblaient à présent considérer son professionnalisme et ses compétences.

Melitta, elle, s'installa sans attendre sur le campus de l'Académie de Gatow. L'aérodrome se trouvait dans les faubourgs de Berlin, à l'orée d'un lac et à l'ombre d'une forêt. L'emplacement idéal pour ce que recherchait la jeune femme : un endroit propice au travail, au repos, et aux promenades bucoliques sans être éloignée des joies de la ville. Sa chambre se trouvait à quelques centaines de mètres de ses bureaux et de la piste d'envol. Elle pouvait s'y rendre à vélo.

L'Académie de la Luftwaffe occupait une grande surface de l'aérodrome. Les besoins en pilotes de guerre dépassant la capacité des écoles allemandes, tous les centres de formation tournaient à plein régime. Les ronronnements des machines d'entraînement retentissaient du matin jusqu'au soir. L'aérodrome ressemblait à une ruche en période de floraison.

Un hangar protégeait également l'avion d'Hitler et il n'était pas rare de voir passer le convoi du chancelier lors de ses déplacements officiels. De nombreux officiers généraux utilisaient aussi la plateforme comme base de transit. L'agitation ne diminuait qu'à la nuit tombée, pour laisser place aux alertes nocturnes, qui devenaient quasiment quotidiennes.

Le soir, lorsque le calme revenait, Melitta goûtait avec bonheur aux promenades sur les bords du lac au cours desquelles elle évacuait les problèmes techniques rencontrés tout au long de la journée. Les instruments de vol sans visibilité exigeaient des calculs complexes et mettaient en œuvre de nouvelles technologies qui lui demandaient des efforts d'adaptation constants. L'ingénieure devait se plonger dans des documentations aussi barbares que barbantes sous peine de rater un détail important qui ferait capoter ses recherches. Le faux pas n'était pas permis. Les autorités militaires comptaient sur elle et venaient souvent lui rendre visite. Les nazis ne lui pardonneraient pas le moindre échec. Malgré la pérennité de son statut d'égale à aryenne, Melitta ne leur faisait pas confiance. Ils étaient capables de tout...

Udet disparu, Georges Pasewaldt avait pris le relais. Le colonel, médecin dans la vie civile, était devenu un ami. Elle aimait l'élégance du militaire et ne refusait jamais une invitation à l'Aéroclub, un restaurant chic dans les quartiers du ministère. Georges semblait porter un intérêt pour elle autre que professionnel, mais savait rester à sa place. Le simple fait d'être mariée suffisait à la tenir éloignée de situations embarrassantes. Le colonel possédait des valeurs que le conflit n'avait pas effacées. Tant mieux, car elle n'aurait pas aimé perdre l'amitié de ce gentleman pour des raisons épineuses.

Elle sortait aussi avec des amis dans des tavernes populaires berlinoises qui, bien que la guerre battît son plein, offraient toujours des plaisirs aux privilégiés. La vie nocturne ne semblait pas s'arrêter, même si souvent les alertes aériennes interrompaient les multiples fêtes.

Pour se détendre, elle renoua avec la sculpture sur glaise, activité qui lui vidait la tête. L'inquiétude permanente de savoir Alexander au front la rongeait. Les nouvelles de l'Est, malgré ce qu'affirmait la propagande, ne la rassuraient pas.

Les dimanches, elle rendait visite à Nina, sa belle-sœur, ce qui donnait lieu à des retrouvailles chaleureuses avec les enfants. Elle ne manquait jamais de leur apporter de menus cadeaux qu'ils attendaient avec impatience. Eux aussi souffraient des restrictions alimentaires. Ils raffolaient du chocolat, devenu introuvable. Lorsqu'elle le pouvait, Melitta mettait de côté des *stuka-tabletten,* des sucreries que les pilotes avalaient avant de partir au combat pour éviter les crises d'hypoglycémie. Elle ne savait pas que les chimistes allemands y avaient ajouté de la pervitine, une amphétamine de synthèse. Heureusement, elle ne leur en apportait que très peu à chaque fois. Les deux femmes se demandaient toujours pourquoi les enfants étaient si excités avant d'aller au lit...

Aux beaux jours, les deux belles-sœurs empruntaient le voilier de Claus pour de longues balades sur le Wannsee. Toutes deux s'offraient des parenthèses de paix et d'insouciance, apaisées par l'étendue d'eau. Elles aimaient refaire le monde, un monde où Hitler aurait disparu de la surface de la Terre. Elles criaient leur haine des nazis loin des oreilles indiscrètes dans des éclats de rire qui auraient pu les faire passer pour folles.

Nina était devenue une excellente amie à qui Melitta pouvait se confier. La réciproque était de mise.

Un jour, Nina lui fit part de ses inquiétudes vis-à-vis de Claus. Ce dernier avait changé. Il ne croyait plus en la victoire de l'Allemagne. Pour un officier supérieur, proférer de telles paroles pouvait le conduire au peloton d'exécution. Elle fit promettre à l'aviatrice de garder ses propos pour elle.

Souvent, leurs soirées se terminaient autour d'une bonne bouteille de Schnaps. L'alcool les aidait à accepter les nombreuses privations. Melitta rentrait ensuite dans sa petite Fiat, tous feux éteints pour éviter d'attirer l'attention de la défense active. Garder sa voiture était un privilège qu'elle ne souhaitait pas voir disparaître.

Elle reprenait le lendemain son rythme de travail éreintant en alternant les vols et les recherches dans son bureau d'études. Beaucoup de sorties aériennes s'effectuaient dans l'obscurité, quand les bombardements alliés restaient à distance. Melitta apercevait souvent au loin les effets des mines au phosphore sur les immeubles. La lueur des incendies nimbait la nuit d'une couleur orangée : un spectacle d'une beauté saisissante, qui n'effaçait pas l'image de tous les morts fatalement emprisonnés sous les éboulis. La pensée d'Alexander pouvant être pris sous la mitraille avec son régiment d'artilleurs annihilait toute échappée poétique et ramenait Melitta à son dur labeur. Tenir le plus longtemps possible et traverser cette foutue guerre sans le moindre bobo, tel devint son souhait le plus fort.

Se concentrer sur son travail se révélait le meilleur moyen d'éviter la mélancolie. Plus les avions de chasse allemands pourraient opérer de nuit, sans visibilité, plus ils pourraient stopper les bombardiers alliés. L'enjeu de sa mission pesait lourd sur ses épaules ainsi que sur son équipe d'ingénieurs. Leurs recherches avaient des conséquences directes sur les pertes humaines.

Après d'âpres combats sur le front russe, Alexander fut envoyé à l'arrière, en Hongrie, pour entraîner un groupe de jeunes artilleurs. Non seulement il s'éloignait du danger, ce qui rassura sa famille, mais il s'était arrangé pour passer quelques jours de permission à Prague.

Comme Melitta travaillait sans interruption depuis de longues semaines, elle obtint l'autorisation de prendre quelques jours de congé. Ils ne s'étaient pas vus depuis si longtemps.

Des retrouvailles chaleureuses effacèrent des mois de guerre et d'inquiétude. Prague leur offrit un calme bien mérité. Ils descendirent à l'hôtel Ambassador, un établissement de luxe dans la vieille ville.

Alexander avait maigri, mais il n'avait pas perdu son sourire ravageur. Son charme opéra comme à leur première rencontre. Melitta l'invita dans de bons restaurants et le força à manger plus que ce que son ventre pouvait accueillir. Elle lui ordonna de se remplumer, elle ne voulait pas qu'il tombât malade.

Ils partagèrent des vins alsaciens, mettant un point d'honneur à n'en laisser aucune goutte. Les multiples privations auxquelles Alexander et ses camarades avaient été confrontés, où même un petit feu de bois était proscrit, lui avaient ouvert un appétit compréhensif. Elle l'écouta raconter dans le détail ce qu'il avait vécu, mais lorsque les histoires les entraînaient dans la tristesse, elle changeait de conversation. Elle refusait de se laisser polluer par des images d'horreur. Ce moment leur appartenait et rien ne devait ternir ces heures précieuses.

Ils effectuèrent de longues promenades, enlacés comme des jeunes fiancés, seuls dans un monde qui s'était arrêté de tourner. Alexander absent depuis si longtemps, Melitta avait oublié la sensation de sécurité qu'un être éprouve aux côtés de son compagnon.

Sans vraiment s'en rendre compte, son admiration pour cet homme n'avait fait que grandir. Sa fierté lorsqu'elle entrait quelque part à son bras la gonflait d'orgueil. Alexander possédait le don de captiver son auditoire, qu'il se composât d'une seule personne ou de dizaines. Les moindres anecdotes se transformaient en péripéties incroyables.

Si Ernst Udet avait séduit Melitta par sa sensualité débridée, Alexander l'avait éblouie par son aura charismatique. Quelle chance d'avoir rencontré à son âge les deux hommes de sa vie !

La tête pleine de souvenirs et d'images de bonheur, elle regagna Berlin, qui avait encore subi de lourdes pertes parmi la population civile.

Une belle surprise l'y attendait. Son ami Peter Riedel lui avait laissé un message. L'attaché militaire, après avoir été emprisonné aux États-Unis, en avait été expulsé. Il logeait à présent à l'hôtel Bristol.

Melitta s'y rendit le soir même pour un dîner intime. Peter attendait des nouvelles du ministère des Affaires étrangères pour une hypothétique affectation, mais comme la guerre avait fermé un grand nombre de représentations diplomatiques, nombreux étaient dans ce cas et cherchaient une occupation. Il demanda à Melitta s'il n'y avait pas un peu de travail pour lui. Le vol lui manquait...

« Demande à Stratosphère, répondit-elle en riant, elle est bien placée à Darmstadt. Avec tes compétences en planeur, ça serait bien le diable qu'il n'y ait rien pour toi.

— Excellente idée. Je dois la revoir bientôt. Comment sont tes rapports avec elle ? Toujours le grand amour ? »

Melitta leva les yeux au ciel. Elle lui raconta avec moult détails les griefs qui la tenaient éloignée de sa consœur ainsi que les raisons de son départ de Rechlin.

« À chaque fois que cette fille se dresse sur mon chemin, les ennuis tombent en escadrilles. C'est une bonne pilote, certes, mais trop instable pour moi. Le ciel est bien assez grand pour nous deux sans que l'on ne s'y croise. La seule fois que ça s'est produit, j'ai bien failli y laisser ma peau. Je n'ai pas été très professionnelle sur ce coup-là, on ne m'y reprendra plus... »

La soirée se termina de façon délicieuse. Peter faisait partie des intimes de Melitta et partager un moment avec lui apportait toujours un réel plaisir. Bien qu'il appartînt au parti nazi, il ne manquait pas de sens critique envers le chancelier. Sa position dans le milieu diplomatique l'obligeait à défendre les actions de son gouvernement, mais Melitta n'était pas dupe. Le souhait de son « grand rouquin » de s'éloigner constamment de son pays trahissait un profond désaccord avec sa politique belliqueuse. La couardise des hommes la surprendrait toujours. D'une certaine façon, Peter avait acheté sa tranquillité en ayant signé un pacte avec le diable.

*

Quelques jours plus tard, Hanna sortit de l'aéroclub de Berlin, un immense sourire aux lèvres. Elle avait déjeuné avec

Robert et Wolfgang Späte, le chef des opérations d'essai chez Messerschmitt, rencontre que Wolf avait organisée.

Heini Dittmar venait de se blesser sérieusement lors d'un atterrissage mouvementé à bord du Komet et il était dans l'obligation de s'éloigner du projet pendant de longs mois. Quelle opportunité ! De plus, Hanna avait appris incidemment que deux pilotes avaient trouvé la mort à bord d'un des prototypes. De façon cynique, elle avait affirmé à ses informateurs – ce genre d'accident restait confidentiel – que si des places se libéraient, son tour approchait. Puis elle s'était rendue dans le bureau de Wolf pour lui rappeler la promesse qu'il lui avait faite. Ensuite, elle ne l'avait pas lâché jusqu'à ce qu'il intervînt. Son obsession à toujours piloter le dernier cri des avions s'apparentait à monter en grade pour un militaire. Son mentor avait finalement organisé la rencontre.

Späte s'était déplacé au ministère pour ce rendez-vous. Les recherches du Komet engloutissaient des moyens financiers énormes et Messerschmitt cherchait des fonds. La compétition entre les avionneurs était sévère et les abondements du Reich de plus en plus restreints.

Robert, toujours bien placé au bureau technique de la Luftwaffe lui susurra que l'aviatrice était bien introduite dans les milieux décisionnaires et qu'elle leur offrirait un atout indéniable, que son embauche dans l'équipe des essais aiderait grandement à l'obtention de subsides additionnels ; il y veillerait de façon personnelle.

La décision fut entérinée et la *flugkapitän* Reitsch accepta une proposition chez le constructeur pour mettre au point le Komet. Cependant, Späte émit une restriction : il refusait qu'elle entrât dans le groupe des pionniers du vol fusée, trop dangereux selon lui. Le carburant utilisé était tellement corrosif qu'une fuite pouvait faire fondre les tissus humains. De plus, hautement instables, les ergols liquides explosaient à la moindre étincelle. Deux de ces pilotes avaient trouvé la mort en plein vol dernièrement – Hanna fit comme si elle ne le savait pas – non, ce n'était pas un avion de femme. Le programme possédait d'autres essais dont elle pourrait s'occuper, notamment la partie vol plané.

Späte lui décrivit le processus : larguer le Komet à partir d'un bombardier lourd sous lequel le prototype serait fixé. À elle ensuite de revenir sur terre et de régler les problèmes d'atterrisseur.

Elle accepta sans réserve, sachant qu'une fois dans la place, un petit trou de souris lui suffirait pour se faufiler parmi l'équipe première.

Le lendemain, elle rejoignit à son tour Peter Riedel à l'hôtel Bristol. Elle ne l'avait pas revu depuis son voyage aux U.S.A. Une éternité... Après les effusions naturelles des retrouvailles, ils échangèrent des banalités – les bombardements nocturnes avaient pris la priorité devant le front russe. Peter réitéra son intention de revenir travailler dans le domaine aéronautique. Trop heureuse de lui montrer son pouvoir, Hanna lui promit d'en parler autour d'elle, notamment à Wolf Hirth, qui devait bien avoir quelque chose pour lui.

« Il ne me refuse rien, lui confia-t-elle en baissant le ton. Tu le gardes pour toi, mais je quitte ses services pour rentrer chez Messerschmitt. Je vais mettre au point un avion ultrasecret. L'arme fatale qui propulsera notre armée au premier rang.

— Ça a l'air alléchant. C'est quoi comme type d'avion ? »

La jeune femme regarda autour d'eux en prenant un air mystérieux.

« Je ne peux t'en dire plus. Je suis tenue à la confidentialité la plus totale. Mais tu liras bientôt dans les journaux ce dont j'ai été capable. Car je te promets que je vais mettre tout en œuvre pour que ce projet soit opérationnel au plus vite. Certains disent que le sort de la guerre en sera changé.

— Dommage que tu ne puisses m'en dire plus. J'ai hâte de voir ça. »

Peter retrouva les défauts de son amie. Malgré sa propension à enjoliver les choses, à se montrer plus importante que ce qu'il en était réellement, il l'aimait bien. Elle possédait un courage et une volonté rares.

Il l'écouta raconter sa vie avec une attention bienveillante. Heureusement, son sens de l'humour et son autodérision sauvaient son côté présomptueux et la rendaient sympathique.

La discussion changea de ton lorsque Peter lui apprit avoir dîné avec Melitta von Stauffenberg. En entendant ce nom, Hanna se ferma :

« Comment as-tu osé l'appeler avant moi ? Je croyais que tu étais mon ami... »

Il en resta sidéré. Elle lui témoigna une jalousie extrême qui l'étonna au plus haut point. Il connaissait son acrimonie envers sa consœur, mais une telle rage était inhabituelle.

Hanna ne cessa de déblatérer des horreurs sur son adversaire : la cause de son départ forcé de Rechlin, sa juiverie protégée par son mariage, son homosexualité cachée, etc…

Sur ce dernier point, Peter ne releva pas. L'union de Melitta avec le comte von Stauffenberg ne plaidait pas en cette hypothèse. Il avait souvent observé l'attirance de Melitta envers les hommes, ce qu'il n'aurait pu affirmer d'Hanna.

Il connaissait son excessivité et tenta de la calmer, en vain. Étaient-ce les verres d'alcool qu'ils avaient ingurgités ? Elle ne changea pas de sujet et resta bloquée sur sa consœur.

Une alerte aérienne vint interrompre leurs retrouvailles et l'aviatrice se dépêcha de rentrer à l'aéroclub où elle avait loué une chambre. Peter constata avec amertume qu'une fois de plus, leur chamaillerie les tiendrait éloignés pour quelque temps.

Chapitre 28

Le lendemain, Hanna rejoignit Regensburg avec son Opel. Les routes étant moins touchées par les bombes que les voies ferrées. Robert lui avait procuré des bons d'essence. Elle préférait de loin ce mode de déplacement aux voyages en train.

Aussi excitée qu'une amoureuse avant son premier rendez-vous, elle prit ses fonctions dès son arrivée. Elle avait hâte de poser ses fesses dans le cockpit de l'avion révolutionnaire. Nul doute qu'elle saurait se faire accepter et devenir ainsi la première femme à piloter ce type d'engin. La comtesse en rabaisserait son caquet...

Son premier contact avec l'avion la laissa sur sa faim. Comment une si petite chose pouvait-elle approcher les mille kilomètres à l'heure ? L'engin ressemblait à un obus auquel on avait adjoint deux ailes minuscules. Vu de l'extérieur, on aurait dit qu'il avait été conçu pour elle, mais pas du tout. Si les dimensions du cockpit correspondaient à un pilote mâle de petite taille, elle dut, comme à son habitude, sortir du coffre de l'Opel un coussin rehausseur et des cales en bois pour les palonniers.

Elle débuta les essais sur un des prototypes auquel on avait installé un nouvel atterrisseur : une semelle en alliage d'aluminium montée sur Silentbloc, une sorte de pavé de caoutchouc rigide. Tout le monde avait encore en tête les blessures d'Heini Dittmar causées par le précédent type de patin. Tous craignaient les dégâts que pourrait infliger un dispositif inadapté à un corps de la constitution de l'aviatrice.

Aux commandes, Hanna se sentit tout de suite à l'aise.

« Il a été fait pour moi, plaisanta-t-elle lorsqu'elle se glissa à l'intérieur. Heureusement que je n'ai pas la morphologie d'Hermann Goering... » La petite pilote déclamait des plaisanteries que seule une intime du ministre pouvait se permettre. Ses collègues ne pouvaient que s'en méfier...

Comme convenu, un bombardier lourd la largua à six mille mètres d'altitude. Très vite, elle remarqua que le prototype planait comme un fer à repasser. Il nécessitait une vitesse très élevée pour tenir l'air. Elle s'adapta et trouva le meilleur compromis entre souplesse et précision. L'engin ne possédait rien d'un planeur. Aucun courant thermique ne pouvait lui faire regagner de l'altitude. Il tombait comme une pierre et il fallait choisir rapidement son lieu de retour sur terre sous peine de s'écraser comme un grêlon.

Son approche sur le champ d'aviation prouva aux réticents son savoir-faire et son atterrissage ne posa aucun problème. Malgré une vitesse à laquelle elle n'était pas habituée, elle toucha le sol avec douceur et laissa la machine glisser sur son élan, encaissant les moindres aspérités de terrain sur sa colonne vertébrale. Il restait des progrès à faire...

L'équipe la rejoignit. Des sourires se lisaient sur les visages. Les derniers doutes étaient effacés.

Hanna, tout en maintenant une certaine distance, apprivoisa les individus avec qui elle allait non seulement devoir travailler tous les jours, mais aussi se distraire ; la région offrait peu de loisirs et elle ne se voyait pas se morfondre toute seule pendant ses plages de repos. Robert était reparti en Russie et n'était pas près de revenir.

Elle rencontra plus tard le fils de son amant, Hans, qui ressemblait comme deux gouttes d'eau à son papa. Il finissait sa formation de pilote de chasse sur Messerschmitt BE109. À peine plus vieux qu'elle, elle aurait pu éprouver une attirance physique sur la version juvénile de son compagnon, mais il n'en fut rien. Elle n'aimait que les hommes mûrs.

Comme tous les pilotes finissaient par se connaître, elle évita d'ébruiter sa relation avec son père, le général étant toujours marié. Du coup, elle fut affublée de l'étiquette célibataire.

Il lui restait à trouver un remplaçant, car les tentatives de rapprochement se multipliaient. Elle s'était retrouvée si souvent dans des situations embarrassantes, voire franchement désagréables, qu'il valait mieux être accompagnée pour éviter les refus. Vexer un jeune mâle dans la force de l'âge risquait d'ajouter à sa panoplie un ennemi qui ne manquerait pas de se venger à la première occasion. Heini Dittmar en était l'exemple type. Bien des années plus tard, depuis son voyage en Amérique du Sud, il lui en voulait toujours à mort.

Avec l'expérience, elle avait adapté des stratégies d'évitement et développé des mécanismes de défense. Se montrer au bras d'un chevalier servant était l'idéal.

Parmi tous les hommes qu'elle rencontra, elle jeta son dévolu sur Otto Skorzeny, un SS qui, après s'être remis de ses blessures de guerre, suivait un stage de pilotage.

L'officier dégageait une certaine brutalité. Il possédait un bagage militaire qui aurait fait pâlir d'envie une jeune recrue avide d'aventures. Il apprenait les rudiments de conduite d'un plus lourd que l'air, expliqua-t-il, pour les adapter à ses opérations commando. Arborant avec fierté, lui aussi, une Croix de fer, il s'intéressa à cette petite femme blonde, honorée de la même distinction – la connivence des décorés…

Comme les autres, elle écoutait avec beaucoup d'intérêt les histoires de guerre qu'Otto racontait à la fin des repas au mess des officiers de la base, cantine dont Hanna bénéficiait au même titre que tous les pilotes d'essai.

Tous deux se découvrirent des affinités. Le SS avait travaillé dans la garde rapprochée d'Hitler et gardait de bons rapports avec lui. Certes, Otto était un combattant né, à qui tuer des hommes, contrairement à Hanna, ne posait aucun scrupule.

Sous le sceau du secret, le soldat confia à Hanna qu'il formait des forces spéciales rompues aux actions les plus dangereuses. Une fois remis de ses dernières blessures, il reprendrait du service.

Malgré ses manières de comique troupier, Hanna cerna en lui une certaine timidité envers le sexe faible. En dehors des bordels militaires de campagne, Otto n'avait guère l'habitude de s'adresser à la gent féminine. Toute non-prostituée représentait pour lui une femme du monde à qui il devait le plus grand respect. Hanna le manœuvra avec facilité et s'en fit un allié fidèle.

Leur proximité donna tout de suite lieu à des ragots. Les 1m92 du soldat comparés à sa petite taille provoquaient des sourires dont elle se satisfaisait ; la supercherie avait pris et personne n'osait plus s'approcher d'elle de peur de s'attirer les foudres du géant. La première chose qu'une femme au milieu d'un essaim de militaires avait à régler était sa sécurité. S'associer à une forte personnalité le lui garantissait.

Hanna recevait régulièrement des lettres de sa mère, seul lien avec sa famille. Hanna redoutait ces missives, qui annonçaient toujours de mauvaises nouvelles. La dernière lui apprit que sa sœur avait perdu son bébé. Une mort subite non expliquée comme cela arrivait souvent. D'abord son mari, maintenant son enfant, Heidi semblait prise dans une spirale infernale que rien ne pouvait stopper. Son papa, lui non plus, ne remontait pas la pente. Selon les mots de sa mère, il traînait une tristesse permanente.

Hanna se serait bien passée du poids de sa famille. Pourtant, de façon inconsciente, elle comparait toujours les hommes qu'elle fréquentait à son père.

Quelques mois plus tard, l'opportunité qu'elle attendait se présenta. Wolfgang Späte ayant quitté le service, le groupe de pilotes d'essai ayant encore perdu quelques membres, elle postula pour ce qu'elle considérait comme son Graal. Elle s'adressa directement au nouveau directeur des opérations en stipulant que son travail à Regensburg avait donné toute satisfaction. Grâce à elle, le Komet était équipé à présent d'un système d'atterrissage performant. Devant la réticence du décideur, elle mentit en lui affirmant qu'Hitler lui avait octroyé l'autorisation de voler sur tous les types d'avions du Reich...

À la surprise générale, sa demande reçut une réponse positive et elle rejoignit la base d'Augsburg où se déroulaient les essais du moteur-fusée.

*

Nina von Stauffenberg, la belle-sœur de Melitta, décida dans la précipitation de quitter Berlin avec ses enfants. Claus avait été rapatrié d'Afrique à la suite de graves blessures. Il récupérait au château de Lautlingen, dans le sud du pays, dans la demeure familiale. Elle ne connaissait pas encore la nature des lésions de son mari, mais selon les informations données par l'État-major, elles semblaient sérieuses.

Une fois de plus, cette femme de tête montra une force de caractère et un courage hors du commun. La jeune mère portait sa famille à bras-le-corps et ne se laissait jamais accabler par le sort.

Melitta l'aida à emballer les affaires des enfants pour un séjour qui risquait de durer et les accompagna en taxi jusqu'à la gare. Elles se quittèrent dans le vacarme des locomotives à vapeur, qui tractaient avec peine des wagons surpeuplés. Melitta suivit des yeux sa belle-sœur penchée à la fenêtre. Elle laissa échapper quelques larmes dans les volutes de fumée. Une atmosphère de chaos recouvrait la gare, à l'image de ce qui se passait dans le pays. Elle se promit de la rejoindre au plus vite.

À l'occasion d'un congé, l'ingénieure en profita pour tenir sa promesse. Un séjour au château de Lautlingen l'emplissait toujours d'une grande joie. Elle prit le même train que sa belle-sœur et réalisa à quel point ses congénères souffraient des effets de la guerre. La lutte armée n'avait que faire des populations civiles. De nombreuses familles quittaient Berlin. Certaines avaient tout perdu sous les bombes, d'autres fuyaient pour mettre à l'abri jeunes et vieillards.

Melitta aida des femmes à supporter la durée du voyage en s'occupant de leurs enfants. Raconter des histoires d'avion lui rappela les moments qu'elle partageait avec ses neveux. Le train s'arrêtait parfois pendant des heures. Voyager à cette période envoyait les citoyens à l'école de la patience. Pour une pilote, l'immobilité était encore plus dure à supporter...

Melitta pleura de joie lorsqu'elle atteignit la demeure familiale. Un souper chaud et réconfortant lui fut servi par Nina et sa belle-mère. Le cauchemar était terminé.

Une belle surprise l'attendait, Berthold avait rejoint un peu plus tôt le berceau de la famille avec sa femme, Mika, et ses enfants. Il ne manquait qu'Alexander, reparti sur le front de l'Est. Dieu seul savait quand ils pourraient se revoir. La présence du frère de son mari déstabilisait toujours Melitta. Quand Berthold entrait dans une pièce, elle sursautait en croyant voir Alexander. Mika et elle en plaisantaient souvent. Si les jumeaux aimaient en jouer, cela accentuait le manque de l'absent.

Malgré la gravité des blessures de Claus – il avait perdu un bras, un œil et deux doigts de sa dernière main – la demeure respirait la joie. Une fois de plus, Melitta attisa l'exaltation sans bornes des enfants Stauffenberg.

Bien qu'il ne fût que le cadet de la fratrie, Claus avait revêtu le costume de chef de clan. Sa présence rassurait toute la tribu. Il les rejoignait à table à chaque repas en claudiquant et refusait toute aide extérieure pour manger. Melitta l'observait en train de se battre avec sa fourchette et reconnut le courage de Nina dans l'attitude de l'officier. Ces deux-là formaient un socle solide sur lequel pouvait s'accrocher la famille tout entière.

Les après-midi du colonel étaient consacrés aux visites. De nombreuses voitures officielles se garaient dans la cour du château, toujours du côté où elles ne pouvaient être vues de l'extérieur. Une atmosphère de secret entourait ces huis clos. Les deux frères Stauffenberg recevaient dans le grand bureau et les portes restaient désespérément closes.

De façon exceptionnelle, certains visiteurs étaient invités à dîner, comme l'ancien ambassadeur d'Allemagne à Rome, Ulrich von Hassell. Il était servi pour l'occasion des mets améliorés que tout le monde accueillait à juste raison. Ce soir-là, la cuisinière avait préparé un gibier en gelée. Le diplomate en reprit trois fois.

L'homme n'aimait pas Hitler et ne s'en cachait point. Il montrait une franchise inhabituelle. Alors que la grande majorité de la population regardait autour d'elle avant de proférer quelques critiques, toujours à voix basse, l'ambassadeur, lui, tonitruait sans réserve. Claus et Berthold souriaient devant sa faconde et semblaient d'accord avec tout ce qu'il disait. Nina et Melitta buvaient ses paroles en silence. Leurs regards se croisaient avec complicité lorsque l'ambassadeur criait des insultes qu'elles avaient elles-mêmes proférées au milieu du Wannsee…

Lorsque les derniers employés quittèrent le château, les conversations se libérèrent. Berthold expliqua au diplomate la situation raciale de Melitta – preuve d'une confiance aveugle. Ce dernier leur souligna la rareté de ce privilège. Il tenait ses informations de la Chancellerie même.

« Seulement trois cents personnes ont obtenu un statut d'égal à aryen sur dix mille demandes, confia-t-il. Le registre est tenu par Martin Bormann, le puissant secrétaire particulier d'Hitler. Inutile de vous dire qu'arracher une signature est devenu impossible sans une forte compromission. Je ne sais pas comment vous avez réussi cette prouesse, comtesse, mais vous avez eu beaucoup de chance … »

Melitta s'inquiéta pour ses parents qui en avaient fait aussi la demande. La porte se refermait pour eux. Elle devrait continuer à se battre pour la sécurité des siens.

Claus leur apprit que les juifs de toute l'Europe étaient transférés vers des camps de travail d'où s'échappaient les pires rumeurs. Des trains à bestiaux avaient été confisqués par les SS pour transporter ces pauvres gens dans des conditions déplorables.

« C'est la honte de l'Allemagne », clama-t-il.

La défaite de Stalingrad[26] avait rendu le chancelier complètement fou. Malgré leur serment d'allégeance, de nombreux officiers ne voulaient plus suivre leur führer. La

---

[26] Aout 1942 à février 1943

population exsangue était prête à soutenir une sédition, contrairement à ce qu'affirmait Goebbels.

Les autorités rapatriaient du front les membres des anciennes familles afin d'éviter que leurs morts ne vinssent attiser une flambée monarchiste. Le gouvernement soignait ses arrières, même si la défaite n'était pas envisageable. À la fin d'un silence pesant, Claus déclara sur un ton solennel :

« Il est temps maintenant que quelque chose soit fait. Toutefois, celui qui osera agir doit être conscient que c'est bien en tant que traître qu'il entrera dans l'Histoire allemande. Cependant, s'il s'abstient, il serait alors un traître face à sa propre conscience »[27].

Ulrich von Hassell opina. Berthold resta silencieux. En croisant le regard de Nina, Melitta comprit que quelque chose se tramait.

L'ambassadeur ne cessa d'alerter la famille de la puissance des SS. Ils surveillaient tout. La garde ne devait jamais baisser.

Le lendemain, Melitta interrogea Claus sur un possible retour de son mari. Il ne pouvait l'affirmer, mais il confirma la tendance à faire remonter à l'arrière les membres des grandes lignées germaniques.

« Tant qu'il n'est pas trop tard, lui confia-t-il en lui montrant la manche vide de son bras. »

Ses derniers mots la terrifièrent.

---

[27] Propos rapportés littéralement par les témoins

Après une formation axée sur la technologie de la propulsion chimique, sur l'aérodynamique des grandes vitesses, et sur les dangers des carburants ergols, Hanna obtint enfin le feu vert pour son premier vol à moteur-fusée.

Le jour J, son programme d'essai en tête, programme que le nouveau chef pilote avait volontairement allégé pour ses débuts, elle enfila avec soin une combinaison cousue à sa taille. Ce vêtement spécial avait été conçu pour retarder l'attaque du carburant hautement corrosif en cas de fuite. Accoutrée de la sorte, elle ressemblait à un pingouin. Pour une fois, elle évita de faire le pitre ; elle atteignait un tournant important de sa carrière, de plus, les procédures qu'elle avait répétées des dizaines de fois ne laissaient aucune place à l'amusement.

L'instant chargé de solennité, elle s'installa à bord de l'avion avec l'aide d'un mécanicien. Elle acquiesça de la tête aux dernières consignes de son tuteur, un pilote d'essai confirmé, sans quitter des yeux les techniciens qui terminaient le plein d'ergol liquide – la moindre des maladresses et c'était l'explosion.

Le petit groupe s'écarta à la fin de la préparation.

Si Hanna Reitsch jouissait d'une notoriété certaine, elle allait cette fois entrer dans la légende. La tête pleine d'étoiles, elle leva le pouce en direction des hommes qui l'observaient à bonne distance. De façon appliquée, elle entama la procédure de mise à feu. Elle aurait pu effectuer la manœuvre les yeux fermés tant elle l'avait répétée. Elle poussa sur les leviers, appuya sur les boutons, vérifia les informations sur des cadrans et procéda à l'allumage de son propulseur.

Un petit tour d'horizon : tout était clair. De l'extérieur comme de l'intérieur, tout semblait OK. Dans sa radio, son chef pilote lui communiqua l'autorisation de poursuivre.

Hanna poussa sur la commande de gaz et sentit l'avion se déplacer. Soudain, la puissance de la fusée la colla au siège. Tous les muscles contractés, elle lutta contre la pression qui projetait sa masse sanguine vers l'arrière du corps. Elle n'osa croire le cadran de vitesse tant l'accélération était forte. Une fois en l'air, les soubresauts des aspérités du champ d'aviation disparurent. Elle appuya sur la commande d'éjection du chariot ne servant qu'à la phase de mise en vol. Débarrassée de ce poids mort, la fusée accéléra encore pour friser les 500 km/h en bout de piste.

Hanna tira sur le manche et l'avion monta dans le ciel comme un boulet de canon. Elle maintint le nez à la verticale sans que la vitesse ne diminuât. Elle sentit ses tympans craquer, son cœur tambouriner dans sa poitrine – irriguer son corps dans de telles circonstances demandait à l'organe cardiaque un travail énorme. Vite respirer !

Les vingt mille pieds furent atteints en quelques secondes. Elle sortit du cabré pour rejoindre une attitude de vol horizontal. C'est seulement à ce moment qu'elle retrouva son souffle. La bombe volante répondait à ses sollicitations comme un animal sauvage en cours de domestication. Elle s'offrit un regard vers le sol et se félicita d'avoir avalé une telle altitude si rapidement.

Alternant vol plané et vol propulsé, elle emmagasina sans perdre de temps les données qu'elle devrait restituer à son retour. L'autonomie de carburant laissait peu de loisirs : vingt-cinq minutes si elle gérait bien, pas plus. Les stratèges avaient calculé que ce laps de temps suffirait pour abattre trois ou quatre bombardiers. À cette vitesse, il ne fallait que quelques minutes à l'intercepteur pour rejoindre une escadrille ennemie et ouvrir le feu sans qu'aucun des guetteurs ne le voit arriver. C'était l'arme fatale et c'était elle, Hanna Reitsch, qui la pilotait.

Le retour se passa sans anicroche. Elle connaissait cette phase de vol par cœur. Bien que ce qu'elle venait de vivre s'apparentât au plus bel orgasme qu'elle ait pu ressentir, elle ne devait pas se relâcher. Les pièges étaient nombreux. Cette machine avait tué plusieurs pilotes. Le retour sur terre demandait une grande concentration et il convenait d'être prudente.

Au sol, une fois la verrière ouverte, elle retira son casque de protection et laissa éclater sa joie, enivrée par les sensations accumulées et les capacités faramineuses du prototype.

« C'est mieux que dix bouteilles de Schnaps, expliqua-t-elle aux techniciens qui l'aidaient à sortir de son cockpit. » Dans de grands gestes, elle résuma le comportement du Komet, ce qu'elle avait ressenti, le bruit, l'odeur, la vitesse… Elle tentait de partager ses impressions inouïes, mais aucun mot n'était trop fort. La prochaine fois, elle essaierait de passer la barrière du son, voler au-delà de 1000 km/h. Dittmar y était parvenu sans que son record ne soit homologué, période de guerre oblige, elle, elle le ferait savoir à la planète entière...

Le chef pilote la ramena sur terre en lui rappelant le secret auquel elle était liée.

« On ne joue plus à qui va aller le plus haut ou le plus loin, lui assena-t-il d'un ton qui ne plaisantait pas. Vous êtes à bord d'une machine de guerre et de son secret dépendra l'issue de ce conflit, alors gardez votre langue si vous ne voulez pas être accusée de haute trahison. Compris ? » Hanna acquiesça. Elle dévia ses griefs en lui promettant de rendre son rapport sans tarder. Son travail de pilote d'essai consistait à transcrire en langage technique ses observations. On ne devait plus lui reprocher de l'oublier.

Le soir, tandis qu'elle fêtait son vol historique, elle offrit à ses collègues un spectacle bien éloigné du courage qu'elle avait démontré jusque-là.

Alors qu'elle se servait un plat au self-service, les témoins l'entendirent hurler comme si quelqu'un l'égorgeait. Accourus pour lui porter secours, croyant découvrir un drame sanglant, ils la trouvèrent perchée sur une table toute tremblante. Elle pointait du doigt un recoin du buffet en balbutiant :

« Une souris, j'ai vu une souris… »

Beaucoup de pilotes se souvinrent de l'anecdote comme un des moments les plus cocasses de leur vie. À la limite de l'hystérie, Hanna refusa de rester dans le réfectoire. Elle s'échappa en sautant de table en table, provoquant l'hilarité des témoins de la scène. Cette femme pilotait des machines extraordinaires en faisant preuve d'un courage face à la mort que peu d'hommes étaient capables d'égaler, mais hurlait à la vue d'un petit rongeur… De quoi effacer tout ce qu'elle avait accompli jusque-là pour faire accepter le sexe faible dans ce monde extrêmement fermé.

Elle réitéra ces vols à moteur-fusée pour remplacer au pied levé des pilotes titulaires. Hanna Reitsch aux commandes assurait des subventions supplémentaires. Les concepteurs du projet ne l'oubliaient pas.

Hanna flirta chaque fois avec la vitesse du son sans jamais l'atteindre. Ses sorties propulsées étaient observées de près par les ingénieurs et par sa hiérarchie. La réputation de pilote à surveiller comme le lait sur le feu lui collait à la peau. Elle savait que rien ne lui serait pardonné si elle s'écartait d'un iota du plan d'essai. En dehors de ces sorties exceptionnelles, elle restait attachée au programme classique de vols planés, rongeant son frein pour devenir à son tour titulaire. Elle gardait au fond d'elle-même l'objectif de passer un jour le mur du son. Son heure viendrait. Elle ne manquerait pas d'en toucher deux mots à Robert, le jour où il reviendrait du front.

Malheureusement, c'est sur un vol classique que se termina sa collaboration avec le Komet.

Elle était tractée par un avion conventionnel quand peu après le décollage, une panne électrique survint, l'empêchant de larguer le chariot roulant. Handicapée par ce poids supplémentaire, anti-aérodynamique, le Komet avait remplacé sa vigueur de réaction par une mollesse inquiétante. Hanna avait l'impression de traîner un parachute. La radio ne fonctionnant plus, elle ne put communiquer ses directives à l'avion-tracteur ni demander des consignes aux ingénieurs.

Une fois larguée dans le ciel, elle tenta de se débarrasser de cet encombrant fardeau en effectuant des manœuvres brutales. En vain, le crochet libérateur refusait de s'ouvrir. Elle devait prendre une décision rapide. Se poser avec un dispositif qui n'était pas prévu pour ça ou abandonner le bord en sautant en parachute. Elle n'avait pas envie d'endosser la faute de la perte de l'appareil et les retards qui s'ensuivraient – les quolibets de ses camarades ne manqueraient pas.

Elle choisit la première option. Elle écourta l'approche, car le Komet descendait à un taux anormalement élevé, entraîné inexorablement par son encombrant fardeau. Elle atteignit le seuil de piste à une hauteur trop grande. Elle aperçut en flash les secours qui s'étaient déjà positionnés.

La vitesse nécessaire à tenir l'air lui fit toucher le sol avec brutalité. Le Komet rebondit plusieurs fois sur ses roues, jusqu'à ce que le chariot se détachât. L'avion percuta la piste et tournoya dans un fracas terrible. Hanna heurta le tableau de bord et perdit connaissance.

Quand les secours l'extirpèrent des décombres, ils pensaient que c'en était fini. Elle reprit conscience dans l'ambulance, en état de choc. Son visage en bouillie laissait présager une mort imminente.

Elle arriva à l'hôpital militaire, encore en vie. Les médecins diagnostiquèrent plusieurs fractures – crâne, vertèbres et côtes – et un nez complètement écrasé. Son pronostic vital ne laissait aucun espoir.

L'accident fit grand bruit dans le pays. Depuis la disparition d'Ernst Udet, aucune mort n'avait créé un tel émoi. La propagande monta en épingle le courage de son égérie, en insistant sur la lutte pour la vie d'une enfant de la Nation. Les attaques aériennes nocturnes et les privations dégradaient le moral d'une population durement touchée. Elle avait besoin de s'accrocher à ses héros comme un croyant à son Sauveur. Il était bon de montrer au peuple allemand qu'il y avait toujours plus malheureux que lui.

À la demande de Joseph Goebbels, prompt à transformer un échec en victoire, Hermann Goering gratifia Hanna de la Croix de fer de première classe : une distinction octroyée à titre exceptionnel, car créée pour fait de guerre hautement héroïque. De l'avis de tous, une telle exception était accordée parce que le titre posthume ne faisait aucun doute.

Si beaucoup d'officiers de la Luftwaffe acceptèrent les honneurs de la jeune aviatrice, d'autres les refusèrent. Elle avait une fois de plus cassé un avion et on la décorait... De nombreux pilotes avaient péri dans des actes autrement plus héroïques sans bénéficier pour autant de tels égards.

Melitta, en accord avec la seconde partie des aviateurs, ne se gêna pas pour partager son opinion avec son ami Georges Pasewaldt lors d'un dîner à l'aéroclub. Elle lui rappela ce qu'elle lui avait dit au sujet de leur incident à Rechlin. Hanna Reitsch est une tête brûlée en qui l'on ne peut faire confiance. D'après ses sources, l'infortunée pilote n'avait pas respecté les consignes de sécurité de façon scrupuleuse, et si elle était si gravement blessée, c'était sa faute ; les secouristes l'avaient trouvée sans son harnais d'épaule. On ne part pas en vol d'essai sans un minimum de rigueur. Melitta n'avait jamais changé d'avis sur sa consœur.

« Elle a une chance inouïe. Elle aurait eu du carburant dans les réservoirs et c'était l'explosion... »

Georges buvait les paroles de la comtesse sans la quitter des yeux. Elle aurait pu affirmer que sa consœur travaillait pour les alliés, il l'aurait crue sans réserve. Pour lui, la vraie héroïne nationale était la femme qui lui faisait l'honneur de partager son dîner. Il lui promit d'intervenir pour essayer de changer le cours des choses. Il avait accès au maréchal Goering et lui ferait part de ses doléances.

C'était sans compter sur l'aura nationale de la petite pilote. Le ministre resta sourd aux remarques de ses contradicteurs et la distinction militaire lui fut confirmée malgré leurs grincements de dents.

Des journalistes accompagnèrent le maréchal Goering en personne pour immortaliser le moment. Il épingla la médaille sur une Hanna moribonde, la tête enturbannée, ne laissant apparaître que deux fentes pour les yeux.

Hanna reçut des tombereaux de lettres d'encouragement ainsi que de nombreux cadeaux. Les plus hauts dirigeants ne manquèrent pas de lui faire parvenir fleurs et douceurs. Même Heinrich Himmler, le patron des *SS*, se fendit d'un mot et d'une boîte de chocolats.

Emmy, sa mère, vint spécialement de Hirschberg pour veiller sur sa fille et restreindre les nombreuses demandes de visite. Elle s'improvisa secrétaire en gérant ce courrier digne des plus grandes stars de cinéma. Son père, lui, n'avait pas jugé bon de faire le déplacement…

À la surprise générale, la constitution de la petite pilote se montra plus résistante que prévu. Non seulement elle survécut à ses nombreuses blessures, mais les chirurgiens accomplirent des prouesses. Cinq mois plus tard, elle fit ses premiers pas hors de l'hôpital avec un visage refait à neuf et une distinction dont elle était l'unique civile détentrice. Malheureusement, de fortes migraines et des pertes d'équilibre douchèrent son enthousiasme de retour aux affaires.

Comme en écho aux dernières vicissitudes de la malchanceuse aviatrice, la comtesse Schenk von Stauffenberg reçut un télégramme officiel : la Croix de fer seconde classe lui était attribuée. Hermann Goering la lui remettrait en personne.

Melitta y vit la patte de son ami et admirateur. Si Georges avait échoué dans la destitution d'Hanna, il avait intercédé pour qu'elle soit remerciée à son tour pour l'ensemble de ses travaux. Au fond, même en rejetant l'autorité qui la lui remettrait, la citation lui faisait plaisir. Comment allait-elle l'expliquer à sa famille ? Qu'y pouvait-elle ? Sa récompense était liée à son travail et non à ses opinions. Ils comprendraient…

À la date prévue, l'ingénieure se rendit à la villa de Goering, sur la *Leipziger Strasse.* Elle fut accueillie avec chaleur par la seconde épouse du maréchal-ministre : Emmy. D'autres femmes l'accompagnaient et patientèrent avec elle jusqu'à l'arrivée de l'hiérarque.

En attendant, elles parlèrent art, car toutes savaient que Melitta s'adonnait à la sculpture. Emmy lui fit découvrir les différentes pièces de valeur qui avaient pris place dans la résidence. Constatant la grande connaissance de Melitta, la maîtresse de maison lui proposa de venir un jour à leur refuge de campagne, où se trouvaient « des pièces uniques qui valaient le déplacement. » Elle n'avait qu'à proposer une date. Melitta fut surprise de tant de gentillesse à son égard.

Le Premier ministre mit fin à la discussion en arrivant entouré d'officiers supérieurs en uniforme impeccable. Il s'inclina devant l'aviatrice dans un baisemain protocolaire et invita le groupe à le suivre dans son bureau.

Il témoigna à son invitée d'honneur tout l'intérêt qu'il portait à l'aviation en général et sur ses travaux en particulier. Il lui demanda avec humour quels avions elle n'avait pas encore pilotés.

« Encore beaucoup, Monsieur, mais je ne suis pas pressée tant il y a à faire, s'entendit-elle répondre. » Le gros Hermann fixa son invitée en se souvenant de la petite blonde pleine de fougue et de morgue qui l'avait défié. Des deux femmes pilotes d'essai du pays, celle qui lui faisait face possédait une élégance qui sans conteste manquait à l'autre.

Dans le bureau, il lui épingla sa distinction sur le revers du chemisier qu'elle avait étrenné pour l'occasion.

« Vous remercierez le comte Alexander de vous laisser voler pour le Troisième Reich. Je connais peu d'hommes qui accepteraient de laisser leur épouse entre les mains peu recommandables d'aviateurs friands de jolies femmes. »

L'assemblée pouffa devant la remarque. Melitta ne se sentait pas très à l'aise, d'autant plus que de hauts gradés *SS* étaient présents. Elle n'oubliait pas ces longues années d'angoisse liée à sa judéité.

Goering lui demanda si son mari allait revenir occuper sa chaire à l'université de Würzburg, après la guerre.

« J'ai ouï dire que le comte se comportait de façon très courageuse au sein de son unité d'artillerie. Ses états de service lui serviront pour obtenir ce qu'il désire, insista-t-il. Et vous, que souhaitez-vous pour votre avenir ? Quand nous gagnerons cette guerre, vous n'allez tout de même pas continuer votre vie à effectuer des plongeons de la mort dix fois par jour ?

— Non, Maréchal. Je présente une thèse afin d'obtenir un doctorat. J'aimerais devenir professeure d'aérodynamique. Je ne suis pas certaine de pouvoir continuer de nombreuses années à ce rythme.

— C'est une excellente idée, comtesse. Nos écoles ont besoin d'experts comme vous. Ernst ne s'y était pas trompé, il a toujours dit du bien de vous. »

Le maréchal s'approcha de son oreille et lui glissa :

« Il a eu raison de se battre pour vous faire obtenir votre statut d'égale à aryenne. Je ne regrette pas mon intervention. »

Melitta en eut le souffle coupé. Elle avait confirmation de l'intervention du Premier ministre en sa faveur. C'était une preuve d'estime incontestable, mais cela la liait à lui à jamais.

Il la regarda avec un sourire qui laissait entrevoir ses petites dents carnassières.

« N'hésitez pas à revenir vers moi si vous avez des besoins, poursuivit-il. »

Le groupe de femmes, Emmy Goering à leur tête, interrompirent leur conversation. Elles tentaient d'exfiltrer Melitta des griffes masculines. Des photographes prirent encore quelques clichés aux côtés des officiels et libérèrent l'ingénieure.

La fin de la réception se termina de bonne heure afin de permettre aux participants de regagner leur logis avant les premières alertes.

Quelques jours plus tard, la presse rapporta la cérémonie sur ses pages et projeta la comtesse sur le devant de la scène. Toujours cette volonté de la propagande à créer de nouvelles héroïnes. La débandade en Russie avait laissé de profondes cicatrices dans la population. Tout était bon pour Joseph Goebbels pour maintenir le moral dans le pays, malgré le statut de guerre totale, statut qu'il avait lui-même insufflé au führer.

En découvrant son adversaire dans les journaux, Hanna Reitsch ne cessa de fulminer. Diminuée, finie – les médecins lui donnaient peu d'espoir quant à un retour dans les cockpits – son moral atteignait des abîmes. Voilà que la Stauffenberg essayait de prendre sa place dans le cœur des Allemands. Elle avait envie de hurler son désespoir.

Peter Riedel, l'ami fidèle, choisit ce moment pour lui rendre une visite amicale. Hanna séjournait dans une clinique située le long du Tiergarten après avoir subi une énième opération.

Ils s'installèrent sur le balcon de sa chambre avec vue sur le célèbre parc. Des jonquilles et un soleil timide annonçaient un printemps qui tardait à venir.

Peter remarqua le journal *Les Nouvelles Berlinoises Illustrées* jeté au sol, Melitta von Stauffenberg arborant sa décoration en première page. Il comprit que les rides sur le visage de son amie ne reflétaient pas la douleur de l'opération chirurgicale, mais une grande colère. La promotion de sa consœur était un véritable scandale, cria-t-elle.

« Cette femme m'a toujours jalousée, dit-elle. Je sais de source sûre qu'elle a appelé le professeur Georgii lorsque j'ai été nommée *Flugkapitän*. Ce n'était pas pour m'envoyer des félicitations – non, pour ça, elle n'a eu aucun mot – c'était pour lui demander comment obtenir le même grade. Je sais aussi qu'elle a intrigué lourdement auprès des officiers supérieurs pour avoir sa Croix de fer. Elle ne supportait pas que j'en aie été gratifiée et pas elle. Mon état physique lui importait peu. Que j'aie failli mourir ne l'a pas chagrinée une seule seconde. Une Croix de fer sur la poitrine d'une juive est un véritable affront. Crois-moi, Peter, je ferai tout pour faire invalider sa décoration…

Riedel pensait passer un moment agréable avec son amie, il était tombé sur un mauvais jour. Il connaissait bien Hanna. Elle s'agitait beaucoup et se calmait peu. Il tenta de lui faire comprendre que sa rivalité ne servait à rien, qu'elle ne lui apporterait que des ennuis. S'incliner était une preuve d'intelligence, laisser la place à une autre de la grandeur d'âme. Si son avenir aérien ne lui laissait guère d'espoir, elle trouverait de nouvelles fonctions. Sa vivacité ne tarderait pas à prendre le dessus.

Peter était probablement le seul homme à bien connaître les deux aviatrices. S'il avait commis quelques erreurs par le passé en divulguant leurs secrets, il était prêt aujourd'hui à faire amende honorable. Pourquoi ne pas organiser un dîner ? N'était-il pas grand temps d'organiser un rapprochement ?

Ces derniers mots firent entrer la convalescente dans une rage encore plus forte.

Hanna et Melitta étaient devenues les deux femmes les plus honorées de l'Allemagne nazie. Il y avait de la place pour deux, mais aucune de ces héroïnes ne souhaitait partager l'affiche. Il n'y avait qu'une seule marche sur le podium et c'était celle qu'elles convoitaient.

Chapitre 30

Hanna se battit de longs mois pour recouvrer sa santé. Plutôt que séjourner dans un centre de réadaptation militaire, chargé de blessés revenant du front, elle préféra se retirer dans les Alpes bavaroises chez des amis de la famille, loin du tumulte et des attaques nocturnes.

Jour après jour, elle effectua des sorties au grand air. Ses randonnées, de plus en plus longues, atténuaient la virulence de ses maux de tête. Elle tentait de s'habituer à son visage qui, bien que possédant les mêmes caractéristiques, avait subi quelques modifications notoires. Seul aspect positif de sa mésaventure : son nouveau nez la rendait plus belle qu'avant.

Les villageois la croisaient régulièrement, toujours appuyée sur une canne de montagne. Les gens la saluaient avec politesse, respectant sa solitude. Sa soif de revanche ne se devinait pas, mais guidait chacun de ses pas.

Le choix de cette retraite montagnarde se révéla le bon ; l'oxygénation de son cerveau atténua ses céphalées jusqu'à les voir disparaître. C'était un grand bond vers la guérison. Il ne restait à soigner que ses pertes d'équilibre. Pour cela, elle s'inventa un traitement basé sur la persévérance et la volonté.

Le soir, elle grimpait à plusieurs reprises les escaliers de la demeure. Soit avec les yeux ouverts, soit en clignant de l'œil, soit les paupières closes. Elle s'enhardissait au fur et à mesure et accélérait le rythme jusqu'à sentir son équilibre revenir. Elle termina sa convalescence en grimpant sur le toit où, sur le faîtage, elle joua l'équilibriste à quinze mètres du sol, les bras écartés, à la merci de la moindre rafale. Ses capacités physiques revenaient et cela la gonflait d'espoir. Elle était à présent persuadée de pouvoir revoler.

Elle décida de rentrer à Berlin. Son éloignement n'avait que trop duré, mais avant, elle s'arrêta à Darmstadt. Elle souhaitait emprunter un avion en catimini afin de s'assurer qu'elle en était capable. Pour cela, elle sollicita son ami de toujours : Wolf Hirth.

Après les effusions des retrouvailles, elle l'attaqua sans détour. Wolf ne tergiversait jamais et la meilleure façon d'aborder un problème avec lui était de le prendre de front.

L'aviateur constructeur de planeurs retira sa prothèse et allongea son moignon sur un pouf. Il fixa son célèbre tube osseux sur le coin de la bouche et alluma une cigarette, signe d'une intense réflexion. Au bout de quelques minutes, il accepta sa proposition. Il lui prêterait son avion de remorquage en toute illégalité – Hanna n'avait plus le droit de piloter, sa licence de vol lui avait été retirée – mais il comprenait sa demande, il aurait agi pareillement.

Le lendemain matin, avant toute activité dans le centre, elle décolla seule aux commandes. Certes, les performances du monomoteur n'avaient rien à voir avec ce qu'elle avait connu sur des machines de guerre, mais le petit avion se révélait largement suffisant pour ce qu'elle avait à accomplir. Cette fois, les essais ne concernaient que ses capacités personnelles. Pendant le vol, elle effectua des manœuvres qui poussèrent son corps à ses limites. Lorsqu'elle fut satisfaite, elle se posa sans encombre.

Wolf l'attendait au sol avec inquiétude. Une fois l'hélice arrêtée, elle lui fit signe d'un pouce levé. Il ne lui restait plus qu'à aller combattre l'administration berlinoise et récupérer ses droits.

La rescapée reprit une chambre à l'aéroclub et fit table ouverte à son restaurant favori, invitant à tour de bras toutes sortes d'officiers de la Luftwaffe. De nombreux témoins l'aperçurent non loin du ministère de l'Aviation, arpentant *Wilhelmstrasse* où elle tentait d'intercepter des décideurs. Croix de fer autour du cou, badge de *kapitän,* en évidence, elle faisait feu de tout bois pour gagner son ticket dans une escadrille. Elle annonçait à qui mieux mieux son retour aux affaires. Elle affirmait n'avoir que l'embarras du choix avec le soutien des plus hautes autorités. En réalité, son dossier médical était à l'étude et elle attendait toujours le feu vert de la commission des licences.

Pendant sa quête, elle retrouva un ami d'enfance, Wernher von Braun. À l'époque, tous deux jouaient aux apprentis pilotes en dévalant les pentes de Hirschberg pour tracter des planeurs. Elle se souvint d'un garçon un peu lunaire qui s'amusait à faire voler toutes sortes de maquettes qu'il fabriquait. Il lui apprit qu'il était devenu un grand spécialiste des moteurs à propulsion chimique et qu'il travaillait sur un projet confidentiel, totalement différent du Komet. Il venait régulièrement au ministère pour rendre des comptes et glaner quelques subsides.

Au courant de l'accident d'Hanna – qui n'en avait pas été informé ? – il lui parla sous le sceau du secret de ses recherches sur les missiles balistiques. Lui aussi courait après les aides pour, selon lui, fabriquer une arme redoutable.

« Le Komet a pris beaucoup de retard, confirma-t-il, il ne sera jamais prêt à temps. Mon missile a encore quelques défauts de jeunesse, mais il devrait être réglé sous peu. Le commandement militaire a déjà ordonné sa fabrication en masse dans des usines souterraines. Dès qu'il sera opérationnel, nous le lancerons sur l'Angleterre. Viens me voir à Peenemünde, proposa-t-il. Nous avons besoin d'une représentante de charme pour le défendre. Ton carnet d'adresses nous intéresse. »

Hanna lui promit d'y réfléchir. Mais elle rêvait en silence de retrouver son Komet. Son accident avait profondément meurtri son amour-propre. Elle se sentait dans la peau d'un champion de ski qui se serait blessé en tombant des escaliers. Elle devait revoler. Elle n'acceptait pas qu'on la considérât comme une vulgaire vendeuse d'armes. Elle refusait toujours les propositions qui allaient dans ce sens. Elle ruminait sa revanche. Quel appareil autre que le Komet pourrait lui faire accéder à la première marche du podium ?

Le jour où elle récupéra sa licence, grâce à l'indéfectible Robert von Greim, elle accepta de l'accompagner à un dîner chez Hermann Goering. Leur relation, bien que secrète, ne trompait personne. Le général avait beau affirmer qu'Hanna travaillait comme collaboratrice au sein de ses unités d'essai, les sourires en coin ne manquaient pas. La guerre offrait des privilèges aux hommes mariés beaucoup plus étendus qu'en temps de paix, surtout en ce qui concerne le repos du guerrier…

Pendant l'apéritif, Hanna rencontra Heinrich Himmler, le patron des *Schutzstaffel*. Elle le remercia des chocolats qu'il lui avait envoyés lors de sa convalescence. Ce dernier se montra d'une courtoisie surannée, ce qui rendit jaloux Robert et illustra l'animosité qui régnait entre les *SS* et les militaires de carrière. Hanna le savait, mais un soutien de ce niveau n'étant pas à négliger, elle se laissa séduire au grand dam de son amant.

Lors du repas, tandis que le maréchal vantait les avancées du Komet et son arrivée prochaine dans les escadres de chasse, Hanna précisa avec un grand sourire que ces belles paroles seraient merveilleuses si elles étaient vraies – elle savait pertinemment que l'avion n'était pas encore entré en production et pensait que le ministre plaisantait.

Ce dernier l'interrogeant de ses yeux glacés l'obligea à poursuivre. Elle lui énuméra des chiffres dont elle se souvenait. Goering n'en avait jamais entendu parler. Avant qu'elle ne terminât, le ministre tapa du poing sur la table. Il la foudroya du regard et quitta la salle à manger sans un mot, suivi d'Emmy, son épouse, qui tentait de sauver ce qu'il restait de son dîner.

Robert faisait pâle figure, de même que les autres convives. Ils venaient d'être témoins d'un crime de lèse-majesté, qui plus est, commis par une femme. L'aviatrice avait beau jouir des faveurs des caciques du parti, cette fois, elle était allée un peu trop loin.

Au-delà de son écart protocolaire, Hanna prit conscience avec effroi que le *Reichmarshall* n'avait pas la moindre idée de la réalité des choses. Ses subordonnés lui mentaient par peur des représailles, et par conséquent, mentaient également à Hitler. Si l'exécutif se vautrait dans le faux, quelle direction prenait cette guerre monstrueuse ? Si le bluff marchait contre l'ennemi, n'était-il pas contre-productif quand il œuvrait dans son propre camp ? Hanna réalisa la stupidité d'une telle politique. Elle fit un tour de table à la recherche d'une approbation.

Seul Heinrich Himmler répondit à son invite en affichant un sourire énigmatique. À travers ses petites lunettes rondes, il fixa la jeune femme sans le moindre égard pour von Greim.

Dans la voiture qui les ramenait à l'aéroclub, Robert entra dans une rage folle. Hanna ne savait pas ce qui, de sa maladresse ou du comportement du binoclard *SS,* l'avait le plus irrité. Elle avait envie de lui crier son émoi devant tant de bêtise, mais elle comprit qu'il valait mieux qu'elle n'en rajoutât point. Elle lui saisit la main et lui jura loyauté et fidélité. Le général appartenait à la vieille école. Il restait sensible aux paroles données.

Elle l'aimait beaucoup. Il avait été le seul à lui apporter ce dont elle avait profondément manqué. Ce soir, l'homme calme et mesuré qu'elle connaissait dévoila une facette sombre de son caractère. Elle tenta de l'attirer dans sa chambre pour finir la nuit, mais il refusa, prétextant une réunion importante, le lendemain aux aurores. Depuis leur départ du quartier général SS, il ne quittait pas son cigare de la bouche, preuve d'une immense colère.

Dépité par sa réaction, inquiète de perdre le seul véritable soutien dans les hautes sphères, Hanna planifia sans attendre une visite à Peenemünde. Quoi de mieux qu'un voyage sur la base de recherches dans le nord du pays pour se faire oublier et qui sait, pour trouver peut-être une occupation digne d'elle ? Son train de vie dispendieux avait vidé son compte en banque et sa petite pension d'invalidité temporaire ne lui permettait plus de vivre comme elle le souhaitait. Ignorant combien de temps prendrait sa réintégration chez Messerschmitt, elle imagina qu'agiter l'épée de la concurrence ferait bouger les choses.

Le 17 août 1943, Wherner von Braun la reçut comme une princesse, ou plutôt comme si elle appartenait aux hautes sphères du parti nazi. Cette période troublée ne laissait aucune place aux relations aussi simples que l'amitié. Toute relation entre deux individus débutait soit par un intérêt professionnel, soit par une attirance sexuelle.

Peenemünde était une base au bord de la mer Baltique dont les ateliers se cachaient sous les arbres d'une forêt profonde. Elle avait été préservée jusque-là des attaques de l'aviation alliée.

Hanna visita le laboratoire de recherche et fut introduite auprès des chercheurs. Elle constata avec plaisir que sa réputation était intacte. Les physiciens lui présentèrent un missile balistique dans son silo. Ils lui expliquèrent d'une façon schématique son fonctionnement en insistant sur la précision de sa navigation, système mis au point par sa collègue, la comtesse Melitta von Stauffenberg. Hanna tourna sa langue dans sa bouche avant de lâcher une vacherie. Elle devait apprendre à se retenir.

Le soir, au dîner, assise à la place de l'invitée d'honneur, elle utilisa toutes ses armes pour charmer son auditoire. Elle raconta de nombreuses anecdotes sur ses vols avec l'humour qui la caractérisait. Cette charmante soirée se termina dans la bonne humeur. Finalement, les ingénieurs étaient plus sympathiques qu'elle ne le pensait.

Raccompagnée par Wherner en personne, l'aviatrice perçut le ronron lointain de moteurs d'avions.

« Cette nuit, Berlin va encore subir les assauts des alliés, » dit-il avec inquiétude avant de la quitter pour retourner travailler.

Hanna entra dans sa chambre, un petit baraquement de charme isolé sur une plage au bord de la Baltique. Elle n'eut pas le temps de se coucher que les premières explosions retentirent. D'abord lointaines, puis de plus en plus proches. Les alliés avaient choisi cette nuit-là pour attaquer la base.

Isolée, ne sachant où se trouvait le premier abri disponible, la jeune femme resta dans son lit. À quoi bon se cacher dans cette bicoque en bois ? Si un obus lui tombait dessus, elle ne s'en tirerait pas.

À Berlin aussi, elle avait décidé de demeurer dans sa chambre pendant les alertes. Elle sentait au fond d'elle-même que son heure n'était pas arrivée. Depuis le temps, le Bon Dieu l'aurait rappelée s'il avait eu besoin d'elle.

La chasse allemande ripostait de plus en plus souvent. Son adversaire – encore elle – avait mis au point une technologie qui permettait aux avions allemands de chasser les ennemis en pleine nuit. Une escadre basée à Berlin était équipée de ces dispositifs et répondait systématiquement aux attaques.

Hanna attendit près d'une heure avant d'entendre un changement dans le rythme des norias de bombardiers qui lâchaient leurs cargaisons de mort. Des staccatos lointains semblèrent lui donner raison, de même que des explosions différentes indiquant la chute d'avions ; amis ou ennemis, ça, elle ne le savait pas. Les dégâts infligés devaient être importants.

Le lendemain, elle dormait à poings fermés quand Wherner en personne vint toquer à sa porte. Il affichait une mine défaite.

Tout avait été détruit, des années de recherche réduites à néant. Les chasseurs allemands avaient riposté trop tardivement. Les services de renseignements avaient été bernés. Ils attendaient l'attaque à Berlin. Le temps de réagir et de voler cap au nord et les bombardiers ennemis avaient répandu leurs cargaisons de mort.

Au péril de sa vie, sous les bombes, Wherner avait sauvé une majorité de plans en vidant les tiroirs du laboratoire de recherche. Il lui indiqua que retrouver le niveau qu'ils avaient atteint prendrait des mois, et le temps, ils n'en avaient plus. Le forcing des alliés s'intensifiait de jour en jour.

Il y avait des morts partout. Les opérations nocturnes tapissaient de bombes un large périmètre sans distinguer le bon grain de l'ivraie. Comme diraient les stratèges, ils ratissaient large, tant pis pour les pauvres bougres qui se trouvaient au mauvais endroit.

« Il n'y aurait pas ces problèmes avec mon V2, déclara Wherner, sa précision est telle qu'il détruirait une fabrique d'armes sans toucher les immeubles d'à côté. La précision des frappes sera le nerf de la guerre de demain, crois-moi, Hanna, celui qui maîtrisera la frappe gagnera les batailles du futur. »

Cette dernière phrase s'ancra dans la tête de l'aviatrice. Elle tourna à en devenir une obsession. Hanna souhaitait au plus profond d'elle-même jouer un rôle dans ce conflit. Son passage sur terre n'était inscrit que pour y trouver une solution.

Le Komet dans une impasse, les missiles retardés, la fabrication d'avions nouveaux ralentie, que restait-il ? En lisant un article sur les V1, les bombes volantes qui frappaient elles aussi à l'aveugle, elle eut une idée de génie. Elle avait trouvé l'arme fatale.

Chapitre 31

Melitta passa son doctorat avec succès. Les brevets déposés en son nom l'aidèrent grandement à rédiger sa thèse. Sa Croix de fer, remise par le Premier ministre, lui ouvrit un boulevard vers un satisfecit. Munie de ce sésame, elle décrocha ensuite quelques heures de professorat à l'Académie militaire de Gatow ; une charge supplémentaire à ses journées à rallonge, mais qui l'aidait à combattre l'inquiétude et le manque de son mari.

Ses compatriotes, englués sur le front de l'Est, subissaient des massacres quotidiens. Ces morts, qui frappaient toutes les tranches de la population, se révélaient un véritable crève-cœur pour la jeune professeure. Lorsqu'elle se tenait face à ses élèves, elle ne pouvait dissocier ces visages à peine sortis de l'enfance des images d'horreur de corps déchiquetés. Il ne se passait pas un jour sans qu'elle n'apprît la disparition de personnes de son entourage. Il y avait de quoi saper le moral des plus endurcis.

La guerre totale signifiait que la seule issue en dehors de la victoire se trouvait dans la mort. Le gouvernement n'envisageait pas de solution négociée – y avait-il seulement songé ? Tout défaitisme public était puni par une sentence d'exécution. Nombreux étaient ceux qui en payaient de leur vie. Les gibets de fortune rappelaient aux récalcitrants qu'il valait mieux mourir sous les balles ennemies que pendus par ses frères.

Les rares journées où Melitta pouvait s'offrir un peu de détente, elle rejoignait Claus et Berthold dans leur résidence berlinoise. Claus, remis de ses blessures, mais sérieusement handicapé, avait pris un commandement dans l'armée de réserve et Berthold poursuivait ses tâches administratives dans la *Kriegsmarine*[28]. Par sécurité, ils avaient laissé leur famille à Lautlingen, qu'ils rejoignaient quand cela était possible.

Claus aimait toujours barrer son petit voilier sur le Wannsee. Il forçait l'admiration de Melitta. Manchot, trois doigts restant sur son unique main, il refusait toute aide dans les manœuvres du bateau, se contentant de donner les ordres habituels à ses coéquipiers de navigation.

Quand l'environnement était sécurisé, souvent tard dans la nuit, les paroles se libéraient. Les deux hommes ne cachaient plus leurs recherches de solutions pour mettre fin au conflit. Melitta pouvait à son tour cracher son venin sur Hitler et sa bande. Ils la laissaient s'exprimer. Ayant accès à des avions très facilement, elle leur offrit son aide. Ses deux beaux-frères la remercièrent et lui firent jurer de tenir Alexander en dehors de tout ça. Son côté poète était incompatible avec le secret que représentait un éventuel projet.

En fin de soirée, ils écoutaient en catimini la BBC afin de deviner l'ampleur du carnage. Conscient de la désinformation anglaise, ils la comparaient à la propagande de leur propre pays et se forgeaient leur vérité.

Les faits énoncés par les Anglais les laissaient perplexes. Hitler aurait-il ordonné la construction de camps de la mort ? L'énormité de l'information avait du mal à passer. Claus avait vu des choses sur le front de l'Est, qui auraient pu confirmer ces horreurs, notamment les exactions des *einsatzgruppen,* ces groupes paramilitaires qui s'occupaient des basses besognes, mais de là à avaler l'insoutenable, il y avait un gouffre que des gens dotés de réflexion ne pouvaient combler.

Puisque la guerre ne pouvait se finir par une solution armée, elle devait prendre fin par une solution négociée. Le Schnaps aidant, Claus faisait preuve d'une exaltation communicative.

« Si les généraux ne peuvent agir, ce sera au tour des colonels. » annonça-t-il un soir, son œil valide brillant d'espoir. La certitude de sa présence sur Terre pour accomplir un grand dessein reprenait le dessus et lui faisait oublier son handicap.

---

[28] Nom de la marine de guerre allemande

Sans y croire outre mesure, Melitta rentrait chez elle, le moral regonflé. Jouer les conspiratrices, risquer sa vie pour un idéal lui donnaient l'impression d'exister en dehors du système dans lequel elle évoluait. Agir la sortait de sa mélancolie dévastatrice. Son existence, de même que celle de tous les Allemands, se résumait en une succession de mauvaises nouvelles, de privations, de morts et de destructions. S'offrir une part de rêve se révélait un luxe dont elle ne pouvait se priver. Son équilibre était à ce prix.

Parmi ses plaisirs, elle aimait enseigner aux jeunes aspirants pilotes. Leur fraîcheur, leur enthousiasme la revigoraient, même si elle savait que la majorité d'entre eux finiraient en chair à canon.

Elle donnait cent pour cent de son temps à la recherche de solutions qui limiteraient les pertes humaines. Déjà, grâce à elle, des milliers de jeunes avaient eu la vie sauve, mais il restait tant à faire. La charge de travail colossale qu'elle accomplissait après des nuits écourtées par les bombardements l'épuisait. La privation de sommeil la rendait agressive, lui affectait le moral. Elle s'effondrait parfois sur sa table à dessin, ses collègues faisant silence avec beaucoup de respect. Cette femme était devenue une icône dont ils ne pouvaient plus se passer.

L'arrivée d'un aspirant pilote lui apporta du baume au cœur. Franz Amsinck était un colonel de vingt-quatre ans. Un si jeune âge pour un tel grade s'expliquait par des états de service exceptionnels. Franz était décoré de la plus haute distinction militaire : la Croix de fer de première classe, qu'il arborait avec le badge en or des blessés de guerre. À l'image de Claus, il avait perdu une main au combat. Pilote de planeur, il avait émis le souhait d'apprendre à piloter des avions. Remercié pour son héroïsme, la hiérarchie militaire l'avait muté à l'Académie pour bénéficier d'une formation d'aviateur.

Melitta le prit rapidement sous son aile. Franz lui rappelait Ernst sous bien des aspects. Non seulement il était doué, il apprenait vite, mais il savait la faire rire aux moments les plus inopportuns.

Elle aimait partir en mission avec lui. Il suffisait de quelques mécanismes adaptés pour qu'il fût capable de la seconder comme le meilleur des copilotes. Il l'aida à finaliser la mise au point d'instruments de vol de nuit sur Junkers 88. Ces dispositifs transférés sur d'autres types de machines, il réussit à s'imposer comme pilote d'essai dans l'unité de Melitta et à voler seul sur des monoplaces de guerre.

Très vite, les deux amis devinrent inséparables. Franz accompagnait sa tutrice sur le lac pour faire de la voile ou à la chasse sur le terrain de Gatow. Comme sur tous les aéroports, les lapins ne manquaient pas. En ramener à la Popote des Ailes améliorait grandement le quotidien.

Les employés du centre d'essai accueillirent ce changement avec bienveillance. Ils voyaient Melitta dépérir depuis bien trop longtemps. De plus, Franz était doté d'une joie de vivre communicative et d'un courage qui suscitait l'admiration. Ni rien ni personne ne pouvaient résister à ce genre de personnage. S'il apportait un peu de bonheur à leur collègue féminine, c'était une bonne chose.

Une série d'avaries frappèrent leur équipage et il y eut de la tôle froissée, mais rien qui ne vint assombrir leur entente. Ils furent même félicités de leur dextérité à ramener au sol des avions atteints de pannes insolubles.

Lors d'un dîner à l'aéroclub de Berlin, tandis qu'ils fêtaient un de leurs accidents, Franz lui offrit un roman d'Antoine de Saint-Exupéry : *Vol de nuit*. Non seulement l'œuvre du célèbre aviateur français était interdite, mais elle faisait référence à leur travail quotidien. Franz lui expliqua que son devoir du sacrifice lui avait été inculqué après la lecture de ce livre.

Ce soir-là, les deux amis se promirent de se quitter à la première alerte aérienne. Audace du destin, aucun bombardier ennemi ne vint troubler cette belle nuit d'été. Les forces alliées avaient jeté leur dévolu sur les usines de la Ruhr où 40 000 civils de la ville de Hambourg le payèrent de leur vie.

Autre audace de ce fameux destin, les deux pilotes ne se quittèrent qu'au petit matin, après être devenus amants.

Chapitre 32

Hanna absorba le choc du refus de Messerschmitt comme une attaque personnelle. L'équipe de machos sexistes à la barre du navire « recherches » ne voulaient plus d'elle aux commandes du Komet. La meurtrissure d'une telle nouvelle mit son orgueil à vif. Avec tout ce qu'elle avait donné à ce pays pour être remerciée comme une moins que rien, c'était inacceptable. Jusqu'où devait-elle aller pour qu'on la considérât comme une des plus grandes héroïnes allemandes ? Offrir sa vie ? Cette question la taraudait depuis des jours. Cela rejoignait ce à quoi elle pensait depuis cette fameuse nuit à Peenemünde.

Elle commença à en parler à ses collègues pilotes militaires, de passage à Berlin. Il fallait qu'elle tâtât le terrain avant de poursuivre sa quête. À sa grande surprise, beaucoup d'entre eux répondirent qu'ils n'hésiteraient pas à mourir pour leur patrie. Ils avaient emprunté une des voies les plus dangereuses en s'engageant dans la chasse, en grande partie par passion pour l'aviation, mais également pour servir leur pays. Ne risquaient-ils pas leur vie à chaque sortie ? N'étaient-ils pas en sursis ? Pour bon nombre, la mort attendait forcément au bout du chemin, alors choisir le moment de quitter ce bas monde, pourquoi pas ?

Hanna leur exposa son projet qui commençait à prendre forme – elle avait reçu confirmation de sa faisabilité par des ingénieurs. Il consistait à piloter des bombes volantes. Un guidage humain jusqu'à atteindre sa cible, engendrant le don de soi absolu. Un voyage ultime sans retour dans l'intérêt de ses compatriotes, pour l'amour de sa patrie. Un escadron de pilotes de la mort, motivés à combattre jusqu'au bout. Des pilotes comme elle, alliant courage et abnégation au point d'aller jusqu'au sacrifice suprême. Pas de risque de rater l'objectif. Ils pourraient couler les cuirassés qu'ils voulaient, atteindre les quartiers généraux, s'abattre sur Big Ben. La liste était longue...

La Luftwaffe, à la traîne pour tout, manquait de multi-moteurs longues distances lui permettant d'attaquer les avions ennemis sur leurs propres terrains. Quand, par chance, ils y parvenaient, la précision aléatoire de leurs instruments leur faisait rater leurs cibles. Les forces aériennes manquaient cruellement d'efficacité dans leurs bombardements. Les attaques en piqué l'avaient améliorée, mais restaient insuffisantes.

Les alliés, en revanche, poursuivaient leurs raids incessants au-dessus de la mère patrie sans véritable riposte. Certes, les V1 à croix gammées, ces bombes volantes sans pilote, agissaient sur le moral des Anglais, mais avec un rendement opérationnel nul. Le principal problème résidant dans le hasard de leurs frappes. Ils tuaient plus de civils que de militaires.

La réalité du terrain s'opposait à ce que laissait entendre la propagande de Joseph Goebbels. L'Allemagne était en train de perdre la guerre, asphyxiée sous les tonnes de bombes déversées quotidiennement. Les aviateurs se devaient de proposer une tactique digne de leur courage et Hanna possédait LA solution. Une solution qu'elle comptait bien mener jusqu'au bout. Ces valeureux pilotes accepteraient-ils de donner leur vie si le führer le leur demandait ? La majorité d'entre eux répondaient par l'affirmative.

Cette force incroyable devait être employée. Qui d'autre que l'aviatrice, chouchoute du Reich, pouvait l'activer ? Cette question, Hanna se la posait inlassablement, ne trouvant pas de réponse à l'exception d'un oui franc et massif. Elle seule était capable de galvaniser les forces jusqu'au sacrifice absolu. Certainement pas cette arriviste de comtesse qui ne risquait pas de faire don de sa personne.

Hanna recruta quelques dizaines de volontaires et leur fit signer un engagement. Pour plus de poids, elle apposa son nom en haut de la liste. Elle se rendit ensuite à la *Wilhelmstrasse* dans la ferme intention d'obtenir une entrevue avec le Premier ministre. Le gros cochon avait probablement oublié son accès de mauvaise humeur de leur dernière rencontre.

Eh bien non ! Il n'avait pas oublié et l'aviatrice essuya une fin de non-recevoir. Elle resta figée comme une plante verte, sa fameuse liste à la main, au milieu du corridor qui menait au Saint des Saints. Elle aurait eu envie de hurler jusqu'à ce qu'il l'entendît, mais elle se retint.

Se plaignant à Robert von Greim de ce rejet, ce dernier tenta de la calmer. Il lui proposa de le rejoindre sur le front de l'Est. Une visite de soutien moral des troupes allemandes serait acceptée sans problème par le haut commandement et comme ils ne s'étaient pas vus depuis longtemps, ils pourraient faire d'une pierre deux coups. Il s'occuperait de tout, sauf de ses bagages...

« Tu pourras m'exposer en détail le projet dont tu m'as parlé, *mein lieber schatz*[29] » susurra-t-il au téléphone avant de raccrocher.

Robert, ce bon vieux Robert ! Lui connaissait la signification du mot honneur, pas comme cette grosse baderne de Goering, maquillée comme une poupée de cabaret. Son égotisme les dirigeait droit vers une défaite encore plus cuisante que celle de la dernière guerre. Si elle ne pouvait passer par lui, elle le contournerait afin d'atteindre Hitler, mais pour cela, elle devait déclencher ses soutiens.

La semaine suivante, elle embarqua sur un vol militaire avec les autorisations nécessaires. Il n'était pas donné à toutes les femmes la possibilité de voyager sur un champ de bataille.

Après quelques heures de trajet dans une cabine remplie d'officiers rejoignant le front, deux Focke-Wulf vinrent escorter le transporteur de troupes. Ils entraient dans une zone dangereuse à portée des chasseurs russes. Hanna observa les monomoteurs et réalisa que leurs vies dépendaient à présent de la dextérité de ses deux pilotes, probablement des jeunes recrues à peine sorties de l'adolescence.

---

[29] Ma chérie

Heureusement, ils ne furent pas attaqués et le gros Junkers se posa sur le terrain de la ville d'Orsha, à l'arrière des zones de combat, que la Luftwaffe avait choisi comme quartier général.

Des mécaniciens s'affairaient autour de machines volantes de toutes sortes, dont certaines accusaient un usage intensif aux vues des trous qui ornaient leur fuselage.

En dehors de la piste d'atterrissage, l'environnement forestier offrait au visiteur une vision de quiétude. De nombreux baraquements en bois se perdaient sous les frondaisons des conifères, dont les premières neiges, tombées la veille, blanchissaient les cimes. Cette blancheur immaculée leur conférait une majesté bucolique.

L'endroit rappela à Hanna sa Silésie natale. Si elle n'était pas passée devant l'hôpital de campagne où s'alignaient des dizaines de corps sous des bâches, elle aurait pu s'imaginer arriver dans un camp de vacances des Alpes bavaroises.

Robert avait maigri. Ses traits tirés le vieillissaient. La passion du cigare ne l'avait pas quitté. Une étincelle de bonheur anima son regard lorsqu'il aperçut sa compagne. Le général commandait la force aérienne allemande de tout le secteur central du front Est. Après une tasse de thé bienvenue, il invita Hanna à se joindre à lui sans attendre dans un vol d'inspection. Il lui tendit une protection contre le froid et un Luger.

« Sais-tu t'en servir, Hanna ? Il vaut mieux être équipé dans ces régions inhospitalières. » L'aviatrice opina. Même si elle n'était pas militaire, elle avait reçu une formation de tir.

« La résistance est très active dans le secteur. Non seulement nous devons nous battre contre les forces armées russes, mais aussi contre des groupes de civils qui refusent notre occupation. Tu verras, nous survolerons des camps de prisonniers tout au long de notre route. Ces prisons à ciel ouvert nous privent de valeureux hommes qui seraient mieux à combattre avec nous, au front, plutôt que de jouer aux gardes-chiourmes. »

Un Fieseler-Storch, un avion de reconnaissance, les attendait, prêt à partir.

« Cet avion est tellement lent qu'il est le meilleur atout pour voler en toute discrétion, expliqua-t-il. »

Assise derrière son mentor – le Storch ne possédait que deux places en tandem – Hanna observa la région avec intérêt. Elle aperçut ces énormes camps de prisonniers entourés de barbelés, parsemés de miradors, dont les cheminées crachaient une épaisse fumée grise. Un train de marchandises roulait au ralenti en direction de l'un d'eux. Hanna distingua les colonnes d'hommes en armes qui protégeaient le convoi.

Elle perçut ensuite les premiers coups de canon qui brisaient l'air jusqu'à le rendre capricieux. Les ailes du petit monomoteur se mirent à trembler comme s'il roulait sur des tôles ondulées. Le paysage offrit une vision de cauchemar : des trous d'obus, des arbres calcinés, des carcasses inquiétantes. Les premiers corps apparurent comme des pantins désarticulés.

Une fois au sol, Hanna fut frappée par l'odeur de poudre et par le son des canonnades incessantes. Des obus s'abattirent à quelques dizaines de mètres de leur position. Leur arrivée n'était pas passée inaperçue. Ils se précipitèrent dans une voiture blindée pendant que des soldats poussaient leur frêle avion à l'abri.

Ils se rapprochèrent du front et quittèrent leur véhicule. Ils avancèrent courbés dans des tranchées gelées. Hanna avait l'habitude des bombardements, le dernier à Peenemünde l'avait effrayée plus que les autres, mais là, elle n'avait jamais rien connu d'aussi violent. Robert lui intima l'ordre de respirer, la bouche ouverte, pour contrer les changements de pression des tirs d'artillerie alentour. Elle obéit sans broncher. La morsure du froid pénétra ses poumons. Un goût métallique s'empara de ses muqueuses, goût qu'elle attribua à l'odeur de soufre omniprésente. Pourvu que les Russes n'emploient pas du gaz, comme autrefois, craignit-elle.

Ils rejoignirent une casemate dans laquelle Robert devisa avec l'officier en charge de l'unité combattante. Hanna se recroquevilla à même le sol, les mains sur les oreilles, les genoux contre sa poitrine. Elle réalisa qu'ils tremblaient sans qu'elle puisse maîtriser quoi que ce fût.

Les hommes affairés à leurs tâches ne lui prêtèrent pas la moindre attention. Ils passaient devant elle, le regard fixe, les pupilles dilatées de ceux qui refusent de voir la réalité : une mort qui frappait inlassablement leurs frères de combat. Comment ces pauvres bougres pouvaient-ils tenir dans cet enfer ?

Hanna en voulut à Robert de l'avoir emmenée dans ce piège. Qu'attendait-il d'elle ? Pourquoi risquait-il la vie de celle qu'il avouait aimer ?

Elle le comprit un peu plus tard, lorsqu'elle constata l'admiration que Robert inspirait devant ces valeureux combattants. Lui, l'officier général, mouillait sa chemise pour se rendre compte des besoins de chaque unité. Et cette petite femme l'accompagnait pour soutenir le moral des troupes. Elle venait témoigner que non, ces hommes n'étaient pas abandonnés de tous. Par sa simple présence, son nom s'inscrivait dans le marbre des héros de la nation. Robert savait pertinemment que les actes héroïques se répandaient au sein des tranchées aussi vite que les pluies d'obus. En toute discrétion et sans ne rien accomplir de concret, Hanna fabriquait sa légende auprès des combattants, à l'image de l'araignée tissant sa toile.

Robert le lui confirma quand, le soir, de retour à la base d'Orcha, elle lui fit part de ses remarques.

« Je me suis sentie aussi inutile qu'une vache en train de regarder passer les trains ! explosa-t-elle. Tu as risqué ma vie pour rien.

— Ma chère Hanna, tu me remercieras quand tes exploits remonteront jusqu'à la capitale. Ne m'as-tu pas dit que tu avais besoin de redorer ton blason ? Maintenant, viens te coucher, *mein lieber schatz…*

Les jours suivants se ressemblèrent : visites d'unité combattantes avec des heurts plus ou moins violents, dîners plus détendus le soir avec des discussions à bâtons rompus auprès de jeunes aviateurs. Hanna trouva une justification à sa présence. Elle lut dans les yeux de ces jeunes pilotes une admiration qui lui remonta le moral. Elle exposa son projet à bon nombre d'entre eux. Là aussi, il fut accueilli avec enthousiasme. Elle avait raison, l'Allemagne avait besoin de se doter d'une telle unité. Tous affirmèrent qu'elle pouvait compter sur eux en cas de besoin.

Robert se montra moins enthousiaste. Il la félicita d'un tel courage, mais expliqua que, pour la plupart des pilotes interrogés, l'esprit de bravade l'emportait. Hanna était une héroïne à leurs yeux ; il leur était impossible de se montrer moins courageux qu'elle.

Un soir, Otto Skorzeny passa au quartier général. Le SS avec lequel elle était devenue proche l'enlaça sans pudeur. Hanna l'invita à se joindre à eux lors du dîner sans tenir compte des regards sévères de Robert.

Le géant œuvrait dans la région pour combattre les poches de résistance, leur apprit-il. Robert écouta avec politesse sans intervenir. Comme tous les autres officiers, il ne goûtait guère les uniformes noirs de la SS qu'il considérait comme des repris de justice. Otto confia que leur guerre était différente de ceux dont c'était le métier :

« Les soldats de la Wehrmacht s'occupent du terrain alors que nous, les SS, nous occupons des individus ».

Devant l'intérêt que lui montrait Hanna, il lui proposa de se joindre à son unité.

« Tu m'as dit repartir à Berlin dans trois jours, ça nous laisse du temps. Nous avons une " grande action " après-demain. Je t'enverrai un chauffeur à six heures, tu seras de retour pour le déjeuner. Un seul impératif, couvre-toi chaudement. Mes hommes seront ravis de partager un peu de leur quotidien avec une célébrité. Leur moral a besoin d'un bon remontant… »

Robert voyait cette escapade d'un mauvais œil, mais Hanna lui rétorqua qu'elle risquerait certainement moins à voyager au milieu de dizaines d'hommes rompus au combat que de voler dans un esquif léger comme le Storch, et ce même avec le plus valeureux des pilotes étoilés aux commandes.

« Au-delà de risquer ta vie, il est possible que tu voies des choses pas très belles, des choses dont les images ne te quitteront jamais, prévint-il.

— Plus horrible que mon visage après mon crash, c'est impossible », répondit-elle dans un sourire désarmant.

Le jour J, un SS vint la chercher en side-car. Voyager la tête à l'air libre lui rappela ses premiers vols en biplan. Elle ne regretta pas la casquette en fourrure fournie par Robert et les gants en peau dans lesquels elle nageait. Ils traversèrent de grandes étendues glacées, probablement d'anciennes cultures à l'époque d'une paix florissante. À présent, tous ces champs fertiles semblaient voués à l'abandon. Ils croisèrent des groupes de travailleurs forcés. Leur tenue rayée était inadaptée aux rigueurs météorologiques de cette région. Hanna frissonna en découvrant ces regards perdus d'hommes sans futur. Le mauvais côté de la guerre, pensa-t-elle.

Ils atteignirent au bout d'une demi-heure une grande ferme isolée. Quelques véhicules de troupes stationnaient dans la cour ainsi que de gros camions de transport. Hanna sauta du panier et étira ses muscles. Otto vint l'accueillir avec le sourire.

« As-tu fait bon voyage ? »

Hanna frappa dans les mains pour retrouver un peu de chaleur. Il lui tendit une tasse de café chaud extraite d'un thermos. Elle interrogea son hôte au sujet des prisonniers rencontrés sur le chemin. Le SS lui répondit en riant :

« Il vaut mieux employer nos prisonniers plutôt que de les laisser fomenter des sabotages. Et puis ils doivent rembourser la nourriture que notre pays leur paye. Ce n'est qu'un juste retour des choses. Quant aux traîtres, nous nous en occupons comme il se doit. D'ailleurs, voici une unité de traitement. Tu vas t'en rendre compte par toi-même. »

Ils sortirent du véhicule pour rejoindre une escouade d'hommes en uniforme noir. Un civil portant un brassard les accompagnait. Il parlait allemand avec un fort accent qu'Hanna ne put identifier.

« Il y en a beaucoup, répétait-il sans cesse, d'un air contrit.

— Il y en a toujours trop, répondit brutalement un des officiers. Nous sommes ici pour ça. »

Otto invita Hanna à le suivre. Ils pénétrèrent dans une grange, ou ce qui avait dû être un poulailler industriel. En guise d'animaux, des paysans séparés en deux groupes étaient en train de se déshabiller sous la surveillance d'autres civils.

En regardant des pauvres femmes trembler sous la morsure du froid, elle demanda à son ami :

« Pourquoi les déshabillez-vous ?

— C'est la procédure. Attends de voir la suite. »

Hanna commença à pâlir. Cette visite était-elle une bonne idée ?

« Qu'allez-vous leur faire ?

— Comment, tu n'es pas au courant ? Ce sont des juifs…

— Non je ne suis pas au courant. »

Otto lui sourit d'un air malsain. Un groupe de femmes sortit en courant et fut accompagné jusqu'à un camion dans lequel elles prirent place en se serrant.

« C'est la dernière fournée », annonça un des officiers à Otto avec un sourire entendu. La présence de la jeune aviatrice expliquait probablement cet humour décalé. Hanna remarqua une femme d'une maigreur maladive. Elle devait avoir le même âge qu'elle. Elle tentait de cacher son pubis avec le peu de dignité qu'il lui restait. Leurs regards se croisèrent. Ses yeux brillaient d'une fièvre étrange. Elle semblait l'implorer.

Deux jeunes SS à peine sortis de l'adolescence fermèrent les portes arrière et retournèrent dans la cabine.

Otto frappa du plat de la main et ordonna aux deux hommes d'emmener avec eux son invitée.

« Je ne peux pas t'accompagner, on m'attend pour un briefing important. Mon ordonnance te ramènera après l'opération », expliqua-t-il à Hanna, qui ne pouvait répondre tant elle était tétanisée. Elle pressentait une horreur sans trop vouloir y croire. Elle devait poursuivre pour en avoir le cœur net. Elle prit place derrière les deux hommes dans la cabine. Une odeur étrange y régnait.

Dès qu'ils démarrèrent, elle réalisa qu'ils étaient ivres. Leur façon de conduire, leur haleine ne trompaient pas. Ils sortirent une bouteille sans étiquette dans laquelle ils burent au goulot. Sans aucun respect pour leur passagère, ils lui tendirent le flacon.

« Je ne bois pas d'alcool, s'entendit-elle bafouiller.

— La petite dame ne nous aime pas, éructa l'un d'eux.

— Elle nous aimera encore moins tout à l'heure », répondit le chauffeur. Ils rirent comme s'ils cherchaient une excuse à ce qui allait fatalement arriver.

Ils stoppèrent dans une clairière fraîchement créée. Des troncs d'arbres formaient des merlons protecteurs, des tranchées avaient été creusées.

Ils descendirent du véhicule sans couper le moteur. Le chauffeur s'assit sur une souche et alluma une cigarette. Son assistant tituba autour du camion et manœuvra avec peine un énorme levier. Devant sa résistance, il jura et demanda de l'aide à son collègue.

Hanna regarda autour d'elle et aperçut un command-car orné d'un fanion SS. Elle s'appuya contre un arbre. Elle avait hâte que la plaisanterie se terminât.

Soudain, le moteur du camion changea de régime. Une clameur s'échappa de sa cargaison. Des coups retentirent sur le métal des parois. Hanna réalisa qu'aucune fumée ne sortait de la pipe d'échappement. Elle comprit enfin… et s'effondra…

Les hommes à la voiture s'approchèrent sans prêter la moindre attention à cette petite femme recroquevillée contre un arbre. Ils regardèrent leur montre. Quand plus aucun bruit ne s'échappa du camion, ils firent un signe de tête aux exécutants.

Les deux gamins manœuvrèrent le levier récalcitrant, coupèrent le moteur, et ouvrirent les portes arrière. Hanna resta pétrifiée. Sa position l'empêchait de voir l'intérieur, mais elle trembla en découvrant le regard glacé des hommes en direction de l'espace confiné. Une puanteur se répandit dans la clairière. Le tableau s'imprima dans ses rétines à jamais.

Des civils sortis de nulle part approchèrent, armés de longs manches au bout desquels étaient fixés des crochets. Sans attendre, ils se ruèrent à l'intérieur comme des coyotes affamés. Hanna ferma les yeux. Elle pensa à cette jeune femme dont elle avait croisé le regard un peu plus tôt. Dans d'autres circonstances, peut-être seraient-elles devenues amies...

Le son mat des corps que l'on déplace, que l'on jette en bas d'une fosse, résonna dans la tête de l'aviatrice comme si un mauvais génie frappait à l'intérieur de son crâne.

Un des SS s'approcha d'elle en découvrant son état de sidération.

« Arh ! La guerre n'est pas faite pour les femmes... » déclara-t-il comme s'il lui restait une once d'humanité.

Il lui expliqua que ces juives avaient commis des actes de terrorisme et avaient été condamnées à mort. L'asphyxie se révélant plus douce que le peloton d'exécution, cette méthode avait été adoptée par le commandement local. Le cynisme dans toute son horreur ! Des contractions envahirent Hanna. Elle était tellement choquée que ses larmes semblaient bloquées dans ses glandes lacrymales. Soudain, un jet de bile remonta de son estomac. Elle vomit en direction de l'homme.

Au retour, Hanna resta silencieuse durant le trajet. Elle refusa de se joindre aux autres au dîner et exigea de son amant un ordre de renvoi à la capitale.

Le général comprit immédiatement.

« Tu étais au courant, n'est-ce pas ? » demanda-t-elle, les yeux humides.

Von Greim tira lentement sur son barreau de chaise faisant rougeoyer l'extrémité puis répondit d'une voix froide.

« Pourquoi ne t'occupes-tu pas de tes affaires ? Toujours à fouiner là où il ne faut pas !

— Mais c'est toi qui commandes la région. Pourquoi laisses-tu se commettre des choses pareilles ?

— La zone où tu t'es rendue est sous juridiction SS.

— Qu'est-ce que ça signifie, Robert ? C'est juste à trente kilomètres d'ici. Ne me fais pas croire que tu n'étais pas au courant.

— Ma seule responsabilité est le corps aérien que je commande. La Luftwaffe n'a rien à voir avec tout ça. Les aviateurs font leur boulot, les SS le leur. Chacun est responsable de son secteur. Le seul responsable est ton excellent ami Himmler. Si tu as des reproches à faire, c'est à lui qu'il faut t'adresser.

— Mais sais-tu seulement ce dont j'ai été témoin, le sais-tu ?

— Non ! et je ne veux pas le savoir. »

Chapitre 33

Melitta se réveilla en sursaut quand un facteur toqua à sa porte. Il ne pouvait s'agir que d'une mauvaise nouvelle.

Elle décacheta le document, les mains tremblantes. Le télégramme stipulait qu'Alexander était gravement blessé, mais ses jours n'étaient pas en danger. Il rejoignait Lautlingen.

Quand elle réussit à obtenir une communication avec le château familial, sa belle-mère lui en apprit un peu plus. Son fils avait été atteint par un éclat d'obus au dos. Il n'avait pu être opéré, car le shrapnel s'était logé trop près de la colonne vertébrale. Il fallait attendre.

Melitta rassembla quelques affaires et ordonna qu'on lui fît le plein d'un monomoteur de liaison. Son nouveau poste de directrice de recherche lui donnait à présent le privilège d'utiliser les avions du centre à sa guise.

Elle décolla en fin d'après-midi en espérant arriver avant la nuit à Degerfeld, un petit aérodrome proche du château. Un jour, ses trouvailles permettraient à tout aviateur de se poser de nuit, sans visibilité, partout où il le souhaiterait. Il y avait du travail pour des décennies…

Les retrouvailles avec son mari la rassurèrent. Tant qu'elle ne l'avait pas vu de ses yeux, elle s'imaginait le pire. Il lui offrit un sourire timide lorsqu'elle pénétra dans sa chambre d'adolescent. Ses pieds dépassaient du lit. Il agita les orteils pour lui prouver qu'il n'était pas paralysé. Il supportait les souffrances grâce aux cachets antidouleurs que le staff médical lui avait laissés. On lui avait assuré qu'il pourrait vivre avec ce morceau de métal dans sa chair.

Une fois Melitta rassurée, il lui raconta les circonstances de sa blessure. Son unité avait été prise sous le feu des Russes. Un obus avait explosé à côté de lui. C'était un miracle, ses deux frères d'armes avaient été coupés en deux. Sa voix se brisa lorsqu'il mentionna le nom des deux hommes. Il ne les avait pas quittés pendant des mois jusqu'à leur mort. Un déchirement…

Un peu plus tard, quand ils furent seuls, il avoua à sa femme avoir demandé à rester sur le front afin de venger ses camarades. Ces morts appelaient d'autres morts. La logique de guerre l'avait atteint. Il pensait se remettre assez vite de ses blessures et retourner se battre. Alexander souffrait d'un choc traumatique comme la plupart des soldats de retour des zones de combat. Lui, l'homme cultivé, qui abhorrait toute forme de violence, à l'exception des révolutions, était devenu un combattant ivre de haine et de sang.

Melitta le conjura de changer d'avis. Elle ne voulait plus le voir partir. Le savoir au front engendrait des angoisses insupportables. Elle tenta de lui faire comprendre qu'elle tenait à lui. Il ne l'entendait pas de la même oreille. Ses yeux brillaient d'une lueur malsaine. Peut-être que dans quelques semaines… annonça-t-il.

Dans le secret du petit salon, sa belle-mère lui apprit que son fils ne retournerait plus au front. Elle tenait l'information de l'officier qui l'avait accompagné.

« C'est fini pour lui, ne t'inquiète pas, Melitta. On va le remettre sur pieds. C'est un costaud, notre Alexander ! »

Heureusement, la joyeuse bande de neveux apporta un peu de gaîté à Melitta. La situation catastrophique du pays, sa surcharge de travail, les bombardements, maintenant la blessure de son mari, tout cela pesait trop lourd sur ses épaules. Une vague de mélancolie la submergea. Elle devait se reprendre. Nina y arrivait bien, elle ! Claus venait de moins en moins à Lautlingen. La guerre le retenait à Berlin, et elle gardait le sourire.

L'ingénieure retourna deux jours plus tard dans la capitale du Reich. Heureusement, ses fonctions professionnelles lui prenaient beaucoup de temps et l'empêchaient de penser. Elle se devait d'oublier les tourments de son époux sous peine d'être entraînée avec lui vers le fond.

À l'Académie, elle continua à se concentrer sur ses tâches de façon extrêmement rigoureuse, unique solution pour éviter de sombrer, au détriment de son repos.

Dans ce marasme, Franz représentait pour elle sa seule bouffée d'oxygène. Malgré leur écart d'âge, le jeune homme était très épris d'elle. Il recherchait tellement sa présence que des rumeurs commencèrent à courir. Melitta ne chercha pas à les étouffer. À quoi bon culpabiliser ? La vie pouvait s'arrêter à tout instant. Un accident aérien, une bombe, une arrestation. Personne ne pouvait jurer de son futur proche. La perspective de la mort exacerbait les pulsions sexuelles des hommes, pourquoi pas celles des femmes ?

Alexander se remit physiquement, mais pas moralement. Démobilisé, il tomba dans une profonde dépression au point de s'enivrer plus que de normal. Sa mère s'entretenait régulièrement au téléphone avec Melitta pour partager ses inquiétudes. L'aviatrice les rejoignait lorsqu'elle le pouvait. Elle en profitait pour dormir un peu.

Au château, elle tentait de changer les idées du blessé en lui racontant sa vie quotidienne. Elle lui apprit le projet fou porté par sa consœur Hanna Reitsch : cet escadron de pilotes suicidaires.

« Notre Sainte-Jeanne[30] nationale fait encore parler d'elle, persifla-t-elle.

— Les volontaires à la mort ont toujours existé, répondit Alexander, qui reprenait figure humaine dès qu'il se plongeait dans le passé. Dans les années 30, lors de la guerre de Shanghai, des soldats japonais se sont fait exploser sur des cibles névralgiques chinoises. Ces actions de bombes humaines ont un fort pouvoir médiatique. Je ne serais pas surpris qu'Hanna Reitsch trouve un écho favorable à son projet. »

Parler ramenait le blessé dans sa famille. Mais très vite, il repartait dans ses cauchemars. La présence de Melitta

---

[30] *Heilige Johanna*

l'apaisait, mais ne changeait rien à son état. Son corps renfermait des démons qui modifiaient son caractère. À présent, il s'emportait pour un rien, il disputait ses neveux lorsqu'ils faisaient trop de bruit. La nuit, dans son sommeil, il hurlait à tel point que Melitta emprunta une autre chambre.

Lorsqu'il fut en état de marcher, il rejoignit Würzburg où son poste de professeur l'attendait. Il disait vouloir revenir à une vie normale. Tous les jeunes en âge d'étudier à l'université étaient en train de se faire massacrer au front. Cette fichue guerre allait bien s'arrêter un jour. Le pays aurait besoin de se reconstruire. Il devait préparer le Nouveau Monde en explorant l'Ancien.

Melitta tenta de le faire venir à Berlin, solution plus simple pour elle, mais son mari n'en démordit pas. Il n'y avait que son université qui pouvait le sortir de son état dépressif.

Rentrer chez eux à Würzburg la déconnecta de son travail. Quitter ses semblables pour retrouver un homme qui lui déclamait des poèmes avant le dîner la vidait pour quelques heures de tous ses problèmes. Régulièrement, elle plongeait les mains dans la glaise. Malaxer la terre la relaxait plus que tout.

Le soir de Noël, elle ne cacha pas sa surprise quand elle découvrit Franz sur le seuil de sa maison. Son bras valide tenait un bouquet de fleurs défraîchies – une denrée rare en cette période – et son visage lui offrait un immense sourire. Melitta s'accrocha au loquet de la porte. Elle croyait rêver. Le jeune pilote expliqua avoir convoyé un avion non loin d'ici. La comtesse était la seule personne qu'il connaissait dans la région...

Alexander comprit la nature de leurs rapports en découvrant le regard enamouré de Franz. Il ne crut pas un instant à une visite impromptue, mais garda ses soupçons pour lui. Sa femme avait atteint un tel niveau dans la profession qu'il était normal que de jeunes chiens fous soient attirés par cette figure tutélaire. N'en allait-il pas de même dans son monde universitaire ?

Melitta faisait tant pour le professeur qu'il refusa de gâcher ce moment. Avec son élégance naturelle, son amour des autres, il oublia ses sautes d'humeur et se montra de charmante compagnie. Une tierce personne avec eux et Alexander changeait de visage.

Melitta cuisina du sanglier, seule viande qu'elle avait réussi à dégotter chez un de leurs voisins chasseurs. Piètre cuisinière, elle suivit avec rigueur une recette trouvée dans un vieux livre. Tout à sa tâche, elle observa les deux hommes qu'elle aimait converser en fumant un cigare. Quel cadeau du sort ! Elle pensa à Ernst, qui n'aurait pas réprouvé une telle situation – combien de fois cela avait-il dû lui arriver ? – puis à ses parents, qui l'avaient éduquée d'une manière tellement différente... La vie offrait parfois des surprises qu'il eût été dommage d'ignorer. Le sentiment d'urgence engendré par la guerre modifiait sa vision des conventions sociales. En temps de paix, elle savait qu'un tel vaudeville ne lui serait pas arrivé.

L'alcool coula à flots. Quand le vin fut terminé, ils vidèrent les fonds de bouteilles de n'importe quoi. Seules l'ivresse et l'envie de prolonger ce moment les intéressaient.

Franz repartit le lendemain matin. Melitta l'accompagna en voiture malgré son mal de tête. Aux côtés de ce jeune mâle qui la faisait chavirer, elle réalisa à quel point elle aimait son mari, tellement différent des hommes qu'elle côtoyait. Sa générosité allait au-delà de toute forme de jalousie.

Alexander quitta leur domicile pour passer le Nouvel An chez leur ami commun : le professeur Rudolf Fahrner. Le directeur de l'Institut de recherche allemand à Athènes était de passage sur le lac de Constance pour les fêtes. Melitta refusa de le suivre, trop fatiguée pour entreprendre un quelconque voyage.

« Cela te fera le plus grand bien », lui conseilla-t-elle, rêvant de longues nuits sans réveil. Elle avait une année de sommeil à récupérer.

En rentrant à Berlin, un ordre de mission attendait l'aviatrice. Elle devait se rendre en Suède, alors pays neutre, pour participer à une opération de relations publiques. Entre les lignes, elle comprit que les nazis lui demandaient de les représenter. Un boulot pour Hanna Reitsch, pensa-t-elle. Étrange que l'on m'ait désignée !

Elle tenta de refuser prétextant le travail et l'état de son mari… En vain ! L'importante convention requérait sa présence de façon obligatoire.

Elle se fit une raison en rêvant d'un bon lit et d'une nuit sans bombardements.

Les lignes aériennes et ferroviaires ne fonctionnant qu'au prix de lourdes perturbations, le voyage se transforma en cauchemar. La comtesse commença son périple en train, retardé à cause d'attaques sévères, puis prit un vol militaire en direction du Danemark occupé. Pendant son arrêt nocturne à Copenhague – seule solution trouvée pour rejoindre la capitale suédoise – elle fut témoin de l'assassinat d'un sergent de la Wehrmacht par la résistance danoise et de deux attentats à la bombe. Elle qui pensait enfin passer une nuit paisible en fut pour ses frais. Son voyage commençait bien… Elle dormit pendant tout le trajet jusqu'à Stockholm, manquant les superbes paysages qui s'offraient aux voyageurs.

Un parterre d'une centaine de diplomates, des généraux allemands et suédois ainsi que de nombreuses femmes du monde attendirent son intervention avec impatience. *Le plus grand pilote d'essai allemand est une femme,* annonça la presse nationale de façon exagérée. Les termes dithyrambiques sur sa personne la faisaient rougir. Contrairement à Hanna Reitsch, elle n'avait pas été habituée à ça.

Melitta comprit qu'elle devait mettre en avant son gouvernement. Aussi choisit-elle ses mots avec soin, en accentuant son patriotisme, l'importance de son travail en temps de guerre, et en évitant de froisser les susceptibilités des nombreux nazis présents dans la salle. Une mission diplomatique dont elle se tira fort bien.

Elle fit sensation. Les applaudissements fournis le prouvèrent. Son courage et sa réserve naturelle plurent au plus grand nombre. Pour une fois, elle ne bouda pas les photographes, son statut étant à présent assumé.

Énorme surprise : Peter Riedel, présent dans la salle, vint la saluer. Son vieil ami occupait le poste d'attaché de l'air à Stockholm où il vivait à présent avec son épouse. Cette dernière, une Américaine, avait pu enfin le rejoindre. Il n'était pas simple de se rendre dans un pays ennemi pour une ressortissante de l'Oncle Sam, même pour retrouver son mari…

Dans la discussion, le sujet Hanna Reitsch vint tout naturellement sur la table. Peter ne cacha pas recevoir encore de ses nouvelles – il savait Melitta plus réservée sur son antagonisme que sa consœur – il ne risquait pas une crise de nerfs. Ils échangèrent leurs vues sur le projet effarant de l'aviatrice. Peter pensait qu'une telle unité arriverait trop tard. La guerre ne durerait plus. Melitta, elle, lui affirma que ça ne passerait jamais dans le commandement.

L'ambassadeur vint interrompre leur discussion pour leur présenter les deux sœurs de l'ex-femme de Goering, Carin, décédée d'un cancer quelques années auparavant. Melitta apprit que le Premier ministre en avait été profondément affecté, au point d'avoir baptisé sa résidence secondaire *Carinhall*. Les deux femmes promirent à Melitta de rapporter tout le bien qu'elles pensaient d'elle à leur beau-frère, avec qui elles étaient restées en très bon terme.

Hasard ou coïncidence, elle reçut à son retour la Croix de fer de première classe. Le commandant de l'Académie de Gatow, le Dr Robert Knauss, la lui épingla au nom du Premier ministre. Dans la réception qui s'ensuivit se pressèrent ses amis et sa famille.

Son passage à Stockholm n'était pas passé inaperçu. La presse allemande s'en fit l'écho. Sa notoriété ne faisait que grandir. Revers de la médaille, à l'instar de sa consœur, le parti nazi n'hésitait plus à utiliser son image. Tant qu'elle se prêtait de bonne grâce à ce jeu politique, elle obtenait ce qu'elle voulait. En revanche, elle n'osait pas imaginer la dégringolade qui pouvait survenir en cas de propos déplacés.

Cette mise en avant déplut à sa belle-famille. Autant les trois frères comprenaient l'impasse dans laquelle Melitta se trouvait – tous connaissaient la puissance de persuasion du ministère de la Propagande – autant Mika, la femme de Berthold, ne mâcha pas ses mots lors d'un dîner familial. Elle lui reprocha sa proximité avec les nazis. Elle ne saisissait pas son double discours vis-à-vis d'eux. Melitta en fut profondément affligée. Elle faisait de son mieux pour son pays. Ces critiques étaient injustes. Nina tenta de calmer les esprits, mais le mal était fait.

Un peu plus tard, Claus s'entretint en aparté avec Melitta. Il lui confia que ses rapprochements avec les nazis servaient ses funestes desseins.

« Plus tu es proche d'eux, moins ils te soupçonneront. J'aurai probablement besoin de toi, Melitta, ou plutôt, d'un de tes avions. Mais je ne peux en dire plus pour le moment. Moins tu en sais, mieux c'est. Puis-je toujours compter sur toi ? »

Et comment ! Plutôt deux fois qu'une ! Elle n'avait jamais changé d'opinion, quoi qu'en dît Mika… Claus lui demanda d'éloigner Alexander de leur collusion. Son frère étant trop déprimé pour prendre part à leurs projets, il ne pourrait pas tenir sa langue.

« Avec toi, ça fait un bon équilibre. » plaisanta-t-il.

Ces rapports avec ses beaux-frères la confortèrent dans son rôle. Cette remise de médaille fut accompagnée d'une promotion au sein de l'Académie. Elle fut nommée directrice technique d'un nouveau centre expérimental dédié aux équipements spéciaux. Dans sa lettre de mission, il était stipulé qu'en plus d'un budget conséquent, elle avait liberté de manœuvre dans ses recherches et qu'elle ne répondait que de Goering en personne.

Avantage et non des moindres, en plus d'un salaire à la hausse, elle bénéficiait à présent d'une autorisation permanente pour aller où elle souhaitait, que ce fût sur le territoire national ou dans les pays occupés.

En avril, Alexander reçut une invitation à se rendre en Grèce pour participer à une série de conférences chez leur ami Rudolf Fahrner, le directeur de l'Institut allemand à Athènes. Le voyage durerait plus d'un mois. Se replonger dans la Grèce ancienne lui ferait certainement oublier les horreurs qui ne quittaient pas son esprit. Melitta omit de lui dire que cette invitation avait été à son initiative, Claus et Berthold souhaitant voir leur frère s'éloigner, elle avait écrit en secret à leur ami.

Elle pensait s'offrir en même temps des moments plus longs avec Franz. Ce dernier, souvent absent, lui manquait cruellement. Elle avait décidé de laisser libre cours à ses pulsions. Cela n'enlevait rien à l'amour qu'elle éprouvait pour son mari.

Horreur de la vie, elle apprit la mort de son amant alors qu'elle se trouvait à son bureau d'étude. L'avion de Franz s'était écrasé sur l'aérodrome de Schleissheim. La nouvelle l'anéantit.

Incapable de se concentrer sur son travail, avec la bénédiction d'Alexander, elle se rendit immédiatement sur place pour comprendre ce qui s'était passé. Un peu plus tard, elle se rendit dans la ville où vivait la famille du pilote.

Elle resta des heures avec ses parents à évoquer le souvenir du défunt. Melitta était trop éprouvée pour cacher ses larmes. Très vite, ils comprirent que leurs rapports ne s'étaient pas arrêtés à ceux de maître à élève. L'ingénieure aurait aimé rester pour les funérailles, mais le « qu'en-dira-t-on » commença à instiller son poison. La famille lui demanda de quitter les lieux.

En pleins préparatifs de son voyage, Alexander appela les parents de Melitta pour obtenir du soutien. Il quittait l'Allemagne et ne souhaitait pas laisser son épouse dans cet état.

Il fut décidé que les deux sœurs de Melitta viendraient passer un moment avec elle.

Chapitre 34

Hanna avait préparé son dossier avec rigueur et minutie. Son entretien avec le *feldmarschall* Milch, l'inspecteur en chef de la Luftwaffe, avait été compliqué à obtenir, aussi avait-elle mis tous les atouts de son côté.

Elle se présenta dans ses services dans l'uniforme bleu nuit qu'elle affectionnait, médailles et distinctions apparentes.

Elle attendit patiemment dans l'antichambre, le dos bien droit sur le dossier d'un fauteuil, répétant mentalement son argumentaire. La liste des volontaires dans son sac, elle ne trembla pas lorsqu'elle fut introduite dans l'immense bureau du ministère de l'Aviation. Son salut fut impeccable, le claquement de ses talons retentit de façon sèche. Sans même prendre la peine de se lever, le général l'invita à s'asseoir sur un des sièges devant lui. Les piles de dossiers s'élevaient sur son bureau et empêchaient Hanna de voir entièrement son visage. Il la fixa d'un regard dur et lui demanda de faire vite, il était très occupé.

Hanna présenta son projet sans bafouiller et sans prendre la peine de lire ses notes. Pour finir, elle lui tendit la liste de tous les volontaires au sacrifice suprême. Ces noms montraient qu'elle n'était pas seule dans ce bureau. Un groupe de combattants extrêmement motivés, pour qui l'amour de l'Allemagne passait avant leur propre vie, l'accompagnaient en pensée.

« C'est très intéressant, répondit le général quand elle eut fini. Mais nous avons besoin de tous nos jeunes pour piloter les avions qui sortent de nos usines. Le retard dans la production commence à peine à se résorber et nous aurons bientôt les capacités de répondre aux attaques ennemies. Ce n'est pas le moment d'envoyer à une mort certaine des pilotes dont nous avons grand besoin. Notre cher Premier ministre, étant trop occupé à piller les trésors nationaux, n'a pas contrôlé les lacunes de nos usines. J'ai dû travailler dur pour solutionner tout ça. Certes, ce n'était pas la faute de nos industriels, les changements de doctrines d'attaque n'ont pas aidé à leur efficacité. Dorénavant, tout est rentré dans l'ordre et ce n'est pas le moment d'ajouter des projets. Essayons d'aller au bout de ceux déjà bien engagés. Votre offre est très courageuse, *Fräulein Reitsch*, je vous félicite pour votre patriotisme, mais je dois vous répondre par la négative.

— Mais l'Allemagne a besoin de tels sacrifices…

— L'Allemagne sacrifie déjà beaucoup. Oubliez tout ça et que je n'entende pas parler d'entraînement au sacrifice suprême de nos valeureux pilotes de combat. Je vous en tiendrai directement responsable. »

La barrière s'était refermée, il n'y avait plus rien à espérer.

Hanna pesta en quittant le ministère. Cet homme était un hypocrite de premier ordre. Il ne l'avait jamais aimée. Il détestait toute personne qui avait été proche d'Ernst Udet, son ennemi de toujours et prédécesseur à son poste. Il haïssait également Goering et ne se gênait pas pour le critiquer dans son dos. L'Allemagne risquait de perdre la guerre à cause de ses luttes intestines. Il ne restait plus qu'une seule solution : rencontrer Hitler en personne. Cela n'allait pas être une mince affaire. Pour sa sécurité, personne ne savait où se trouvait le chancelier.

Mais, parfois, la chance sourit aux audacieux et Hanna bénéficia de cette maxime. Elle reçut une invitation du führer en personne pour le rejoindre dans sa retraite bavaroise du *Berghof*. Le chancelier souhaitait lui remettre la récompense qui lui revenait un an après la remise de sa décoration de la Croix de fer de première classe. Elle accompagnerait von Greim, qui allait lui aussi recevoir une distinction. Hitler était au courant de tout, même des aventures extraconjugales de ses généraux.

Les formalités administratives pour emprunter un vol militaire à destination de Salzburg prirent plusieurs jours. Entretemps, des officiers lui rapportèrent que le *feldmarschall*

Milch avait formellement interdit à toute unité d'avions de combat toute recherche aux missions suicides.

Hanna pensait que son projet était tombé à l'eau. Elle ruminait son échec lorsqu'elle vit Wherner von Braun à l'aéroclub. La production de son V2 avait été retardée depuis le bombardement de Peenemünde. Son déménagement dans les usines souterraines fraîchement creusées était terminé et son assemblage avait repris.

Hanna lui conta ses péripéties avec le haut commandement lorsque son vieil ami lui confia une information de taille :

« Les concepteurs du V1, la première bombe volante, ont déjà imaginé une version pilotée de leur engin. Tu devrais leur rendre visite. »

Elle ne croyait pas aux coïncidences, mais à une voie tracée par la force qui la guidait depuis toujours. Animée d'une ferveur quasi mystique – elle voulait gagner cette guerre et faire cesser toutes ces horreurs qui l'accompagnaient – elle remua ciel et terre pour rencontrer les responsables de ce programme. Ces *Vergeltungswaffe*[31], appelés communément V1 et V2, étaient sa dernière chance.

Hanna possédait encore assez de notoriété pour ouvrir les portes des industriels. Attirer leur attention ne fut pas compliqué. Avec l'audace qui la caractérisait, elle présenta son idée comme un projet déjà avancé. Elle devait rencontrer sous peu le führer pour obtenir son aval. Sa visite ne faisait qu'anticiper une probable demande urgente. Autant commencer à y travailler tout de suite.

La faisabilité du projet lui fut confirmée avec cependant quelques réserves et non des moindres : l'engin n'était pas conçu pour atterrir. Il s'agissait d'une bombe volante. Même si cela ne présentait pas de difficultés majeures pour les pilotes volontaires – au mieux, ils sauteraient en parachute, au pire, ils ne reviendraient pas – cela posait un problème de taille. Car comment concevoir une telle machine sans effectuer le

---

[31] Armes de représailles, ou vengeance

moindre essai ? Comment juger de l'efficacité des commandes de vol sans les tester ? De la théorie à la pratique, il y avait un monde que seuls les ignorants pouvaient occulter.

Hanna se souvint du Komet et de son patin glisseur. Elle leur demanda si l'installation d'un tel dispositif était possible. Les ingénieurs lui promirent d'y penser, mais tant qu'ils ne recevaient pas un ordre officiel, ils ne commenceraient rien… Sa dernière chance de sauver l'Allemagne résidait donc dans sa rencontre avec Adolf Hitler.

À son arrivée à l'aéroport de Salzburg, une voiture les attendait, elle et von Greim. Le voyage se poursuivit sur une route escarpée dont les virages la rendirent malade. Les séquelles de son accident lui réservaient encore bien des surprises. Les points de contrôle réguliers retardèrent leur avancée. Plus ils s'approchaient de la retraite du chancelier, plus les soldats aux uniformes noirs devenaient stricts. Hitler avait échappé à plusieurs attentats et cela se répercutait dans le zèle de ses hommes.

À leur arrivée, le couple fut accueilli par le colonel von Below, le conseiller aéronautique d'Hitler. Une tête amie qu'Hanna connaissait. Il suivait le führer partout et assistait aux nombreuses réunions de crise auxquelles le chancelier participait.

Il leur apprit la petite forme de son chef, qui passait plus de temps avec son médecin personnel qu'avec ses officiers généraux. Il ne pouvait plus saluer les foules comme auparavant. Il conseilla à Hanna de le ménager, ses sautes d'humeur pouvant être dévastatrices.

Effectivement, lorsque le chancelier apparut, toujours accompagné de Blondi, sa chienne fidèle, son teint livide la choqua. Il répondit à son salut en saisissant ses mains comme pour un vieil ami. Ce contact charnel toucha l'aviatrice. Il plongea ses yeux dans les siens comme s'il sondait sa visiteuse. Hanna se demanda comment les horreurs dont elle avait été témoin pouvaient émaner d'un tel homme.

Hitler salua ensuite von Greim. Ils discoururent sur les difficultés rencontrées sur le front de l'Est. À l'issue, il lui remit un insigne représentant une épée sertie de diamants, du plus bel effet aux côtés de sa Croix de fer. Il le nomma chef des opérations aériennes sur tous les fronts. Il lui confia que si ça ne tenait qu'à lui, il lui donnerait le commandement total de la Luftwaffe, mais il ne pouvait pas décemment destituer totalement son Premier ministre de son arme favorite.

« Arch, la politique, mon général, la politique oblige à bien des compromis ! Tenez-vous prêt, ce sera bientôt votre tour. »

Hanna devina dans l'éclat liquide des yeux de son amant une déception incommensurable. Goering arrivait en fin de course. Il était temps de le débarquer. Aucun d'eux n'osa émettre la moindre remarque, mais leur silence en disait long.

Vint ensuite le tour d'Hanna. Le führer lui remit sa récompense : un diplôme lié à sa Croix de fer de première classe, qui lui donnerait probablement un jour une pension. Il échangea avec elle de façon informelle.

« Mon chien vous aime bien, dit-il. Je lui fais confiance, il sait détecter les traîtres, lui, et il n'en manque pas dans mon entourage. » Il lâcha un petit rire sardonique et demanda qu'on leur servît du thé. Un peu à la manière de Goering, il lui parla de la fabrication en masse des avions qui allaient sortir le pays de ce marasme.

Lui aussi semblait prendre ses désirs pour des réalités. Échaudée par la réaction du Premier ministre, Hanna évita de contredire le chancelier. Elle lui présenta son projet à la grande surprise de von Below et de von Greim.

Au début, le führer sourit devant tant de candeur. Il ne la quittait pas des yeux tout en caressant son chien. Hanna s'enorgueillit ; il était prêt à l'écouter jusqu'au bout. Elle lui rappela que l'Allemagne faisait face à une situation sans précédent, que seules des méthodes extraordinaires pourraient y remédier. Le chancelier rétorqua que leurs nouveaux jets suffiraient à répondre aux attaques extérieures. Le Komet et le nouveau Me262 de Messerschmitt promettaient des performances au-delà de toute espérance.

Von Below tenta du regard de faire taire Hanna. Elle l'ignora. Oubliant tout le respect qu'elle devait à son chef, elle lui coupa la parole :

« Mais *mein führer*, ces avions n'en sont qu'au stade d'essais. Ils sont encore loin d'être opérationnels. »

Le silence qui s'ensuivit glaça l'atmosphère. Aucun conseiller, encore moins une femme, ne s'était adressé au grand Adolf Hitler de la sorte. Von Below transpirait. Robert resta en retrait.

« Vous êtes très mal renseignée, *Fräulein*, répondit le chancelier, dont la bonne humeur s'évapora. Des centaines d'avions sont sur le point de décoller de nos usines. Je suis votre chef suprême et vous ne pouvez pas mettre ma parole en doute. »

Hanna sentit la fin de l'entretien. Elle tenta une dernière carte :

« *Mein führer*, donnez-moi la permission de commencer le travail expérimental. Il serait dommage de ne pas être prêt en cas de besoin. Nous n'avons que trop souffert de retards en tout genre. Vous ne pouvez pas ignorer la demande d'une citoyenne prête à donner sa vie pour vous. »

Le chancelier la fixa.

« *Fräulein*. On m'avait rapporté votre volonté inaltérable, j'en suis témoin aujourd'hui et je vais être magnanime. Je vous donne mon accord parce que votre dévotion le mérite. Vous avez montré jusqu'à présent une force de caractère hors du commun qui fait honneur à notre pays. Allez-y, mais je ne veux rien entendre en cas de problème, c'est compris ? »

Quelques heures plus tard, l'aviatrice reprenait le chemin de l'Institut de recherche aéronautique avec un ordre de mission signé de la main du führer. Elle avait gagné.

Chapitre 35

Tout au long du repas dominical, Claus et Berthold ne cachèrent pas leur impatience. Melitta comprit à leurs regards qu'ils avaient des informations à lui communiquer. C'était un jour pluvieux ; les deux hommes prétextèrent une éclaircie pour aller s'aérer. Ils traversèrent le parc de leur résidence berlinoise et mirent le canot familial à l'eau.

Le jumeau d'Alexander s'empara des rames et s'éloigna du rivage. Melitta l'observa en silence, toujours troublée par la ressemblance avec son mari. Claus accepta qu'elle lui allumât une cigarette.

Un proche des deux frères, Werner von Haeften, les accompagnait. Melitta comprit qu'il jouait aussi un rôle dans leur conspiration.

Lorsqu'ils furent suffisamment éloignés du bord, le colonel fixa sa belle-sœur d'un son œil valide et entama la conversation.

« J'ai besoin d'un avion pour me rendre à Rastenburg, à la Tanière du Loup. Pourrais-tu t'en occuper ? »

Il stipula l'importance d'un retour rapide à Berlin sans donner la moindre explication. L'opération devrait avoir lieu dans les quinze jours. Melitta comprit qu'il s'agissait de se débarrasser du chancelier. Elle resta silencieuse. Werner fit allusion à un coup d'État. Berthold confia que leur groupe grossissait de jour en jour. Claus conclut la conversation en affirmant mettre un terme à cette stupide guerre quand ils auraient repris le pouvoir.

Lorsque tous trois se turent, Melitta répondit par l'affirmative sans vraiment réaliser les risques d'une telle implication. Il s'agissait d'une complicité d'assassinat du dirigeant du pays. La détermination des trois hommes effaça ses doutes. Leur foi en leur destin était inébranlable. L'heure était venue de leur rendre la monnaie de leur pièce. Ses beaux-frères l'avaient soutenue à leurs risques et périls, à son tour à présent !

Les jours suivants, elle prépara sa mission en toute discrétion. Elle devait amener Claus en Prusse Orientale et revenir au plus vite à Berlin. D'après ses calculs de navigation, seul le Heinkel 111 de l'Académie pouvait couvrir une telle distance sans avoir à ravitailler en carburant. Malheureusement, un atterrissage forcé l'avait cloué au sol pour deux semaines. Ne restait que le Fieseler Storch et un petit Arado de liaison, deux monomoteurs à l'endurance insuffisante pour ce type de voyage. Trouver une autre machine en si peu de temps revenait à attirer l'attention sur elle, chose qu'elle préférait éviter.

Elle ordonna, sous couvert d'essais additionnels, l'ajout d'un réservoir supplémentaire dans le Storch, ce que les mécaniciens assurèrent en quelques heures, ce type de modification ne possédant aucun caractère exceptionnel. La nature des travaux de la directrice ne surprenait personne. Elle s'envola sans attirer l'attention et réitéra ces voyages quatre jours d'affilée.

Malgré le danger d'une météorologie peu clémente, elle rejoignit la base de Rechlin puis revint dans la foulée. Elle cherchait à contrôler la nouvelle autonomie de l'avion d'observation. Il n'était pas question de prendre le moindre risque le jour J.

Malheureusement, l'ajout d'une nourrice supplémentaire ne suffisait pas. Le Storch n'avait pas les ailes assez longues pour voler jusqu'à la Tanière du Loup et revenir. Dévastée, elle fut contrainte d'abandonner.

Elle retrouva, le soir venu, Claus en secret pour lui annoncer la mauvaise nouvelle. Heureusement, il avait prévu un plan B qu'il refusa de lui divulguer. Il lui intima d'oublier leurs récentes conversations et de retourner à son travail comme si de rien n'était.

Le 20 juillet 1944, tandis qu'elle était concentrée sur sa planche, un de ses collaborateurs lui apprit qu'un attentat avait tué le chancelier. Son cœur s'emballa aussi fort que dans la pire des acrobaties aériennes. Elle prétexta la chaleur pour expliquer la rougeur de son visage. Un ingénieur alluma la TSF pour tenter d'en savoir davantage. Le complot avait débuté.

Même si elle n'y avait pas pris part, elle peina à se concentrer. Ses mains tremblaient. Elle pria en silence pour ses beaux-frères, pour la réussite de leur projet, rêvant à la fin de la guerre.

Dans l'après-midi, des rumeurs contradictoires envahirent le centre d'études : le *führer* ne serait pas mort. Le suspense était insoutenable. Melitta brûlait d'envie d'appeler Berthold, mais elle devait se retenir. Elle avait l'impression que tout le monde remarquait son inquiétude.

Le soir, lorsque la voix d'Adolf Hitler retentit dans le poste, elle crut défaillir. Le chancelier expliquait avec hargne l'attentat auquel il avait réchappé, vouant aux gémonies les traîtres qui avaient fomenté une telle infamie. La violence de ses mots envoya l'aviatrice dans les toilettes pour rendre le repas auquel elle n'avait presque pas touché.

Cette fois, l'échec était confirmé. Elle devait agir. Sans attendre, elle rassembla les notes qui pouvaient la mettre en difficulté, emballa les lettres d'Alexander et partit dans la nuit les brûler. Elle n'avait pas envisagé la défaite de son camp. Pour elle, ses beaux-frères étaient aussi solides que des blocs de granit. Comment avaient-ils pu échouer ?

Une fois de plus, elle tourna dans son lit une partie de la nuit sans trouver le sommeil. L'incertitude la tenaillait. Elle décrocha à plusieurs reprises son téléphone pour s'assurer de la tonalité.

Au petit matin, toujours aucune nouvelle. Elle s'aspergea longuement le visage d'eau fraîche. Son physique ne devait pas la trahir. Elle se rendit à son travail comme un automate. Incapable d'avaler quoi que ce fût, elle tenta de donner le change en traçant des traits sur sa planche à dessin.

En fin de matinée, elle apprit que les principaux conspirateurs avaient été fusillés dans la nuit. Le nom de Stauffenberg fut prononcé pour la première fois par le commentateur radio. Elle lâcha son stylo. Ses collaborateurs la dévisagèrent. Ils attendaient une explication : oui, il s'agissait bien de son beau-frère, non elle n'était pas au courant, son mari n'avait rien à voir dans tout ça, il séjournait en Grèce…

Elle ne pouvait détacher ses pensées de Claus. Était-il vraiment mort ? Où se trouvait Berthold ? Combien de temps avant qu'elle soit arrêtée à son tour ? Elle lista dans sa tête ce qui pouvait la compromettre. Il n'y avait pas grand-chose. Claus avait su cloisonner et elle l'en remercia dans une prière silencieuse.

En fin de matinée, lorsque ses collègues partirent à la cantine, elle ne put résister d'appeler Lautlingen au téléphone. Elle s'y reprit à plusieurs fois, la connexion était de plus en plus difficile. Quand elle obtint enfin un correspondant, elle resta muette. Le ton martial de l'inconnu lui indiqua que la Gestapo avait investi les lieux. Elle s'inquiéta pour ses neveux. Qu'allait-il leur arriver ? Et Nina, la pauvre Nina…

Elle appela ensuite sa famille à Dantzig, avec plus de succès cette fois. Elle pria son père de rester éloigné d'elle. N'ayant aucun lien de parenté avec les Stauffenberg, les Schiller ne craignaient rien. Subodorant des écoutes, elle clama haut et fort qu'elle n'était pas au courant du complot.

Sensible aux recommandations de son père, elle appela le bureau d'Hermann Goering. Son directeur de cabinet lui apprit l'absence du Premier ministre. Connaissant le haut fonctionnaire, elle le questionna. Ce dernier confirma la mort de Claus. Blessé au bras lors de son arrestation, il avait montré sa bravoure jusqu'au bout. En revanche, il ne savait rien pour Berthold. Il avait probablement été arrêté.

Melitta tenta ensuite d'appeler Athènes. Un brouhaha lui parvint tandis qu'elle patientait avec l'opératrice. Des hommes en civils surgirent dans son service.

Ils perquisitionnèrent le bureau avant de l'emmener manu militari au siège de la Gestapo, à la *Prinz Albrecht strasse*. Melitta tenta de garder bonne figure lorsqu'elle croisa ses collègues. Certains prirent le risque de lui faire un geste d'encouragement.

Les auditions qu'elle subit furent moins terribles que ce qu'elle imaginait. Les enquêteurs utilisèrent des techniques psychologiques, mais pas la violence. À sa grande surprise, ils ne revinrent pas sur son statut d'égale à aryenne. On ne contestait pas une décision prise dans le cabinet du führer. Le plus difficile pour elle étant le manque de nouvelles de ses proches.

Sa garde à vue dura quarante-huit heures. Les autorités ne trouvèrent rien qui pût la confondre. Elle endossa le rôle de la patriote nationaliste, expliquant ses travaux primordiaux pour la guerre aérienne, et mit en avant ses décorations. Elle se força à fixer ses interlocuteurs dans les yeux sans ciller. Son comportement joua en sa faveur, mais elle fut cependant retenue au prétexte de ses liens de parenté avec le comploteur. Une ancienne loi nommée *sippenhaft* fut sortie des oubliettes par la Chancellerie. Pour Hitler, toute mauvaise herbe devait être détruite des branches aux racines. Cette loi stipulait que tout ascendant, descendant et parent d'un traître devait être arrêté et privé de ses droits. La famille Stauffenberg au sens large allait être condamnée.

Une fois seule dans sa cellule. Melitta pensa à cette famille qui l'avait accueillie avec tant de chaleur. Les images de ses neveux lui revinrent en mémoire et lui firent monter les larmes aux yeux. Quel gâchis ! Elle devait se battre pour eux, pour les survivants.

Paul Opitz, l'officier commissionné pour s'occuper des *Sippenhaft*, comme ils furent baptisés, vint lui rendre visite dans sa cellule. L'homme de petite taille s'adressa à elle avec respect. Sur la défensive, Melitta observa ses lèvres fines lui apprendre avoir suivi ses travaux aéronautiques. Il loua son courage avec des étoiles plein les yeux.

« J'ai toujours eu peur en avion, plaisanta-t-il. Le jour où je vous ai vu plonger avec votre Stuka, j'ai cru que vous alliez vous écraser. »

L'amabilité du SS ne baissa pas la garde de Melitta. Pour avoir atteint ce poste, ces mêmes lèvres avaient probablement ordonné de nombreuses sentences.

Étonnamment, il indiqua à sa prisonnière ne plus croire en la victoire allemande. Melitta se garda bien de répondre. Il prit congé en la saluant de façon fort respectueuse. Elle devait se méfier de ces hommes, aussi sournois que des serpents.

Angoissée à l'idée de rester enfermée sans connaître sa sentence, Melitta s'appliqua une discipline de fer. Lever tôt, gymnastique, petit-déjeuner, ménage, lessive. Sa prison devint un petit nid douillet, d'autant plus que son régime s'améliora au grès des visites de Paul Opitz. Ce dernier semblait réellement sous son charme. Autant en profiter.

Il l'autorisa à quitter sa cellule pour rencontrer d'autres prisonnières, moins bien loties qu'elle. Elle distribua le supplément qu'elle recevait à la grande joie de ses infortunées voisines. Paul lui promit d'obtenir des nouvelles d'Alexander, dont elle avait appris l'arrestation par la Gestapo en Grèce. Il autorisa également la visite de sa sœur Klara. Cette dernière s'était installée dans son petit studio à Gatow. L'inquiétude engendrée par son incarcération avait poussé la famille Schiller à envoyer une émissaire dans la capitale.

Klara lui donna des détails du plan avorté des Stauffenberg, tel que relaté dans la presse. Une fois le führer décédé, le colonel devait prendre la tête de l'opération Walkyrie, une procédure d'urgence mise en place en cas d'insurrection.

Melitta commença à apprécier les visites de Paul Opitz. Elle se confia un peu plus, sans ne jamais révéler le peu de choses qu'elle savait sur le complot. Elle lui demanda l'autorisation de travailler en cellule. Ses travaux devaient avancer pour le bien des forces armées. Quelques jours plus tard, elle reçut la visite de son assistant. Il lui apportait ses documents. Des porteurs installèrent sa planche à dessin. Elle pouvait reprendre ses recherches. Goering restait désespérément muet, mais elle ne l'imaginait pas ne pas être au courant.

Opitz lui apprit que sa belle-famille, toujours retenue au château de Lautlingen, avait été séparée des enfants. Skorzeny menait une chasse aux sorcières impitoyable aux ordres du chancelier. De nombreux complices étaient envoyés en camps de concentration, d'autres exécutés. Le grand Erwin Rommel, maréchal adulé, venait de mourir, officiellement, d'une embolie, officieusement de suicide forcé. Les ramifications du complot ne cessaient de faire tomber des têtes et non des moindres.

Le 9 août fut une journée noire pour Melitta. Le soir, Paul lui rapporta le procès de Berthold avec d'autres conspirateurs. Elle s'effondra en larmes en apprenant leur pendaison. Oncle Nüx et Werner von Haeften faisaient partie du lot. Hitler avait ordonné qu'une équipe de cinéma filmât leur sentence afin de se repaître de sa vengeance. Opitz lui tut le fait que leurs corps avaient été pendus à des crocs de boucher jusqu'à suffocation complète. Une mort lente et douloureuse comme les affectionnait le chancelier.

Quelques semaines plus tard, elle apprit qu'Alexander, rapatrié sur le sol national, était retenu prisonnier dans une prison de Berlin, de même que Mika et Nina, cette dernière enceinte de son cinquième enfant.

De nombreux soutiens de l'aviatrice se firent entendre, notamment des hauts gradés de la Luftwaffe, ayant l'oreille d'Hermann Goering. La décision ne lui appartenant pas, Opitz lui garantit cependant une libération rapide.

Chapitre 36

Dans le plus grand secret, les premiers essais du V1 piloté débutèrent un mois plus tard. L'étude ayant déjà été ébauchée, les travaux furent effectués en un temps record. Un poste de pilotage et des commandes de vol sommaires furent ajoutés. Un patin d'atterrissage fut fixé aux appareils dédiés à l'entraînement.

La demande d'Hanna pour être à la manœuvre fut rejetée par le chef du centre d'essai.

« Vous voulez que notre führer me taille en pièce en cas d'accident ? la railla-t-il. Vous pilotez le projet, c'est déjà pas mal ! »

Otto Skorzeny, ayant appris sa présence à Rechlin, la rejoignit pour le premier vol d'essai. Depuis son exploit dans les Abruzzes, la libération de Benito Mussolini dans une opération d'une audace inouïe[32], le SS était considéré comme un dieu vivant. Hanna n'avait pas oublié son escapade sur le front de l'Est et le tour pendable qu'il lui avait joué. Elle lui avait pardonné, c'était un militaire d'une grande valeur. Les horreurs étaient inhérentes à la guerre et pas forcément de sa faute.

La catapulte trop violente pour un humain, les ingénieurs décidèrent d'accrocher le prototype habité sous les ailes d'un Heinkel afin de le larguer en haute altitude.

Hanna et Otto suivirent la procédure à l'aide de binoculaires puissantes. Tout se passa bien jusqu'à la phase d'approche. Le pilote surpris par les vitesses élevées perdit le contrôle. La machine sembla habitée d'un esprit malin. Elle s'agita dans tous les sens et se précipita au sol où elle s'écrasa. Les deux amis montèrent dans un véhicule tout-terrain et se dirigèrent vers le panache de fumée. Quand ils arrivèrent, le pilote était extrait des décombres. Encore vivant, mais sérieusement blessé.

---

[32] Opération *Eiche* du 12 septembre 1943

Skorzeny exigea un remplaçant. On n'allait pas s'arrêter comme ça ! Considéré comme la voix du führer, personne n'osa le contredire. Un deuxième essai fut programmé pour le lendemain.

Il semblait que la malchance les avait frappés ; le deuxième prototype s'écrasa dans les mêmes conditions. Cette fois, le pilote fut tué. Hanna s'emporta. Il n'existait qu'une poignée de spécialistes capables de mener à bien les essais d'une telle machine, dont elle. À son tour de s'y coller.

Celui qui serait considéré comme le responsable de ce massacre, le chef de centre, accepta de mauvaise grâce un troisième vol avec cette fois Hanna aux commandes. Sans Skorzeny qui menaça d'en référer en hauts lieux, la jeune femme n'y serait jamais parvenue. Le fonctionnaire connaissait les rouages de la bureaucratie et craignait pour son poste. Un SS comme Skorzeny pouvait l'envoyer en camp sur un claquement de doigts. Choisir entre la peste et le choléra, tel était son dilemme !

Hanna, elle, ne craignait pas le mauvais sort. Si elle avait dû être superstitieuse, elle ne serait jamais arrivée là où elle en était. Son orgueil dépassant la moyenne des gens raisonnables, elle voulait montrer à Otto ses capacités.

On lui prépara un engin pour le lendemain.

Harnachée à ne plus pouvoir respirer – son accident précédent lui avait servi de leçon – elle s'envola au petit matin dans l'étrange équipage de ce bimoteur accouplé à une bombe volante. Elle se laissa balloter sous l'aile du Heinkel, assourdie par le bruit infernal de ses deux moteurs *Jumo* de 1350 chevaux.

Une fois l'altitude de croisière atteinte, elle actionna la commande de décrochage. Elle compta jusqu'à dix et poussa sur le commutateur d'allumage du moteur à réaction. Le coup de pied aux fesses lui indiqua que la manœuvre avait fonctionné.

Elle aperçut l'avion porteur passer au-dessus d'elle alors que sa machine accélérait vers 500 km/h. Grisée, elle commença ses évolutions à vitesse maximale. Le prototype répondait à ses sollicitations de façon nerveuse. Il demandait un peu de doigté, mais restait contrôlable. Lorsque son moteur s'arrêta, carburant épuisé, elle se laissa descendre en vol plané en ayant l'impression de chevaucher un piano – les qualités vélivoles de la bombe ressemblaient à celles du Komet.

Elle entama son approche et visa le seuil du champ prévu pour l'atterrissage. La vitesse était phénoménale ; la terre se rapprochait de manière anormale comparée à un avion classique. Elle garda son sang-froid et toucha le sol fermement. La machine s'arrêta au bout de trois cents mètres de glissade, abandonnant derrière elle une écume de poussière.

« Tout est OK, rien à déclarer », annonça-t-elle aux ingénieurs qui se précipitèrent à sa rencontre. Elle réserva un sourire de conquérante à Otto, qui comprenait ce que le mot victoire pouvait apporter. Il aimait son alter ego féminin.

Il l'aida à obtenir l'autorisation de continuer les essais. Il actionna les leviers de son réseau très puissant. Lors d'un dîner, il lui singea la colère de Milch quand ce dernier avait appris qu'Hanna était allée au bout de ses idées en le court-circuitant.

La *flugkapitän* Reitsch prit la tête des essais. Elle choisit des pilotes capables de piloter ce type de machine tout en effectuant une dizaine de vols par elle-même. Deux sorties faillirent se transformer en drame et sans sa chance légendaire, sans sa perception instinctive du pilotage, la jeune femme se serait tuée sans aucun doute. Un de ses congénères perdit la vie lors d'un autre atterrissage mal maîtrisé. Malgré ces échecs, la phase de formation des candidats au suicide pouvait débuter. Un briefing complet était suffisant, puisqu'il ne leur était pas demandé de revenir. Dans quelques semaines, ces machines infernales seraient prêtes à partir pour leurs funestes desseins et Hanna atteindrait son objectif.

Elle commençait à préparer les premiers volontaires lorsque les alliés débarquèrent en Normandie, le dernier endroit où ils étaient attendus. Ce 6 juin 1944, les plans de la Chancellerie se réorientèrent et tous les pilotes furent rappelés pour la défense du pays. L'opération « ultime sacrifice » fut enterrée avant même de fournir ses premiers bénéfices.

Derrière ce revirement, Hanna sentit la patte maléfique de Goering. Ce malfaisant continuait à lui mettre des bâtons dans les roues. Même s'il perdait de plus en plus de pouvoir, le gros cochon restait en capacité de faire le mal. Elle consulta Robert, qui lui confirma ses craintes. Son général ne pouvait passer au-dessus du Reichsmarschall. Elle se maudit de ne pas avoir su s'entourer des meilleurs.

Elle retourna s'installer à Berlin malgré les bombardements incessants. Hanna souhaitait souffrir avec son peuple. À quoi bon se planquer ? Sa place était là où elle pourrait servir. Comme personne ne voulait d'elle dans les unités combattantes, elle s'enrôla dans les ambulances de l'air où le travail ne manquait pas.

L'ambiance dans la ville avait encore changé. La plupart des bâtiments officiels avaient été détruits. La tâche principale de la population était de trouver de quoi se nourrir pendant la journée et de se terrer comme des rats pendant la nuit. La défense passive déblayait les rues de la ville et rassemblait les corps des malheureux dont l'abri avait failli. Se déplacer avant midi était une gageure. Le métro ne marchait plus, l'essence était rationnée, et les chevaux finissaient dans la gamelle des plus chanceux. Le vélo fonctionnait bien, encore fallait-il éviter les multiples obstacles qui jonchaient les avenues.

Hanna apprit l'attentat avorté par la radio, un peu comme tout le monde. Quand le nom de Stauffenberg fit surface, une fois la stupeur passée, elle s'en réjouit. La comtesse avait donc essayé de rentrer dans l'Histoire. Sa notoriété ne lui suffisait pas ! Cette fois, elle allait disparaître de son horizon. On ne se remet pas d'un tel coup d'éclat.

Elle chercha à joindre Otto Skorzeny pour en savoir plus. Ce dernier repoussa son invitation à dîner, il pourchassait les comploteurs et n'avait pas le temps de la voir. Quel dommage ! Elle aurait pu lui apprendre des tas de choses sur son adversaire de toujours.

Peter Riedel, de passage à Berlin, accepta de la rejoindre. Elle reconnut sa tignasse rousse lorsqu'elle l'aperçut, attablé devant une bouteille de schnaps. Elle le trouva soucieux, renfermé.

« Comment peut-on ne pas être soucieux en découvrant tout ce chaos », répondit-il.

Il lui montra les flaques d'eau par terre et les vitres remplacées par des planches de bois. Le restaurant luxueux s'était transformé en mess de garnison. Il n'avait pas tort. Encore combien de temps avant que ce club ne soit rayé de la carte ?

Leur conversation dévia très vite sur le complot qui avait failli coûter la vie à Hitler. Le sujet de leur dernière dispute en mémoire, Hanna en profita pour enfoncer le clou sur ce qu'elle lui avait déjà dit. Cette fois, la trahison de la comtesse n'était plus discutable. Si elle avait été arrêtée et emprisonnée, c'est bien parce qu'elle était coupable.

« Cette fois, j'espère que l'on va lui arracher sa Croix de fer et lui retirer tous ses titres à cette garce, insista-t-elle. Je t'ai toujours dit qu'il ne fallait pas faire confiance à une juive. »

Peter ne releva pas. Il la laissa pérorer. À quoi bon ? Ses deux amies avaient bien changé. Celle qui se trouvait devant lui se targuait de sa proximité avec Himmler et Skorzeny, l'autre croupissait dans une prison d'État pour un quasi-régicide. La vie réservait bien des surprises. S'il avait pu imaginer un seul instant que les deux débutantes qu'il avait conseillées quelques années auparavant auraient de tels parcours, on l'aurait pris pour un fou…

Il avait beau appartenir au parti au pouvoir, sa condition d'expatrié lui permettait une vision critique de ceux pour qui il travaillait. Les informations qu'il détenait allaient bien au-delà de la simple propagande ennemie.

Lorsqu'Hanna l'entretint de ce dont elle avait observé sur le front de l'Est, il baissa le ton.

« J'ai vu des photos horribles, Hanna. Les exactions de nos congénères sont décrites dans la presse étrangère. Les juifs sont supprimés par milliers. Nos dirigeants sont devenus fous. Ton pseudo ami, Himmler, est le pire des assassins.

— Tu te laisses manipuler par la propagande des Anglais. Je connais bien Himmler. C'est un homme délicieux. Il est incapable de telles horreurs. S'il y a des échappées, c'est par le fait de petits capos qui prennent ses consignes trop à la lettre. »

Peter lui fit signe de baisser d'un ton. Une chasse aux sorcières avait lieu, ce n'était pas le moment de se faire remarquer.

« Ne t'inquiète pas, Peter, mon ami Otto Skorzeny est à la manœuvre. Lui sait trier le bon grain de l'ivraie. »

En quittant le restaurant du club, n'y tenant plus, Peter sortit de sa poche une page de journal. Posséder un tel document pouvait le conduire au gibet. Hanna, moins craintive, regarda les photos avec attention. Son trouble fut manifeste. Elle contra avec vigueur ce qu'elle ne voulait pas concevoir.

« Même la propagande la plus efficace ne pourrait inventer un tel tas de chaussures dans un camp, Hanna. Ouvre les yeux ! »

Chapitre 37

Six semaines après son arrestation, Paul Opitz s'invita dans la cellule de Melitta, l'air mystérieux, faisant craindre le pire à l'ingénieure. Après quelques secondes de suspens, son visage s'éclaira et il lui tendit avec triomphe un ordre de libération. La comtesse pilote était relâchée au motif des « nécessités de la guerre ».

Elle regarda le SS avec incrédulité. Les deux traits fins qui lui servaient de lèvres peinaient à cacher un sourire jovial. L'officier semblait découvrir le plaisir de porter une bonne nouvelle. L'aviatrice ne rêvait pas. Son cauchemar prenait fin.

Deux conditions étaient attachées à ce document : reprendre le travail dès le lendemain – Melitta reconnut, là, la patte du Premier ministre – et abandonner le nom de Stauffenberg, maudit à jamais. Elle gardait son titre de comtesse ainsi que le patronyme Schenk. Un moindre mal !

Melitta se retint de sauter de joie. Elle enlaça avec affection son sauveur. Paul venait de prouver la sincérité de son amitié. Bien que n'étant pas son type d'homme, elle avait appris à l'apprécier. Il y avait encore dans ce bas monde des officiers dignes de confiance. Paul, au-delà de sa sympathie, se montrait fort utile, alors autant qu'il demeurât son allié.

Pour fêter cette libération anticipée, elle accepta une invitation à dîner dans ce qui restait du restaurant de l'hôtel Bristol. Pour l'occasion, elle choisit une robe du soir et tenta un maquillage discret. La facilité déconcertante avec laquelle elle enfila son vêtement lui montra à quel point elle avait maigri.

Le personnel du Bristol se démenait pour conserver son lustre d'antan. De grandes tentures cachaient les fenêtres soufflées par les explosions, condamnant une partie du restaurant. Des serveurs zélés leur servirent du chou agrémenté de lanières de viande séchée ; le choix se limitait à ce qui se trouvait en ville.

Pour Melitta, ce plat dégageait un fumet de liberté. Accompagné de vin mousseux, ce dîner la combla de bonheur.

Le regard de Paul lorsqu'elle arriva la mit en confiance. Il la trouvait séduisante. Devinant qu'elle pouvait tout lui demander, elle lui arracha l'autorisation de rendre visite à son mari et à ses belles-sœurs.

Revers de la médaille, il se montra entreprenant en fin de soirée. La jeune femme dut dévoiler des trésors de diplomatie pour l'éconduire tout en restant son amie.

Le lendemain, après quelques heures d'un sommeil de plomb, Melitta se rendit à son travail, le cœur léger. Des applaudissements retentirent à son entrée au centre d'essai. Cette chaleur émanant de ses pairs lui tira les larmes des yeux. Elle ne se doutait pas un seul instant de recevoir un tel accueil.

Pourtant, l'attentat raté ne rassemblait pas que des sympathisants. Elle se sentit privilégiée. Après deux mois d'enquête, les rumeurs colportaient des chiffres d'exécutions alarmants. La purge, aussi bien dans les milieux civils que militaires, avait été excessive – on parlait de sept mille arrestations. Les bruits dans le sillage du colonel Skorzeny, chargé par Hitler de faire le ménage, laissaient entendre que beaucoup de malchanceux avaient payé de leur vie de simples paroles prononcées un peu trop fortes. Alors le sort de l'ingénieure était inespéré. Une détention de six semaines dans un régime particulièrement favorisé tenait du miracle. La réaction de ses collègues de travail lui indiqua leur adhésion silencieuse à la tentative de renversement du chancelier. Elle se sentit rassurée. Revenir travailler parmi eux avait engendré des craintes. À présent, elles s'étaient envolées.

Elle embaucha sa sœur comme assistante. La place vacante, Klara possédait largement les compétences requises. Les deux femmes s'étaient rapprochées pendant ces dernières semaines. Klara lui rendait visite quotidiennement à la prison et se chargeait des affaires courantes.

Melitta, heureuse de partager ses pensées avec une des seules personnes en qui elle avait confiance, pouvait s'occuper à loisir de sa famille d'alliance. Mari, belles-sœurs, et surtout retrouver ses neveux. Leur disparition la rongeait d'inquiétude.

Elle se rendit à Lautlingen munie d'un laissez-passer signé de la main de Paul en empruntant le petit Arado du centre pour le voyage.

Il ne restait plus au château familial que sa belle-mère, Karoline, toujours en résidence surveillée ; la pauvre vieille dame ne présentait aucun danger, mais appartenait à la « famille maudite ».

Deux plantons boutonneux gardaient l'entrée du domaine avec autant de zèle que s'ils avaient défendu le bunker d'Hitler. L'un d'eux mit en joue Melitta avant même d'ouvrir la bouche. Ils restèrent dubitatifs devant son laissez-passer, mais en découvrant la Croix de fer de la visiteuse, ils lancèrent leur bras en avant dans un *heil* tonitruant.

Les retrouvailles firent l'objet d'effusions larmoyantes. Karoline dépérissait. Elle aurait cessé de s'alimenter si sa gouvernante n'avait pas été autorisée à demeurer auprès d'elle.

Karoline lui confirma que les enfants avaient été confiés aux services sociaux du parti. Mis à part le fait que leur identité leur avait été confisquée, elle ignorait l'endroit où ils étaient détenus.

L'aristocrate ne cessait de pleurer. Elle avait perdu ses garçons et son frère Nüx. Ce dernier aurait pu prétexter son grand âge et obtenir un retour au château afin de tenir compagnie à sa sœur. Il avait préféré faire face au bourreau plutôt que de passer pour un être atteint de sénilité. On ne remet pas en cause l'honneur d'une famille porteuse de valeurs millénaires.

Les Stauffenberg avaient été anéantis dans cette affaire. La matriarche avoua attendre la mort avec sérénité, voire impatience. Melitta lui offrit le buste d'oncle Nüx et celui de Berthold, sculptures qu'elle avait récupérées chez elle à Würzburg. Apporter un peu de bien-être à cette femme, qui l'avait si bien accueillie quelques années auparavant, la réconforta.

Sa première visite à la prison de Plötzensee, lieu de détention d'Alexander, l'éprouva plus qu'elle ne l'imaginait. Si la température et l'humidité lui provoquèrent des frissons incontrôlés, ce qu'elle apprit de la bouche même de Paul sur ce sinistre endroit la terrifia.

Quelques jours plus tôt, les bâtiments ayant été endommagés par l'aviation alliée, les autorités avaient ordonné l'exécution de tous les condamnés à mort afin de gagner de la place et d'éviter les évasions. Deux cent cinquante pendaisons avaient eu lieu en cinq nuits. La précipitation avait même engendré des erreurs de personnes. Melitta avait survolé les listes des victimes et avait reconnu les noms d'hommes qu'elle avait croisés dans sa carrière.

Surmontant son appréhension, elle pénétra dans ces murs chargés de douleur. Elle trouva son mari déprimé. Certes, la revoir le revigora, mais elle réalisa qu'au-delà de la perte de ses frères, le manque de confiance dont ils avaient fait preuve envers lui l'avait profondément blessé. Alexander ne comprenait pas pourquoi il avait été maintenu en dehors du complot. Il la questionna sans cesse. Melitta eut toutes les peines du monde à le convaincre qu'elle n'était au courant de rien, qu'elle l'avait découvert, comme lui, dans la presse.

Elle lui laissa de quoi manger, car le régime alimentaire, pauvre en vitamines, ne l'aidait pas à regagner un bon moral. Elle était autorisée également à le fournir en livres. Pour son professeur de mari, la nourriture spirituelle revêtait autant d'importance que la nourriture terrestre.

Elle reviendrait le voir aussi souvent que nécessaire. Elle devait s'occuper en parallèle de ses belles sœurs.

Elle rencontra Mika assez facilement. Oubliant ses mots blessants proférés quelques mois auparavant, Mika lui témoigna une réelle reconnaissance. Au-delà de recevoir de quoi se couvrir – la prison était une véritable glacière – échanger ses craintes et ses inquiétudes avec une personne de sa famille lui redonna un peu de baume au cœur.

La mort de son mari l'avait anéantie, sa mère avait été arrêtée et envoyée dans le camp de concentration de Ravensbrück et elle ignorait le sort de ses enfants. Elle ne se raccrochait à la vie que dans l'espoir de les retrouver. Elle craignait que les nazis ne les aient enlevés pour des expérimentations médicales.

Pour Nina, ce fut plus compliqué. L'épouse du comploteur principal était tenue au secret. Melitta dut user de toute sa diplomatie pour obtenir l'autorisation de visite. Le pouvoir de Paul n'était pas suffisant, elle dut patienter des heures dans les bureaux de l'administration pénitentiaire pour arracher un blanc-seing qui ne pouvait être signé qu'en haut lieu.

Klara s'inquiétait pour sa sœur. L'ingénieure travaillait la nuit, courait les administrations et visitait les prisonniers le jour. Privée de sommeil, Melitta n'était plus que l'ombre d'elle-même.

Klara découvrit que les recherches de sa sœur étaient passées au second plan. Elle la surprit un jour en train de taper une traduction de l'Odyssée d'Homère au lieu de plancher sur ses travaux habituels. Dans le secret du bureau, Melitta lui confia ne plus avoir le cœur à ça. Elle donnait le change. Seuls ses vols d'essai la captivaient encore un peu.

La réception du nouveau bombardier de Messerschmitt pour la mise au point des équipements de navigation de nuit lui redonna un peu de motivation. Le ME262, avion ultramoderne équipé de deux réacteurs, était censé révolutionner l'aviation de chasse allemande. Ses performances étaient ahurissantes. Goering en personne vint la visiter afin d'accélérer le processus de développement. Le temps pressait. Les Mosquitos anglais se taillaient la part du lion dans le ciel européen et le führer rongeait son frein.

Le motif de la libération de l'ingénieure prenait ici tout son sens. Le maréchal semblait aux abois et il comptait sur elle. Elle en profita pour lui demander de l'aide afin de retrouver ses neveux, requête qu'il lui promit de satisfaire.

Lorsqu'elle put enfin visiter Nina, les deux femmes s'enlacèrent pendant de longues minutes, ne pouvant refréner leurs larmes. Nina avait maigri, tout juste si l'on devinait son ventre alors qu'elle était sur le point d'accoucher de son cinquième enfant.

Si le sort du bébé la préoccupait, la disparition de sa tribu la hantait. Elle en avait perdu le sommeil. Melitta, seule personne autorisée à la voir, la tint au courant de ses recherches. Elle lui jura d'y consacrer ses nuits et ses jours.

Lors de leur arrestation à Lautlingen, Mika et elle avaient joué les femmes stupides, des mères dont les seules préoccupations se concentraient sur l'éducation de leurs enfants dans la tradition aryenne. Ce stratagème leur avait probablement sauvé la vie.

Les deux belles-sœurs échangèrent les bribes d'informations en leur possession. Un gardien avait rapporté à Nina que son mari avait crié « longue vie à l'Allemagne »[33] avant de recevoir les balles du peloton d'exécution.

Au risque d'attirer les foudres d'un nazi trop zélé, Melitta hanta les ministères, ou au moins ce qu'il en restait. Une atmosphère de chaos dominait. Hitler était rentré à Berlin et vivait à présent dans son bunker, dans les sous-sols de la Chancellerie. Il avait rejoint les rats, ses frères, pensa Melitta.

La situation sur le plan géopolitique ne laissait que peu d'espoir. Les Russes approchaient par l'Est et les alliés britanniques par l'Ouest. Un jour ou l'autre, ils envahiraient la capitale et ce serait fini.

Le petit monde de Melitta s'effondra quand elle apprit la délocalisation des prisonniers *sippenhaft*. Pour des raisons qu'elle ignorait, ils avaient été transférés au camp du *Stutthof*, non loin de Dantzig.

---

[33] *Es lebe heiliges Deutschland*

Chapitre 38

La nuit de Noël 1944, l'Allemagne subit probablement le plus grand bombardement de tous les temps. Comme s'ils avaient soudain décidé de sonner l'hallali, les alliés déversèrent des milliers de tonnes de bombes sur trente-deux villes. Le ciel du Reich étant à présent dominé par l'aviation britannique et américaine, les stratèges avaient ordonné d'en finir.

Dans un sursaut d'orgueil, Goering lança les dernières forces aériennes dans un raid vengeur qui, même s'il engendra des dégâts importants, se solda par un échec. Malgré une défense encore vigoureuse, Berlin était survolée au moins deux fois par jour par les ennemis et la ville s'enfonçait dans l'apocalypse.

Les troupes alliées prenaient en tenailles le pays et se rapprochaient inexorablement de la capitale. Des milliers de civils et de militaires s'échappaient pour éviter une mort certaine. Les rumeurs décrivant la cruauté des Russes se propageaient dans les veillées. Ces cacophonies terrifiaient les populations qui préféraient l'exode au massacre. L'Armée rouge, durement touchée par des années de guerre sans merci, ne faisait aucun secret du comportement de ses troupes. Viols, meurtres précédés de tortures, accompagnaient les conquérants dans leur soif de vengeance.

Hanna, qui ne voulait pas quitter la capitale, se fit remarquer une fois de plus dans sa volonté de mourir, les armes à la main ; ses armes à elle étant le manche à balai d'un avion. Toujours salariée de l'Institut de recherche de Darmstadt, mais sans travail pour cause de destruction du centre, elle volait pour le compte de la défense passive à bord d'un Junkers W34 dont certains modèles avaient été transformés en ambulances du ciel.

L'activité ne manquait pas ; les blessés se comptaient par milliers ; les morts ne se comptaient plus. Entassés sur des carrioles de fortune, les convois mortuaires étalaient leurs odeurs fétides parmi des survivants hagards à la recherche d'un peu de nourriture. Des rumeurs de cannibalisme commençaient même à se colporter.

Hanna se concentrait sur les rapatriements sanitaires qu'on lui ordonnait. En lutte permanente, contre les éléments météorologiques ou les avancées militaires des alliés, elle transportait des blessés vers les hôpitaux de la capitale.

Malgré les croix rouges peintes sur le fuselage et sous ses ailes, l'aviatrice prenait mille précautions pour ne pas être confondue avec un avion de guerre. Un tir fortuit ne laisserait pas beaucoup de chance à son gros monomoteur aussi maniable qu'un camion.

Ses nombreuses sorties par tous les temps et à toutes les heures lui permirent d'enregistrer des repères visuels tout autour de la ville. Elle devint imbattable en navigation aérienne. Même par mauvaise visibilité, elle était capable de trouver le moindre centre de santé berlinois. Son savoir-faire l'autorisait à se poser sur des aires d'atterrissage aussi étroites qu'un terrain de sport. Qu'elle ne fut pas sa surprise d'entendre à la radio officielle un slogan la concernant : *Berlinois, restez debout ! Hanna Reitsch se bat parmi nous...*

Cette propagande récompensa enfin sa soif d'héroïsme et remonta son moral. Car il n'y avait plus aucun doute, l'Allemagne allait capituler et son avenir n'offrait plus beaucoup d'espoir.

Hanna avait toujours considéré la mort comme une dominante de son métier. Elle y était préparée. La seule chose qui l'inquiétait était de quitter ce monde sans avoir laissé son empreinte. Elle avait trouvé dans cette fonction de sauvetage une compensation à l'échec de son projet de missions suicides. Finalement, le rôle qu'elle jouait dans cette guerre, tueuse ou sauveuse de vies, l'importait peu tant qu'elle occupait une case sur l'échiquier.

Elle redécouvrit le pilotage de l'hélicoptère dans ses évacuations sanitaires. L'engin se montra particulièrement efficace dans cette mission. Pratique, mais complexe à piloter, demandant une dextérité particulière, cet aéronef prouva l'immense domaine dans lequel il pouvait être utilisé.

Le soir, épuisée, Hanna retrouvait des amis dans des recoins de la ville où les murs tenaient encore debout. La nourriture était plus difficile à trouver que l'alcool. Frayer avec des caciques du parti lui conférait des droits et des privilèges dont elle ne se privait pas. Tant que sa gamelle était remplie, elle s'en satisfaisait.

À son grand désarroi, elle ne parvint pas à se débarrasser de son adversaire de toujours. Lorsqu'elle avait appris la libération de la comtesse Stauffenberg, elle était rentrée dans une rage folle et avait joint immédiatement Otto Skorzeny pour s'en plaindre. Il avait bien tenté de la satisfaire, mais Melitta Shenck étant protégée par l'entourage de Goering, il ne pouvait rien entreprendre contre l'ingénieure.

Hanna déversa sa haine. Les systèmes que la juive avait mis en place en défense aérienne s'étaient montrés insuffisants, il n'y avait qu'à voir l'état de la ville.

« Cette femme rate tout ce qu'elle entreprend, je ne comprends pas la ferveur du gros cochon envers cette traîtresse. Il y a forcément anguille sous roche. Le maréchal a changé de camp, c'est évident ! »

Otto tenta d'endosser le rôle d'avocat du diable. Il lui stipula très justement que, vu les moyens engagés dans le camp d'en face, aucune force n'était en mesure de contrer l'armada mise en œuvre. Tous s'accordaient à dire que les Allemands étaient entrés en guerre trop tôt, que leur aviation n'était pas prête, sous-entendu : la comtesse n'avait pas démérité.

Hanna ne désarma pas. Personne ne pouvait contredire le grand Otto Skorzeny, le héros national qui avait l'oreille et la confiance du chancelier, sauf elle, son alter ego féminin.

« Vous auriez mieux fait d'utiliser nos forces à combattre les alliés au lieu de les utiliser à massacrer les juifs. Ne me dis pas le contraire ! N'oublie pas ce que tu m'as fait découvrir sur le front de l'Est. En plus, j'ai vu des photos, dit-elle.

« — Je constate que ton grand ami Riedel t'a empoisonné le cerveau, tout comme les Américains ont pu le retourner. Je me trompe ?

— Que veux-tu dire par là ? Comment sais-tu que c'est Peter qui m'a renseignée ?

— On vous a vus ensemble à l'aéroclub. Et j'ai reçu des informations le concernant pas plus tard que ce matin. Riedel travaille pour les Américains. C'est un traître, j'ai signé un mandat d'arrêt contre lui. On le cherche dans tout le pays, mais je crains qu'il ne nous ait quittés in extremis. Tu as de la chance que je te connaisse bien, car ton sort ne serait pas plus envieux que le sien. »

Hanna se tut. L'information la glaça d'effroi. Peter, un traître !

Chapitre 39

Même si les parents de Melitta vivaient non loin du camp du *Stutthof,* la délocalisation de sa famille par alliance la déstabilisa. Comment combiner un travail qui lui garantissait une liberté totale et des visites plus que nécessaires pour la bonne santé de ceux dont elle avait la charge ?

Au même moment, elle reçut l'information qu'elle n'espérait plus. Ses neveux étaient retenus dans un orphelinat à *Bad Saschsa,* non loin de *Göttingen.* Ils étaient en bonne santé. Une excellente nouvelle en cette fin d'année, probablement la meilleure...

Elle repéra sur une carte où se trouvait cette ville. Elle devait s'y rendre au plus vite tant qu'il en était encore possible. Elle prépara le voyage en cherchant un terrain d'aviation proche de son objectif.

Son meilleur soutien chez les SS, Paul Opitz, lui fournit les autorisations nécessaires. Leur connivence ne passait plus inaperçue. Otto Skorzeny, toujours en charge des représailles du coup d'état, enquêtait de façon discrète sur leur relation. Paul, se sentant inquiété, commença à rechigner lorsqu'elle le sollicitait. Tout le monde craignait la machine sécuritaire du parti nazi. Il valait mieux éviter de poser le doigt dans son engrenage.

Melitta, elle, en accepta le risque. Elle sentait qu'elle n'aurait plus longtemps à tenir. L'avancée inexorable des alliés allait rebattre les cartes.

Elle planifia son voyage pour Noël. Quel plus beau cadeau que ces retrouvailles familiales ? Les enfants avaient-ils seulement idée de ce qui avait pu arriver à leurs parents ?

Elle se souvint de la dernière fois où elle avait joué dans le parc de Lautlingen avec cette joyeuse bande de cousins, aujourd'hui victimes innocentes d'un conflit dont ils ne mesuraient probablement pas l'ampleur. Dans quel état allait-elle les retrouver ?

Les jouets quasiment impossibles à se procurer, elle rassembla tout ce qui pourrait plaire aux enfants et en remplit une valise. Elle prépara son voyage avec soin en étudiant les cartes de navigation. Elle savait qu'entamer un déplacement par la voie des airs en cette période hivernale n'était pas raisonnable. Ses collègues le lui déconseillèrent de façon vigoureuse.

Le souvenir douloureux du crash de ses débuts – un autre temps – la convainquit d'abandonner ce projet. De plus, les chances d'être abattue par l'aviation de chasse ennemie n'étaient pas négligeables. Les croix de la Luftwaffe représentaient une cible de choix, d'autant plus quand elles étaient peintes sur les ailes d'un avion possédant les performances d'un avion de promenade. Si près du but, elle ne devait négliger aucun risque, aussi se rabattit-elle sur le train, moyen se révélant le moins dangereux.

Lorsqu'elle s'installa dans un wagon dédié aux militaires, privilège auquel elle avait droit, un jeune officier, la tête enserrée dans un énorme bandage, la rejoignit dans son compartiment.

Il la toisa de son œil valide, peu enclin à laisser une femme civile dans un espace réservé aux combattants, puis se détendit en apercevant la Croix de fer autour de son cou. Il offrit enfin un sourire engageant à l'importune :

« Puis-je me présenter, *Fräulein*, je suis le lieutenant Hans Wilhelm Hagen. Je suis très honoré de voyager en présence de la seule femme possédant de telles distinctions : notre grande héroïne nationale. »

Il tendit un doigt blessé vers le badge de *flugkapitän* accroché à la poitrine de l'aviatrice.

Melitta lui rendit son sourire, ravie de trouver un peu de chaleur dans ce compartiment où la moitié des vitres étaient remplacées par du carton.

Très vite, elle réalisa que le jeune soldat la prenait pour une autre, en l'occurrence Hanna Reitsch. Au moment de lever l'ambiguïté, son instinct, affûté depuis de longues années, lui dicta de s'abstenir. L'officier, d'une affabilité confondante, se plut à lui raconter ses faits de guerre. Son exploit le plus remarquable la glaça.

Son bataillon était de garde à Berlin le jour de la tentative d'attentat du chancelier. Le lieutenant avait reçu l'ordre de manœuvrer avec son escouade dans le cadre de l'opération Walkyrie. Sans le savoir, son groupe était une composante du coup d'État. Ces militaires de réserve devaient remplacer les soldats d'active le temps aux conjurés de prendre place dans les différents centres de commandement. Méfiant, il avait pris l'initiative d'appeler un ami en poste à la Chancellerie. Ce dernier lui avait ordonné de ne pas bouger, que l'opération censée mettre un terme à une insurrection avait été détournée de son but.

Par sa clairvoyance, l'action du jeune lieutenant avait contribué à l'échec de la conspiration.

L'homme, très fier de lui, ne cessait de condamner le comportement des conjurés. Il crachait le nom de « Stauffenberg » comme on crache une glaire fétide. S'il avait su qu'un des membres de cette illustre famille se trouvait en face de lui, nul doute que sa réaction aurait pu contrecarrer les plans de Melitta. Son Luger à la hanche ne rassura pas la comtesse.

Elle resta stoïque jusqu'à la destination finale, trois cents kilomètres plus loin. Jamais elle ne fut aussi soulagée que de dire adieu à un inconnu ! Pour la première fois de sa vie, Hanna Reitsch lui avait bien servi.

Les retrouvailles avec les enfants engendrèrent un moment d'émotion comme rarement Melitta en avait vécu. Excepté les informations données dans les journaux, que les plus grands avaient interceptées, cela faisait six mois qu'ils n'avaient pas eu de nouvelles de quiconque. Apprendre que leurs mères étaient encore vivantes fut le plus beau cadeau qu'ils aient pu recevoir. Les larmes de joie coulèrent à de nombreuses reprises.

Ils avaient grandi et se portaient bien. L'orphelinat était tenu par des femmes des services sociaux nazis d'une grande humanité. Ils avaient confectionné un arbre de Noël avec les moyens du bord. Quelle fierté de le montrer à l'illustre visiteuse !

Berthold junior avait pris la tête de la tribu sans nom avec responsabilité. Il expliqua à Melitta qu'on leur avait interdit de prononcer leur patronyme et que tous connaissaient le sort qui avait été réservé à leurs pères respectifs. Ils se conformaient à leurs nouvelles règles de vie. Lui, l'aîné, s'efforçait de montrer l'exemple pour la survie de tous.

Melitta resta avec eux pour Noël. Elle leur remit les objets qu'elle avait choisis en guise de cadeaux. Elle leur raconta comme à son habitude des histoires fascinantes qu'elle adorait embellir pour la plus grande joie de ses auditeurs.

À son retour, elle adressa immédiatement une lettre à son mari. Alexander, regroupé avec sa famille, ne manquerait pas de donner des nouvelles des enfants à Mika. Ne restait plus qu'à faire parvenir un mot à Nina, toujours à l'isolement.

Melitta obtint un droit de visite au *Stutthof* en janvier. Cette fois, la météo clémente lui permit de s'y rendre en avion.

Le camp s'étalait à perte de vue. Elle n'eut aucun mal à le localiser tant son ordonnancement se repérait du ciel. Des milliers de malheureux s'entassaient dans des dortoirs rectangulaires en bois, alignés comme à la parade. Une petite bande de terre avait été aplanie pour accueillir les avions.

Un officier du camp la conduisit après avoir vérifié son autorisation. Elle ne pouvait parler qu'à son mari, qui la rejoignit à l'entrée de sa section, celle des prisonniers de haut rang. Elle fit signe au reste de la famille qui lui renvoya son salut.

Alexander avait mauvaise mine, cependant, il la rassura : ils étaient bien traités. Comparés aux milliers de pauvres hères parqués derrière les chevaux de frise, ils avaient de la chance. Ils avaient appris qu'Himmler conservait les Stauffenberg comme monnaie d'échange, preuve qu'il considérait la défaite comme imminente. Leur famille représentait un bouquet d'otages précieux. Sur ses ordres, on leur avait octroyé deux infirmières russes. Mika, d'origine slave, pouvait communiquer librement avec elles. Les informations qu'ils détenaient du camp leur parvenaient par leur biais. Des médicaments, denrée plus que rare, leur étaient même fournis quand ils en avaient besoin.

Alexander, libre de ses mouvements sur un périmètre restreint, raccompagna son épouse à son avion. Leur droit de visite ne pouvait dépasser une heure. Sa grande carcasse appuyée sur l'épaule de cette petite femme détonnait. Leur couple offrait une image d'humanité dans ce décor à l'atmosphère lourde. Les squelettes des arbres se détachaient à l'horizon prouvant qu'il y avait bien eu une vie, ici. Les oiseaux les avaient désertés depuis bien longtemps et ne reviendraient certainement pas avec le printemps. La fumée qui s'élevait des hautes cheminées se confondait avec le plafond des nuages et répandait une odeur entêtante.

« Ce sont des fours crématoires, lui apprit-il. Des centaines de corps brûlent dans ces baraques. Ces fumées emportent les âmes des damnés. Peut-être l'endroit où nous finirons tous quand les autorités de ce pays en auront fini de jouer avec nous. »

Melitta n'en crut pas ses oreilles. Quand la cruauté dépasse l'entendement, la conscience a tendance à la rejeter. Elle questionna son mari tout en niant ce qu'il lui racontait. Les deux femmes russes à leur service étaient dignes de confiance, affirma-t-il, leurs témoignages irréfutables. Si elle ne les avait pas entendus de sa voix, l'aviatrice n'aurait porté aucun crédit à de telles horreurs.

« Je vais te sortir de là », promit-elle.

À partir de ce moment-là, Melitta n'eut qu'une seule idée en tête : aider son mari à s'évader.

*

Lors d'une discussion, Otto Skorzeny rapporta à Hanna les difficultés que rencontrait le commandement pour déplacer ses agents. Hanna eut une idée : pourquoi ne pas utiliser ses vols humanitaires pour des missions opérationnelles ? Effectuer des transports délicats dans un avion siglé Croix-Rouge était contraire à la convention de Genève, mais tellement tentant. Ce dernier accepta. « À la guerre comme à la guerre ! »

La première mission de l'aviatrice fut de transporter le secrétaire d'État Werner Naumann, l'assistant de Joseph Goebbels, à Breslau, une ville assiégée non loin du Hirschberg de son enfance. Ce qu'il avait à y faire, elle n'en avait cure. Seule l'adrénaline la satisfaisait. Elle avait déjà effectué plusieurs fois ce trajet pour des ravitaillements en médicaments, cela ne poserait aucun problème, les rassura-t-elle.

Elle planifia pour l'occasion une visite éclair chez ses parents. Les nouvelles l'inquiétaient : dans un récent télégramme, sa mère l'informait de leur intention de partir vers l'Autriche ; les troupes russes approchaient. Des amis leur y offraient l'asile. Fuir ne faisait pas partie du caractère de son père. Que se passait-il donc ?

Avant de partir, Otto lui fournit un sauf-conduit pour consulter les renseignements militaires. Avoir une idée de la localisation des ennemis apportait un semblant de sécurité.

Le vol avec l'émissaire se passa le mieux du monde. Accompagné de deux assistants, il travailla pendant le voyage tandis qu'Hanna évitait les zones où la fumée des incendies trahissait des combats. Ils s'aperçurent à peine qu'elle volait au ras des cimes des arbres. L'aviatrice avait opté pour le choix de laisser les avions ennemis s'occuper de plus grosses cibles au-dessus d'elle. Avant de partir, elle les informa qu'ils n'étaient pas à l'abri d'une rafale de mitraillette, mais que le risque était faible. Qui oserait tirer sur un avion-ambulance ?

Non loin de Breslau, elle capta un message radio. Ce dernier lui ordonnait d'opérer un demi-tour, contrariant ses plans. N'ayant pas d'ordres à recevoir de l'autorité militaire –

qui n'avait jamais voulu d'elle en son sein – elle l'ignora. Elle affirmerait que la communication était de mauvaise qualité et qu'elle n'avait pas compris le message. Retourner à Berlin annulerait sa visite familiale. Hors de question !

Elle déposa ses passagers comme convenu sur le seul terrain d'aviation sous contrôle allemand, et leur donna rendez-vous quelques heures plus tard. Elle redécolla et prit le cap sur la région de son enfance.

Après quelques minutes de vol, elle localisa la maison familiale. Au deuxième passage, elle reconnut sa mère et sa sœur qui agitaient les bras dans sa direction.

Elle se posa dans un champ désert à quelques centaines de mètres de là, où elle avait appris à voler quelques années auparavant. Cela faisait longtemps que plus aucun adolescent ne poussait des planeurs dans le lit du vent. Où étaient-ils aujourd'hui ? Combien avaient survécu ?

Hanna ne se laissa pas emporter par la mélancolie. Elle s'interdisait toute émotion. Cependant, elle se demanda qui, de la morsure de la bise glacée qui descendait du nord ou de ses souvenirs, la firent le plus frissonner. Les éléments naturels qu'elle aimait tant autrefois avaient perdu de leur charme. À présent, il lui semblait qu'une odeur de mort avait recouvert les fragrances champêtres.

Sa sœur Heidi arriva quelques minutes plus tard, juchée sur un vélo antédiluvien. Elle lâcha sa bicyclette pour sauter dans ses bras, des larmes plein les yeux. Cela faisait si longtemps qu'elles ne s'étaient pas vues. Elles se dépêchèrent de rejoindre la maison familiale, le temps était compté. Hanna se souvint des centaines de concitoyens massés le long de la route pour l'accueillir lors d'une précédente visite – il y a un siècle. Cette fois, il semblait que tous les habitants avaient fui une catastrophe, qu'une urgence menaçait.

Leurs parents avaient vieilli, surtout son père, dont la moustache avait blanchi. Bien qu'il accueillît sa fille avec une certaine chaleur, la distance dont il faisait preuve envers elle resta la même. Sans même lui demander de ses nouvelles ou si elle avait fait bon voyage – elle risquait quand même sa vie pour venir les voir – il l'informa que Kurt n'avait plus donné signe de vie depuis plusieurs mois.

« Cette fois, ton frère est mort, j'en suis sûr », annonça-t-il, des sanglots dans la gorge.

Le vieil homme lui fit pitié. Il expliqua que de nombreux Allemands fuyaient l'avancée de l'Armée rouge et passaient dans la région, dans des carrioles brinquebalantes pour les plus chanceux. Le docteur les soignait bénévolement et recueillait leurs témoignages, tous plus horribles les uns que les autres.

Il n'avait pas encore pris la décision de quitter le lieu où ils avaient passé toute leur vie. Son rôle de médecin était de soigner ses congénères, non de fuir. Sa femme, Emy, l'adjurait d'abandonner la partie, mais il doutait encore. Hanna rejoignit l'avis de sa mère et l'encouragea à quitter les lieux. Il n'y avait plus aucun endroit dans le pays où se sentir en sécurité. Autant s'en aller. Elle connaissait le refuge qui leur était proposé : un château dans la banlieue de Salzburg, en Autriche. La place ne manquait pas, les enfants d'Heidi pourraient grandir en pleine nature. La famille y serait bien jusqu'à la fin de la guerre et elle pourrait les y rejoindre plus tard.

Devant la détermination de sa fille et à sa grande surprise, Willy accepta. Avant de partir, elle leur promit de leur obtenir une autorisation exceptionnelle, car un nouveau décret interdisait aux civils de prendre le train, son utilisation étant réservée exclusivement aux militaires.

Le retour se passa sans événement notable. Les émissaires dormirent pendant tout le voyage, ignorant le contre-ordre reçu à l'aller. Hanna accepta de rapatrier un blessé – autant faire d'une pierre deux coups et ne pas trop s'éloigner de la convention de Genève – elle aurait une bonne raison de justifier sa désobéissance, le cas échéant...

À la tombée de la nuit, ils atteignirent Berlin où les corridors libres de troupes ennemies se raréfiaient. Sa connaissance de la région lui fut une fois de plus d'un grand secours et ils se posèrent sans encombre.

Chapitre 40

Au début de l'année 1945, les mauvaises nouvelles laissèrent peu d'espoir à la population. L'avancée des alliés sur les fronts Est et Ouest laminait le pays en l'enserrant dans une tenaille mortelle. Sauf miracle – ce que promettait encore la propagande nazie – la prise de Berlin semblait inéluctable.

Malgré une résistance suicidaire, les valeureux soldats de la Wehrmacht concédaient du terrain, affaiblis par les milliers de bombes déversées chaque nuit.

L'aviation allemande payait, elle aussi, un lourd tribut. Ses braves pilotes se démenaient avec des avions aux performances inférieures à ceux de la coalition. Les nouveaux appareils capables de rivaliser arrivaient au compte-goutte. Un peu trop tard...

Melitta continuait de former ses congénères à l'utilisation de son système optique d'atterrissage de nuit. Même si le Messerschmitt 262, avec ses moteurs révolutionnaires, offrait ses premières victoires, l'aviatrice n'y croyait plus. Leurs retards étaient irrattrapables. Combien de temps allaient-ils résister ? Personne ne pouvait le prédire. Les alliés craignaient de nouvelles armes et redoublaient d'efforts pour détruire le moindre complexe industriel. Hitler avait ordonné à toutes les unités de recherche de se disséminer dans le pays afin de se protéger et d'éviter les lourdes pertes en matériel. Malgré la destruction de la Tanière du Loup, la libération du camp d'Auschwitz par les Russes, le chancelier semblait ne pas avoir perdu sa fougue. Enterré dans son bunker, il distribuait des ordres comme s'il croyait à un retournement de situation.

Seule bonne nouvelle en cette fin janvier, Nina avait accouché d'une petite Konstanze dans un hôpital de Postdam. Sans autorisation et malgré une garde toujours aussi serrée, Melitta réussit à lui rendre visite. Sa Croix de fer autour du cou, quelques tablettes de chocolat en cadeaux – attention qui opérait comme le meilleur des laissez-passer – la rigueur des geôliers mollissait.

Dès qu'elle la serra dans ses bras, Melitta s'inquiéta de son teint blafard. Nina lui affirma qu'elle était bien traitée, même si elle manquait cruellement de vitamines pour le bébé. Cette blancheur accentuait sa maigreur et l'impression d'une mauvaise santé. L'ingénieure avait, elle aussi, un teint cadavérique, mais cela faisait longtemps que l'aviatrice ne se regardait plus dans une glace.

Elle lui donna des tickets de nourriture pour améliorer son ordinaire. Une âme charitable accepterait bien d'aller lui faire quelques courses. Nina s'accrocha à Melitta comme si elle était sa dernière chance. Sa propre existence ne semblait pas la préoccuper ; sa principale inquiétude se concentrait sur le sort de ses enfants.

Melitta tenta de la réconforter tant bien que mal, car elle n'avait pas reçu de nouvelles de ses neveux depuis Noël. Ils étaient solides, ils s'en sortiraient très bien, la rassura-t-elle. Elle lui promit de ne jamais les laisser tomber au cas où...

À ce moment-là – subsister devenant l'activité principale de la population – l'aviatrice n'échappait pas à la règle. Bien que privilégiée, elle employait une énergie incommensurable à rassembler vivres, vêtements chauds et sauf-conduits pour ceux dont – avait-elle décidé – elle avait à présent la charge. Elle représentait le seul lien de toute une famille qui n'avait même plus la possibilité de subvenir à ses besoins.

La nuit, elle retournait à sa tâche de formatrice de l'élite aérienne, dormant quand elle trouvait un créneau de calme et un fauteuil confortable. Malgré son aspect physique qui engendrait de l'inquiétude, elle gardait son aura parmi ses pairs. Ses stagiaires pilotes lui montraient beaucoup de respect.

Elle se lia d'amitié avec l'un d'entre eux, qui lui rappelait son regretté Franz. Le lieutenant Hubertus von Papen était le neveu du prédécesseur d'Hitler à la Chancellerie. Dernier d'une fratrie de trois – il avait perdu ses deux frères sur le front russe – il promenait sa petite taille avec une énergie communicative. Son physique d'aryen pur souche, une blondeur juvénile et un regard azur, ne suffisait pas à masquer son antipathie pour le pouvoir en place. Ils étaient rares ceux qui n'hésitaient pas à dire tout haut ce qu'un grand nombre pensaient tout bas. Ses nombreuses décorations gagnées lors de combats aériens lui donnaient toute légitimité dans ses analyses stratégiques, et lorsqu'il s'enlisait dans des situations difficiles, son humour et son intelligence le sortaient facilement de ce mauvais pas. Cet homme ne pouvait que plaire à Melitta.

Très vite, il lui proposa son aide, son réseau dans les hautes sphères n'ayant rien d'anecdotique. L'aviatrice accepta sans réserve. Elle devait économiser le levier Paul Opitz, ne le garder que pour les demandes désespérées. L'attrait de l'officier SS pour elle n'avait pas diminué, mais ses craintes, oui. Leur relation devait à présent se draper de discrétion.

Lors d'un second voyage au *Stutthof*, Melitta trouva la partie du camp réservée aux prisonniers de marque entièrement vide. Ne restaient aux alentours que des moribonds. L'officier en charge de la zone, un personnage étrange qui ne cachait pas son amour de la bouteille, lui expliqua que, par peur de l'arrivée des Russes, les VIP avaient été emmenés par un escadron SS. Il n'avait pas la moindre idée de la destination prévue.

« Franchement, j'ai d'autres préoccupations plus importantes, annonça-t-il de façon désabusée, retournez d'où vous venez et profitez du temps qu'il vous reste, la mort est la destination finale qui nous attend tous en ce bas monde. » Il leva son verre dans sa direction. Son sourire dévoila des moignons de dents du plus mauvais effet.

Melitta retourna à son avion sans demander son reste. Avant de redécoller, elle distribua son précieux chargement. Il servirait aux pauvres malheureux – gardiens et prisonniers – qui restaient dans cet endroit sinistre.

Elle rentra aux commandes de l'Arado, l'inquiétude chevillée au ventre, sans même se préoccuper des chasseurs bombardiers alliés. Où avaient été conduits les *sippenhaft* ?

Combien de temps allaient-ils être protégés ? Allaient-ils échapper aux troupes russes qui avançaient inexorablement ?

Elle chargea Hubertus de glaner des informations et activa ce qui restait de son réseau, sans succès. Les jours passèrent aussi lentement que ceux d'un malade en attente de guérison. Pour la première fois, Melitta envisagea un statut de veuve. Il ne pouvait en être autrement. La famille maudite n'avait plus droit à rien, sûrement pas à la vie. Elle se surprit à pleurer dans son sommeil. Les courtes phases de repos qu'elle s'octroyait donnaient lieu à des cauchemars terrifiants. Son état empirait.

Sur son insistance, Paul Opitz accepta de la rencontrer. Cela faisait des semaines qu'ils ne s'étaient pas parlé. Comme les rumeurs sur leur relation s'étaient tues, l'officier SS l'emmena dans une des dernières adresses qui servaient encore un semblant de nourriture.

À un jet de grenade de la gare de *Friedrichstrasse*, aujourd'hui entièrement détruite, l'hôtel Central possédait une salle à manger pouvant accueillir une clientèle triée sur le volet. N'y étaient attablés que des SS accompagnés de femmes que Melitta devina comme étant de petite vertu.

Le feu de cheminée ne suffisait pas à réchauffer la température et ces dernières gardaient leurs manteaux. Elles attendaient d'un air résigné l'heure à laquelle elles devraient s'allonger pour rembourser leur nourriture. Melitta ne s'en offusqua pas. N'était-elle pas, elle non plus, prête à tout pour obtenir ce dont elle avait besoin ?

La lumière tamisée diffusée par des bougies transformait les ombres en silhouettes fantomatiques. Depuis la bombe qui s'était abattue sur l'hôtel Bristol, tuant des dizaines d'officiers supérieurs lors d'un dîner officiel, la plus grande prudence était imposée. Les immenses tentures qui recouvraient les fenêtres masquaient autant la lumière que les glaces brisées.

Paul cachait mal son embarras. Après le premier verre de vin, il répondit aux interrogations de Melitta, dont les craintes étaient fondées. La vie des prisonniers ne tenait qu'à un fil. Pour le moment, tout le monde ignorait l'endroit où ils se trouvaient. Leur convoi avait essuyé une attaque des avant-postes russes et, depuis, n'avait plus donné signe de vie.

« Il faut s'attendre au pire, Melitta. En attendant, tu dois quitter au plus vite Berlin. As-tu trouvé un endroit sécurisé où continuer ton travail ?

— Nous allons déménager à Würzburg. Les conditions sont réunies pour nous accueillir là-bas. L'aérodrome nous permettra de continuer nos essais et notre formation. Je ne te cache pas que retrouver ma maison me fera aussi le plus grand bien. Je ne sais pas depuis combien de temps je n'ai pas dormi une nuit entière. »

Les convives durent écourter leur dîner. Les sirènes se mirent à hurler tandis que des déflagrations retentissaient.

En rejoignant un abri, Melitta réalisa à quel point ses condisciples étaient résignés. Les visages fermés n'exprimaient rien, comme si la mort avait déjà frappé leurs esprits en attendant de déchiqueter leurs corps. Certaines femmes avaient recouvert leurs cheveux de serviettes mouillées afin d'éviter qu'ils ne prennent feu à cause du phosphore. Des hommes leur intimèrent l'ordre de se taire. En cas d'éboulement de l'immeuble au-dessus de leur tête, ils devraient économiser l'oxygène en attendant les secours.

Melitta s'endormit rapidement sur l'épaule de son ami. Ce dernier remonta la couverture qu'on leur avait prêtée.

Les jours suivants furent consacrés au déménagement. Klara s'occupa de leurs affaires personnelles pendant que Melitta poursuivit ses investigations.

Elle retourna voir Nina à Postdam pour lui laisser encore des tickets de rationnement. Elle ne savait quand elle pourrait revenir et préférait anticiper l'invasion des Russes. Avant de se quitter, les deux femmes s'enlacèrent avec force. Toutes deux présageaient en silence que cette étreinte était la dernière.

Chance incroyable, l'aviatrice réussit à obtenir une communication téléphonique avec ses parents. Ils tenaient le coup. Les conditions s'aggravaient, mais ils survivaient. Elle n'eut même pas le loisir de leur dire combien elle les aimait ; la communication fut interrompue. Elle dut s'en contenter.

Elle traîna son spleen toute la journée jusqu'au coup de fil d'Hubertus. Il avait appris que les prisonniers, toujours vivants, se trouvaient au camp de Buchenwald. Il tenait ça d'un soldat qui avait pris part au transfert, soit une information solide.

Elle regarda immédiatement une carte et localisa la zone. Seulement à 200 kilomètres au nord-est de Würzburg ; son cœur se mit à battre la chamade. Elle se sentit revivre pour la première fois depuis des semaines. Elle téléphona à Paul Opitz qui lui promit un laissez-passer si ses informations étaient confirmées.

Son premier vol vers le camp se déroula quelques jours plus tard. Elle emprunta le Storch, seule machine capable de se poser sur un « timbre-poste », et décolla au lever du jour.

Quand elle atteignit le vaste domaine cerné d'une barrière de barbelés, elle en fit le tour jusqu'à trouver un champ dégagé.

Lorsqu'elle descendit de son avion, l'air lui parut encore plus lourd qu'au *Stutthof.* L'odeur la prit à la gorge. La fumée des cheminées trahissait une activité intense. À la vue des premiers pyjamas rayés, la maigreur de ces êtres qui avaient été des humains la terrorisa. Elle se trouvait aux portes de l'enfer. Heureusement, un comité d'accueil s'approcha d'elle. Elle était sur le point de défaillir.

L'arrivée d'une femme seule descendant du ciel attisa la méfiance de l'officier commandant l'escouade. Après un contrôle minutieux de ses autorisations, il l'accompagna immédiatement aux baraquements des personnalités. Ce n'est qu'à ce moment que Melitta s'octroya une profonde inspiration.

Lorsqu'Alexander fut amené à elle, elle crut ne pas le reconnaître. Il avait beaucoup maigri et se tenait voûté. Ils s'enlacèrent longuement sans retenir leurs larmes.

Dans l'heure qui leur avait été octroyée, son mari ne cessa de parler. Il lui raconta leur incroyable épopée depuis leur fuite du *Stutthof*. Par camion, par wagons à bestiaux, même à pied sur un sol gelé... ils avaient traversé une partie du pays s'arrêtant dans différents camps de concentration, toujours à l'écart. La mère de Nina n'avait pas survécu à ce périple, vaincue par la fatigue et le typhus. Trop faibles pour continuer, ils avaient aussi abandonné l'oncle Clemens et sa femme Élisabeth au camp de *Sachsenhausen*.

« Promets-moi de t'occuper d'eux, Melitta », insista le professeur.

Leur groupe se réduisait au fur et à mesure des kilomètres. Cette halte à Buchenwald tombait bien. Elle leur permettait de reprendre des forces. Le baraquement des personnalités offrait un confort spartiate, certainement meilleur que celui des milliers de personnes qui crevaient de froid et de maladie autour d'eux. Ce quartier accueillait le président français Léon Blum et sa femme, de même que l'ancien chancelier autrichien Kurt Schuschnigg. Alexander confirma son analyse : être associés avec de telles personnalités trahissait la volonté d'Himmler de conserver une monnaie d'échange. Le chef des SS tentait probablement une sortie honorable. S'il apparaissait qu'ils devenaient inutiles, un ordre de sa part et ils rejoindraient les montagnes de corps qui pourrissaient en bordure du camp.

Heureusement, leurs geôliers leur montraient une certaine considération. Ils sentaient la fin arriver. Dans la mesure du possible, ils accédaient à leur demande. Ici, à Buchenwald, ils bénéficiaient de la même nourriture que les gardes. L'aristocratie jouissait encore dans ce pays d'une forme de respect. Qui sait si, un jour, elle ne reviendrait pas sur le devant de la scène ?

À l'heure de se quitter, les SS accédèrent à la demande du comte qui souhaitait accompagner son épouse jusqu'au pied de l'avion.

Le couple s'enlaça pour se dire au revoir, n'osant prononcer le mot « adieu ».

En décollant, Melitta réalisa que son mari aurait pu se trouver sur le siège arrière de son engin sans qu'aucun garde n'eût réagi. Cette image l'accompagna jusqu'à son retour, et ne la quitta plus...

Chapitre 41

Ce 21 avril 1945, le vrombissement des chars russes résonna à l'est de Berlin aussi fort que les basses d'un concert de Wagner. Cette fois, il ne s'agissait pas d'opéra ; la bataille de Berlin avait commencé.

Quelques heures avant, la fébrilité s'était emparée de toute la cité. Beaucoup d'habitants s'enfuyaient. Des carrioles de tous gabarits stationnaient devant les porches des immeubles encore debout. Les Berlinois tentaient de sauver le peu de biens qu'il leur restait. Les enfants regardaient avec des yeux d'effroi leurs parents que tout espoir avait abandonnés.

Hanna aussi empaquetait ses maigres affaires. Elle emboîtait le pas à ses congénères, non qu'elle souhaitait fuir, mais ordre avait été donné de mettre les avions de la force de défense à l'abri sur des terrains secondaires. Les bruits couraient qu'un siège meurtrier allait commencer. Rassembler ses biens ne lui prit que quelques minutes, elle ne possédait pas grand-chose. Seuls ses décorations et quelques bijoux revêtaient de la valeur à ses yeux.

L'aviatrice avait encore un peu d'essence dans sa vieille Opel. Elle traversa la capitale au ralenti. Les rues étant jonchées de débris et de charrettes surchargées. À sa grande surprise, les artères principales continuaient à être déblayées par les services municipaux. Peu de façades tenaient encore debout. Il régnait une odeur repoussante, mélange de poussière de ciment et de putréfaction. Heureusement, le soleil généreux de ce début de printemps offrait un peu de chaleur à la population exsangue.

Les drapeaux nazis accrochés pour l'anniversaire du chancelier donnaient encore une sensation de contrôle. Cette journée, que le führer avait décrétée fériée depuis son accession au pouvoir, serait probablement la dernière. Terré dans son bunker, dans les sous-sols de la Chancellerie, il donnait l'illusion d'être toujours aux commandes. Combien de temps allait-il tenir ? Les informations qu'Hanna détenait stipulaient qu'il continuait à diriger ses troupes d'une main de fer, que des bataillons étaient en route pour défendre la capitale. Si seulement cela pouvait être vrai...

Hanna fut arrêtée à un check-point. Les voitures privées étaient rares, les femmes au volant encore plus. Heureusement, elle prenait un soin particulier à ne jamais se séparer de ses autorisations. Les gardes, piochés dans les jeunesses hitlériennes, étaient de plus en plus jeunes. Il était fréquent qu'ils ne sachent pas lire et remplacent ce handicap par un accès d'autorité dangereux. De multiples tampons aux croix gammées calmaient généralement leurs ardeurs.

Quand le contrôle fut terminé, elle demanda l'âge du gamin, qui semblait crouler sous le poids de son fusil. Treize ans, répondit-il avec fierté. À son tour d'entrer dans l'Histoire, lut-elle dans ses yeux exaltés. Elle le gratifia d'un *heil* tonitruant en réponse à son salut. Lorsque ce n'était pas des jeunes hommes à peine sortis de l'enfance, elle rencontrait des vieillards, arborant l'insigne de la défense de la ville, résignés. Les autorités ratissaient large.

Hanna se félicita d'avoir contribué à ce que sa famille eût trouvé refuge en Autriche. Elle avait reçu l'ordre de se rendre à l'arrière, dans la région de Nuremberg. Elle se rapprochait des siens.

Elle s'installa aux commandes d'un aéronef de transport flanqué d'une croix rouge. Dans la cabine, un staff de médecins et d'infirmières. Elle mit cap au sud et scruta le ciel pendant tout le voyage. À présent, il y avait plus de chances de croiser des appareils ennemis que des avions de son camp.

À destination, elle trouva une petite chambre dans des baraquements sur l'aérodrome et reprit rapidement ses missions de sauvetage et de soutien aux populations.

Toute forme de confort avait disparu, il n'y avait plus beaucoup de distractions, mais elle se contentait de la gratitude de ses concitoyens. Leurs sourires, quand ils la reconnaissaient, lui allaient droit au cœur.

Les mauvaises nouvelles démotivaient les meilleurs, malgré une propagande qui tentait de maintenir le moral des troupes à un niveau acceptable. Il était à présent de plus en plus facile de capter les radios étrangères. Malgré le risque d'arrestation élevé, la population n'hésitait plus à désobéir, trop avide d'informations non tronquées. De l'avis général, la chute du Troisième Reich était inéluctable.

Hanna ne se faisait pas à l'idée de la défaite. Une lueur d'espoir continuait à briller au plus profond de son être. À sa façon, elle se battrait jusqu'au bout.

Lorsqu'elle reçut un télégramme lui enjoignant de se rendre à Munich, toutes affaires cessantes, elle comprit qu'un rôle important l'attendait. L'ordre de mouvement ne ressemblait pas aux demandes habituelles. Elle reconnut la patte de Skorzeny. Que lui réservait-il, cette fois ?

À son habitude, elle étudia les cartes et les positions ennemies. Si ces renseignements étaient disponibles, cela indiquait qu'il y avait encore des avions de reconnaissance. Bon signe !

Munich étant proche de Salzbourg, elle se demanda si elle ne pourrait pas rendre une petite visite à ses parents. D'ailleurs, pourquoi ne s'y réfugierait-elle pas ? L'idée la traversa. Quel dommage de se faire tuer alors que la fin de la guerre semblait inéluctable ! Attendre sagement dans le confort d'un château ne serait-il pas une sage décision ? Mais Hanna Reitsch n'était pas taillée dans le bois de la trahison. Jamais elle n'abandonnerait son pays.

Après son atterrissage aux environs de la capitale bavaroise, un véhicule de commandement militaire la conduisit à la résidence du gouverneur. Une surprise de taille l'y attendait : Robert von Greim s'y trouvait. Il retira son éternel cigare de la bouche et lui offrit un sourire chaleureux. Il ne lui avait pas donné signe de vie depuis des mois.

Alors qu'en temps normal elle lui aurait témoigné son mécontentement, l'urgence effaça ses griefs. Ils s'enlacèrent comme deux vieux amants que la guerre avait séparés.

Le général ne semblait pas dans son assiette. Vu la situation du pays, cela se comprenait. Mais très vite, Hanna perçut autre chose. Il l'invita à s'asseoir et ordonna qu'on leur apportât une bouteille de schnaps. Une fois servis, un silence gênant commença à s'installer, puis il lui apprit qu'il était arrivé malheur à sa famille.

« Mon frère ? répondit-elle.

— Non, tes parents... Ils ont perdu la vie.

—...

— Ta sœur et ses enfants n'ont pas survécu non plus.

— Un bombardement ? ajouta-t-elle d'une voix blanche.

— Non... Je vais être honnête avec toi, Hanna. Ton père a assassiné tout le monde. Il s'est ensuite donné la mort. »

Hanna se tassa sur son siège. Elle attrapa son verre et avala son contenu d'une rasade. Elle grimaça sous l'effet de la brûlure de l'alcool, brûlure qui n'était rien comparée à la terrible nouvelle. Robert la laissa encaisser.

« Je suis désolé, murmura-t-il. J'ignore ce qui l'a poussé à une telle extrémité. J'ai demandé un rapport circonstancié. Je t'ai donné les seules informations en ma possession. »

Hanna demeura silencieuse, le regard dans le lointain. Elle aurait dû s'en douter. La fragilité de son père sautait aux yeux.

« Je ne t'ai malheureusement pas fait venir que pour ça, Hanna, poursuivit-il. J'ai besoin de tes compétences aériennes. »

La jeune femme le dévisagea comme si son salut ne pouvait sortir que de cette bouche qui exhalait des relents nicotiniques. Elle n'avait pas encore réalisé qu'elle était devenue orpheline. Elle pensa étrangement aux fêtes de Noël. Plus personne ne l'attendrait...

« La Chancellerie m'a demandé de rejoindre le bunker, annonça-t-il d'une voix martiale. Hitler a une mission extrêmement importante à me confier. Hanna, nous ne pouvons nous y rendre que par voie aérienne. Les routes sont coupées, la ville assiégée par l'Armée rouge. Les rats quittent le navire. Goering a fui la capitale et prend des décisions sans en référer à Hitler. Il agit comme si notre guide était déjà mort. Je savais que ce gros porc ne pouvait que trahir. Le führer aurait dû s'en débarrasser depuis longtemps...

— Tu as un plan ?

— Oui. Il y a un hélicoptère à Rechlin. C'est le seul moyen de se rendre à la Chancellerie. On y reste le temps d'une réunion et on repart ensuite. Je ne te cache pas que la mission est très dangereuse. On devra survoler les positions russes, à l'aller comme au retour, dans un engin d'une fragilité déconcertante, mais que tu connais bien. Tu n'es pas obligée d'accepter, Hanna, je n'ai aucun ordre à te donner, mais sache que tu es la seule que je connaisse à pouvoir piloter cet engin.

— J'accepte. Quand partons-nous ? »

Von Greim lui saisit les mains et la fixa d'un regard brûlant. Hanna y perçut une lueur de fierté qui la réconforta. Elle devrait faire preuve d'une sacrée dose de courage pour retourner au milieu du chaos.

« Il y a un Heinkel qui nous attend sur le tarmac et deux Focke-Wulf pour nous escorter. On devrait avoir rejoint Rechlin avant la nuit. »

Chapitre 42

Melitta ne tarda pas à confier à Hubertus et à Klara son intention de faire évader son mari. Elle ne pouvait garder ce projet pour elle toute seule.

Sa sœur émit des réserves, craignant un retour de bâton des autorités nazies. Hubertus, lui, s'enflamma immédiatement devant l'audace de son amie. Pour lui, les von Stauffenberg étaient des héros. Libérer le dernier élément d'une fratrie entrée dans la légende apparaissait comme une évidence.

La discussion s'éternisa. Ils estimaient la fin de la guerre à un mois. L'avancée des Russes sur le front Est atteindrait Berlin dans les jours à venir. Ils n'imaginaient pas un sursaut des armées du Reich. Le projet de Melitta tenait la route. Le jeu en valait la chandelle.

L'aviatrice leur indiqua qu'une fois son mari embarqué dans son avion, un vol vers la Suisse ne poserait aucun problème. Ils se livreraient aux autorités helvètes et attendraient bien sagement la fin des hostilités. Lorsque la situation ne présenterait plus de danger, ils retourneraient en Allemagne. Leur nom les aiderait sans nul doute à rejoindre ce qu'il restait de la famille et à reconstruire ce qui pouvait l'être avec les survivants.

Même si les gardiens montraient une grande mansuétude, soustraire du camp l'ensemble de la famille était inconcevable, il aurait fallu un avion-cargo capable de se poser dans un champ. Irréalisable. Melitta avait conscience de les mettre en danger, mais le risque en valait le coup. La vie des *sippenhaft* n'était pas liée à Alexander, mais au bon vouloir d'Himmler.

« Klara, tu devras peut-être te cacher jusqu'à la fin des hostilités, annonça-t-elle. Il est probable que la Gestapo vienne te questionner sur mon sort. Quant aux parents, les Russes sont trop près de Dantzig pour qu'ils soient arrêtés. »

Sa sœur savait qu'il serait vain de tenter de dissuader son aînée. Le fait d'en parler montrait que sa décision était prise. Les dés étaient jetés.

L'aviatrice effectua quelques voyages à Buchenwald, officiellement pour transporter de la nourriture et des vêtements, officieusement pour préparer l'opération. La frêle silhouette de son Storch, tournoyant autour du camp, ne surprenait plus personne. La démotivation et l'envie de finir cette guerre avaient diminué le zèle des gardiens. Melitta ne les oubliait pas. Elle leur apportait toujours de quoi améliorer leur ordinaire. Ils ne rechignaient plus quand Alexander allait accueillir sa femme au pied de l'avion pour l'aider à décharger.

À chaque fois, Melitta constatait que son mari pouvait repartir avec elle sans affoler quiconque. Si près du but, elle priait de toute son âme pour qu'Himmler ne décidât pas de les supprimer. Cet ordre serait immédiatement suivi d'effet, elle n'en doutait pas...

Quand elle révéla son projet à Alexander, il refusa catégoriquement d'abandonner ses congénères. Melitta s'y attendait. Elle dut fournir des arguments de poids pour qu'il acceptât de la suivre le moment venu. La promesse donnée à Nina sur la prise en charge des enfants fit pencher la balance dans le sens de l'aviatrice. La lignée des von Stauffenberg ne devait pas s'éteindre. Alexander portait le flambeau à présent.

« Et surtout, ne dis rien à personne, ordonna-t-elle. Nous nous occuperons des autres quand la reddition sera signée ; je te le promets. »

Leur au revoir fut empreint d'émotion. Alexander réalisa à quel point la guerre avait changé sa femme. Son courage méritait le respect. Il se promit de l'aider.

Dès son retour à Würzburg, Melitta retourna au travail. Son équipe s'était installée dans des locaux vacants de l'aérodrome, prête à reprendre les vols d'entraînement. Hubertus, en tant qu'officier de liaison, tentait de reprogrammer un semblant d'agenda, mais il était difficile de joindre l'escadron de Messerschmitt 262, car tout le temps en mouvement.

Le soir même, un bombardement visa la région. L'attaque, particulièrement sévère, laissa les deux sœurs complètement hagardes. Comment trouver le sommeil dans un souterrain qui risquait de s'effondrer à chaque déflagration ?

Lorsqu'elles rentrèrent chez elles, au petit matin, la ville avait sérieusement souffert. Des cendres voletaient au-dessus des rues jonchées de débris. Elles irritaient les gorges et les yeux. Elles firent couler des larmes sur les joues de Klara, ou alors était-ce l'odeur de la désolation ?

Des habitants s'affairaient autour de gravats sous lesquels, à les entendre, des civils étaient ensevelis. Melitta s'effondra quand elle découvrit sa maison entièrement détruite. Une bombe l'avait touchée de plein fouet. Le toit était ouvert en deux et dévoilait l'intérieur de sa chambre, cadre d'un bonheur envolé.

Le choc fut rude. Plus que ses économies parties en fumée, tous ses souvenirs s'y trouvaient : ses sculptures de glaise, ses photographies, les nombreux ouvrages rares dont Alexander était si fier. Un désastre ! À l'image de son pays en déroute. Il était temps que cette gabegie cessât.

Sans Klara, l'aviatrice aurait sûrement baissé les bras. Fatiguée, affamée, l'énergie lui manqua. Elle se serait bien couchée sur le banc du jardin, miraculeusement indemne, jusqu'à la fin de la guerre. Elle réalisa que ses rêves d'aujourd'hui n'étaient rien d'autre que son quotidien d'hier. On ne profite jamais assez des moments présents, pensa-t-elle.

Sa sœur la prit dans ses bras et lui murmura des paroles de réconfort. Ces mots lui donnèrent suffisamment de courage pour se relever. Klara réalisait à son tour que la fin approchant, le plan de Melitta avait du sens.

Afin de rassembler un nécessaire pour sa fuite, elles fouillèrent les décombres, se glissant dans des espaces qui pouvaient s'effondrer à tout moment. Elles remplirent un sac de vêtements, d'argent et de bijoux, de quoi acheter le silence au cas où... Il ne fallait pas s'attarder sur les souvenirs éparpillés dans les gravats au risque de retomber dans une mélancolie mortifère.

Lorsqu'elles mirent la main sur le passeport d'Alexander, Klara saisit le bras de sa sœur pour la tirer vers l'extérieur. Il était temps. Elles devaient quitter définitivement les lieux, tourner la page.

L'aérodrome, lui, n'avait pas trop souffert. Les alliés répandaient leur cargaison de mort avec une précision limitée. La quantité prévalait sur la qualité. Quelques hangars avaient été soufflés. Leurs tôles jonchaient la piste d'envol que des prisonniers nettoyaient déjà sous les cris de leurs gardiens, mais les avions de l'équipe de Melitta n'avaient pas été touchés.

Hubertus les rejoignit. Les cheveux en bataille, il offrit un sourire éblouissant aux deux sœurs. Où trouvait-il encore la force ? se demanda Melitta. Il n'avait pas plus dormi qu'elles. Le lieutenant pilote fixa le sac de voyage en cuir de son amie : l'aventure continuait. La flamme d'espoir qui s'alluma dans ses yeux n'offrit aucune échappatoire à l'aviatrice. Reculer lui serait impardonnable.

Des ordres de leur hiérarchie vinrent contrecarrer ses plans. Son bureau d'étude devait quitter la région pour aller plus au sud, à Marienbad, ville encore épargnée. Hors de question d'offrir le fruit des recherches de l'ingénieure aux alliés, qui se présenteraient aux portes de Würzburg d'ici peu ! Les bombardements de la nuit signaient l'assurance d'une invasion dans les jours à venir.

Ils passèrent derechef la journée à organiser le déménagement. Klara s'occupant du matériel – elle commençait à en avoir l'habitude – et Melitta à dispatcher les avions. L'ambiance était morose. L'incertitude affectait le personnel. La fuite provoquait un effet dévastateur sur toute l'équipe.

Melitta s'organisa pour effectuer le voyage avec Hubertus. Ils partiraient juste avant la tombée de la nuit en Storch pour s'arrêter à Weimar. Hubertus devait s'entretenir avec les officiers supérieurs de la Luftwaffe qui y stationnaient, un vrai cadeau pour Melitta, qui n'aurait plus qu'à voler quelques miles pour rejoindre Buchenwald le lendemain.

Les adieux avec Klara furent brefs. N'étaient-elles pas censées se retrouver deux jours plus tard ? Mais dans leur étreinte fugace, toutes deux sentirent la force de leur amour.

Le convoi routier quitta Würzburg dans l'après-midi. Hubertus prépara l'avion et arrima les bagages de Melitta. Il effectua le plein de carburant avec soin. Ils ne savaient quand ils pourraient réitérer l'opération.

Quand Melitta le rejoignit à l'heure prévue, elle avait enfilé son uniforme bleu nuit. Avec la Croix de fer autour du cou et le badge de *flugkapitän* sur la poitrine, elle imposait le respect. Chose inhabituelle, elle découvrit Hubertus, le visage fermé. Le jeune homme accusait le départ de Klara.

« La guerre va bientôt se terminer, Hubertus, vous vous retrouverez bientôt, » murmura-t-elle avec empathie. Hubertus resta silencieux. Autant il offrait une volubilité joyeuse sur tous les sujets, autant il se fermait comme un coffre-fort quand il s'agissait de ses sentiments personnels.

Bien que plus qualifiée que lui, Melitta lui confia les commandes de vol, se glissant sur le siège observateur. Elle faisait confiance à ce garçon en le mêlant à des projets qui pouvaient le mener devant un peloton d'exécution, alors elle pouvait compter sur lui pour le reste, notamment dans ses capacités de pilote.

La fiabilité du Storch ne laissait aucun doute à ses utilisateurs, mais c'est toujours lorsque l'on y pense le moins que la technique vous trahit. Un peu avant d'arriver à Weimar, le moteur émit des ratés, puis très vite s'arrêta. Hubertus tenta un rallumage, mais l'hélice refusa désespérément de tourner. L'avion, bon planeur, descendait malgré tout vers la terre. La pénombre s'étant établie, il était difficile de distinguer l'état des champs. Ils touchèrent le sol sans brutalité. Les grandes jambes de l'appareil, munies d'amortisseurs solides, permettaient des atterrissages sur tous types de terrains.

Malheureusement, une ornière indétectable les stoppa net, projetant le nez de l'avion vers l'avant. Le Storch s'immobilisa à la verticale, laissant ses occupants pendus à leur harnais.

« Ça va, comtesse ? cria le jeune pilote.

— Oui. Tout va bien. Coupe le contact, je n'ai pas envie de griller avec tout ce carburant dans les ailes. »

L'odeur d'essence envahissait déjà le cockpit.

Ils s'extirpèrent de l'avion et récupérèrent leurs affaires. Hubertus, l'air penaud, se chargea du sac en cuir de sa passagère. Voulait-il faire preuve de courtoisie, ou se sentait-il coupable d'avoir mis un coup d'arrêt au projet de Melitta ? L'aviatrice tenta de le rassurer. Si l'avion devait tomber en panne, il valait mieux que ça survienne maintenant.

« C'est le plus joli pylône de ma carrière » le taquina-t-elle en souriant.

Hubertus lui rendit son sourire en lui jurant ses grands dieux que c'était la première fois qu'un tel atterrissage lui arrivait.

Ils partirent à pied en direction de Weimar sans se retourner sur l'épave de l'avion, transformée en sculpture au milieu de nulle part.

Hubertus héla un transport de troupes qui passait par là et ordonna aux soldats de les déposer à l'aéroport. Le lieutenant avait repris du poil de la bête. Sa voix résonnait dans la nuit de manière autoritaire. Melitta l'observa du coin de l'œil avec tendresse. Elle assistait à sa mue. La vitesse de vieillissement des êtres augmentait de façon notable en temps de guerre...

Melitta trouva un autre Storch disponible. Son autorisation de vol permanente ne laissa aucun choix à l'officier responsable de la plateforme aéroportuaire. Il montra juste de l'étonnement devant l'insistance de l'aviatrice à exiger un plein d'essence complet pour un vol qui ne durerait pas plus d'une trentaine de minutes.

Melitta afficha la froideur de celle à qui l'on ne peut rien refuser. Contredire une femme pilote qui arbore une Croix de fer ne peut attirer que des ennuis, se dit le militaire. Il répondit à ses exigences et lui tamponna son blanc-seing sans moufeter.

Son avion prêt, l'aviatrice trouva un endroit pour prendre un peu de repos. Elle avala un thé chaud dans lequel elle trempa du pain de la veille, puis s'endormit comme une masse, recroquevillée dans un fauteuil défoncé.

Au petit matin, alors qu'elle dormait encore profondément, son compagnon d'infortune vint la réveiller.

« Les prisonniers ont été transférés », lui apprit-il d'une voix étouffée.

Catastrophe ! Si près du but ! Ses membres engourdis, Melitta se leva avec difficulté.

Hubertus lui confia s'être entretenu avec un cousin, officier supérieur dans la Wehrmacht. Possédant des oreilles à la *prinz albrecht strasse,* commandement des SS, il avait appris par hasard le démantèlement de l'unité de Buchenwald.

« Nos chers dirigeants n'assument plus leurs crimes, poursuivit-il. Ils tentent de cacher leurs exactions aux Américains qui seraient sur le point de libérer le camp. Des milliers de prisonniers sont envoyés sur les routes afin d'ajouter à la panique. Ils sont tellement faibles que la moitié meurent en chemin.

— Connais-tu le sort de mon mari, Hubertus ?

— Lui et les siens ont été emmenés par camion à *Straubing*, dans les faubourgs de *Regensburg*. Mon cousin m'a confirmé les projets d'Himmler, qui chercherait un ralliement aux Américains. Ce serpent pense qu'une coalition germano-américaine contrerait l'hégémonie communiste. Il est déjà dans l'après, d'où sa détermination à effacer les horreurs commises par ses SS et à conserver quelques otages en guise de monnaie d'échange. La bonne nouvelle, c'est que les *sippenhaft* restent éloignés des alliés et nous sont encore accessibles.

— Penses-tu que je peux m'y poser ?

— Oui, je me suis renseigné. Straubing possède un champ d'aviation, non loin des locaux dans lesquels les prisonniers sont détenus. J'ai pu parler au téléphone avec un des officiers commandant la caserne. Ils t'attendent, comtesse. »

Hubertus offrit son plus beau sourire à l'ingénieure. Fier de lui, il rachetait son erreur de pilotage. Le pylône était pardonné.

Lors de leurs préparatifs, deux avions de chasse survolèrent l'aérodrome à grande vitesse. Melitta reconnut des P47 Thunderbolt. L'étoile américaine peinte sur le fuselage en aluminium ne laissait aucun doute. Les deux appareils montèrent en chandelle et se séparèrent. Quelques secondes plus tard, ils plongeaient sur eux.

Melitta s'enfuit vers un abri pendant qu'Hubertus récupérait le sac à l'intérieur de l'avion. Les canons Brownings embarqués crachèrent leurs obus dans un bruit de tonnerre.

L'attaque ne dura que quelques secondes, mais le malheureux Storch fut perforé de plus d'une centaine d'impacts.

Une fois les ennemis à l'horizon, Hubertus rejoignit son amie qui s'affairait autour de l'avion. Une profonde ride d'inquiétude lui barrait le front. Melitta lui fit signe d'un pouce levé que tout allait bien. Ils avaient encore frôlé la mort. Cela devenait une habitude.

Tout en constatant les dégâts, ils furent pris d'un fou rire quand ils découvrirent deux balles fichées dans le sac de voyage de Melitta. Hubertus n'était pas passé loin. Ce rire nerveux leur fit le plus grand bien. Qu'allait-il leur arriver à présent ?

Ils s'affairèrent le reste de la matinée à chercher un avion de rechange. Il n'y avait plus de Storch. Seul un Bücker 181, *Bestmann,* était disponible. Muni lui aussi de deux places, il ferait l'affaire. Son autonomie permettait de se rendre facilement en Suisse.

L'aviatrice dut accomplir des prouesses de persuasion pour l'emprunter, jurant de façon éhontée qu'elle serait de retour le lendemain.

Pendant la préparation de la machine, elle sentit encore sa volonté dériver vers des rivages incertains. Son moral jouait au yoyo. Elle était comme une naufragée qui voit la terre s'éloigner au fur et à mesure de l'avancée de sa chaloupe. Elle s'interrogea encore et encore sur les risques qu'elle prenait. Qu'allait-elle découvrir en se rendant à Regensburg ? Pourrait-elle emmener son mari avec elle ? Aurait-elle affaire aux mêmes gardiens ? Cette fois, elle ne laisserait pas passer sa chance.

Avant de monter dans l'avion, Hubertus lui offrit une accolade fraternelle.

« Au revoir, Comtesse, ânonna-t-il, des larmes plein les yeux.

— Ne pleure pas, petit bécasseau. Il y a de grandes chances pour que je dorme ce soir à Marienbad avec Klara et mon équipe. Débrouille-toi pour nous y rejoindre. Je pense qu'elle en sera ravie. »

Le lieutenant se signa et leva les yeux au ciel.

Melitta décolla vers son destin. Dans une heure trente au plus tard, elle atteindrait sa destination.

Le trajet ne survolait aucune position ennemie, aussi vola-t-elle au ras des arbres, pensant que sa peinture camouflage la dissimulerait des avions alliés.

La visibilité sans limites, son pays s'étendait sous ses pieds et lui offrait un décor de carte postale. N'importe quel poète, à sa place, aurait été inspiré dans l'écriture de vers délicieux. Mais pas Melitta, qui suivait avec minutie les repères de sa navigation ; ce n'était pas le moment de se perdre.

Elle n'eut pas le temps de finir ses pensées qu'elle fut entourée de traînées de feu. Son cœur s'accéléra quand elle sentit des chocs sourds marteler son fuselage. Le son du moteur changea d'intensité, il perdait de la puissance. Elle poussa la manette des gaz en avant, sans effet.

Soudain, un Thunderbolt américain passa sur son travers droit. Elle distingua en une fraction de seconde son pilote. Le souvenir de son accrochage avec sa meilleure ennemie lui revint en mémoire. Cette fois, elle ne jouait plus. Le chasseur en face d'elle voulait l'abattre sans pitié.

Elle le chercha dans le ciel. À quoi bon, son avion n'était ni armé ni conçu pour le combat. Elle effectua des manœuvres pour gêner son tir tout en repérant un champ où se poser. Le deuxième passage la tétanisa. La violence des impacts dévia sa trajectoire et endommagea ses commandes de vol. Le petit *Bestmann* s'inclina sur la gauche et entama une spirale non contrôlée. Voyant le sol se rapprocher très vite, elle tenta une manœuvre pour remonter son nez au-dessus de l'horizon. L'aile gauche heurta un arbre. Elle protégea son visage avec les bras. L'avion s'écrasa au bord d'un chemin.

Un prisonnier français qui travaillait dans les champs se précipita. Un paysan le rejoignit. Ils extirpèrent la pilote inconsciente.

Lorsque les secours du village arrivèrent, il était trop tard. Melitta rendait son dernier souffle. Son âme s'envola à jamais dans ce ciel qu'elle avait tant aimé.

Chapitre 43

Si Hanna se croyait auréolée d'une destinée d'origine divine, leur voyage ne l'illustra point, bien au contraire. Si le général et elle avaient eu la vie sauve, c'était bien grâce au savoir-faire de leur pilote, qui évita autant que faire se peut les zones de combat au sol et qui se sortit brillamment d'une attaque aérienne russe malgré son lourd Heinkel. Cet appareil manœuvrait moins facilement que les chasseurs qui les accompagnaient et pourtant, l'un d'eux fut abattu sous leurs yeux.

Dans ces moments intenses où leurs corps brinquebalaient au rythme des à-coups de leur pilote – éviter les chapelets de balles traçantes ne s'effectuait pas sans effort – Hanna se demanda si la cloche sonnant la fin de la récréation n'avait pas retenti, s'il n'était pas l'heure de retrouver les siens.

Cette résignation ne lui ressemblait pas. Elle essayait de se raccrocher aux bonnes choses de la vie, mais n'y parvenait pas. De nombreuses questions la taraudaient. À quel avenir pouvait-elle prétendre ? Serait-elle capable de supporter à nouveau la défaite de son pays ? Sur quelle famille pourrait-elle s'appuyer dorénavant ? Même si ses rapports conflictuels avec son père lui empoisonnaient la vie, ne bénéficiait-elle pas d'un socle familial solide ? Sa mère n'avait-elle pas toujours répondu présente quand elle avait été dans la difficulté ? Son frère ? Il ne donnait plus signe de vie depuis des mois. Il avait réchappé à deux naufrages, mais cette fois, la chance l'avait probablement quitté de façon définitive. Il devait reposer quelque part au fond d'un océan. Si son père avait agi ainsi, c'est qu'il avait certainement appris quelque chose.

Le docteur Reitsch avait-il seulement pensé un instant à sa fille avant d'appuyer sur la détente ? Avait-il été fier d'elle, ne serait-ce qu'une seule fois ?

Lorsqu'ils se posèrent à Rechlin, Hanna se débattait encore dans ses cauchemars. Elle suivit Robert comme un automate. Il représentait à présent sa lumière dans la nuit. Elle était contrainte d'aller de l'avant ; d'apporter son expertise jusqu'au sacrifice absolu.

Dans les bureaux du commandement, une bien mauvaise nouvelle les attendait : l'hélicoptère promis avait été détruit par des chasseurs ennemis.

Le général entra dans une rage folle.

« Qui est le responsable des camouflages ? éructa-t-il devant un aréopage d'officiers aux mines défaites. Ne vous a-t-on pas appris à protéger nos appareils ? Trouvez-moi une solution. Je dois être autour de la table du führer au plus tard demain dans la journée. Il en va de la victoire de notre pays... »

Il sortit en claquant la porte. Hanna resta dans la salle des opérations. L'énergie l'avait quittée. La grande Histoire ne voulait plus d'elle.

Elle demeura assise longtemps, perdue dans des pensées funestes, jusqu'à ce qu'un pilote s'approchât d'elle.

« Vous... vous êtes notre dernière représentante, *flug... flugkapitän,* déclara-t-il d'une voix bégayante. Faites attention à vous, sinon la Luftwaffe ne possédera plus de figure féminine.

— À qui ai-je l'honneur ? demanda-t-elle.

— Oh ! Excusez-moi ! » répondit l'importun en redressant la position, feldwebel Manfred Kudell, pilote à la 4e escadre de chasse.

Lorsqu'elle l'interrogea sur le pourquoi d'une telle remarque, il dut s'y prendre à plusieurs fois – l'armée de l'air ratissait large, elle recrutait même les bègues. Il lui apprit la mort de sa collègue, la comtesse Melitta von Stauffenberg.

Hanna défaillit. Sa meilleure ennemie n'était plus de ce monde... À écouter le récit de sa disparition, elle pâlit. Melitta était morte en héroïne. Elle s'était envolée pour la dernière fois. Elle avait rejoint le firmament des centaines de pilotes militaires tombés pour le Reich, suscitant de ses pairs une admiration éternelle.

Une colère sourde envahit tout son être. Ainsi la juive avait-elle réussi son plus beau coup en raflant la palme ultime, celle qui lui donnait accès au panthéon des grands aviateurs. À jamais, son nom serait gravé en lettres d'or sur le mur des héros de la Nation. Cette idée lui fut insupportable. *Et moi, alors ! J'étais prête au sacrifice suprême depuis des années, j'étais volontaire pour aller fracasser mon engin chargé d'explosifs sur des cibles ennemies. Que vais-je laisser à la postérité ?*

Elle rumina la nouvelle à s'en rendre malade.

Plus tard, quand elle rejoignit Robert, il ne remarqua pas l'éclat glacial de ses yeux, trop occupé par une discussion qu'il échangeait avec un pilote. Hanna reconnut le sergent qui lui avait appris la mort de la comtesse. Les deux militaires avaient visiblement trouvé un plan B.

Elle les écouta attentivement et comprit que le pilote de chasse allait transporter le général à Berlin Gatow à bord de son Focke-Wulf. Cette base était la dernière dans la périphérie de la ville encore aux mains des forces allemandes. Un Storch y était disponible. Ils devaient se dépêcher, l'Armée rouge avançait inexorablement. Il ne resterait plus au général qu'à effectuer un saut de puce aux commandes du petit avion et à se poser devant le QG du führer où une aire d'atterrissage avait été aménagée. Le sergent expliqua que les lampadaires et les obstacles avaient été enlevés sur quatre cents mètres de l'avenue qui longeait le Tiergarten.

« C'est tr… très facile, mon général, affirma-t-il avec certitude, vous visez la colonne de la Victoire et vous vous posez face à la porte de Brandebourg. Avec le Storch, vous n'aurez aucune difficulté. S'il y avait eu au moins huit cents mètres, j'aurais pu vous y emmener avec mon Würger[34].

— Je connais très bien cet endroit, intervint Hanna. Je peux m'y rendre les yeux fermés. Robert, je pars avec toi.

---

[34] Nom de guerre du Focke-Wulf 190

— Mais Hanna, c'est impossible, l'avion du sergent est un chasseur monoplace. On a réussi à y aménager un espace suffisant derrière le siège pilote pour que je m'y glisse, mais il n'y a pas de place pour toi.

— On en trouvera. Je connais bien le Würger. J'ai vu des ingénieurs le gaver d'appareils de mesures dans le fuselage. Pour que Dieu m'ait donné cette petite taille, il y avait bien une raison... »

Devant l'insistance de l'aviatrice, les deux hommes se regardèrent d'un air entendu. Elle ne les lâcherait pas. Ils retournèrent à l'avion pour lui prouver que son idée ne fonctionnerait pas.

Sans attendre, Hanna se glissa sous l'appareil, retira un panneau métallique et disparut à l'intérieur du fuselage en se contorsionnant comme un ver de terre.

« Voilà, j'y suis. Vous pouvez refermer, » cria-t-elle.

Le sergent tenta de la ramener à la raison. Elle ne pourrait pas rester dans cette position inconfortable pendant longtemps, de plus, elle pouvait bloquer les gouvernes de vol, c'était dangereux.

« Je peux rester dormir ici toute la nuit, s'il le faut. À moins de m'enfumer, je ne quitterai pas mon poste. Vous serez bien obligés de décoller avec moi, » rétorqua-t-elle avec insistance.

Sa force de persuasion l'emporta. Le sergent opina du chef sous le regard inquiet du général. La réputation de la *flugkapitän* Reitsch n'était pas usurpée. Son courage forçait l'admiration. Risquer sa vie en compagnie d'une des dernières héroïnes du Reich emporta son adhésion. Robert se félicita en silence de cette décision collégiale : une fois là-bas, l'aide de l'aviatrice lui serait inestimable.

Le triumvirat se mit en branle sans attendre. La nuit leur servit d'alliée. L'avion était équipé du dernier cri des dispositifs d'atterrissage.

« Mer... mer... merci comtesse von... von... Stauffenberg », bégaya Kudell avec respect. Hanna ne releva pas. À quoi bon !

Son tour viendrait. Un jour, ses pairs parleraient d'elle avec dévotion...

L'avion de chasse s'envola sous le regard de quelques mécaniciens éberlués par tant d'audace.

« Mission d'une importance capitale », avaient-ils entendu. Trois personnes dans un monoplace, ils n'avaient jamais vu ça, c'était sacrément gonflé !

Hanna serra les dents. Sa position inconfortable la meurtrissait. Allongée dans le noir, elle reposait sur des tubulures qui vibraient au rythme des 1700 chevaux du moteur BMW. *Un cercueil d'acier*, ironisa-t-elle avec bravade.

Au bout d'une demi-heure, elle perçut des lueurs orangées qui s'infiltraient, à l'image d'un néon scintillant derrière des persiennes. Des bruits sourds parvinrent à couvrir le fracas du moteur. La bataille faisait rage au-dessous d'eux.

Par moment, le pilote effectuait des manœuvres brutales qui lui arrachèrent des cris de douleur. Elle pouvait s'époumoner tant qu'elle voulait, les deux hommes dans le cockpit ne risquaient pas de l'entendre. Elle perçut distinctement les tirs des batteries antiaériennes qui essayaient de descendre leur frêle esquif. Le sergent s'en sortait bien. Il passait à travers les obus.

Soudain, le régime moteur baissa. Elle accueillit le bruit de la sortie du train d'atterrissage comme la plus douce des musiques.

Un câble codé avait été envoyé à Gatow pour les prévenir de leur arrivée. Les feux de piste s'allumèrent à leur approche. Ils se posèrent sans encombre, si ce n'est quelques meurtrissures supplémentaires dans les chairs de l'aviatrice. Elle en avait vu d'autres. Si elle ne s'en tirait qu'avec de simples bleus, ce serait une énorme victoire... Une fois l'avion arrêté, des effluves d'incendie et de poudre à canon la prirent à la gorge,

Ils remercièrent leur pilote qui, sans attendre, repartit vers Rechlin. Le son de l'artillerie retentissait au lointain. Des nuages de fumée survolaient les installations. L'officier qui les accueillit, mal rasé, les cheveux en bataille, ne témoigna d'aucun geste de respect devant son supérieur. De plus, il sentait l'alcool. En temps normal, Robert l'aurait mis aux arrêts, mais le « temps normal » faisait à présent partie du passé... Il les accompagna jusqu'au Storch, qui les attendait, prêt à partir.

Robert grimpa dans le cockpit et se harnacha avec application sur le siège du pilote. Hanna, le visage grave, s'installa à la place de l'observateur, située juste derrière. Elle serra son harnais à n'en plus pouvoir respirer ; le vol était court, mais il concentrerait à n'en pas douter le plus grand de tous les dangers.

Le général lança le moteur après avoir écouté une dernière fois les directives de l'aviatrice.

L'avion quitta le sol en souplesse et vira en direction du centre-ville. En regardant en bas, les deux amants constatèrent que les troupes russes étaient plus avancées que prévu. Les balles traçantes zébraient l'horizon. De nombreux incendies illuminaient la nuit. Une chance : ces torchères gigantesques offraient des repères de navigation aisés.

Hanna dirigea son compagnon en lui donnant des indications précises. S'ils frôlaient les toits des immeubles dans les volutes de fumée avec le risque de se fracasser sur une cheminée, c'est parce que voler en rase-motte leur permettait de se dissimuler des avions de chasse ennemis. Une protection certes bien éphémère...

Des milliers d'hommes affectés à la défense de la ville se battaient avec acharnement. Les ordres donnés ne laissaient que peu de choix : la victoire ou la mort.

Les combats leur offrirent une vision qu'ils qualifieraient plus tard d'une beauté apocalyptique. Si l'enfer existait sur Terre, il brûlait sous leurs pieds.

Heureusement, le vrombissement du moteur se perdait dans le tumulte des canonnades et ils se faufilèrent sans attirer le feu des ennemis.

Ils devinèrent au loin leur objectif : la colonne de la victoire. Le monument s'élevait tel un sémaphore et marquait le croisement des deux avenues du Tiergarten. Les étendues sombres du célèbre parc contrastaient avec les lueurs des multiples feux de la ville.

Soudain, un choc brutal les secoua. Le général hurla. D'autres éclats arrachèrent des étincelles sur les ailes. Hanna vit son compagnon s'affaisser. Elle cria à travers son micro, le supplia de lui répondre. Rien ! Pas de réaction. L'avion, livré à lui-même, commença à s'incliner dangereusement.

L'aviatrice se détacha et se jeta en avant. Elle passa les bras par-dessus les épaules du général pour reprendre le contrôle de la machine. De loin, on aurait cru à une étreinte amoureuse.

À bout de bras, elle saisit le manche à balai et redressa l'avion. Un trou béant avait remplacé le plancher. Elle aperçut la cime des arbres qui défilait à quelques mètres en contrebas. Robert râlait. Un magma sanglant bouillonnait du bas de sa jambe.

L'aviatrice retrouva immédiatement son sang-froid. Elle évita de peu la déesse Victoria, la sculpture qui ornait le sommet de la colonne, et dirigea le nez de l'avion vers la porte de Brandebourg. Au loin se détachaient les colonnades du célèbre édifice, éclairées par une lune amicale. L'avenue à présent se déployait sous leurs pieds. Elle réduisit les gaz, se laissa descendre et toucha le sol brutalement. Vite, couper le contact !

L'avion rebondit sur ses jambes et termina sa course au bout de quelques mètres, les roues bloquées par des débris jonchant l'asphalte. Hanna poussa un soupir de soulagement. Ils étaient vivants. Combien de temps encore ? Une forte odeur d'essence se répandit. Il fallait évacuer...

Elle s'extirpa du cockpit et se pencha vers Robert. Son visage crispé n'exprimait que douleur. Il luttait pour rester conscient. Tout en le tirant de toutes ses forces vers l'extérieur, elle lui ordonna de l'aider. Seule, elle n'y arriverait pas !

Heureusement, un blindé léger vint à leur rescousse. Son équipage appartenait à la Chancellerie. Des hommes costauds et déterminés se précipitèrent. Ils montrèrent une efficacité remarquable. Ce n'était visiblement pas leur premier sauvetage.

En quelques minutes, ils transportèrent les deux miraculés au Bunker en empruntant l'avenue Unter den Linden. Hanna se souvint du célèbre boulevard en temps de paix. Quel gâchis ! Tout n'était que ruine.

L'entrée du souterrain, une simple porte métallique, lui donna l'impression d'accéder à un transformateur électrique. Elle suivit les soldats à l'intérieur et descendit l'équivalent de deux étages. Là, elle découvrit une succession de salles au confort spartiate.

Ils installèrent le général à l'infirmerie où une équipe médicale le prit en charge. Hanna se fit toute petite. Elle observa les professionnels avec résignation. Elle sourit de façon machinale, car elle aurait pu se retrouver à leur place si elle avait suivi dans sa jeunesse les conseils de son père. Finalement, pilote ou chirurgien, ils étaient arrivés au même point : en enfer.

Une quadragénaire élégante vint la chercher. Elle reconnut Martha Goebbels. Elles ne s'étaient jamais rencontrées mais se connaissaient de réputation – les deux femmes étaient peut-être les deux Allemandes les plus photographiées dans la presse nationale. Son hôtesse l'invita à la suivre.

« Le général est entre de bonnes mains », dit-elle d'une voix distinguée.

Hanna s'installa dans un fauteuil et réalisa que son cœur battait encore à un rythme effréné. Ce qu'elle venait d'accomplir était insensé et incroyablement téméraire. Martha lui servit une tasse de thé et lui fit la politesse d'écouter son épopée. Petit à petit, l'aviatrice recouvra une respiration normale.

Leur conversation fut interrompue par l'irruption d'un groupe d'hommes. Hanna reconnut Joseph, le mari de Magda, ministre de l'Information et de la Propagande du Reich. Il lui souhaita la bienvenue dans un sourire envoûtant. Sa peau grêlée, sa démarche claudicante et son physique en lame de couteau n'enlevaient rien à son charisme. Ses petits yeux noirs ne la quittaient pas. Hanna ne put soutenir son regard. L'homme reflétait la beauté du diable.

Le lendemain, elle partagea avec eux le déjeuner familial. Les six enfants Goebbels animèrent le repas avec une joie déconcertante, réveillant avec douleur le souvenir de ses propres neveux. Les plus grands l'interrogèrent sur ses exploits, écoutant ses aventures, les yeux pleins d'admiration. Cette parenthèse réconforta l'aviatrice et effaça pendant quelques heures le contexte dramatique de sa présence en ces lieux.

Plus tard, Robert les rejoignit. Il marchait difficilement à l'aide de béquilles. Le teint blafard, il expliqua ne devoir son salut que grâce au savoir-faire du docteur Stumpfegger, le chirurgien personnel du chancelier. Magda l'installa confortablement, le pied allongé sur une chaise, et lui servit une tasse de thé.

Le calme ne dura pas. Un chien surgit dans la pièce et se dirigea vers Hanna en remuant la queue. L'aviatrice reconnut Blondi, la chienne du chancelier. Elle tendit la main pour la caresser.

« Brave femme ! Ainsi existe-t-il encore en ce bas monde des individus dont le nom est synonyme de courage et de loyauté ».

Elle reconnut cette voix grave et suave, qui montait vite dans les aigus quand son propriétaire s'énervait. Elle se leva en guise de respect, Adolf Hitler se tenait devant elle.

Chapitre 44

Elle redressa la position devant son führer. Malgré ses mots chaleureux, le regard du chancelier restait inexpressif. Il avait le teint cireux et son bras tremblait de façon incontrôlée – des séquelles du lâche attentat dont il avait été victime, lui dira-t-on plus tard.

Après avoir congratulé l'aviatrice, il se pencha vers le général et, d'un geste compréhensif, le pria de ne pas bouger. Hanna connaissait bien son compagnon ; ne pas se lever devant un supérieur trahissait chez lui une réelle faiblesse physique. Ses cernes profonds, creusés par la douleur, ne pouvaient tromper personne.

Tandis qu'il écoutait avec courtoisie le courageux général répondre à ses questions, Hitler eut du mal à contrôler son bras.

Soudain, écourtant le récit, il lui tendit un télégramme, l'invitant à le lire sans attendre. Hanna observa le chancelier. Un éclat de colère émanait de ses yeux. Quand Robert termina sa lecture, le chancelier vociféra :

« Goering m'a trahi. Non seulement il ne nous a pas rejoints ici, au bunker, mais il a agi comme si j'étais déjà mort. J'ai ordonné son arrestation et lui ai retiré tous ses pouvoirs. C'est la raison pour laquelle je vous ai convoqué, von Greim. Je vous nomme chef de notre Luftwaffe, ce que j'aurais dû faire, il y a quelques mois déjà, si ce porc d'Hermann ne s'y était pas opposé. »

Hanna, heureuse pour lui, vit son compagnon reprendre des couleurs. Il attendait ça depuis si longtemps. Certes, il devenait chef d'une armée de l'air qui ne possédait presque plus d'avions, mais il atteignait le but de sa vie.

Continuant à observer le comportement du führer, elle se demanda s'il avait encore toute sa raison. Ses mouvements de tête erratiques, ses tremblements, son discours, parfois structuré, parfois désordonné, la persuadèrent qu'une forme de démence avait dû frapper cet homme tant adulé par le passé.

Dans la pièce, personne n'osa le contredire. Un silence de mort ponctuait ses phrases. Tous savaient que ses colères pouvaient être dévastatrices. Hanna devina la peur dans tous les yeux.

Hitler poursuivit en philosophant de façon lyrique : la loyauté, l'obligation de rester avec lui jusqu'au bout. Le ton de sa voix se modula lorsqu'il proclama un avertissement : personne n'était autorisé à quitter le bunker sans l'autorisation de son cabinet. Il confia à Martin Bormann, son secrétaire particulier, la charge de tout contrôler.

Hanna comprit que si le führer avait besoin d'un aréopage de conseillers en tout genre pour conduire la défense de son pays, il voulait aussi les entraîner avec lui dans la mort. Pour preuve, il aurait pu nommer son nouveau chef d'état-major par télégramme. Pourquoi avoir pris tant de risques ? Et elle dans tout ça ? Elle réalisa qu'elle n'était qu'un dommage collatéral, une petite motte de terre dans cet immense bourbier.

Elle en reçut la confirmation, le lendemain, lors d'un entretien privé dans le bureau du führer où elle fut conviée avec von Greim. Ce dernier se traînait avec difficulté, il contenait sa souffrance avec dignité.

Cette fois, l'agitation d'Hitler s'expliquait par la mort de son homologue italien, Benito Mussolini. Il leur décrivit avec une certaine crainte dans la voix la fin du dictateur : une pendaison par les pieds aux côtés de sa maîtresse, leurs corps offerts ensuite à la vindicte populaire[35].

Une telle offense ne lui arriverait pas, déclara-t-il avec certitude.

« Si Wenck et sa 12ᵉ armée tardent trop, je me suiciderai avant que l'ennemi ne me capture. J'ai ordonné que l'on brûle ma dépouille afin de ne pas subir le même sort que le *Duce*. Je n'offrirai pas ce plaisir aux bolcheviks ».

---

[35] 28 avril 1945

Hanna reçut ces paroles de défaitisme avec hostilité. Malgré les signes d'appel au calme de son compagnon, elle implora le führer. Comment pouvait-il seulement envisager une telle issue ? Si le chef de l'État se suicidait, c'était la fin de tout, la fin du Reich, la fin de la grande Allemagne, le début d'une ère de malheur et de restrictions pour elle et ses concitoyens. Bien qu'elle ne crût pas un instant à ce qu'elle pensait, elle lui affirma que chaque Allemand avait besoin de son guide, qu'il y avait des solutions, que la victoire était encore possible.

« Trouvez-moi un avion, *mein führer*, et je me charge de vous conduire en sécurité », le conjura-t-elle avec audace.

Hitler sourit – c'était bien la première fois – tout en remuant la tête dans un signe de négation. Son pilote personnel lui avait déjà proposé un tel plan. En vain. La place du guide, sa place, était ici au cœur du Troisième Reich avec ceux qui mourraient pour la défense de la capitale.

En remerciement de leur loyauté, il ouvrit un petit coffre métallique et offrit à chacun une capsule à croquer en cas de capture. Selon lui, avec ce cyanure, la mort était immédiate et sans douleur. Hanna et Robert se regardèrent avec tristesse. Ainsi, l'idée de suicide commençait à s'imposer comme seule échappatoire.

Le général, en homme d'honneur, réitéra le serment de fidélité que chaque officier avait prêté au guide suprême en début de conflit, un serment jusqu'à la mort. Visiblement, Robert avait assimilé cette solution depuis un certain temps. La douleur lancinante de sa jambe avait probablement rongé sa combativité.

Lorsqu'Hitler se tourna vers l'aviatrice, Hanna imita son compagnon. La fascination que lui inspirait encore le petit moustachu lui fit promettre n'importe quoi, analysera-t-elle plus tard.

Les réunions se succédèrent dans la salle des cartes. Le chancelier tentant de localiser au mieux la position de la 12ᵉ armée du général Wenck. Les communications passaient mal. En plus des télex, les opérateurs radio utilisaient à présent le téléphone. Lorsqu'à l'autre bout ils entendaient parler russe, ils rendaient compte à des officiers qui coloriaient des pans entiers de cartes. Hanna, qui n'était pas conviée dans le Saint des saints, observa à distance que le rouge dominait.

Le bunker, à présent, tremblait régulièrement au rythme des pluies d'obus, le recouvrant d'une poussière de plâtre étouffante. Les générateurs et les filtres à air fonctionnaient mal. Le soir, fumée de cigarette, émanations de diesel et effluves de cuisine se mélangeaient aux odeurs de transpirations. Plus tard, les hauts gradés se saoulaient et s'accouplaient sans vergogne avec les secrétaires encore présentes.

Hanna évitait de quitter la chambre quand l'atmosphère se transformait en bacchanale. L'aviatrice préférait rester aux côtés de Robert : les mains baladeuses des animaux en rut, très peu pour elle ! Elle admirait le comportement exemplaire de Robert, qui représentait pour elle le modèle de l'homme d'honneur. Elle pensa à son père. Finalement, Willy Reitsch n'était pas si éloigné de son compagnon : un patriotisme chevillé au corps et un respect inconditionnel des institutions. Elle comprit ce choix terrible qui l'avait poussé à se supprimer ainsi que les siens.

Un soir, Hanna apprit par Magda qu'Hitler venait de se marier avec Éva Braun. Quelle drôle d'idée ! pensa-t-elle. Lors de leur dernière entrevue, il projetait de se retirer la vie et deux jours plus tard, il convolait avec celle qui partageait sa vie en secret depuis des années. Le chancelier ne savait plus ce qu'il voulait. Au même moment, Robert lui confia que le beau-frère de la mariée venait d'être fusillé pour avoir tenté de s'échapper du bunker.

« Joli cadeau de mariage ! » ironisa-t-il.

Lorsqu'Hitler sortait de ses quartiers, il aboyait des ordres à la manière d'un instituteur distribuant les bons et les mauvais points. Si les mauvais se traduisaient par une mort brutale, les bons pouvaient réserver de bonnes surprises comme des autorisations de quitter le bunker.

Un matin, une rumeur d'évacuation se répandit. Un Junkers 52 devait venir sauver les subordonnés du chef de l'État. Hanna en douta.

« Atterrir, pourquoi pas ? Mais redécoller d'une distance si courte relève de l'inconscience », confia-t-elle à von Greim.

La rumeur se transforma en réalité, le dimanche soir. Une agitation inhabituelle s'empara du bunker. Ordres avaient été donnés aux heureux élus de ne pas prendre de bagage – le poids de l'avion devait être le plus léger possible. Hanna qui ne quittait presque plus son compagnon de peur qu'il ne commît l'irréparable vit surgir Hitler en personne dans leur chambre.

Il leur proposa sans ambages de partir ou mourir. Hanna lut dans ses yeux une préférence évidente pour le second choix. Robert rejeta sans surprise le premier ; pour lui, un serment d'allégeance n'était pas un vain mot. Hanna le suivit. À quoi bon ? N'aurait-elle pas dû mourir depuis des années ? Accompagner son chef dans le sacrifice suprême auréolerait à jamais son nom des lauriers de la bravoure.

Profitant d'une sieste de Robert – le sommeil l'éloignait de ses pensées funestes – elle se promena ensuite dans le dédale des couloirs, mesurant la frénésie ambiante. Même si elle ne croyait pas un instant à la réussite de l'opération d'évacuation, elle se surprit à espérer. Elle supplia Magda de laisser partir ses enfants. Sa réponse la sidéra :

« Finir sa vie en compagnie de son maître est un destin béni des dieux. À quoi bon abandonner ses enfants à une vie de disgrâce ? »

La dernière soirée se drapa d'une atmosphère étrange. Contre toute attente, si le premier Junkers avait été abattu avant d'atterrir, le second avait réussi l'exploit de se poser sur le boulevard aménagé le long du Tiergarten. Et, miracle, il avait redécollé en évitant les cimes des arbres et les rafales de l'armée rouge. Malgré ce succès, la tristesse avait envahi le bunker. L'alcool fut encore distribué à foison pour noyer le manque d'espoir des derniers occupants.

Vers minuit, Hitler en personne réveilla von Greim. Il rageait, vociférait, contre Heinrich Himmler cette fois. Le patron des SS avait trahi : il essayait à son tour de négocier une reddition sans en référer à son chancelier. Hanna avait envie de lui dire qu'il œuvrait dans son dos depuis longtemps, mais à quoi bon ?

Hitler les informa que l'attaque du bunker était imminente. Des bruits couraient que les Russes lanceraient l'assaut final au petit matin.

« Général, vociféra-t-il, un avion vient vous chercher. Foncez sur Rechlin et envoyez-nous un soutien aérien avec ce que vous trouverez. Wenck sera là dans les vingt-quatre heures. Il faut gagner du temps. Ensuite, faites arrêter ce traître d'Himmler et passez-le par les armes... »

L'ordre ne souffrait d'aucune discussion. Robert sortit de son lit avec regret. La flamme qui brillait au fond de ses yeux s'était éteinte depuis sa blessure, mais en bon militaire, il obéirait. Mais diable que cela semblait difficile !

Ils reçurent le feu vert à deux heures du matin. Avant de quitter le bunker, Hanna enlaça Magda avec tristesse. L'éclat liquide des yeux de la mère de famille ne laissait que peu d'espérance. Les enfants qui dormaient en toute innocence dans la pièce d'à côté donnèrent à Hanna envie de pleurer.[36]

L'ascension des marches qui les menaient à la surface arracha quelques gémissements à Robert. En plein air, la vie reprit le dessus. Ils respirèrent à pleins poumons, même si l'odeur entêtante de soufre et de feu brûlait la gorge. Ils prirent place sans attendre dans un véhicule blindé et se laissèrent conduire vers le Tiergarten.

Au pied de la colonne de la Victoire, un petit Arado 96 patientait depuis peu. Ils reconnurent Manfred Kudell, qui leur offrit un sourire empli d'émotion lorsqu'ils s'approchèrent.

---

[36] Les six enfants seront empoisonnés quelques heures plus tard par leurs parents avant que ceux-ci ne mettent fin à leurs jours.

« J'ai... j'ai trouvé qu'un de... deux-places, cette fois, on va devoir se serrer encore un peu, » bégaya-t-il en guise d'accueil.

Chapitre 45

Les rumeurs d'évasion d'Adolf Hitler courant parmi les troupes de l'armée rouge, une symphonie de feu et de plomb résonna quelques minutes à peine après leur décollage. Les faisceaux lumineux balayaient le ciel à la recherche d'un éventuel avion dans lequel le führer aurait pu prendre place. Qu'aucun tir direct ne les frappât se révéla du pur miracle.

Manfred évita avec brio les salves de plomb et gagna de l'altitude pour se cacher au plus vite au-dessus des nuages. S'il était un piètre communicant, son instinct du pilotage rattrapait ses carences orales. Le pilote navigua à la clarté de la lune, scrutant le ciel de ses yeux d'aigle à la recherche d'éventuels Yaks russes. Une telle rencontre, à n'en pas douter, aurait mis fin à leur aventure de façon tragique.

Hanna observa au sol l'avancée de l'Armée rouge. Une ligne de feu s'étendait à l'infini. Elle voulait croire encore à un sursaut des soldats de son camp, les imaginant lutter comme de beaux diables contre l'envahisseur bolchevique. Elle ne savait pas que la résistance s'affaiblissait, que ces incendies résultaient de la sauvagerie de l'armée soviétique qui ne laissait rien debout après son passage.

Ils se posèrent à Rechlin peu après trois heures. Le teint de Robert inquiéta Hanna. Le général avait mal supporté le voyage. Manfred l'aida à descendre de l'Arado où une voiture les attendait pour les conduire aux opérations.

Robert se força à tenir debout devant ses hommes. Il leur ordonna un assaut avec les avions disponibles, le décollage devant avoir lieu aux premières heures. Le commandant d'escadrille lui proclama sans enthousiasme qu'il y avait peu de machines en état, et encore moins de pilotes qualifiés.

Ils réquisitionnèrent ensuite un Bücker *Bestmann*, le même avion dans lequel Melitta avait trouvé la mort quelques jours plus tôt. Hanna s'installa aux commandes, Robert étant trop faible pour piloter. Manfred leur souhaita bonne chance. Il devait les abandonner pour repartir à l'assaut de la capitale à bord de son Würger. Hanna le regarda s'éloigner avec admiration. Avec des hommes comme lui, la victoire aurait été fêtée depuis longtemps.

Une fois dans le ciel, ils prirent le cap vers Plön, à la frontière danoise, pour rejoindre l'amiral Dönitz. Le commandant en chef de la marine allemande avait été choisi par Hitler comme successeur et représentait la dernière chance d'une ultime contre-attaque. Les cieux étaient plus calmes au nord de l'Allemagne, mais Hanna, à l'image de Manfred, concentra toute son attention sur d'éventuels attaquants.

À Plön, ils trouvèrent un amiral désabusé qui leur apprit avec solennité la mort d'Adolf Hitler. D'après ses informations, le führer s'était suicidé. Comment ? Certains affirmaient par balle, d'autres par le poison. Ce qu'il y avait de sûr, c'est qu'il avait été retrouvé dans son bureau du bunker, la tête en sang, aux côtés des cadavres de sa toute nouvelle épouse et de sa chienne.

Tout était perdu. La 12e armée de Wenck était défaite depuis des jours et les troupes se rendaient par centaines. Dönitz leur confia qu'à présent, il consacrait toute son énergie à diriger ses soldats vers les alliés occidentaux et non aux Soviétiques dans l'espoir d'obtenir pour l'Allemagne une place importante dans le futur affrontement Est Ouest.

Heinrich Himmler les rejoignit un peu plus tard, confirmant son intention de former un nouveau gouvernement avec Dönitz et de déposer les armes. Son intervention arracha à von Greim des paroles de dégoût. Il menaça de le faire arrêter, mais Hitler mort, selon Dönitz, ses ordres n'avaient plus lieu d'être. L'amiral le ramena à la raison. Il fallait regarder devant eux, à présent ; sauver ce qui était encore possible.

Hanna comprit que son compagnon ne pouvait plus lutter. Elle le vit prendre congé d'un air méprisant sans même les saluer. Elle l'accompagna ensuite à l'infirmerie, le pansement de son pied s'était teinté d'une couleur inquiétante. Son visage faisait peur...

Lorsqu'elle se rendit au mess, sachant le général entre de bonnes mains, Himmler paradait devant un parterre d'officiers.

« Quel toupet ! » lança-t-elle à la cantonade. La fatigue l'empêchait de mesurer ses paroles. La colère l'aveuglait. Elle rabroua le binoclard :

« Vous avez trahi les vôtres aux heures les plus sombres, *Herr* Himmler, votre place était dans ce bunker. Vous mériteriez un procès pour haute trahison. »

Il la regarda à travers ses petites lunettes rondes et s'esclaffa.

« L'Histoire me jugera d'une manière bien différente, rétorqua-t-il, Hitler était fou et aurait dû être arrêté depuis longtemps. Je n'ai agi que pour sauver le sang des Allemands. »

Le ton monta. Jamais Hanna ne se serait crue capable d'une telle insolence envers une personne de pouvoir. Nul ne sait jusqu'où cet échange aurait pu aller ; une attaque aérienne interrompit leur passe d'armes. Elle observa l'ancien chef des SS quitter le mess pour se mettre à l'abri.

« La peur dicte ses actes, la couardise le guide », pensa-t-elle à voix haute. Elle ne le reverrait plus jamais.

Lorsqu'elle retrouva son compagnon, il avait repris figure humaine.

« Partons en Autriche où se trouvent Kesselring et Koller, déclara-t-il d'un ton qui ne souffrait d'aucune contradiction, je viens d'avoir confirmation de leur présence. Je leur ai fait envoyer un télex. S'il y a encore quelque chose à faire avec la Luftwaffe, ça sera avec eux. »

Ils quittèrent Plön, une fois le plein de l'avion effectué. Le voyage était long. Ils devaient traverser tout le pays du nord au sud. Hanna évita les grandes villes, considérées comme zones dangereuses, et vola au maximum en rase-motte. Elle contourna toute fumée suspecte et toute forme de mouvement au sol. Motivation supplémentaire, ils se dirigeaient là où avaient péri les siens. Hanna ne savait pas où ils avaient été enterrés, mais elle ressentait un fort besoin de se recueillir devant leur tombe. Dès que sa mission serait remplie, elle se rendrait au château où son père avait commis l'irréparable. De là, elle retrouverait leur trace.

Robert dormit beaucoup. L'inquiétude taraudait l'aviatrice. La vie de ce grand homme reposait sur ses épaules. Il était hors de question qu'il abandonnât si vite. Kesselring et Koller représentaient la dernière chance d'un sursaut allemand. Il devait tenir.

Lors de ses moments de conscience, le moral du général faisait le grand écart. Il passait d'une effervescence communicative à un abattement complet. Lorsque l'aspirine ne faisait plus effet, la fièvre reprenait et le faisait délirer. Il appelait sa femme, ses enfants. Où étaient-ils ? Étaient-ils seulement encore vivants ? L'homme qu'elle admirait tant sanglotait comme un vieillard au seuil de la mort. Son état empirait.

À leur arrivée, ils apprirent que le général Jodl avait signé la capitulation. Toutes les hostilités devaient cesser sans délai. Cette fois, c'était la fin. Ils trouvèrent Kesselring et Koller en train de brûler les documents compromettants. Von Greim n'était plus en état de réagir face à cette défaite.

Hanna négocia un véhicule et une escorte ; on n'abandonnait pas le chef de l'armée de l'air allemande au bord de la route. Elle avait décidé d'emmener son compagnon à l'hôpital de Kitzbühel non loin de là. Elle connaissait bien l'établissement pour y avoir séjourné lors d'une convalescence. Dans cet endroit non stratégique, ils pourraient attendre en toute tranquillité la suite des événements. Elle rêvait de calme et de sérénité et pourquoi pas, d'une vie de couple dans un monde en paix.

Malheureusement, quelques jours plus tard, ils apprirent que des troupes américaines avaient atteint le village. La chasse des caciques du parti nazi avait commencé. La population ne parlait que des nombreuses exactions des armées qui avaient envahi le pays.

Hanna se précipita à l'hôpital pour s'enfuir avec Robert. Il était encore temps de se cacher. Pourquoi pas à Salzburg où elle avait des contacts. Ce n'était qu'une histoire de jours avant que le calme ne revînt.

En pénétrant dans la chambre du général, son cœur s'arrêta net. Avant même de le voir, elle devina que son compagnon s'était donné la mort. Une odeur d'amande amère dominait dans la pièce ; Robert semblait dormir. Elle s'approcha. Aucun souffle ne sortait de sa bouche.

Un tremblement s'empara d'elle. Elle découvrit sur le lit l'emballage dans lequel était enfermée la capsule de cyanure ; rien d'autre, pas un mot, pas une explication...

Une chape de mélancolie s'abattit sur elle. Il l'abandonnait à son tour. Sans la prévenir, sans même lui dire adieu ! Pourtant, s'il le lui avait demandé, elle l'aurait probablement suivi. N'avait-elle pas accepté sa fin tragique en l'accompagnant dans l'enfer de Berlin ?

Tout ça pour ça !

Elle l'insulta en pleurant. Il n'avait pas le droit. Pas lui, pas l'homme à qui elle avait tout donné.

Elle resta longtemps assise à côté de lui, la tête entre les mains, perdue dans un maelstrom de pensées contradictoires.

Elle n'entendit pas l'agitation qui s'était emparée de l'hôpital. Des jeeps américaines avaient envahi la cour et des soldats prenaient position.

Elle ne revint à elle que lorsque deux hommes en uniforme surgirent dans la chambre. Ils lui intimèrent du bout de leur fusil l'ordre de lever les bras. Quand l'un des deux lui demanda dans un allemand hésitant de s'identifier, elle répondit d'un air bravache :

« Je suis la *flugkapitän* Hanna Reitsch, Croix de fer première classe, la plus grande pilote d'essai allemande... »

FIN

Épilogue

Que sont-ils devenus ?

Après une détention de dix-huit mois, Hanna est retournée à la vie civile. Elle a repris sa place à l'Institut de Darmstadt et elle a participé à nouveau à des compétitions de planeurs où elle a accumulé de nombreux titres internationaux. Elle a également créé des écoles de vol à voile à l'étranger qui ont connu un grand succès. Elle ne s'est jamais mariée. Selon une rumeur récente, elle aurait eu une fille avec Wherner von Braun : Alicia Webber, progéniture qu'elle aurait abandonnée à la naissance. Hanna s'est éteinte d'une crise cardiaque chez elle, à Francfort à l'âge de soixante-sept ans. Une autre rumeur dit qu'elle aurait utilisé la capsule de cyanure donnée par Hitler…

Alexander a rapatrié le corps de son épouse Melitta pour l'inhumer dans la résidence familiale de Lautlingen. Il a été nommé professeur d'histoire antique à l'université de Munich. Il s'est remarié en 1949 et s'est éteint le 27 janvier 1964. Ses deux mariages n'ont pas laissé de descendance. Il repose dans le caveau familial avec sa première épouse.

Peter Riedel est devenu pilote de ligne et a travaillé à la TWA et la Pan-Am aux États-Unis. Il s'est éteint à 93 ans à Terre Haute.

Wherner von Braun est devenu le directeur du centre spatial de la NASA, aux États-Unis, où il a travaillé pendant de nombreuses années. Il a mis au point la fusée Saturn V, qui a contribué au succès des missions Apollo. Il s'est éteint en 1977 des suites d'un cancer du foie.

À la fin de la guerre, l'officier de marine Kurt Reitsch a rejoint son épouse Wilhelma. Il a retrouvé sa sœur à sa sortie de prison et sont restés proches. Il s'est éteint à 80 ans à Hambourg.

Elly Beinhorn s'est remariée après la guerre et a eu un second enfant. Elle a continué à voler jusqu'à 72 ans, âge où elle décida de rendre sa licence. Elle s'est éteinte à 100 ans dans une maison de retraite près de Munich.

Avertissement :

La majorité des faits que l'on découvre dans ce livre ont réellement eu lieu et peuvent être facilement retrouvés dans l'immense bibliographie traitant du sujet. Si l'auteur a pris volontairement certaines libertés, notamment dans certaines dates et faits, dans les dialogues ou dans les rapports humains, c'est dans l'unique but de construire une trame logique dans laquelle la vie de ces deux héroïnes s'imbrique de façon romanesque.

Bibliographies

The sky, my kingdom: Hanna Reitsch. (Vintage aviation library).

Wings of the Luftwaffe: Captain Eric Brown (The crowood press Ltd).

The women who flew for Hitler: Clare Mulley (Macmillan).

Reich Angel: Anita Mason (Soho press inc).

Flying for the fatherland: Judy Lomax (John Murray publishers Ltd).

Nina Shenck von Stauffenberg, un portrait : Konstanze von Schultess (éditions des Syrtes).

La trilogie berlinoise : Philippe Kerr (Le masque).

Journal d'une jeune fille russe à Berlin 1940-1945 : « Missie » Vassiltchikov (Libretto)

Nombreux témoignages filmés sur YouTube, dont l'interview d'Hanna Reitsch et le fameux documentaire d'Arte : aviatrices du troisième Reich.

Remerciements :

Un roman ne peut pas voir le jour sans l'aide des autres : Catherine Barat, mon principal soutien, ma première lectrice, partage ma vie et je l'en remercie tous les jours.

Je remercie également Stéphanie Henneront pour ses remarques de bêta-lectrice, Alain Dautriche pour ses corrections d'une grande précision, et Victor Roig pour la conception et le design de la couverture.

Quant à vous, amis lecteurs, vous qui me soutenez depuis si longtemps, sachez que votre fidélité est mon carburant.

Si vous avez aimé cette histoire et avez envie de contribuer au succès de ce livre, n'hésitez pas à en parler autour de vous, à l'écrire sur les sites dédiés (Amazon, Babélio etc…).

Et si vous avez une question, je vous répondrai personnellement à l'adresse roigoon@me.com.

La vengeance de Marie-Antoinette (AB2LEP éditions)

À sa sortie de prison après une longue peine pour meurtre, Romain aperçoit par hasard dans un journal la victime pour laquelle il a été injustement condamné. Non seulement cette dernière est bien en vie, mais elle n'a pas pris une seule ride.

Obsédé par celle qu'il considère comme responsable de son cauchemar, il ne va avoir de cesse de la retrouver pour prouver son innocence.

Cette quête l'entraîne, bien malgré lui, dans un combat ancestral auquel se livrent un ordre royaliste, officiellement dissous, et une loge républicaine dont les ramifications s'étendent jusqu'au sommet de l'état.

Sa plongée dans le passé l'oblige à revisiter cette Histoire de France où la terreur régnait sous le joug de Robespierre. Des terribles secrets vont resurgir : La Marseillaise, que tout Français croit connaître, mais qui renferme un bien embarrassant couplet ; la vérité sur la mort de Louis XVII, cet enfant roi au destin incroyable ; Marie-Antoinette, pour qui l'amour de son fils est tellement fort qu'il persiste au-delà de la mort.

Cette aventure menée tambour battant dans une France rongée par la crise va non seulement bouleverser le cours de sa vie, mais surtout changer le destin de son pays.

Sans tambour ni tempête (AB2LEP éditions)

Vu de l'extérieur, tout semble réussir à Axel de Valence, un journaliste politique de renom. Cynique à la limite de la méchanceté, ce monstre d'égoïsme a une représentation de la vie tronquée par une vanité odieuse. De plus, vingt-cinq années de mariage ont anesthésié ses sentiments au point de ne plus distinguer l'amour des autres, surtout celui de ses proches, que sa mauvaise foi rend responsable d'un mal-être qui tait son nom.

Une femme observée par hasard dans une émission de télévision va être le déclencheur d'évènements qui vont le frapper de plein fouet, au point de faire vaciller ses certitudes. Il va devoir avancer à tâtons afin de garder la tête hors de l'eau. Avec sa vision déformée, il décrit cette mécanique implacable qui pourrait le mettre en danger et qui, pourtant, va faire naître en lui un espoir extraordinaire.

Anastasis (AB2LEP éditions)

Le roman qui a inspiré la série « Messiah »

À Jérusalem, de nos jours, un jeune homme au charisme extraordinaire guérit ses congénères. Les autorités s'inquiètent. Serait-ce le retour tant attendu du Messie ? L'afflux de milliers de disciples attirés par ses miracles menace la sécurité d'Israël. De plus, une attaque terroriste sanglante en Terre Sainte, visant la famille présidentielle américaine, redistribue les cartes des alliances politiques au Moyen-Orient.

Qui est ce garçon ? Une chance pour l'humanité ou un danger bien plus effrayant qu'une attaque nucléaire ?

La réunion de trois personnages clés, au profil atypique, sera nécessaire pour découvrir son terrible secret.

Dancing Queen (AB2LEP éditions)

Plus qu'un simple fan, Gabriel est obnubilé par une superstar de la chanson. Pour lui, il n'y a aucun doute : cette jolie blonde ne peut-être que sa mère. D'ailleurs, ne lui ressemble-t-il pas ? La retrouver lui apporterait enfin amour et tendresse, sentiments dont il a été tant privé. Mais pourchasser cette chimère suffira-t-il à le débarrasser de cette violence qui l'habite, cette cruauté qui parsème son chemin de cadavres sanglants ? Aura-t-il le courage de combattre ces forces obscures qui tiraillent son corps androgyne, ce corps dont tous les hommes raffolent ?

Alors que des policiers le traquent à travers l'Europe, Gabriel nous dévoile sans pudeur l'origine de son inhumanité... avec ses mots à lui... des mots qui le feraient presque passer pour un ange.

<u>Nouvelles :</u>

Le chat (éditions de l'éphémère)

Un savant déchiffre par hasard le langage félin. Il lui faudra une nuit pour découvrir si cette découverte est une réelle avancée ou si au contraire, la rendre publique ne serait pas des plus dangereux.

Parsifal (Galop d'essai. Recueil de nouvelles présenté par Françoise Bourdin aux éditions Belfond)

Un jeune apprenti pilote nous relate sa relation extraordinaire avec un jeune pur-sang lors d'un transport un peu particulier au-dessus de l'Afrique.

Ce livre a été imprimé en Europe

Dépôt légal